YBM 스타트 토익 RC

**YBM
스타트 토익
RC**

발행인	허문호
발행처	YBM
문항 개발	백주선, Marilyn Hook
편집	노경미
감수	황상길
디자인	DOTS
마케팅	고영노, 김한석, 박찬경, 김동진, 문근호
	장은선, 하재희, 임재민, 류혜윤, 김예린

초판발행 2017년 8월 30일
17쇄발행 2025년 8월 20일

신고일자	1964년 3월 28일
신고번호	제 1964-000003호
주소	서울시 종로구 종로 104
전화	(02) 2000-0515 [구입문의] / (02) 2000-0383 [내용문의]
팩스	(02) 2285-1523
홈페이지	www.ybmbooks.com

ISBN 978-89-17-22855-7

저작권자 © 2017 YBM
이 책의 저작권, 책의 제호 및 디자인에 대한 모든 권리는 출판사인 YBM에게 있습니다.
서면에 의한 저자와 출판사의 허락 없이 내용의 일부 혹은 전부를 인용 및 복제하거나 발췌하는 것을 금합니다.

낙장 및 파본은 교환해 드립니다.
구입철회는 구매처 규정에 따라 교환 및 환불처리 됩니다.

토익 주관사가 제시하는 쉬운토익

YBM 스타트 토익 RC 이렇게 다릅니다

토익 주관사의 사명감으로 개발했습니다

YBM은 1982년부터 한국의 토익시험을 운영해온 토익주관사로, 지난 30여 년간 400권이 넘는 토익 교재를 출간하여 토익 수험자들의 영어능력 향상에 이바지했습니다. 이제 YBM이 한 세대 넘게 쌓아 온 전문성을 바탕으로 〈YBM 스타트 토익 RC〉를 새롭게 선보입니다.

가장 쉽고 빠르게 토익의 기초를 완성합니다

토익 입문자가 꼭 알아야 할 학습 포인트와 착각하기 쉬운 함정을 꼼꼼히 제시합니다. 친절하고 간결한 설명으로 문법과 독해의 기본기를 다져 주는 동시에, 누구나 적용할 수 있는 쉬운 전략으로 최단 기간에 초급을 탈출할 수 있는 비법을 모두 담았습니다. 가볍게, 그러나 쉽고 빠르게 목표에 한번에 도달하십시오.

ETS 교재를 출간한 노하우를 가지고 개발했습니다

출제기관 ETS의 토익 교재를 독점 출간하는 YBM이 그동안 쌓아온 노하우를 바탕으로 개발하였습니다. 본 책에 실린 모든 문항과 설명은 출제자의 의도를 정확히 반영하고 분석했기 때문에 타사의 어떤 토익 교재와도 비교할 수 없는 퀄리티를 자랑합니다.

YBM의 모든 노하우가 집대성된 〈YBM 스타트 토익 RC〉는 최단 시간에 최고의 점수를 토익 입문자 여러분께 약속 드립니다.

YBM 토익연구소

CONTENT

Chapter 01 영어 길잡이

| Day 01 | 품사 | 12 |
| Day 02 | 문장 | 20 |

Chapter 02 품사

Day 03	명사	명사 최빈출 어휘 1	30
Day 04	대명사	명사 최빈출 어휘 2	40
Day 05	형용사	명사 최빈출 어휘 3	50
Day 06	부사	명사 최빈출 어휘 4	58
Day 07	전치사	명사 최빈출 어휘 5	66

Chapter 03 동사

Day 08	동사	동사 최빈출 어휘 1	76
Day 09	수 일치	동사 최빈출 어휘 2	84
Day 10	태	동사 최빈출 어휘 3	92
Day 11	시제	동사 최빈출 어휘 4	100

Chapter 04 준동사

Day 12	동명사	형용사 최빈출 어휘 1	108
Day 13	to부정사	형용사 최빈출 어휘 2	118
Day 14	분사	형용사 최빈출 어휘 3	128

Chapter 05
연결어

Day 15	접속사	부사 최빈출 어휘 1	136
Day 16	부사절	부사 최빈출 어휘 2	144
Day 17	명사절	부사 최빈출 어휘 3	152
Day 18	형용사절	전치사구 최빈출 어휘 1	160

Chapter 06
특수구문

| Day 19 | 비교 | 전치사구 최빈출 어휘 2 | 168 |

Chapter 07
PART 6

| Day 20 | Part 6 알아보기 | 178 |

Chapter 08
PART 7

Day 21	주제/목적	188
Day 22	세부사항	194
Day 23	NOT/TRUE	200
Day 24	추론	206
Day 25	기타 유형	212

FINAL TEST — 226

이 책의 구성과 특징

친절한 개념 정리

친절한 개념 설명으로 문법의 기본을 다져요!

맞춤형 전략과 팁

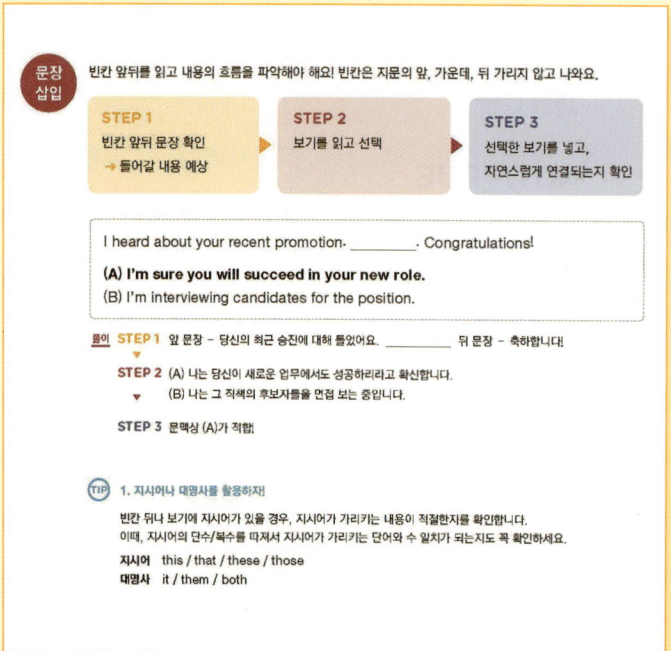

단기간에 토익을 끝내기 위해서는 전략적이고 체계적인 학습이 중요해요.

입문자가 최단기간에 점수를 올릴 수 있는 노하우가 있어요.

따라 하다 보면 이미 고수가 되어 있을지도!

마인드맵으로 쉽게 익히는 빈출 표현

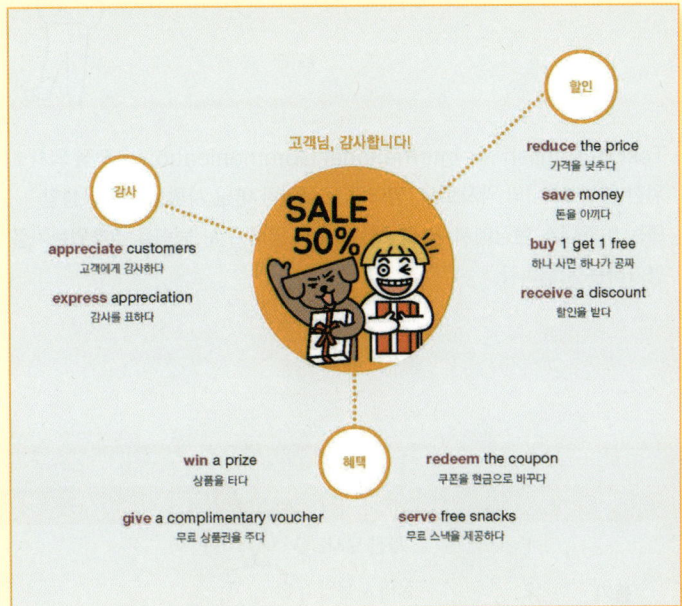

마인드맵을 통해
관련 빈출 어휘를 쉽게 익혀 보세요.

토익에 자주 나오는 내용이 보여요!

알고 보면 훨씬 쉽죠!

실전 적용

알고 있어도
실전에 적용 못하면 소용없죠.

토익 주관사가 만든
고퀄리티의 문제로
실전까지 한번에 잡으세요!

토익 수험 정보

TOEIC은 어떤 시험인가요?

Test of English for International Communication(국제적 의사소통을 위한 영어 시험)의 약자로서, 영어가 모국어가 아닌 사람들이 일상생활 또는 비즈니스 현장에서 꼭 필요한 실용적 영어 구사 능력을 갖추었는가를 평가하는 시험이다.

시험 구성

구성	Part	내용		문항수	시간	배점
듣기 (L/C)	1	사진 묘사		6	45분	495점
	2	질의 & 응답		25		
	3	짧은 대화		39		
	4	짧은 담화		30		
읽기 (R/C)	5	단문 빈칸 채우기(문법/어휘)		30	75분	495점
	6	장문 빈칸 채우기		16		
	7	독해	단일 지문	29		
			이중 지문	10		
			삼중 지문	15		
Total		7 Parts		200문항	120분	990점

TOEIC 접수는 어떻게 하나요?

TOEIC 접수는 한국 토익 위원회 사이트(www.toeic.co.kr)에서 온라인 상으로만 접수가 가능하다. 사이트에서 매월 자세한 접수 일정과 시험 일정 등의 구체적 정보 확인이 가능하니, 미리 일정을 확인하여 접수하도록 한다.

시험장에 반드시 가져가야 할 준비물은요?

신분증   규정 신분증만 가능
(주민등록증, 운전면허증, 기간 만료 전의 여권, 공무원증 등)

필기구   연필, 지우개 (볼펜이나 사인펜은 사용 금지)

시험은 어떻게 진행되나요?

09:20	입실 (09:50 이후는 입실 불가)
09:30 - 09:45	답안지 작성에 관한 오리엔테이션
09:45 - 09:50	휴식
09:50 - 10:05	신분증 확인
10:05 - 10:10	문제지 배부 및 파본 확인
10:10 - 10:55	듣기 평가 (Listening Test)
10:55 - 12:10	독해 평가 (Reading Test)

TOEIC 성적 확인은 어떻게 하죠?

시험일로부터 19일 후, 오후 3시부터 인터넷과 ARS(060-800-0515)로 성적을 확인할 수 있다. TOEIC 성적표는 우편이나 온라인으로 발급 받을 수 있다(시험 접수 시, 양자택일). 우편으로 발급 받을 경우는 성적 발표 후 대략 일주일이 소요되며, 온라인 발급을 선택하면 유효기간 내에 홈페이지에서 본인이 직접 1회에 한해 무료 출력할 수 있다. TOEIC 성적은 시험일로부터 2년간 유효하다.

TOEIC은 몇 점 만점인가요?

TOEIC 점수는 듣기 영역(LC) 점수, 읽기 영역(RC) 점수, 그리고 이 두 영역을 합계한 전체 점수 세 부분으로 구성된다. 각 부분의 점수는 5점 단위이며, 5점에서 495점에 걸쳐 주어지고, 전체 점수는 10점에서 990점까지이며, 만점은 990점이다. TOEIC 성적은 각 문제 유형의 난이도에 따른 점수 환산표에 의해 결정된다.

day 01-19

품사

1. 명사

곰 세 마리

곰 세 마리가 한 집에 있어.
아빠 곰 엄마 곰 아기 곰
아빠 곰은 뚱뚱해. 엄마 곰은 날씬해.
아기 곰은 너무 귀여워.
히쭉히쭉 잘 한다.

Three bears live in a house.
Daddy Bear, Mommy Bear, Baby Bear
Daddy Bear is fat. Mommy Bear is slim.
Baby Bear is so cute.
Sweetie, sweetie, you did well.

■ 명사란?

　아빠　　　엄마　　　아기　　　집

名 → 이름! 명사는 사람, 동물, 사물, 장소, 회사 등의 이름이에요.
이름 명

'마음', '능력', '공기'처럼 눈에 안 보이는 개념이나 물질에 붙은 이름도 명사랍니다.

■ 명사의 역할

명사는 문장에서 주어, 목적어, 보어로 쓰여요.

우리말		영어
아빠 곰은 뚱뚱해.	—— [주어] ——	**Daddy Bear** is fat.
아빠 곰은 **엄마 곰을** 사랑해요.	—— [목적어] ——	Daddy Bear loves **Mommy Bear**.
아빠 곰은 **요리사**예요.	—— [보어] ——	Daddy Bear is **a cook**.

Check Up

명사를 모두 고르세요.　　　　　　　　　　　　　　　　정답과 해설 p. 2

1. (A) building　　(B) busy　　(C) in　　(D) mind
2. (A) important　　(B) paper　　(C) meeting　　(D) is

문장 속에서 명사를 찾고, '주어, 목적어, 보어'를 구분하세요.

3. The seminar was very helpful.　　(주어, 목적어, 보어)
4. I have some questions.　　(주어, 목적어, 보어)
5. He is my boss.　　(주어, 목적어, 보어)

2. 대명사/동사

① 대명사 | 명사를 대신하는 말

영어는 명사를 반복해서 써야 할 경우, 명사 대신 대명사를 써요.

우리말: 대개 명사를 반복해서 씀   영어: 반복하지 않고 대명사로 바꿔 씀

아빠 곰	엄마 곰
↓	↓
아빠 곰은 뚱뚱해.	엄마 곰은 날씬해.

Daddy Bear	Mommy Bear
↓	↓
He is fat.	**She** is slim.

■ **대명사는 문장에서 어디에 들어가느냐에 따라 생김새가 달라져요.**

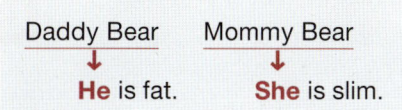 This is Daddy Bear. 이것은 아빠 곰이에요.

[주격: 주어 자리]	**He** is fat. 그는 뚱뚱해요.
[목적격: 목적어 자리]	Mommy Bear loves **him**. 엄마 곰은 그를 사랑해요.
[소유격: 명사 앞]	Mommy Bear is **his** first love. 엄마 곰은 그의 첫사랑이에요.

② 동사 | 동작이나 상태를 나타내는 말

'~가 ~하다', '~은 ~이다', '~이 있다'에서 '~하다, ~이다, ~ 있다'가 동사이지요.

우리말

곰 세 마리가 한 집에 **있어**.
아빠 곰은 뚱뚱**해**.(~한 상태이다)
히쭉히쭉 잘 **한다**.

영어

Three bears **live** in a house.
Daddy Bear **is** fat.
Sweetie, sweetie, you **did** well.

살다, 가다, 자다, 먹다…	[일반동사]	live, go, sleep, eat...
~이다, 있다	[be동사]	am, are, is
~수 있다, ~할 것이다, ~해야 한다…	[조동사] 동사원형 앞에만 와요.	can, will, should...

📋 Check Up

밑줄 친 명사를 대명사로 바꾸세요.   정답과 해설 p. 2

1. I know <u>Mr. Son</u>. → I know (him / his).
2. <u>These items</u> are popular. → (They / It) are popular.

빈칸에 알맞은 동사를 고르세요.

3. You can (have / having) dessert.
4. Mr. Smith (gave / is) a presentation.
5. Ms. White (been / is) an engineer.

3. 형용사/부사

❶ 형용사

- **역할** | 명사를 꾸며줘요. 명사가 '어떤' 명사인지 표현해주는, 명사 전담 스타일리스트죠.

a bear	a bear	a bear	+ 형용사 →	a **fat** bear	a **slim** bear	a **cute** bear
곰	곰	곰		뚱뚱한 곰	날씬한 곰	귀여운 곰

- **자리** | 형용사는 명사 앞에서 명사를 꾸미거나 보어 자리에서 명사를 보충 설명해줘요.

  [명사 앞]　　a **fat bear**　뚱뚱한 곰
  [주격 보어]　**Daddy Bear** is **fat**.　아빠 곰은 뚱뚱해. (주어를 보충 설명해줘요.)
  [목적격 보어]　Sausages made **Daddy Bear fat**.　소시지가 아빠 곰을 뚱뚱하게 만들었어요.
  　　　　　　　　　　　　　　　　　　　　　(목적어 뒤에서 목적어를 보충 설명해줘요.)

❷ 부사

- **역할** | 부사도 형용사처럼 수식 담당! 단, 명사는 빼고 나머지(동사, 형용사, 부사, 문장)를 꾸며줘요.

우리말	영어
애기 곰은 **너무** 귀여워. 　　　　　　형용사 히쭉히쭉 **잘** 한다. 　　　　동사	Baby Bear is **so** cute. 　　　　　　　형용사 Sweetie, sweetie, you did **well**. 　　　　　　　　　　　동사

(TIP) 부사는 완성된 문장에 덤으로 붙어요. 마치 장신구처럼 없어도 그만이지만, 있으면 문장이 화려해져요.

　　Baby bear is cute.　애기 곰은 귀여워. → Baby bear is **so** cute.　애기 곰은 너무 귀여워.
　　완성된 문장

📋 Check Up

빈칸에 알맞은 형용사를 고르세요.　　　　　　　　　　　　　　　　　　　　　정답과 해설 p. 3

1. This ice cream is (delicious / deliciously).
2. Maria bought a (new / newly) computer.

빈칸에 알맞은 품사를 고르세요.

3. The products are (easily / easy) found here.
4. Thank you for your (quick / quickly) reply.
5. I am (extreme / extremely) happy.

4. 전치사/접속사

① 전치사 | 명사 앞에 위치하는 말

'세 시에', '너와', '제주도로'에서 '~에, ~와, ~로'가 전치사이지요.
명사와 붙어 다니면서, 명사를 문장에 자연스럽게 연결해줍니다.

우리말
곰 세 마리가 있어 + 한 집
곰 세 마리가 한 집**에** 있어.
↪ 명사 연결

영어
Three bears live + a house
Three bears live **in** a house.
↪ 명사 연결

■ **역할** | 전치사는 '전치사+명사' 덩어리로 의미를 만들고, 형용사나 부사처럼 다른 말을 꾸미는 역할을 해요.

[부사 역할]   Three bears **live in a house**.   곰 세 마리가 한 집에 있어.
live(동사) 수식: 부사 역할

[형용사 역할]   Three **bears in a house** are a happy family.   한 집에 있는 곰 세 마리는 행복한 가족이에요.
bears(명사) 수식: 형용사 역할

② 접속사 | 말과 말을 연결하는 말

■ **역할** | 단어와 단어, 어구와 어구, 문장과 문장을 서로 연결해줘요.

우리말
아빠 곰**과** 엄마 곰
아빠 곰은 뚱뚱**하지만** 엄마 곰은 날씬해요.

영어
Daddy Bear **and** Mommy Bear
Daddy Bear is fat **but** Mommy Bear is slim.

 **Check Up**

빈칸에 알맞은 전치사를 고르세요.   정답과 해설 p. 3
1. Mr. Wang came (by / from) China.
2. This scarf was made (of / in) Italy.
3. The train arrived (at / to) 3 o'clock.

빈칸에 알맞은 접속사를 고르세요.
4. I am busy today, (here / but) I can meet you tomorrow.
5. You will receive your membership card (and / them) free gifts.

5. 구와 절

단어, 구, 절은 문장을 구성하는 요소들이에요.

❶ 단어 / 구 / 절

단어	구	절
bear	Daddy Bear	Daddy Bear is fat. 주어 동사

구와 절은 단어가 두 개 이상 모여서 의미를 만드는 단어 덩어리에요.
이 때, 덩어리 안에 〈주어+동사〉가 있으면 '절', 〈주어+동사〉가 없으면 '구'입니다.

❷ 문장

문장

Three bears live in a house.
　　　구　　　　　　구

[단어]	three 세	bears 곰들	live 살다	in ~에	a 하나의	house 집
[구]	three bears 곰 세 마리		in a house 한 집에			

문장

　　절　　　　　　절
Daddy Bear is fat but Mommy Bear is slim.
　　구　　　　　　　구

[단어]　Daddy 아빠　　Bear 곰　　is 이다　　fat 뚱뚱한　　but 하지만
　　　　Mommy 엄마　　Bear 곰　　is 이다　　slim 날씬한

[구]　　Daddy Bear 아빠 곰　　Mommy Bear 엄마 곰

[절]　　Daddy Bear is fat 아빠 곰은 뚱뚱하다　　Mommy Bear is slim 엄마 곰은 날씬하다

✅ Check Up

다음 각 단어 덩어리가 구인지 절인지 구분하세요.　　　　　　　정답과 해설 p. 4

1. every year　　　　　　　　　　　　　　(구 / 절)
2. our restaurant introduced a new menu　(구 / 절)
3. an interesting job　　　　　　　　　　　(구 / 절)
4. to the customers　　　　　　　　　　　(구 / 절)
5. they liked it　　　　　　　　　　　　　　(구 / 절)

PRACTICE 1

My friend lives here in Chicago and she kindly showed her beautiful hometown to me.

위 문장을 보고, 각 품사에 해당하는 단어들을 쓰세요.

1. 명사 — _____, _____, _____

2. 대명사 — _____, _____, _____, _____

3. 동사 — _____, _____

4. 형용사 — _____

5. 부사 — _____, _____

6. 전치사 — _____, _____

7. 접속사 — _____

다음은 위 문장 속 단어 덩어리들입니다. 구인지 절인지 파악해 쓰세요.

8. My friend lives here (구 / 절)

9. here in Chicago (구 / 절)

10. she kindly showed her beautiful hometown (구 / 절)

PRACTICE 2

1. Mr. Kang has some _____ about the report.

   (A) questioned   (B) questions

2. Our products are _____ found in large supermarkets.

   (A) easily   (B) easy

3. All of our products are made _____ Vietnam.

   (A) in   (B) and

4. Mr. Smith _____ a presentation at the next meeting.

   (A) will give   (B) given

5. Mr. Adams is a _____ businessman.

   (A) successful   (B) success

6. I want to thank you for _____ help.

   (A) your   (B) you

7. Please call me _____ you have time.

   (A) when   (B) usually

8. She _____ the head scientist at our laboratory.

   (A) to be   (B) is

명사 이름	**apple**	사과
대명사 명사를 대신	I like **it**.	나는 **그걸** 좋아해.
동사 동작	I **ate** an apple.	나는 사과를 **먹었어**.
형용사 명사를 꾸밈	a **red** apple	**빨간** 사과
전치사 '전치사+명사' = 수식어	I had an apple **for** breakfast.	나는 아침**으로** 사과를 먹었어.
부사 명사 제외 모두 꾸밈	a **very** red apple	**매우** 빨간 사과
접속사 말과 말, 절과 절을 연결	I had an apple **but** it was not enough.	나는 사과 하나를 먹었**는데** 부족했어.

Okay

문장

1. 주어와 동사

- **주어** | 문장을 이끄는 주체

주어는 문장의 맨 앞 그리고 동사 앞에 와요.

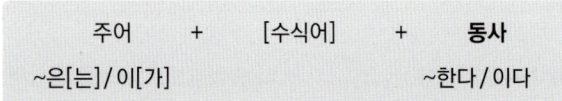

주어 앞뒤에 수식어가 붙을 때도 있어요.

주어 자리에는 명사 혹은 명사 대신 대명사(주격)가 들어가요.

Jeju-do is Korea's largest island. 제주도는 한국에서 가장 큰 섬입니다.
주어(명사)

It is beautiful. 그것은 아름다워요.
주어(대명사)

- **동사** | 주어의 동작이나 상태를 나타내는 말

동사는 주어 뒤에 오고, 절 하나에는 반드시 동사도 하나만 온다는 것, 기억하세요!

```
    주어      +    [수식어]    +    동사
~은[는]/이[가]                      ~한다/이다
```

Hallasan **is** the highest mountain in South Korea. 한라산은 한국에서 가장 높은 산이다.
주어 동사

Hallasan [on Jeju island] **is** the highest mountain in South Korea.
주어   수식어   동사
제주도에 있는 한라산은 한국에서 가장 높은 산이다.

> ⚠ **주의** to부정사(to+동사원형), 동명사(-ing), 분사(-ing/p.p.)는 동사 자리에 들어갈 수 없어요.
> Hallasan (is / ~~to be~~ / ~~being~~ / ~~been~~) the highest mountain in South Korea.

✓ Check Up

괄호 안에 알맞은 것을 고르고 문장 성분을 파악해 동그라미하세요.   정답과 해설 p. 7

1. (Delivery / Deliver) is free. (주어 / 동사 / 목적어 / 보어)
2. They (attend / attending) the workshop. (주어 / 동사 / 목적어 / 보어)
3. The (managed / manager) will attend the meeting. (주어 / 동사 / 목적어 / 보어)
4. (Him / He) sent an e-mail. (주어 / 동사 / 목적어 / 보어)
5. The company (produces / products) medical equipment. (주어 / 동사 / 목적어 / 보어)

2. 목적어와 보어

❶ 목적어 | 동사 뒤에서 동사의 대상이 되는 말

예를 들어 동사 '알다'의 경우, '안다'는 행위의 대상, 즉 '무엇을' 혹은 '누구를'에 해당하는 말이 바로 목적어예요.
주로 '~을/를'로 해석되고, 목적어 자리에는 명사 혹은 명사 대신 대명사(목적격)가 들어가요.

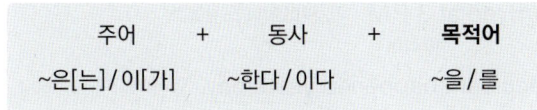

I <u>know</u> **the answer**. 나는 답을 안다.
　동사　　목적어

I <u>know</u> **it**. 나는 그것을 안다.
　동사　목적어

❷ 보어 | 주어나 목적어의 상태나 성질에 대해서 보충 설명해 주는 말

보어 자리에는 형용사나 명사가 들어가요.

■ **주격 보어** | 주어를 보충 설명해 주는 말

> 동사 뒤에 오는 건 모두 목적어? 아니에요!

　주어　　+　　동사　　+　　주격 보어

'Mom is _____ (엄마는 _____ 다)'의 경우, be동사는 뒤에 '~을/를'을 의미하는 목적어가 아니라 Mom이 '어떠한' 상태인지를 보충 설명해 주는 주격 보어가 필요해요.

Mom is **angry**. 엄마는 화나셨다.
　　　　보어

■ **목적격 보어** | 목적어를 보충 설명해 주는 말

> 목적어만 오면 모든 문장이 끝난다고요? 아니에요!

　주어　+　동사　+　목적어　+　목적격 보어

I made mom. 나는 엄마를 만들었다?　　(X) → 동사 뒤 목적어만으로는 말이 안 되죠!
I made mom **angry**. 나는 엄마를 화나게 만들었다. (O) → 목적어 mom이 '어떠한' 상태인지 보충 주는 말이 필요하지요.
　　　　　　보어

✅ Check Up

괄호 안에 알맞은 것을 고르고 문장 성분을 파악해 동그라미하세요.　　　　　　　정답과 해설 p. 8

1. Mr. Shin has called (your / you).　　　　　　　(주어 / 동사 / 목적어 / 보어)
2. Linda was (surprised / surprise).　　　　　　　(주어 / 동사 / 목적어 / 보어)
3. The movie made the actor (famous / famously).　(주어 / 동사 / 목적어 / 보어)
4. We will hold a (receive / reception).　　　　　(주어 / 동사 / 목적어 / 보어)
5. My manager gave (advise / advice).　　　　　　(주어 / 동사 / 목적어 / 보어)

3. 문장의 구조 — 1형식 & 2형식

영어에서는 문장을 5가지 방식으로 만드는데, 이를 '5형식'이라고 해요.

① 1형식 | 주어 + 동사

가장 기본이 되는 문장 형식인 '주어+동사'만으로 문장이 완성돼요. 뒤에는 수식어가 잘 붙어요.

<u>The</u> <u>train</u> <u>arrived</u>. 기차가 도착했다. → The train arrived <u>at 3 P.M</u>. 기차가 3시에 도착했다.
　주어　동사　　　　　　　　　　　　　　　　　　　　　수식어

<u>An accident</u> <u>happened</u>. 사고가 발생했다. → An accident happened <u>yesterday</u>. 어제 사고가 발생했다.
　주어　　　　동사　　　　　　　　　　　　　　　　　　　　　　　　수식어

■ 1형식 동사

| go 가다 | walk 걷다 | depart 출발하다 | arrive 도착하다 |
| work 일하다 | rise 오르다 | happen 발생하다 | exist 존재하다 |

② 2형식 | 주어 + 동사 + 주격 보어

'주어+동사'만으로는 의미가 완성되지 않아, 뒤에 보어가 붙는 문장이 2형식 문장이에요. 이때, 보어는 주어를 보충 설명해 주므로 주격 보어라고 하지요.

Susan은 이다??　주어의 의미를 보충해 주는 보어 필요!　　Susan은 내 친구이다.　Susan은 친절하다.

← 주어와 동격일 때는 명사가 와요.
← 주어를 꾸며줄 때는 형용사가 와요.

■ 2형식 동사

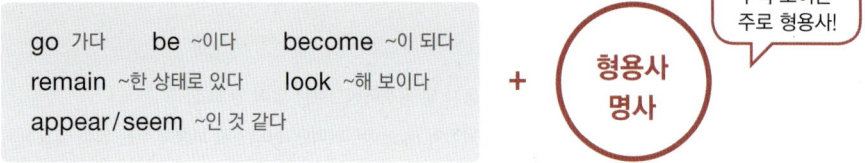

주격 보어는 주로 형용사!

✅ Check Up

다음 문장이 1형식인지 2형식인지 구분하세요.　　　　　　　　　　　　정답과 해설 p. 8

1. The plane will depart at 10 A.M.　　(1형식 / 2형식)
2. The car sales seem slow.　　　　　　(1형식 / 2형식)
3. We are a leading company.　　　　　(1형식 / 2형식)

빈칸에 알맞은 동사를 고르세요.

4. You will (be / rise) pleased.
5. He (worked / was) as a manager.

4. 문장의 구조 — 3형식 & 4형식

❶ 3형식 | 주어 + 동사 + 목적어

'주어+동사'만으로는 의미가 불충분하고 뒤에 동사의 대상이 되는 말, 즉 '목적어'가 필요한 문장이 3형식이에요. 영어에서 가장 흔하게 볼 수 있는 문장 형태랍니다.

I met [　　　] → I met **Susan**.

나는 만났다??   '누구를'에 해당하는 목적어 필요!   나는 Susan을 만났다.

I like **her**. 나는 그녀를 좋아한다.
　　　목적어

I wrote **a letter**. 나는 편지를 썼다.
　　　　목적어

❷ 4형식 | 주어 + 동사 + 간접목적어 + 직접목적어

3형식 문장에 '~에게/한테'에 해당하는 말을 덧붙여 '주어가 ~에게 ~한다'라고 표현할 때, 4형식 문장을 활용해요.

I gave a gift. + [Susan] → I gave **Susan a gift**.
　　　　　　　　　　Susan에게　　　　　　　간접목적어 직접목적어

3형식 나는 선물을 주었다.   **4형식** 나는 Susan에게 선물을 주었다.

> **TIP** 간접목적어와 직접목적어 순서를 꼭 기억하세요.
> - 간접목적어: '~에게/한테'에 해당하는 말
> - 직접목적어: '~을/를'에 해당하는 말
>
> I gave Susan a gift. (O)   I gave a gift Susan. (X)

■ **4형식으로 자주 쓰이는 동사**

give 주다	send 보내다	offer 제공하다	tell 말해주다
show 보여주다	teach 가르쳐주다	buy 사주다	award (상을) 수여하다

✅ Check Up

정답과 해설 p. 9

다음 문장이 3형식인지 4형식인지 구분하세요.

1. We will take a train.   (3형식 / 4형식)
2. The company offered me a job.   (3형식 / 4형식)
3. We finished the project on time.   (3형식 / 4형식)

다음 4형식 문장을 해석하고 간접목적어에 동그라미, 직접목적어에 세모 표시하세요.

4. He told me the news.
5. I will send you the document.

5. 문장의 구조 — 5형식

❶ 5형식 | 주어 + 동사 + 목적어 + 목적격 보어

'주어+동사+목적어'만으로는 의미가 완성되지 않아, 목적어를 보충설명해주는 목적격 보어가 붙는 문장이 5형식 문장이에요.

Susan makes me [ ] → Susan makes me **happy**.

Susan이 나를 만든다??   의미를 보충해 주는 보어 필요!   Susan은 나를 행복하게 만든다.

I consider Susan **smart**. 나는 Susan이 똑똑하다고 생각한다.
         목적어 목적격 보어

I left the door **open**. 나는 문을 열어 두었다.
     목적어 목적격 보어

■ 5형식으로 자주 쓰이는 동사

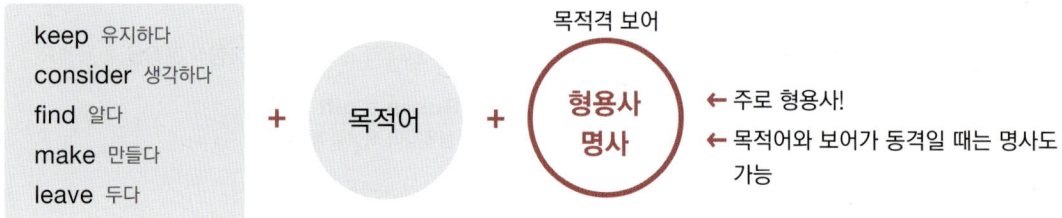

> ⚠️ **주의** 5형식 동사와 목적어 다음에 오는 목적격 보어 자리에 부사를 고르지 않도록 조심하세요!
>
> Susan makes me **happily**. (X)   Susan makes me **happy**. (O)
>   ↳ 목적어인 명사(대명사)를 꾸며주므로 형용사 자리!

Check Up

괄호 안에 알맞은 것을 고르세요.   정답과 해설 p. 10

1. Our hotel always keep the rooms (clean / cleanly).
2. I found the book (interestingly / interesting).
3. We consider Ms. Rosy (responsible / response).
4. The news made them (excitedly / excited).
5. Please leave the window (openly / open).

6. 수식어 — 형용사 역할 수식어 1

문장을 만드는 데는 주어, 동사, 목적어, 보어만 있으면 돼요. 그렇다면 실제로 우리가 보는 문장들은 왜 그렇게 길까요? 수식어가 붙기 때문이죠. 주어, 동사, 목적어, 보어를 뺀 나머지는 모두 수식어예요.

먼저, 형용사처럼 명사를 꾸미는 수식어에 대해 알아보아요.

❶ a(n) / the / 소유격 / 형용사

| a
my
famous | doctor 한 명의 의사
doctor 내 (담당) 의사
doctors 유명한 의사 |

→ 관사: 하나(a/an)인지, 그(the) 명사인지 알려줘요.
→ 소유격: 명사 앞에 붙어 누구의 명사인지 알려줘요.
→ 형용사: 명사를 꾸며줘요.

❷ 전치사 + 명사 덩어리

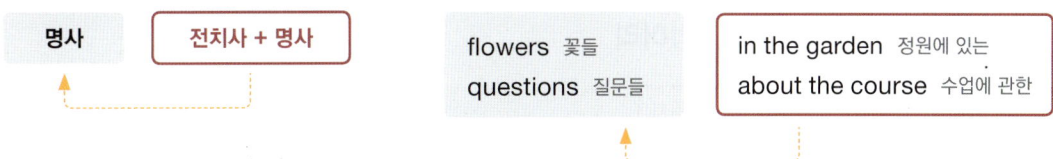

❸ to부정사(to + 동사원형) 덩어리

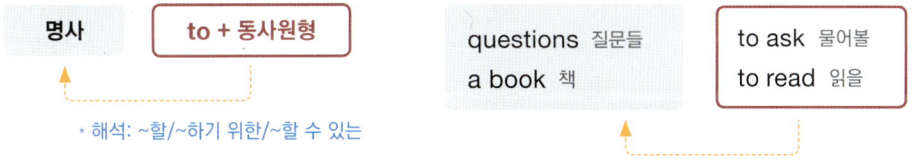

• 해석: ~할/~하기 위한/~할 수 있는

✅ Check Up

밑줄 친 명사를 수식하는 말을 찾아 표시하세요.   정답과 해설 p. 10

1. Myeong-dong is a very popular <u>district</u>.
2. <u>The information</u> on this Web site is very helpful.
3. The chef is famous for his creative <u>dishes</u>.
4. Angela has an <u>ability</u> to communicate well with others.
5. I have <u>questions</u> about the new system.

7. 수식어 – 형용사 역할 수식어 2

① 분사(동사원형 ing) 덩어리

② 분사(과거분사(p.p.)) 덩어리

③ 관계사절(관계사 + 절) 덩어리

TIP 관계사가 있는 문장의 해석 방법

I know a writer / that is known for his crime novels. 나는 작가를 / 범죄 소설로 알려진 / 압니다.

명사 뒤에 의문사나 that이 보이면 관계사예요. 관계사 앞에서 끊고, 명사를 수식해주는 말로 해석하면 돼요.

Check Up

밑줄 친 명사를 수식하는 말을 찾아 표시하세요.   정답과 해설 p. 11

1. All the <u>staff</u> working at our China office will receive a bonus.
2. <u>The man</u> wearing glasses is our new employee.
3. I read <u>the e-mail</u> sent from your account.
4. The customer bought <u>the TV</u> that is on sale.
5. <u>The printer</u> which we bought last week is broken.

8. 수식어 — 부사 역할 수식어

부사 역할을 하는 수식어들은 명사를 제외한 나머지 말(동사, 형용사, 문장 등)을 꾸며줘요.
부사처럼 완성된 절 여기저기에 덤으로 붙은 말은 모두 수식어로 구분하면 문장 파악이 쉬워진답니다.

❶ 부사

I work **hard**. 나는 **열심히** 일합니다.   Ms. Jobs is **very** kind. Jobs 씨는 **매우** 친절합니다.

❷ 전치사 + 명사 덩어리

I work **at home**. 나는 **집에서** 일합니다.   **In addition**, we offer a discount. **추가로**, 우리는 할인을 제공합니다.

❸ to부정사(to + 동사원형) 덩어리

We will work overtime **to meet the deadline**.   **To meet the deadline**, we will work overtime.

우리는 **마감일을 맞추기 위해서** 초과 근무를 합니다.   **마감일을 맞추기 위해서**, 우리는 초과 근무를 합니다.

- 절(주어+동사 ~) 앞이나 뒤에 추가로 붙는 to부정사 덩어리는 주로 '~하기 위해서'라고 해석합니다.

❹ 부사절(부사절 접속사 + 절)

I am tired **because I worked late last night**.   **When I arrive there**, I will call you.

어젯밤 야근해서 피곤합니다.   **거기 도착하면**, 전화하겠습니다.

- 부사절은 기본 절에 부사처럼 덤으로 붙은 절이에요. 접속사를 발견하자마자 접속사 앞에서 끊어 주면 두 절이 분리되면서, 쉽게 문장을 파악할 수 있어요.

> **TIP** 수식어가 있는 문장의 독해 요령
> 수식어를 괄호 등의 표시로 분리시키면, 문장의 핵심 성분인 〈주어+동사+목적어/보어〉만 남아요!
> 수식어를 분리시키면 문장 구조 파악뿐 아니라 긴 문장의 해석도 쉬워진답니다!

Check Up

다음 문장에서 부사 역할 수식어를 찾아 표시하세요.   정답과 해설 p. 11

1. The project was very successful.
2. I ordered the item through the Web site.
3. Unfortunately, Mr. Kim missed the flight.
4. To meet the deadline, I have to work overtime.
5. She couldn't come because her flight was canceled.

PRACTICE 1

각 문장의 문장 성분을 파악하여, 주어에 동그라미, 동사에 밑줄, 목적어에 네모, 보어에는 세모 표시하세요.

1. The museum has a wonderful exhibit.

2. The employees found the seminar useful.

3. I will show you some samples.

4. House prices rose sharply.

5. Customer satisfaction is very important.

각 문장과 같은 형식의 문장을 찾아 짝지으세요.

6. The price has risen.   •   • The manager made the point clear.

7. We offer customers free parking.   •   • I work at night.

8. The items are very popular.   •   • The fee remains unchanged.

9. Nora submitted the report on time.   •   • I sent Ms. Louis an e-mail.

10. We keep your data safe.   •   • You should complete the survey.

PRACTICE 2

각 문장의 수식어를 / 로 구분하고, 주어에 동그라미, 동사에 세모 표시한 후 끊어서 해석해 보세요.

> (예) To thank clinic volunteers, / (Central Hospital administrators) will provide free drinks / at today's meeting.
> 자원봉사자에게 감사하기 위해 / 병원 관리자들이 무료 음료를 제공할 것이다 / 오늘 회의에서

1. The conference rooms in Main Hall are available only for morning meetings.

2. Mr. Parmar will answer all questions about the new policy in a company-wide e-mail.

3. Bizer Pharmaceutical has announced the development of a new drug to treat cancer.

4. The number of people attending the seminar has increased for years.

5. The Dee Gallery opened a new exhibition to celebrate its tenth anniversary.

6. The NS tower located in the center of the city is famous for its light decorations.

7. We will watch the demonstration video, which explains the rules of the game.

8. All employees that operate the equipment must wear safety glasses.

9. We should review the document before we release the final proposal to the rest of the staff.

10. People can work more efficiently if they have enough sleep.

명사

1. 명사란?

사람이나 물건을 부를 때 쓰는 **이름**을 뜻해요.

Susie   house   book   USB   coffee

■ 명사 한눈에 알아보기

토익에서는 여러 단어들 중에서 명사를 한눈에 알아보는 게 무엇보다 중요해요.
다행히도 명사에는 유독 잘 붙어 다니는 끝말이 있어서, 그 말들을 외우면 명사임을 눈치챌 수 있죠.

-ment	management	경영, 관리	-ice	advice	충고
-ness	happiness	행복	-age	luggage	짐, 수하물
-ance -ence	importance difference	중요성 차이	-hood	neighborhood	이웃
-tion -sion	donation decision	기부 결정	-or -er -ee	director customer employee	감독, 이사 고객 직원
-ship	leadership	지도력, (조직의) 지도부	-ure	furniture	가구
-ism -asm	criticism enthusiasm	비판 열광, 열정	-ry -ty	delivery safety	배달 안전

Check Up

명사를 고르세요.   정답과 해설 p. 15

1. (A) improve   (B) improvement   (C) improved   (D) improving
2. (A) pleasant   (B) pleased   (C) please   (D) pleasure
3. (A) reserve   (B) reserves   (C) reservation   (D) reserving

동사를 명사로 바꿔보세요.

4. 참석하다 : attend   →   참석자 : _____
5. 생산하다 : produce   →   생산성 : _____

2. 명사 자리 — 주/목/보

명사는 문장에서 **주어, 목적어, 보어** 자리에 들어가요.

❶ 주어 | 일반적으로 절의 맨 앞쪽, 동사 앞

Lisa is a manager.   Lisa는 관리자이다.
주어

❷ 목적어1 | 동사 뒤

I met **Lisa**.   나는 Lisa를 만났다.
동사 목적어

❸ 목적어2 | 전치사 뒤

I work with **Lisa**.   나는 Lisa와 함께 일한다.
전치사 목적어

❹ 보어 | 주로 be 동사 뒤

She is **Lisa**.   그녀는 Lisa이다.
 = 보어(주어와 보어가 동격일 때)

✅ Check Up

밑줄 친 명사의 문장 성분에 동그라미 치세요.   정답과 해설 p. 15

1. The director has made a <u>decision</u>.   (주어, 목적어, 보어)
2. The <u>display</u> will feature photographs.   (주어, 목적어, 보어)
3. This <u>equipment</u> is compatible with PC software. (주어, 목적어, 보어)
4. Mr. Chan is a <u>supervisor</u>.   (주어, 목적어, 보어)
5. The moment of <u>decision</u> has come.   (주어, 목적어, 보어)

3. 명사 자리 — 명사 짝꿍

관사, 소유격, 형용사는 명사 앞에 짝꿍처럼 잘 붙어 다녀요.
따라서 빈칸 앞에 붙어 있는 이 명사 짝꿍들을 보면 명사가 들어갈 자리임을 알 수 있어요!

① 관사(a / an / the) 뒤

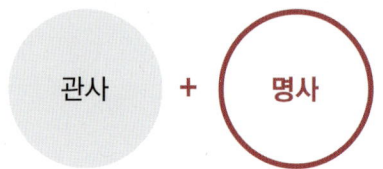

a **student**   an **hour**   the **company**
She became a **manager**.
그녀는 관리자가 되었다.

② 소유격 뒤

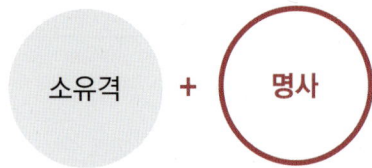

my **document**   Mr. Lopez's **luggage**
Ms. Hamasaki will review the **applicants' résumés**.
Hamasaki 씨가 지원자들의 이력서를 검토할 것이다.

③ 형용사 뒤 | 형용사는 명사 앞에 붙어서 명사를 꾸며줘요.

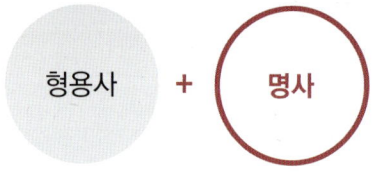

important **information**   many **customers**
Anil is a new **employee**.
Anil은 신입 직원이다.

Check Up

괄호 안에 알맞은 것을 고르세요.   정답과 해설 p. 16

1. Mr. Kanso made a (recommends / recommendation).
2. Mr. Miles expressed his (appreciation / appreciative).
3. Final (approved / approval) is required.
4. She became a famous (writer / writing).
5. I will send you the form for your (convenience / convenient).

4. 가산 명사 (셀 수 있는 명사)

명사에는 가산 명사(셀 수 있는 명사)와 불가산 명사(셀 수 없는 명사)가 있어요.
그 중에 책, 가방, 연필처럼 개수를 셀 수 있는 명사를 **가산 명사**라고 해요.

❶ 단수 vs. 복수

- **단수** | 명사가 '하나'일 때 ➡ 앞에 주로 'a'나 'an'이 붙어요.

| a book | an item | the store | my bag |

(TIP) 단수 명사 앞에는 'a/an'뿐 아니라 'the'나 '소유격'도 붙을 수 있어요.
명사 뒤쪽에 's'가 없으면 대부분 단수 명사라고 보면 돼요.

- **복수** | 명사가 둘 이상, '여럿'일 때 ➡ '~들'이란 의미로 명사 뒤에 '-s'나 '-es'가 붙어요.

(TIP) 'the'나 '소유격'은 복수 명사 앞에도 올 수 있고, 명사 뒤에 's'가 있으면 대개 복수 명사로 보면 돼요.

❷ 빈출 가산 명사 | 셀 수 없을 것 같은데 알고 보면 가산 명사인 단어들을 조심!

discount 할인	refund 환불	cost 비용	price 가격
estimate 견적(서)	increase 증가	benefit 혜택	permit 허가증
opening 일자리, 공석	result 결과	details 세부사항	request 요청

Check Up

괄호 안에 알맞은 것을 고르세요.   정답과 해설 p. 16

1. The buyer will receive a 3% (discount / discounts).
2. (Employee / Employees) will receive bonuses.
3. (Report / Reports) must be true.
4. Riga Airport expects a significant (increase / increases).
5. They made (request / requests).

5. 불가산 명사(셀 수 없는 명사)

① 셀 수 없는 명사이므로 수를 뜻하는 표현(a/one/both 둘 다/명사 뒤 's' 등)이 붙을 수 없어요!
② 'the', '소유격'처럼 수와 상관없는 한정사는 함께 쓸 수 있어요.

❶ 항상 단수 취급

불가산 명사는 복수형이 없으므로 항상 단수로 취급해요.

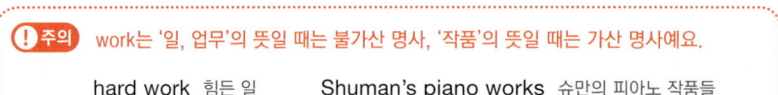

불가산 명사	(O)
a/an + 불가산 명사	(X)
the/소유격 + 불가산 명사	(O)
불가산 명사s	(X)

❷ 빈출 불가산 명사

access 접근	advice 충고	architecture 건축(학)	baggage/luggage 짐, 수하물
consent 동의, 허가	equipment 장비	furniture 가구	information 정보
knowledge 지식	machinery 기계류	merchandise 상품	research 연구

The coach gave the players great **advice**. 코치는 선수들에게 훌륭한 조언을 해주었다.
I gave my consent to Eva's **proposal**. 나는 Eva의 제안에 동의했다.

> ❗ **주의** work는 '일, 업무'의 뜻일 때는 불가산 명사, '작품'의 뜻일 때는 가산 명사예요.
> hard work 힘든 일   Shuman's piano works 슈만의 피아노 작품들

Check Up

괄호 안에 알맞은 것을 고르세요.   정답과 해설 p. 17

1. All employees must wear protective (equipment / equipments).
2. Two pieces of my (luggage / luggages) are missing.
3. Ms. Moon has done excellent (work / works).
4. He is a renowned (architect / architecture).
5. The University Board is seeking (assistance / assistant).

6. 복합 명사 (명사 + 명사)

'토익 시험'처럼 명사와 명사가 만나 새로운 명사를 만드는 것을 **복합 명사**라고 해요.
토익 시험에 잘 나오는 빈출 복합 명사들을 미리 알아두면 좋겠죠!

■ 토익 빈출 복합 명사

application form 신청서	assembly line 조립 라인	bank statement 은행 명세서
sales result 매출 실적	budget report 예산 보고서	store policy 가게 방침
conference venue 회의 장소	account number 계좌 번호	customer satisfaction 고객 만족
keynote speaker 기조 연설자	office supplies 사무용품	product manual 제품 설명서
staff productivity 직원 생산성	job opening 일자리, 공석	travel itinerary 여행 일정표
safety standards 안전 기준	protection device 보호 장비	construction site 건축 부지

You will receive a **bank statement** every month.
귀하는 매달 은행 명세서를 받을 것입니다.

You can download the **product manual** from our Web site.
제품 설명서는 웹사이트에서 내려받을 수 있습니다.

Safety standards are required for the process.
그 절차에는 안전 기준이 요구된다.

괄호 안에 알맞은 것을 고르세요.   정답과 해설 p. 18

1. The (productive / product) manual should be read in advance.
2. Taomi has added more (assemble / assembly) lines.
3. GIM announced (sales / sell) results for the first quarter.
4. We offer a variety of office (supplying / supplies).
5. Please fill out the (apply / application) form.

PRACTICE

STEP 1 복습문제

1. This spring, Riga Airport expects a significant _____ in passenger traffic.

   (A) increase
   (B) increases

2. _____ of MAU Manufacture will be receiving cash incentives later this month.

   (A) Employ
   (B) Employees

3. Mr. Miles expressed his _____ to Ms. Sandoval for her hard work in preparing the training program.

   (A) appreciate
   (B) appreciation

4. The Nebraska University Board is seeking _____ for its multi-million dollar construction project.

   (A) assistant
   (B) assistance

STEP 2 응용문제

5. The plan has the support of all our staff, but it still requires _____ from the senior management.

   (A) approval
   (B) approve

6. Mr. Ladd will take a few days off to recover from his recent _____.

   (A) operated
   (B) operation

7. Ms. Chu, marketing director of Yapi Ltd., announced her _____ to retire at the last staff meeting.

   (A) intention
   (B) intend

8. We make every effort to meet customer needs by promptly responding to _____.

   (A) requests
   (B) request

ACTUAL TEST

1. The merger deal will involve the _____ of about 50 personnel by next February.
   (A) relocated
   (B) relocate
   (C) relocates
   (D) relocation

2. The Meizzel Tower was designed and built in 1889 by a famous _____ and his team.
   (A) engineering
   (B) engineers
   (C) engineer
   (D) engine

3. The company's "Outstanding Employee of the Quarter" award is given as recognition for individual _____.
   (A) achieve
   (B) achieved
   (C) achieves
   (D) achievement

4. The photocopying of confidential documents is not allowed without _____ from the supervisor.
   (A) permission
   (B) permissible
   (C) permitted
   (D) permit

5. The members of the _____ will vote on a new law next week.
   (A) assemble
   (B) assembly
   (C) assembles
   (D) assembled

6. According to the local media, our company's _____ on the various social media needs to be expanded.
   (A) visible
   (B) visibility
   (C) visibly
   (D) more visible

7. Our factory in Vietnam is operating at full capacity in _____ for the peak season.
   (A) preparation
   (B) prepare
   (C) prepared
   (D) prepares

8. The _____ in the lobby of our building gives visitors an outline of the firm's 100-year history.
   (A) exhibited
   (B) exhibit
   (C) to exhibit
   (D) exhibiting

9. Please confirm _____ of the e-mail, which was sent by Mr. Bork at 9:45 P.M. last night.
   (A) received
   (B) receive
   (C) receives
   (D) receipt

10. Incoming CEO Gina Fowler will give a _____ on the company's future strategy.
    (A) presenting
    (B) presented
    (C) presentation
    (D) presents

명사 최빈출 어휘 1

회사 생활 1

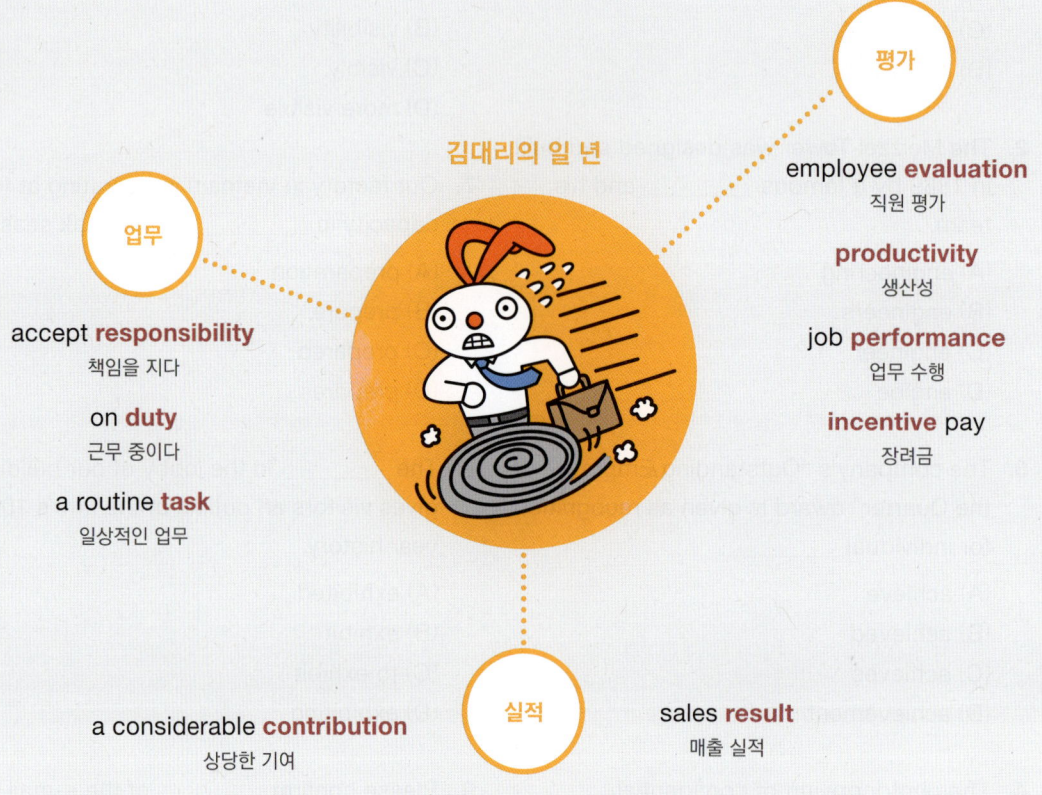

김대리의 일 년

업무
- accept **responsibility** 책임을 지다
- on **duty** 근무 중이다
- a routine **task** 일상적인 업무

평가
- employee **evaluation** 직원 평가
- **productivity** 생산성
- job **performance** 업무 수행
- **incentive** pay 장려금

실적
- a considerable **contribution** 상당한 기여
- a remarkable **achievement** 뛰어난 업적
- sales **result** 매출 실적

☐	**responsibility** [rispὰnsəbíləti]	n. 책임, 업무	☐	**result** [rizʌ́lt]	n. 결과
☐	**duty** [djúːti]	n. 의무, 직무	☐	**incentive** [inséntiv]	n. 장려(우대)책
☐	**task** [tæsk]	n. 일	☐	**performance** [pərfɔ́ːrməns]	n. 실적, 성과
☐	**contribution** [kὰntrəbjúːʃən]	n. 기여, 기부(금)	☐	**productivity** [pròudʌktívəti]	n. 생산성
☐	**achievement** [ətʃíːvmənt]	n. 업적	☐	**evaluation** [ivæljuéiʃən]	n. 평가 (유의어) review, assessment

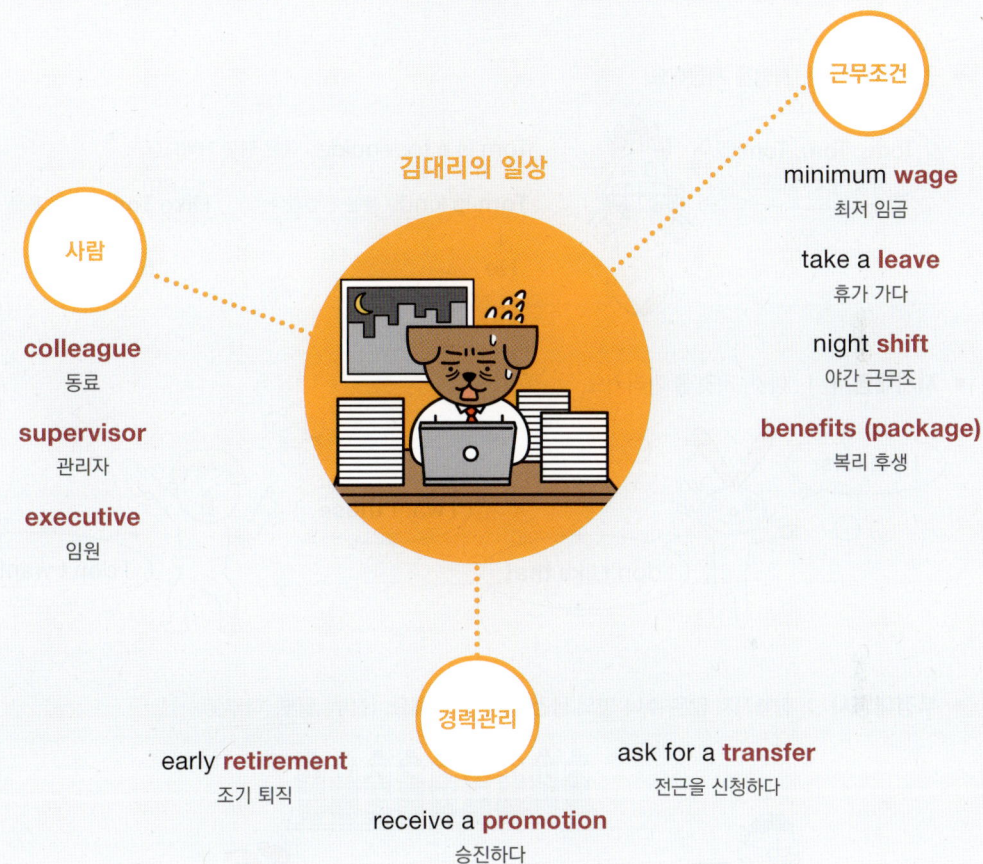

	colleague [káli:g]	n. 동료 (유의어) co-worker		transfer [trænsfə́:r]	n. 전근, 이동
	supervisor [sú:pərvàizər]	n. 관리자		benefits (package) [bénəfit (pǽkidʒ)]	n. 복리 후생
	executive [igzékjutiv]	n. 임원, 간부		shift [ʃift]	n. 근무조, 변화
	retirement [ritáiərmənt]	n. 은퇴		leave [li:v]	n. 휴가
	promotion [prəmóuʃən]	n. 승진		wage [weidʒ]	n. 임금 (유의어) salary

대명사

1. 대명사란?

주로 명사의 반복을 피하기 위해 명사 대신 쓰는 말입니다.

- **인칭대명사** | 사람을 지칭해요.

Tom is a tour guide. 톰은 관광 가이드다.

Tom is kind. 톰은 친절하다.   I like Tom. 나는 톰을 좋아한다.
↓   ↓
He   him

- **지시대명사** | '이것, 저것'을 가리켜요.

- **부정대명사** | 정해지지 않은 수나 양의 물건, 사람을 말해요. (전부, 일부, 대부분 …)

Check Up

정답과 해설 p. 22

1. 인칭대명사를 모두 고르세요. (this / him / some / we)
2. 지시대명사를 모두 고르세요. (they / us / that / these)
3. 부정대명사를 모두 고르세요. (you / all / some / it)
4. 나는 그들을 만났다. ─영어로→ _____ met _____ .
5. Alan and Nora will visit Mr. Park's office. ─대명사로→ _____ will visit _____ office.

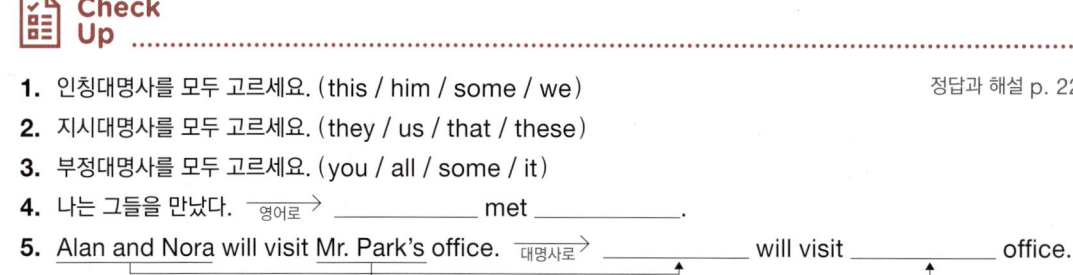

2. 인칭대명사

말 그대로 사람을 지칭하는 대명사이지요.

❶ 인칭대명사의 격

인칭대명사는 명사와 달리 **자리, 인칭, 수, 성별, 사람 vs. 사물** 여부에 따라 생김새가 달라지므로 대명사를 고를 때는 이 사항들을 꼭 따져야 합니다!

인칭/성/수		격	주격 ~은/는/이/가	소유격 ~의	목적격 ~을/를/~에게	소유대명사 ~의 것	재귀대명사 자신/스스로
1인칭	단수(나)		I	my	me	mine	myself
	복수(우리)		we	our	us	ours	ourselves
2인칭	단수(너)		you	your	you	yours	yourself
	복수(너희)		you	your	you	yours	yourselves
3인칭	단수	남성(그)	he	his	him	his	himself
		여성(그녀)	she	her	her	hers	herself
		사물(그것)	it	its	it	-	itself
	복수(그들, 그것들)		they	their	them	theirs	themselves

❷ 인칭대명사의 자리

■ **주격(주어 자리)**   주격 + 동사

I met Mr. White and **he is** an accountant.   나는 White 씨를 만났는데 그는 회계사입니다.

■ **목적격(목적어 자리)**   동사 + 목적격 / 전치사 + 목적격

I know Ms. Lim's phone number, so I will **call her**.   나는 Lim 씨의 전화번호를 알고 있으므로 내가 그녀에게 전화하겠습니다.
I know Ms. Lim well, so I will talk **to her**.   나는 Lim 씨를 잘 아니까 내가 그녀에게 말하겠습니다.

■ **소유격(명사 앞)**   소유격 + 명사

You must submit **your résumé** by Friday.   당신은 금요일까지 이력서를 제출해야 합니다.

Check Up

괄호 안에 알맞은 것을 고르세요.   정답과 해설 p. 22

1. (Him / He) is a renowned writer.
2. Please find (you / your) invoice.
3. (My / I) appointment has been rescheduled.
4. If you receive a faulty item, please return (it / them) to the store.
5. Because Ms. Ryan developed the plan, (she / they) will give a presentation.

3. 소유대명사

'소유격 + 명사'를 한마디로 대신해 주는 말이에요.

■ **소유대명사가 들어가는 자리는?** | 주어, 목적어, 보어 자리 모두 OK.

· **주어**

My car is black and **his** is white. 내 차는 검정색이고 그의 것은 흰색이다.
　　　　　　　　　= his car

· **목적어**

I like your idea, so I will recommend **yours** to my boss.
　　　　　　　　　　　　　　　　= your idea
나는 당신의 아이디어가 마음에 들어서 내 상사에게 당신의 것을 추천할 것이다.

· **보어**

This mobile phone is not **mine**. It is **hers**.
　　　　= my mobile phone　　= her mobile phone
이 핸드폰은 내 것이 아니다. 그것은 그녀의 것이다.

Check Up

괄호 안에 알맞은 것을 고르세요.　　　　　　　　　　　　정답과 해설 p. 23

1. The USB drive is (her / hers).
2. The buyer chose (ours / we) from many design samples.
3. I received Tom's e-mail but (you / yours) hasn't arrived yet.
4. I am writing this letter because I haven't heard from (you / yours).
5. We are using Zedox printer rental services so this printer is not (it / ours).

4. 재귀대명사

~self(단수) / ~selves(복수)로 끝나는 대명사로 '자신', '스스로'를 뜻해요.

① 재귀용법

동사의 행위자(주어)가 동사의 대상(목적어)과 같을 때는 목적어 자리에 재귀대명사를 써요.
참고로, 주어 자리에는 재귀대명사를 쓰지 않아요.

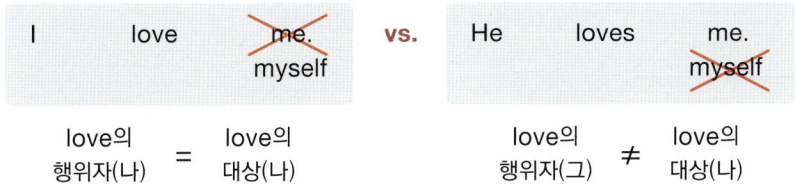

② 강조용법

'바로 그 자신 / 자체', '직접'이라는 의미를 강조하고 싶을 때에도 재귀대명사를 써요.
재귀대명사는 주어 바로 뒤 또는 문장 맨 뒤에 들어가요.

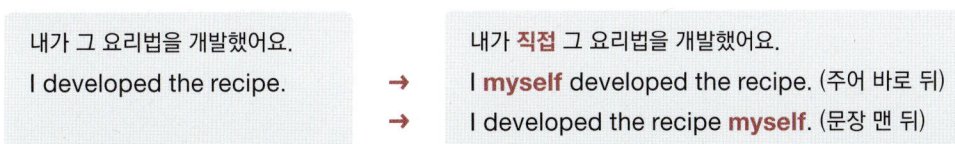

③ 관용표현

by oneself = on one's own 혼자서, 스스로
　재귀대명사　　소유격

She reviewed the report by (**herself** / ~~her~~). 그녀는 혼자서 보고서를 검토했다.
He attended the seminar on (~~him~~ / **his own**). 그는 혼자서 세미나에 참석했다.

 Check Up

괄호 안에 알맞은 것을 고르세요.　　　　　　　　　　　　　　　　　정답과 해설 p. 23

1. Ms. Yan committed (her / herself) to music.
2. Ms. Shin reviewed the résumés (her / herself).
3. The manager (he / himself) attended the workshop.
4. Jake prepared a survey by (him / himself).
5. The owner gave a presentation (him / himself).

5. 지시대명사

명사 대신 '이것, 저것'으로 가리켜(지시) 쓰는 말이어서 **지시대명사**라고 불러요.

❶ 단수 vs. 복수

	이것	저것
단수	this	that
복수	these	those

(**This** / ~~These~~) is a reminder to all employees.
이것은 전 직원에게 보내는 알림장입니다.

> ❗**주의** this와 that은 형용사(이/저)로도 쓸 수 있는데, 이때에도 명사와 단수/복수 짝을 잘 맞춰 주세요.
> (**this** / ~~these~~) computer 이 컴퓨터   (~~that~~ / **those**) employees 저 직원들

❷ those | ~한 사람들

those는 '저것들' 말고도 '사람들'이란 뜻이 있는데, 그냥 사람들이 아니라 '~한 사람들'로 뒤에 꾸며주는 말이 따라와요.

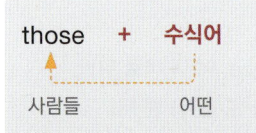

Those / who are obese / should exercise. 사람들은 / 비만인 / 운동해야 한다
　　　　　수식어

Those / with diabetes / are advised to take the medicine. 사람들은 / 당뇨가 있는 / 약을 복용하는 게 좋다
　　　　　수식어

> **TIP** 특히 '~한 사람들'로 'those who ~'가 자주 출제되므로 'those who~'를 통째로 외워두면 편답니다.
> those 는 복수형(사람들)이므로 뒤에는 당연히 복수 동사가 따라붙는 것도 알아둡시다!

✅ Check Up

괄호 안에 알맞은 것을 고르세요.　　　　　　　　　　　　　　　　　정답과 해설 p. 24

1. Please fill out (that / these) forms.
2. (This / They) is a limited-time offer.
3. We offer workshops for (those / that) looking for a job.
4. Mr. Chin will send a timetable to (that / those) who attend the seminar.
5. (Them / Those) with a university degree will be preferred.

6. 부정대명사

'일부, 조금, 대부분' 등으로 사람이나 물건을 뭉뚱그려 가리키는 말입니다.

❶ 부정대명사 of the 명사 | ~의 전부/일부/대부분

부정대명사는 주로 수나 양을 나타내기 때문에 명사를 대신할 때에도 수/양을 따져야 해요.

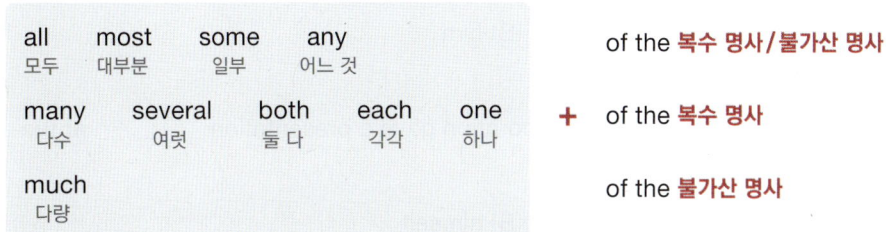

(**Many** / ~~Much~~) of the passengers are tourists. 승객들 중 많은 사람들이 관광객이다.

We need to revise (**some** / ~~several~~) of the information. 우리는 정보의 일부를 수정해야 한다.
불가산 명사 ➡ several은 불가산 명사와 함께 쓸 수 없어요.

❷ one / another / some / others / the other(s)

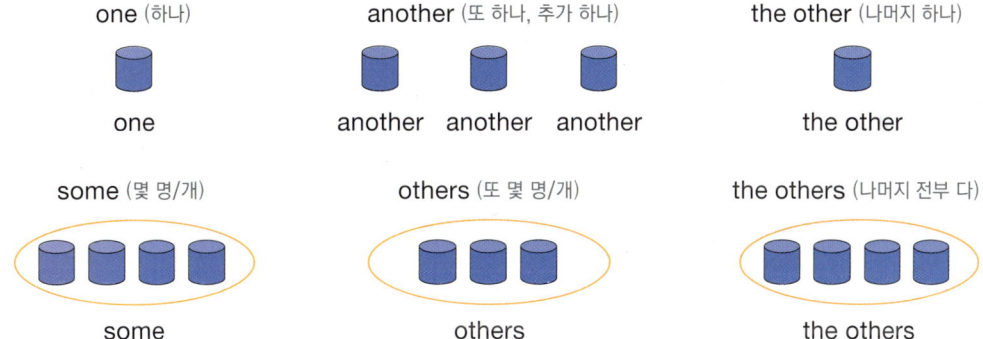

Of the three rooms, two have been reserved but (~~another~~ / **the other**) is still available.
세 방 중에 둘은 예약이 되었지만 나머지 하나는 아직 이용할 수 있다.

 Check Up

괄호 안에 알맞은 것을 고르세요. 정답과 해설 p. 25

1. Please be kind to (another / others).
2. (Many / Much) of the applicants are qualified.
3. We give a free gift to (each / every) of our members.
4. (Some / Each) have complained.
5. We will buy (some / many) of her jewelry next month.

PRACTICE

STEP 1 복습문제

1. Please find _____ latest invoice for the total course fees.
   (A) you   (B) your

2. Not only is Arnold Green a fashion photographer, but _____ is also a renowned writer.
   (A) he   (B) him

3. The owner of the Gump Corporation gave a presentation _____ at the annual meeting.
   (A) him   (B) himself

4. Mr. Chin will send an updated timetable to _____ who attend the seminar on managerial techniques.
   (A) that   (B) those

STEP 2 응용문제

5. Ms. Gilbert will be attending the trade fair with _____ sales team.
   (A) herself   (B) her

6. Market research indicates that most of the area's consumers see _____ as smart shoppers.
   (A) it   (B) themselves

7. _____ are concerned about the board's decision to decrease the budget.
   (A) Many   (B) Every

8. _____ with dyslexia will get a deadline extension of five working days.
   (A) Those   (B) Them

ACTUAL TEST

1. _____ meeting with potential investors has been moved to July 10.
   (A) My
   (B) Me
   (C) Myself
   (D) Mine

2. A personalized asset management plan was designed to serve _____ of our clients.
   (A) each
   (B) whose
   (C) it
   (D) whom

3. Dr. Gray requested a shuttle service from the airport to the hotel for _____ this Saturday.
   (A) his own
   (B) he
   (C) himself
   (D) his

4. None of _____ arrived at the conference on time due to an unexpected flight delay.
   (A) them
   (B) they
   (C) themselves
   (D) their

5. Mr. Duran wants to confirm when photographs for the magazine will be ready for _____ review.
   (A) he
   (B) himself
   (C) him
   (D) his

6. _____ wishing to apply for an accounting position must e-mail Ms. Valtez by Thursday, February 14.
   (A) Them
   (B) Their
   (C) Who
   (D) Those

7. Yesterday, Ms. Chang indicated that _____ would ask team members to work overtime.
   (A) she
   (B) hers
   (C) herself
   (D) her

8. Sunmi Kang prepared all of the inventory sheets for every store location _____.
   (A) herself
   (B) she
   (C) hers
   (D) her

9. Because of staffing issues, Mr. Trang is handling all the mailing tasks by _____.
   (A) yourself
   (B) himself
   (C) itself
   (D) themselves

10. The training session will be held for _____ interested in the new software program.
    (A) either
    (B) they
    (C) those
    (D) whom

명사 최빈출 어휘 2

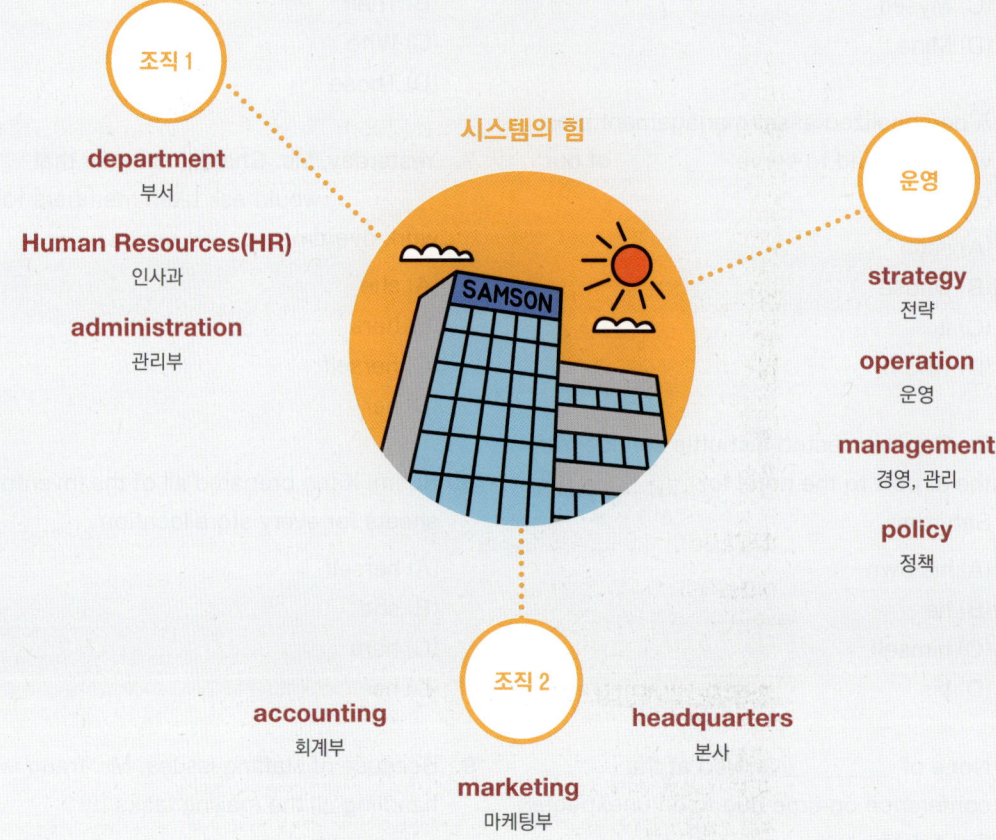

	department [dipá:rtmənt]	n. 부서		headquarters [hédkwɔ:rtərz]	n. 본사
	human resources(HR) [hjú:mən rí:sɔ:rs]	n. 인적 자원(인사과)		policy [pɑ:ləsi]	n. 정책, 방침
	administration [ədmìnistréiʃən]	n. 관리(부)		management [mǽnidʒmənt]	n. 경영, 관리
	accounting [əkáuntiŋ]	n. 회계(부)		operation [ɑ̀pəréiʃən]	n. 운영, 영업
	marketing [má:rkitiŋ]	n. 마케팅(부)		strategy [strǽtədʒi]	n. 전략

회사 2

탄탄한 기업

사업
- a competitive **market** 경쟁이 치열한 시장
- **negotiation** 협상
- global **competition** 글로벌 경쟁
- a new **project** 새로운 프로젝트

자금
- an annual **budget** 연간 예산
- **finance** 자금
- make a **profit** 수익을 내다

계약
- close a **contract** 계약을 체결하다
- **cancellation** 취소
- contract **extension** 계약 연장

☐	**market** [máːrkit]	n. 시장	☐	**cancellation** [kæ̀nsəléiʃən]	n. 취소
☐	**negotiation** [nigòuʃiéiʃən]	n. 협상	☐	**extension** [iksténʃən]	n. 연장, 확대
☐	**competition** [kàmpətíʃən]	n. 경쟁	☐	**profit** [práfit]	n. 수익
☐	**project** [prádʒekt]	n. 프로젝트, 기획	☐	**finance** [fáinæns]	n. 자금
☐	**contract** [kántrækt]	n. 계약	☐	**budget** [bʌ́dʒit]	n. 예산

형용사

1. 형용사란?

명사를 꾸미는 역할을 하며 주로 명사의 모양이나 상태에 대해서 묘사해줘요.

candies 사탕

sweet candies 달콤한 사탕

■ 형용사 한눈에 알아보기

형용사도 명사처럼 잘 붙는 끝말이 있어요. 척 보면 형용사인지 알 수 있도록 외워 둡시다!

-able	capable	~을 할 수 있는, 유능한
-ible	possible	가능한
-ous	dangerous	위험한
-ive	attractive	매력적인
-ful	successful	성공한
-y	healthy	건강한
-less	useless	쓸모없는
-ic	economic	경제의
-al	annual	연간의, 매년의

Check Up

형용사를 모두 고르세요.   정답과 해설 p. 29

1. (A) use   (B) useful   (C) useless   (D) user
2. (A) additional (B) add   (C) addition   (D) additionally

다음 단어를 형용사로 바꿔보세요.

3. 마음을 끌다: attract   → 매력적인: _____
4. 비교하다: compare   → 비교할 만한, 비슷한: _____
5. 결함: defect   → 결함이 있는: _____

2. 형용사 자리

① 명사 앞
- 형용사 + 명사
- 관사/소유격 + 형용사 + 명사
- 관사/소유격 + 부사 + 형용사 + 명사

useful information 유용한 정보
an **annual** meeting 연례 회의
your **successful** career 당신의 성공적인 경력
a highly **competitive** market 매우 경쟁이 치열한 시장
your very **innovative** design 당신의 매우 혁신적인 디자인

② 주격 보어 | 주어를 보충 설명하는 역할

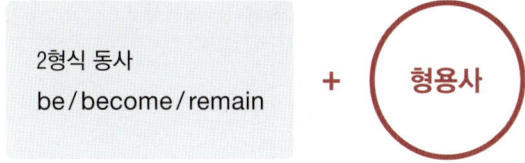

We are **happy**. 우리는 행복하다.
주어

Mr. **Wallace** remained **silent**. Wallace 씨는 조용히 있었다.
주어

③ 목적격 보어 | 목적어 뒤에서 목적어를 보충 설명하는 역할

The employees found **the seminar useful**. 직원들은 그 세미나가 유용하다는 것을 알게 되었다.
　　　　　　　　　　목적어

Please leave **the door open**. 문을 열어 두세요.
　　　　　목적어

Check Up

괄호 안에 알맞은 것을 고르세요.　　　　　　　　　　　　　　　　정답과 해설 p. 29

1. The mayor played an (importance / important) role.
2. Employees must wear the (protective / protect) gear.
3. Computer skills are (necessarily / necessary).
4. Most errors are (preventable / prevention).
5. You should keep the lab equipment (clean / cleans).

3. 헷갈리는 형용사

❶ '-ly'로 끝나는 형용사 | 'ly'로 끝나는 말은 대개 부사인데 예외도 있어요.

timely 시기적절한	costly 비용이 많이 드는	likely ~할 것 같은
friendly 친절한	daily 매일의	monthly 월간의

TIP 특히 〈명사+ly〉는 형용사인 단어들이 많아요.

❷ '-ing/-ed'로 끝나는 형용사 | 동사와 혼동하지 않도록 주의!

'-ing'로 끝나는 형용사	'-ed'로 끝나는 형용사
lasting 지속되는	complicated 복잡한
missing 분실된	experienced 경험 많은
existing 기존의	distinguished 저명한
outstanding 뛰어난	accomplished 뛰어난
rewarding 보람 있는	crowded 붐비는
challenging 도전적인, 어려운	limited 제한된
pending 미정인, 미결인	renowned 유명한
leading 선두의	qualified 자격을 갖춘

❸ 닮은꼴 형용사 | 생긴 건 비슷한데 뜻이 전혀 달라요. 명확하게 구분해서 암기합시다!

considerate 사려 깊은 — considerable 상당한
favorite 가장 좋아하는 — favorable 호의적인, 좋은
managerial 경영의 — manageable 관리할 수 있는
responsive 반응하는 — responsible 책임이 있는
respective 각각의 — respectful 공손한

confident 확신하는 — confidential 기밀의
impressive 인상적인 — impressed 감명 받은
proficient 능숙한 — profitable 수익성이 있는
reliant 의지하는 — reliable 믿을만한
successive 연속적인 — successful 성공한

Check Up

괄호 안에 알맞은 것을 고르세요.   정답과 해설 p. 30

1. Strong winds are (like / likely) to continue.
2. We should return phone calls in a (timing / timely) manner.
3. Volunteer work can be a very (rewarding / rewards) experience.
4. Please be (considerate / considerable) of others.
5. Nunez received a (favorite / favorable) evaluation.

4. 수량 형용사

수나 양을 뜻하는 형용사는 그 의미에 따라 꾸며줄 수 있는 명사가 정해져 있어요.
단수를 뜻하는 형용사는 단수 명사, 복수를 뜻하는 형용사는 복수 명사, 양을 뜻하는 형용사는 불가산명사와 짝을 이룬답니다.

each 각각의 **every** 모든 **another** 또 하나의   **+ 가산 단수 명사**

each (**member** / ~~members~~)   every (**employee** / ~~employees~~)

some 약간, 일부의 **most** 대부분의 **all** 모든 **other** 다른   **+ 복수 명사 / 불가산 명사**

most (~~applicant~~ / **applicants**)   (~~another~~ / **other**) equipment

many 많은 **a few** 조금 있는 **few** 거의 없는 **both** 둘 다 **several** 여럿의   **+ 복수 명사**

many (~~chance~~ / **chances**)   few (~~candidate~~ / **candidates**)

much 많은 **a little** 조금 있는 **little** 거의 없는   **+ 불가산 명사**

(~~many~~ / **much**) information   (**a little** / ~~a few~~) knowledge

no 어떤 ~도 없는 **any** 어떤, 약간 **the** 소유격(my, your 등)   **가산 단수, 복수, 불가산 명사 모두 OK**

no **information**   no **questions**   no **ticket**
불가산   복수   가산 단수

Check Up

괄호 안에 알맞은 것을 고르세요.   정답과 해설 p. 30

1. (**Many** / Little) people are expected to attend the premiere.
2. We may have (many / **another**) option.
3. (All / **Every**) files should be stored in our team folder.
4. The film received (few / **much**) attention.
5. He had (**no** / several) intention of stepping down.

PRACTICE

STEP 1 복습문제

1. Governor Eugene May played an _____ role in the construction of the community center.

   (A) importance (B) important

2. Strong winds from a coastal storm are _____ to continue throughout the weekend.

   (A) likely (B) liked

3. Those employees working at the construction site must wear the _____ gear at all times.

   (A) protective (B) protect

4. _____ files related to the sales results should be stored in our team folder.

   (A) All (B) Every

STEP 2 응용문제

5. Joshua Weinstein has been recognized for his _____ performance this year.

   (A) exceptional (B) exceptionally

6. Although Carla's qualifications were _____, the committee decided not to hire her.

   (A) impressive (B) impressed

7. The weekly report should describe _____ problem you may have had.

   (A) any (B) all

8. We should develop the strategies to survive in a highly _____ market.

   (A) compete (B) competitive

ACTUAL TEST

1. The new NAS data collection system is _____ and provides easy access to frequently used files.
   (A) innovation
   (B) innovatively
   (C) innovative
   (D) innovate

2. Since print advertising is often too _____, many small business owners choose online advertising.
   (A) expensive
   (B) expensively
   (C) expense
   (D) expenses

3. _____ neighborhood resident is aware of the city's new recycling program.
   (A) Every
   (B) Much
   (C) Many
   (D) All

4. Expert International Solutions is a _____ company in India that provides customized IT solutions.
   (A) leader
   (B) leading
   (C) led
   (D) leads

5. The Buo Corporation plans to invest a _____ amount of money to upgrade its data center.
   (A) considerate
   (B) considerably
   (C) considering
   (D) considerable

6. Every tour package of the Grand Tour Company will be conducted by our highly _____ tour guides.
   (A) experiencing
   (B) experience
   (C) experienced
   (D) experiences

7. The board of directors turned down the proposal to move the head office because it would be too _____.
   (A) cost
   (B) costs
   (C) costed
   (D) costly

8. We, at MED Supplies Ltd., strive to provide prompt and _____ services at all times.
   (A) reliable
   (B) reliant
   (C) rely
   (D) reliance

9. _____ Borras Marketing employees wishing to share ideas for the upcoming event should e-mail Maria Lopez.
   (A) Any
   (B) Each
   (C) Every
   (D) Much

10. In order to get a refund for your _____ items, please return them to the store along with your original receipt.
    (A) defectively
    (B) defective
    (C) defect
    (D) defects

명사 최빈출 어휘 3

거래 1

주문
- online **order**
  온라인 주문
- make a **purchase**
  구매하다
- in **bulk**
  대량으로
- an annual **subscription**
  연간 구독

보증
- **expiration** date
  유효 기간(만기일)
- a one-year **warranty**
  1년짜리 품질 보증

지불
- **payment**
  지불
- in **installments**
  할부로
- **credit** card
  신용 카드
- offer a **discount**
  할인을 제공하다

흠 ... 뭘 살까?
어머! 이건 꼭 사야 돼

☐	**order** [ɔ́:rdər]	n. 주문	☐	**installment** [instɔ́:lmənt]	n. 할부(금)
☐	**purchase** [pə́:rtʃəs]	n. 구매(품)	☐	**discount** [dískaunt]	n. 할인
☐	**bulk** [bʌlk]	n. 대량	☐	**credit** [krédit]	n. 신용(거래)
☐	**subscription** [səbskrípʃən]	n. 구독(료)	☐	**warranty** [wɔ́:rənti]	n. 품질 보증(서)
☐	**payment** [péimənt]	n. 지불(금)	☐	**expiration** [èkspəréiʃən]	n. 만료, 만기

거래 2

배송

택배 얼른 왔으면!

same-day **delivery**
당일 배송

track a **shipment**
배송을 조회하다

delivery **charge**
배송료

by **courier**
택배 서비스로

문제 발생

serious **damage**
심각한 손상

claim a **refund**
환불을 청구하다

out of **stock**
재고 품절

문제 해결

confirm **receipt**
수령을 확인하다

replacement parts
교체 부품

compensation
보상

☐	**delivery** [dilívəri]	n. 배달	☐	**compensation** [kámpənséiʃən]	n. 보상(금)
☐	**shipment** [ʃípmənt]	n. 배송(품)	☐	**replacement** [ripléismənt]	n. 교체
☐	**charge** [tʃɑːrdʒ]	n. 요금	☐	**stock** [stak]	n. 재고(품)
☐	**courier** [kə́ːriər]	n. 배달원, 택배 회사	☐	**refund** [rífʌnd]	n. 환불(금)
☐	**receipt** [risíːt]	n. 영수증, 수령	☐	**damage** [dǽmidʒ]	n. 손상

부사

1. 부사란?

부사도 형용사와 마찬가지로 다른 말을 꾸며주는 수식어에요.
주로 '~하게/~히'로 해석되며, 이미 완성된 문장에 '언제, 어떻게' 등의 정보를 추가해 내용을 풍성하게 만들어요.

무미건조한 문장		부사를 추가해 풍성해진 문장
판매량이 증가했다. 완성된 문장	vs.	**정말 다행스럽게도** 판매량이 **급격히** 증가했다. 부사　　　부사　　　　　　부사

■ 형용사와 어떤 차이가 있을까요?

■ '형용사+ly'의 형태 | '-ly'로 끝나는 단어는 대부분 부사에요.

| quickly 빨리 | easily 쉽게 | widely 널리 | fortunately 운이 좋게도 |

■ '-ly'가 붙지 않은 형태 | '-ly'로 끝나지 않는 부사들도 있어요.

| very 매우 | soon 곧 | well 잘 | just 막, 방금 | rather 다소, 차라리 | yet 아직 |

Check Up

부사를 모두 고르세요.　　　　　　　　　　　　　　　　　정답과 해설 p. 35

1. (A) care　　(B) careful　　(C) carefully　　(D) careless
2. (A) useful　　(B) well　　(C) recent　　(D) just

빈칸에 알맞은 부사를 넣으세요.

3. 매우 유명한 작가: a _____ famous author
4. 다행히도, 너무 비싸진 않아요.: _____, it is not too expensive.
5. 회의는 아직 시작되지 않았습니다.: The meeting has not started _____.

2. 부사 자리

❶ 동사 수식

■ 동사 앞
I **carefully** read the manual. 나는 설명서를 꼼꼼하게 읽었다.

■ 동사 뒤
You should **respond** **quickly**. 너는 빨리 답장해야 한다.

■ 동사 사이

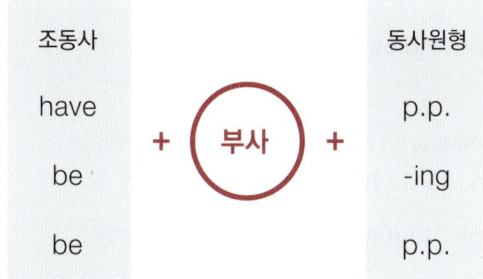

Ms. Jackson **will finally return** on March 11.
Jackson 씨는 3월 11일에 마침내 돌아올 것이다.

She **has already submitted** the proposal.
그녀는 제안서를 이미 제출했다.

Kent **is currently working** on the problem.
Kent가 지금 그 문제를 처리하고 있다.

I **am very pleased** to meet you.
뵙게 되어 정말 반갑습니다.

❷ 형용사 수식

부사 + 형용사   Rents are **too high** in this area.   이 지역의 임대료는 너무 비싸다.

❸ 부사 수식

부사 + 부사   Thank you **very much** for your interest in our services.
저희 서비스에 관심 가져 주셔서 정말 많이 감사합니다.

❹ 문장 수식

부사, + 문장   **Unfortunately**, the tickets for the show are sold out.   아쉽게도 그 쇼의 표는 매진되었다.

✅ Check Up

괄호 안에 알맞은 것을 고르세요.   정답과 해설 p. 35

1. I have (just / justified) received an e-mail.
2. Dr. Parkinson (kind / kindly) answered the questions.
3. Sales dropped (significant / significantly).
4. The room was (surprised / surprisingly) spacious.
5. (Regret / Regrettably), we will not be able to send your order.

3. 헷갈리는 부사

❶ 형용사와 부사가 똑같이 생겼어요.

fast 혱 빠른 뷔 빨리   early 혱 이른 뷔 일찍   late 혱 늦은 뷔 늦게   high 혱 높은 뷔 높게

❷ 형용사에 'ly'가 붙어 부사가 되더니 뜻이 달라졌어요.

형용사	부사	
close 가까운 뷔 가까이	closely 밀접하게	(~~close~~ / **closely**) watch 면밀하게 관찰하다
hard 어려운, 단단한 뷔 열심히	hardly 거의 ~아니다 거의 ~없다	must work (**hard** / ~~hardly~~) 열심히 일해야 한다 can (~~hard~~ / **hardly**) believe it 믿을 수 없다
high 높은 뷔 높게	highly 매우, 아주	(~~high~~ / **highly**) recommend 매우 추천하다
large 큰	largely 주로	(~~large~~ / **largely**) responsible for 주로 ~을 맡고 있는
late 늦은	lately 최근에	arrived (**late** / ~~lately~~) for the job interview 취업 면접에 늦게 도착했다 haven't seen him (~~late~~ / **lately**) 최근에 그를 보지 못했다
near 가까운 뷔 가까이	nearly 거의	(~~near~~ / **nearly**) 50 guests 거의 50명의 손님
short 짧은	shortly 곧	will be published (~~short~~ / **shortly**) 곧 출판될 것이다

Check Up

괄호 안에 알맞은 것을 고르세요.   정답과 해설 p. 36

1. A prompt response is (high / highly) recommended.
2. The guest speaker arrived (late / lately).
3. The deadline is approaching (fast / fastly).
4. The restaurant can accommodate (near / nearly) 60 guests.
5. The staff worked (hard / hardly).

PRACTICE

STEP 1 복습문제

1. After the seminar, Dr. Parkinson _____ answered all questions about the new medication.

   (A) kindly (B) kind

2. The event venue was small, but its conference room was _____ spacious.

   (A) surprised (B) surprisingly

3. The event will take place tomorrow, and your prompt response is _____ recommended for attendance.

   (A) high (B) highly

4. Due to the heavy traffic congestion, the guest speaker arrived _____ for the conference.

   (A) lately (B) late

STEP 2 응용문제

5. _____ after graduating from Stanford University, Ms. Smith started her own company.

   (A) Short (B) Shortly

6. Millennium Institution is famous for its _____ diverse set of researchers.

   (A) cultural (B) culturally

7. All customers should check for damage _____ upon receiving shipments.

   (A) immediately (B) immediate

8. To stay competitive, Seta Electronics _____ offers a discount on its digital devices.

   (A) occasion (B) occasionally

ACTUAL TEST

1. Faststream Banking has _____ introduced the new payment model for the European market.
   (A) successfully
   (B) success
   (C) succeed
   (D) successful

2. During the meeting, each department head will have a chance to speak for _____ 15 minutes.
   (A) approximate
   (B) approximately
   (C) approximation
   (D) approximated

3. Costmo Retail attributes its recent sales increase _____ to the new advertising campaign.
   (A) large
   (B) largely
   (C) larger
   (D) largest

4. Mr. Lenzi has informed us that the customer service staff has been quite busy _____.
   (A) lateness
   (B) late
   (C) lately
   (D) latest

5. Profits from sales of property are _____ recognized for tax purposes.
   (A) general
   (B) generous
   (C) generate
   (D) generally

6. Ms. Ikino _____ stays at the Akor hotel chain while she is on a business trip.
   (A) used
   (B) usual
   (C) usually
   (D) unusual

7. Munang Airport is _____ opening after a massive, two-year renovation.
   (A) finality
   (B) finally
   (C) finals
   (D) final

8. Amenture is an _____ well managed company that helps small businesses with technological support.
   (A) extremely
   (B) extremes
   (C) extremity
   (D) extremist

9. According to company policy, concierge service is available _____ for our Premium Members.
   (A) exclusive
   (B) exclude
   (C) excluding
   (D) exclusively

10. The whole team needs to work _____ together to manage the conference work.
    (A) closest
    (B) closely
    (C) closed
    (D) closeness

수식어

형용사 vs **부사**

- 형용사: 명사만 꾸민다.
- 부사: 명사 빼고 다 꾸민다.

형용사 (명사만 꾸민다.)

명사 boy 수식
a **smart** boy
영리한 소년

명사 주어 Paul 보충
Paul is **smart**.
폴은 **영리해**.

명사 목적어 Paul 보충
I found Paul **smart**.
나는 폴이 **영리하다**고 생각했어.

부사 (명사 빼고 다 꾸민다.)

동사 writes 수식
He **always** writes novels.
그는 **항상** 소설을 써.

형용사 interesting 수식
They are **really** interesting.
그것들은 **정말** 흥미로워.

절 수식
Luckily, he let me read them.
다행히 그가 나한테 그것들을 읽게 해줬어.

day 06 Vocabulary

명사 최빈출 어휘 4

부동산

어디로 할까?

부동산

convenient **location**
편리한 위치

easy **accessibility**
쉬운 접근성

in the **proximity**
근처에

계약은?

lease contract
임대차 계약

real estate agency
부동산 중개업소

tenant
세입자

비쌀까?

give an **estimate**
견적을 내다

property prices
부동산 가격

lose a **deposit**
보증금을 떼이다

pay a **rent**
월세를 내다

☐	**location** [loukéiʃən]	n. 위치	☐	**rent** [rent]	n. 월세, 임차료
☐	**accessibility** [æksèsəbíləti]	n. 접근성	☐	**deposit** [dipázit]	n. 보증금, 예금
☐	**proximity** [praksíməti]	n. 근접, 가까움	☐	**tenant** [ténənt]	n. 세입자
☐	**estimate** [éstəmèit]	n. 견적(서)	☐	**real estate** [ríːəl estèit]	n. 부동산 (중개업)
☐	**property** [prápərti]	n. 부동산, 재산	☐	**lease** [liːs]	n. 임대차 계약

64

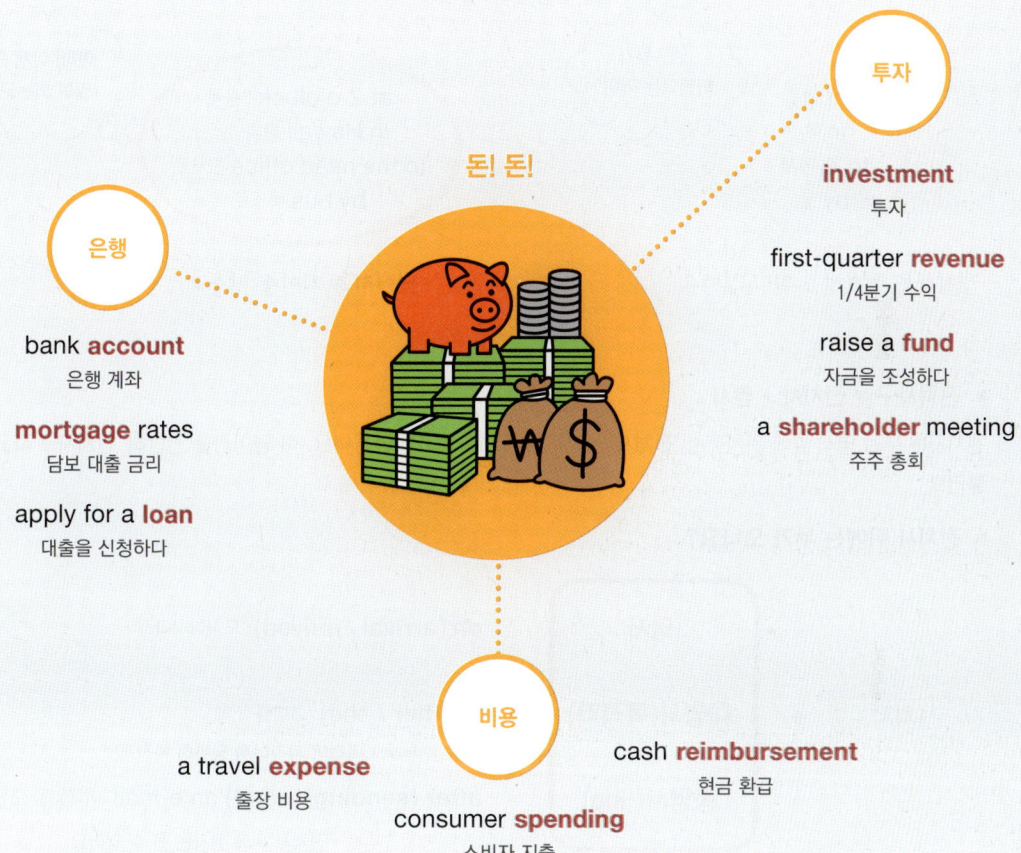

☐	**account** [əkáunt]	n. 계좌	☐	**reimbursement** [rì:imbə́:rsmənt]	n. 환급, 상환
☐	**mortgage** [mɔ́:rgidʒ]	n. 담보 대출	☐	**shareholder** [ʃɛ́ərhòuldər]	n. 주주
☐	**loan** [loun]	n. 대출	☐	**fund** [fʌnd]	n. 자금
☐	**expense(=cost)** [ikspéns]	n. 비용	☐	**revenue** [révənjù:]	n. 수익
☐	**spending** [spéndiŋ]	n. 지출	☐	**investment** [invéstmənt]	n. 투자

전치사

1. 전치사란?

말 그대로 앞에 위치하는 품사에요.

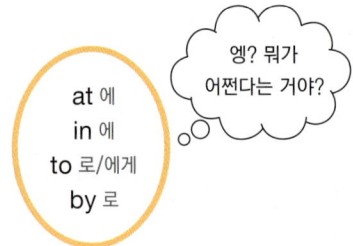

전치사는 혼자서는 의미 없어요.   덩어리로 의미를 만들죠.

■ **전치사구 = 전치사 + 명사**

전치사는 주로 명사 앞에 위치해서 '전치사 + 명사' 덩어리로 의미를 만들어요. 이 덩어리를 간단히 '전치사구'라고 불러요.

■ **전치사 뒤에는 누가 오나요?**

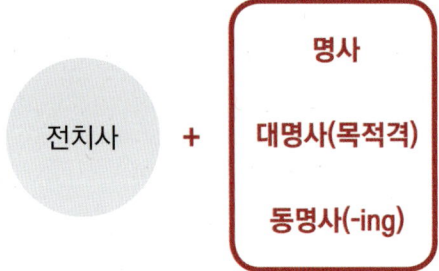

on (**arrival** / ~~arrived~~) 도착하자마자

for (**her** / ~~she~~) 그녀를 위해
　↳ • 목적어 자리니까 당연히 목적격!

after (**sending** / ~~send~~) an e-mail 이메일을 보낸 후에
　↳ • 전치사 뒤에 동사는 올 수 없어요.
　　• 대신 동사 뒤에 -ing를 붙인 동명사 형태로 올 수 있어요.

Check Up

빈칸에 알맞은 전치사를 넣어 문장을 완성하세요.　　　　　　정답과 해설 p. 40

1. I registered for a course ＿＿＿＿＿ my colleagues.
2. Jane will be transferred ＿＿＿＿＿ the Hong Kong office.

괄호 안에 알맞은 것을 고르세요.

3. The request was approved by (he / him).
4. You should submit a letter of (recommendation / recommend).
5. I am responsible for (write / writing) a technical manual.

2. 전치사구의 역할

형용사나 부사처럼 수식어 역할을 해요.

❶ 형용사 역할 | 형용사처럼 명사를 꾸며줘요.

I have a **question** **about the course**. 나는 그 강의에 관한 질문이 있습니다.
　　　　명사　　　전치사구
　　　　　└─── 명사 수식 ───┘

> 주격보어(형용사 자리)에 전치사구 (in Seoul)가 들어가 있어요. 이렇듯 전치사구는 형용사와 같이 명사를 꾸밀 수 있답니다.

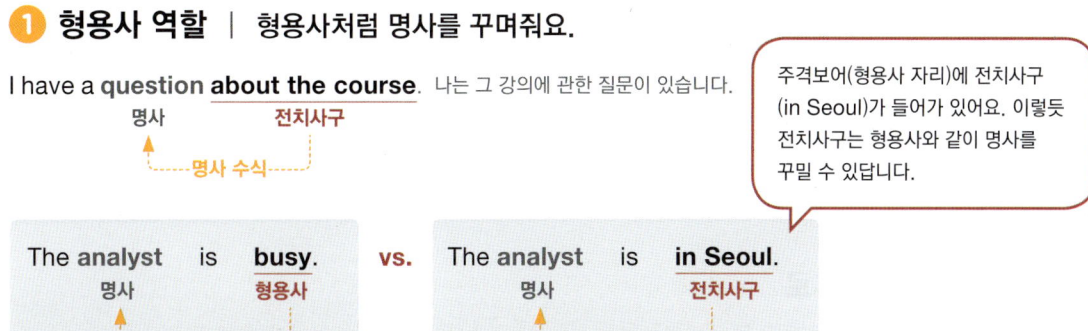

❷ 부사 역할 | 부사처럼 문장에 덤으로 붙어서 동사, 형용사, 문장 등을 꾸며줘요.

In addition, you will be eligible for free shipping. 게다가, 당신은 무료 배송에 대한 자격이 될 겁니다.
전치사구　　　　　　　　　문장
└──────── 문장 수식 ────────┘

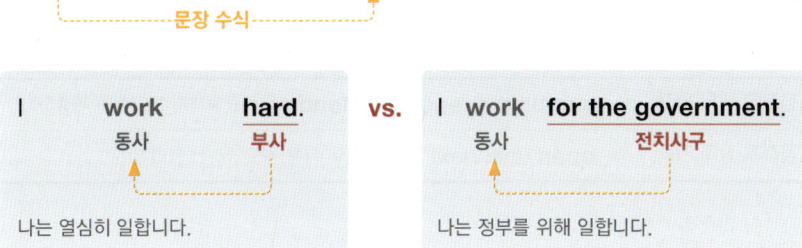

Check Up

각 문장의 전치사구가 꾸며주는 말을 찾아 표시하세요. 　　　　　　정답과 해설 p. 40

1. Ms. Yu is on duty now.
2. For example, customers will receive our product update information.
3. This item is available for purchase.
4. Mr. Wright accepted the firm's offer for employment.
5. The workshop will be held on April 26.

3. 시간 전치사 (시점)

❶ ~에

at	시각/시점	at 12 o'clock 12시에 at midnight 자정에
on	날짜/요일	on December 25 12월 25일에 on Sunday 일요일에
in	월/분기/계절/연도	in July 7월에 in the first quarter 1분기에 in winter 겨울에 in 2020 2020년에

❷ ~부터 / ~ 이후로

from	시작/출발하는 시점	from tomorrow 내일부터
since	~이래로(과거부터 지금까지 쭉)	since last Monday 지난 월요일 이후로

TIP since가 있는 문장의 형태: **since + 과거시점, 주어 + have[has] p.p.** ~
Since 2 years ago, the company **has invested** $4 million in wireless networks.
→ 'since+과거' 뒤에는 현재완료 시제(have[has] p.p.)가 와요.
2년 전부터 그 회사는 무선 네트워크에 4백만 달러를 투자해왔다.

❸ ~까지

by	특정 시점까지 행위 완료	submit the report by Monday 월요일까지 보고서를 제출하다
until	특정 시점까지 상태 지속	open until next Monday 다음 월요일까지 열려 있는

TIP by vs. until
- **by와 어울리는 동사:** complete 완료하다 deliver 배달하다 pay 지불하다 submit 제출하다
  The company plans to **complete** the construction **by** next year.
  그 회사는 내년까지 건축을 완공할 계획이다.   → 내년에 건축이 완료되므로 by!
- **until과 어울리는 동사/형용사:** last 지속되다 open 열려 있는 valid 유효한 (un)available 이용할 수 있는(없는)
  This coupon code is **valid until** September 17.
  이 쿠폰의 코드는 9월 17일까지 유효합니다.   → 9월 17일까지 유효한 상태가 계속되므로 until!

Check Up

괄호 안에 알맞은 것을 고르세요.   정답과 해설 p. 41

1. The presentation will start (at / on) 2:00 P.M.
2. Please send your application form (by / until) Friday, May 15.
3. (Since / From) last October, our team has been working on this project.
4. Our online service will be unavailable (since / until) midnight.
5. The new policy will become effective (on / in) March.

4. 시간 전치사 (기간)

❶ ~ 동안

for	숫자 기간	for three years 3년 동안 for the last two weeks 지난 2주 동안
during	행사/사건 기간	during the meeting 회의 동안 during my vacation 방학 동안

주의 during은 숫자와 나란히 쓰지 않아요. during three weeks (X)

TIP 암기하면 좋은 관용 표현 – '지난/향후 ~ 기간 동안'

| for
during
over
in | the | last 지난
past 지난
next 향후 | five days
기간 |

* over는 숫자와 나란히 오면 '~ 이상'이란 뜻이에요. for **over** 30 days 30일 이상 동안

❷ 그 밖의 기간 전치사

within	~ 이내에	within seven days of the purchase date 구매일로부터 7일 이내에
throughout	기간 내내	throughout the year 일 년 내내 throughout the video conference 화상회의 내내

Check Up

괄호 안에 알맞은 것을 고르세요.   정답과 해설 p. 42

1. We hold various events (throughout / since) the year.
2. The supervisor will be out of the office (for / from) 5 days.
3. (During / Within) one week, we will review your résumé.
4. The award will be presented (for / during) the ceremony.
5. MLC expects an increase in earnings (until / over) the next 3 years.

5. 장소/방향 전치사

❶ ~에

at	특정한 지점	at the corner 모퉁이에 at a bus stop 버스 정류장에서
in	넓은 장소	in the city 그 도시에 in the main hall 중앙 홀에서
on	표면 위에/층	on the table 탁자 위에 on the second floor 2층에

❷ ~ 사이에

| between | 둘 사이 | between London and Paris 런던과 파리 사이에 |
| among | 여럿(셋 이상) 사이 | among the top five companies 상위 5개 회사 중에서 |

❸ 그 밖의 위치 전치사

in front of	앞에	in front of the seat 좌석 앞에 ↔ behind the desk 책상 뒤에
beside / next to	옆에	beside the entrance 출입구 옆에 next to the building 건물 옆에
within	내부에(조직/공간)	within the company 사내에 within the terminal 터미널 안에
over / above	위에	over the balcony 발코니 위로 above the rooftop 옥상 위로
under / below	아래에	under the bed 침대 아래에 below the surface 표면 아래에
near / around	근처에/주변에	near the station 역 근처에 around the lake 호수 주위에
throughout	도처에, 전역에	throughout the country 전국 도처에

❹ 방향을 나타내는 전치사

to / toward	~에게, ~을 향해	to the airport 공항으로 toward the north 북쪽을 향해
into	안으로	into the bin 통 속으로 ↔ out of the service area 서비스 지역 외부에
through	통과하여	through the tunnel 터널을 통과해
along	(긴 장소)를 따라	along the river 강을 따라
across	~을 가로질러	across the street 길을 건너

Check Up

괄호 안에 알맞은 것을 고르세요.

1. BOD plans to open 10 outlets (in / at) several cities.
2. The new policy is popular (among / toward) the employees.
3. We have several branch offices (throughout / over) the country.
4. The marketing department is (on / in) the third floor.
5. The conference room is (near / next) the main entrance.

6. 그 밖의 전치사

❶ 수단/목적/자격 등

before	~ 전에	before the meeting 회의 전에
after (=following)	~ 후에	after lunch 점심 식사 후에
by	~로, ~함으로써 (수단/방법)	by car 자동차로　by pressing this button 이 버튼을 눌러서
through	~을 통해 (수단/도구)	through the Web site 웹사이트를 통해
with	~을 가지고, ~와 함께	with expertise 전문성이 있는
without	~ 없이	without permission 허가 없이
under	~ 하에 있는 (영향) ~ 중인 (상태)	under the supervision of ~의 감독 하에 under construction 공사 중인
for	~을 위해 (목적/대상)	for the staff 직원을 위해　for the conference 회의를 위해
except (for)	~을 제외하고	except for weekends 주말을 제외하고
as	~로서 (자격)	as CEO 최고 경영자로서

❷ ~에 관하여

| about | on | as to | regarding | concerning | as for |

detailed information about the course 강의에 관한 자세한 정보
the presentation on the sales targets 매출 목표에 관한 발표

❸ 덩어리 전치사 | 두세 단어가 모여서 만들어진 전치사

according to ~에 따르면　　because of (= due to) ~ 때문에　　prior to (= before) ~ 전에
on behalf of ~를 대신[대표]해　　instead of ~ 대신에　　　　　　ahead of ~에 앞서
in spite of (= despite) ~에도 불구하고　regardless of ~에 상관없이　by means of ~을 통해

Check Up

괄호 안에 알맞은 것을 고르세요.　　　　　　　　　　　　　　　　정답과 해설 p. 43

1. These files cannot be downloaded (without / regarding) permission.
2. (Due to / According to) the bad weather, the tour has been canceled.
3. You can check the details (about / to) shipping options.
4. I made a hotel reservation on (behalf / regardless) of Ms. Artino.
5. (Despite / Through) all their effort, they failed to meet the deadline.

PRACTICE

STEP 1 복습문제

1. We have several branch offices in major distribution regions _____ the country.

   (A) throughout   (B) over

2. Our online service will be unavailable _____ midnight due to scheduled maintenance.

   (A) since   (B) until

3. The Best Employee Award will be presented _____ the ceremony at the Grand Hotel.

   (A) for   (B) during

4. Landenar Uniforms Ltd.'s Web site provides useful details _____ customization options.

   (A) about   (B) to

STEP 2 응용문제

5. Federlite designs Web sites _____ clients in a number of different industries.

   (A) by   (B) for

6. Please make sure to turn off all the computers before _____ the office building.

   (A) leaving   (B) left

7. I was not able to access the Internet _____ the last few days.

   (A) for   (B) since

8. Mr. Kwon reviewed the budget proposal _____ the accounting director.

   (A) along   (B) with

ACTUAL TEST

1. _____ December, Milton Travel Agency sold more than 500 adventure tour packages.
   (A) In
   (B) As
   (C) On
   (D) Among

2. If you need more information _____ our custom orders, don't hesitate to call us.
   (A) about
   (B) out
   (C) into
   (D) around

3. _____ several minor problems, the conference on global leadership was highly successful.
   (A) Especially
   (B) Like
   (C) In spite of
   (D) Altogether

4. Marshe has provided exceptional catering services for _____ twenty years.
   (A) during
   (B) over
   (C) since
   (D) beside

5. Air Lumina's flight 17 bound for London has been delayed _____ a technical problem.
   (A) because
   (B) as to
   (C) due to
   (D) except

6. _____ Mr. Dupont, Xesla Motors is planning to release a new energy-efficient electric car next week.
   (A) On behalf of
   (B) According to
   (C) Instead of
   (D) Following

7. Town Center can carry out an upgrade on its database without _____ operations.
   (A) affect
   (B) affects
   (C) affected
   (D) affecting

8. Narum's Appliance is _____ the country's leading manufacturers of home appliances.
   (A) among
   (B) around
   (C) toward
   (D) along

9. In addition to snacks, complimentary refreshments will be provided _____ the training session.
   (A) along
   (B) about
   (C) into
   (D) during

10. _____ considering all the factors, the management decided not to renew the partnership with Lohan Networks.
    (A) In spite of
    (B) Prior
    (C) After
    (D) Instead

명사 최빈출 어휘 5

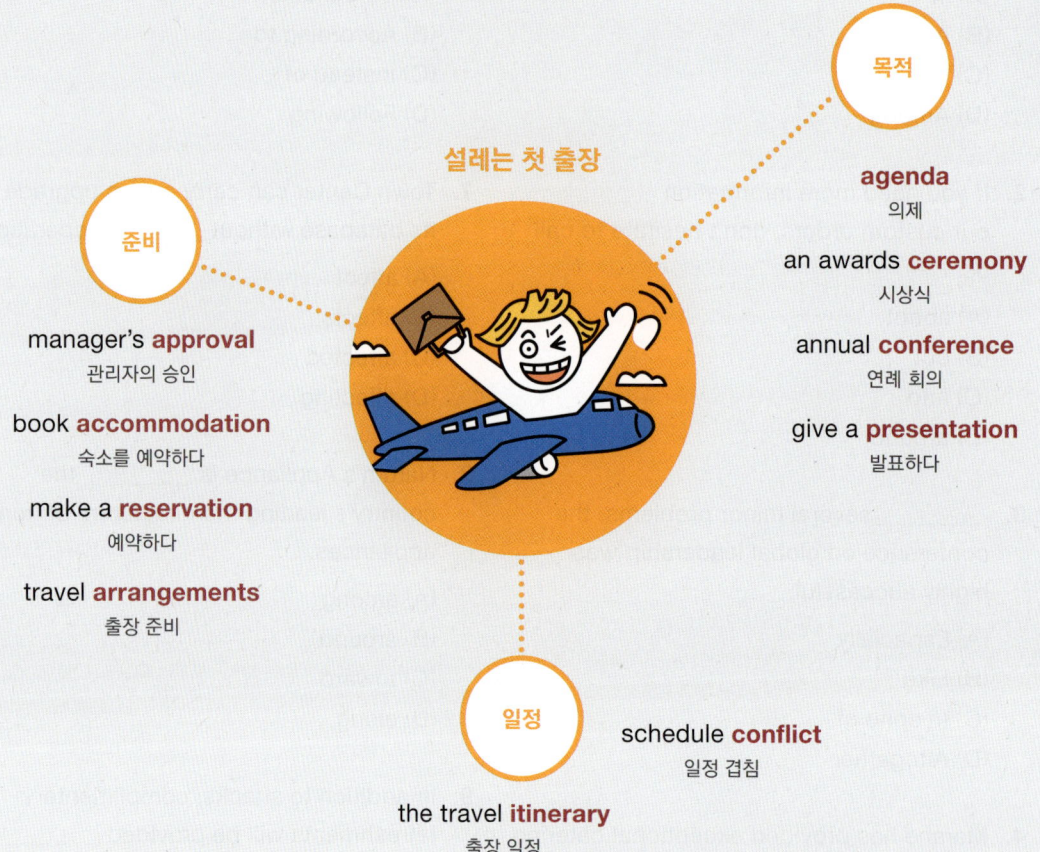

출장

설레는 첫 출장

준비
- manager's **approval** 관리자의 승인
- book **accommodation** 숙소를 예약하다
- make a **reservation** 예약하다
- travel **arrangements** 출장 준비

목적
- **agenda** 의제
- an awards **ceremony** 시상식
- annual **conference** 연례 회의
- give a **presentation** 발표하다

일정
- the travel **itinerary** 출장 일정
- schedule **conflict** 일정 겹침

☐	**approval** [əprúːvəl]	n. 승인, 결재	☐	**conflict** [kánflikt]	n. 충돌
☐	**accommodation** [əkàmədéiʃən]	n. 숙소	☐	**presentation** [prèzəntéiʃən]	n. 발표
☐	**reservation** [rèzərvéiʃən]	n. 예약	☐	**conference** [kánfərəns]	n. 회의, 회담
☐	**arrangement** [əréindʒmənt]	n. 준비	☐	**ceremony** [sérəmòuni]	n. 행사, 식
☐	**itinerary** [aitínərèri]	n. 여행 일정(표)	☐	**agenda** [ədʒéndə]	n. 의제, 안건

자선

도우며 삽시다!

행사
- a **charity** event — 자선 행사
- hold a **fundraiser** — 모금행사를 열다
- benefit the local **community** — 지역사회에 도움을 주다

모금
- **proceeds** — 수익금
- make a **donation** — 기부 하다
- the main **sponsor** — 주요 후원사

자선활동
- **volunteer** — 자원 봉사자
- a voluntary **organization** — 자원봉사 기구
- generous **support** — 후한 지원
- a rewarding **experience** — 보람 있는 경험

☐	**proceeds** [próusi:dz]	n. 수익금	☐	**experience** [ikspíəriəns]	n. 경험
☐	**donation** [dounéiʃən]	n. 기부 (유의어) contribution	☐	**support** [səpɔ́:rt]	n. 지원
☐	**sponsor** [spánsər]	n. 후원자	☐	**community** [kəmjú:nəti]	n. 사회, 공동체
☐	**volunteer** [vàləntíər]	n. 자원봉사자	☐	**fundraiser** [fʌ́ndreizər]	n. 모금 행사
☐	**organization** [ɔ̀rgənəzéiʃən]	n. 단체	☐	**charity** [tʃǽrəti]	n. 자선

동사

1. 동사란?

'먹다', '마시다', '좋아하다'처럼 동작이나 상태를 묘사하는 말을 **동사**라고 해요.

- **동사 구분**

- **절 1개에는 반드시 동사 1개!**

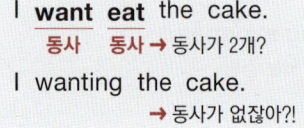

Check Up

동사를 모두 고르세요.   정답과 해설 p. 47

1. (A) manager　　(B) to manage　　(C) manage　　(D) management
2. (A) provide　　(B) provision　　(C) provides　　(D) provider
3. (A) ship　　(B) shipped　　(C) shipping　　(D) shipment

다음 문장에서 동사를 모두 찾아 표시하세요.

4. My flight reservation will need to be rescheduled.
5. I visited the service center to find out more information regarding my missing luggage.

2. 동사의 생김새

① 동사원형 | 원래 생긴 그대로의 동사예요. 현재의 일을 이야기할 때나 조동사 뒤에 써요.

I **pay** the rent every month. 나는 매달 집세를 지불한다.
The director **will explain** the details. 이사가 세부 사항을 설명할 것이다.
　　　　　　 조동사

② 과거형 [-ed] | 과거의 일을 이야기할 때 써요.

The accident **happened** yesterday. 그 사고는 어제 발생했다.

③ 과거분사형 [-ed] | 수동태나 완료 시제에서 활용되는 형태에요.

■ 수동태 (be + 과거분사) | ~되다, ~ 당하다

Your order **was delivered** last week. 고객님의 주문은 지난주에 배송되었습니다.

■ 완료형 (have / had + 과거분사) | ~했다, ~ 해왔다

Mark **has worked** as an accountant since last year. Mark는 작년부터 회계사로 일해왔다.

(TIP) 과거형과 과거분사형은 불규칙적으로 변하기도 해요. → p.255 불규칙 동사표 참조

④ 현재분사형 [-ing] | 동사원형에 -ing를 붙인 형태로 진행 시제에서 주로 활용돼요.

■ 진행형 (be + 현재분사) | ~하고 있다 (진행 중인 일을 나타낼 때)

Ms. Wong **is preparing** for a presentation. Wong 씨는 발표를 준비하고 있다.

⑤ 3인칭 단수형 [-(e)s] | 주어가 3인칭 단수이면서 현재 시제일 때 동사 끝에 -(e)s를 붙여요.

Ms. Chu **checks** her e-mails every day. Chu 씨는 매일 이메일을 확인한다.

Check Up

괄호 안에 알맞은 것을 고르세요.　　　　　　　　　　　　　　　　정답과 해설 p. 47

1. The manager (visited / visiting) the factory last week.
2. The product should (be / was) shipped by air.
3. She (get / gets) 10 percent commission.
4. He is (considering / considers) resignation.
5. Space-D is (knew / known) for its innovative designs.

3. 동사의 종류 — 자동사

① 자동사 | 목적어가 필요 없는 동사

동사 뒤에 동사의 대상(목적어)이 필요 없고, 동사 그 자체만으로 뜻이 완성되는 동사를 **자동사**라고 해요.

The train **arrived**. 기차가 도착했다.
Food prices **rise**. 식품 가격이 오른다.

→ '주어＋동사'만으로 문장 완성!

appear 나타나다	disappear 사라지다	arrive 도착하다	depart 출발하다
emerge 나타나다	become 되다	seem ~인 듯하다	remain 여전히 ~이다
function 기능하다	rise 오르다, 증가하다	stay 머무르다	exist 존재하다

② 자동사 + 전치사

'나는 하늘을 본다'처럼 동사의 대상(목적어)을 자동사 뒤에 추가하고 싶다면?

자동사 + 목적어
I **look** the sky. (X)
   자동사

자동사 + 전치사 + 목적어
I **look** at the sky. (O)
   자동사

자동사 뒤에는 목적어가 올 수 없어요!   전치사(at)가 목적어 앞에서 자동사와 연결해 줘요.

account for ~를 설명해 주다	apply for ~에 지원(신청)하다	agree to/with/on ~에 동의하다
comply with ~을 준수하다	consist of ~로 구성되다	contribute to ~에 기여하다
collaborate with/on ~와/~에 대해 공동작업하다		deal with ~을 처리하다/다루다
depend/rely on ~에 의지하다	enroll in ~에 등록하다	refer to ~을 참고하다
result in ~(결과를) 낳다	participate in ~에 참가하다	register for ~에 등록하다
respond/reply to ~에 응답하다	specialize in ~을 전문으로 하다	work/serve as ~로서 일하다

Check Up

괄호 안에 알맞은 것을 고르세요.   정답과 해설 p. 48

1. The shipment has (arrived / delivered) promptly at 3 P.M.
2. Mr. Shin has served (to / as) an accountant.
3. All employees need to (attend / register) for the training session.
4. We (specialize / deal) in formal suits.
5. Visitors should comply (with / on) the museum rules.

4. 동사의 종류 — 타동사

❶ 타동사 | 목적어가 필요한 동사

'send(보내다)', 'buy(사다)' 동사는 '주어+동사'만으로는 뭔가 빠진 느낌이죠?

이런 동사들은 '**이메일을** 보냈다', '**표를** 샀다'와 같이 동사의 대상(목적어)이 뒤에 와야 비로소 의미가 완성되죠.

이렇게 뒤에 목적어가 필요한 동사가 바로 **타동사**랍니다.

I (**reviewed** / ~~looked~~) the report. 나는 그 보고서를 검토했다.
He didn't (**reply** / ~~answer~~) to the invitation. 그는 초대장에 회답하지 않았다.

문제 풀이 TIP

빈칸 뒤에 목적어가 없으면 자동사, 목적어가 있으면 타동사가 답!

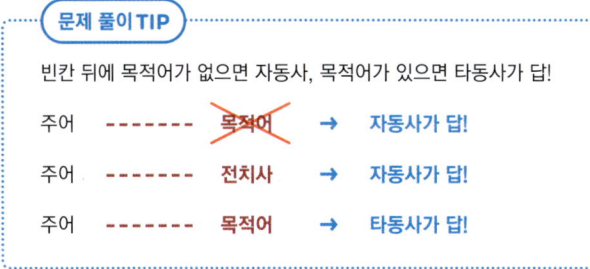

 Check Up

괄호 안에 알맞은 것을 고르세요.   정답과 해설 p. 48

1. You should (check / refer) your e-mail regularly.
2. Lab workers must (comply / follow) the safety regulations.
3. The executives will (participate / attend) the meeting.
4. Buk's updated techniques will (result / complete) in a high quality product.
5. We (met / agreed) the sales goal for this year.

PRACTICE

STEP 1 복습문제

1. We _____ in well-made formal and business suits for both men and women.
   (A) specialize
   (B) produce

2. Ms. Hackett _____ a commission of 10 percent on each sale of our products.
   (A) get
   (B) gets

3. The product should _____ by air so that it can arrive no later than next Monday.
   (A) be shipped
   (B) was shipped

4. The company executives will _____ the annual shareholder meeting on Tuesday.
   (A) attend
   (B) participate

STEP 2 응용문제

5. Most items _____ in good condition after two years of use.
   (A) remain
   (B) show

6. Please ensure that the operation costs don't _____ the amounts in the budget.
   (A) exceeding
   (B) exceed

7. Paige's Diner _____ a selection of new meals to its updated menu.
   (A) has added
   (B) addition

8. All defects are _____ unacceptable.
   (A) considered
   (B) consider

ACTUAL TEST

1. All food processing companies must _____ with the new health safety regulations.
   (A) comply
   (B) observe
   (C) follow
   (D) contribute

2. Over the next eight months, the Kasific Shipbuilding workers will _____ two new cargo ships.
   (A) assemble
   (B) assembly
   (C) assembles
   (D) assembled

3. At the next staff meeting, Jake Hanson _____ the new project under development.
   (A) will discuss
   (B) discussion
   (C) discussing
   (D) to discuss

4. All library users _____ expected to observe the posted rules for borrowing books.
   (A) is
   (B) being
   (C) are
   (D) been

5. Any interested employees are welcome to apply _____ a transfer to the New York office.
   (A) in
   (B) since
   (C) among
   (D) for

6. According to our factory manager, errors _____ after the installation of the new machines.
   (A) decreasing
   (B) been decreased
   (C) have decreased
   (D) to decrease

7. Vatajan Cycles, Inc., is planning to _____ a new line of racing bicycles.
   (A) result
   (B) arrive
   (C) launch
   (D) remain

8. Robin Books _____ a monthly newsletter and promotional materials for bookstores.
   (A) publisher
   (B) publishing
   (C) publishes
   (D) publishable

9. The chocolate gifts by Chocovi _____ in a variety of colors and can be customized with your logo.
   (A) offer
   (B) come
   (C) sell
   (D) buy

10. Carl Smith has _____ the proposal submitted by Yasper Corporations.
    (A) agreed
    (B) referred
    (C) looked
    (D) reviewed

정답과 해설 p. 51   81

동사 최빈출 어휘 1

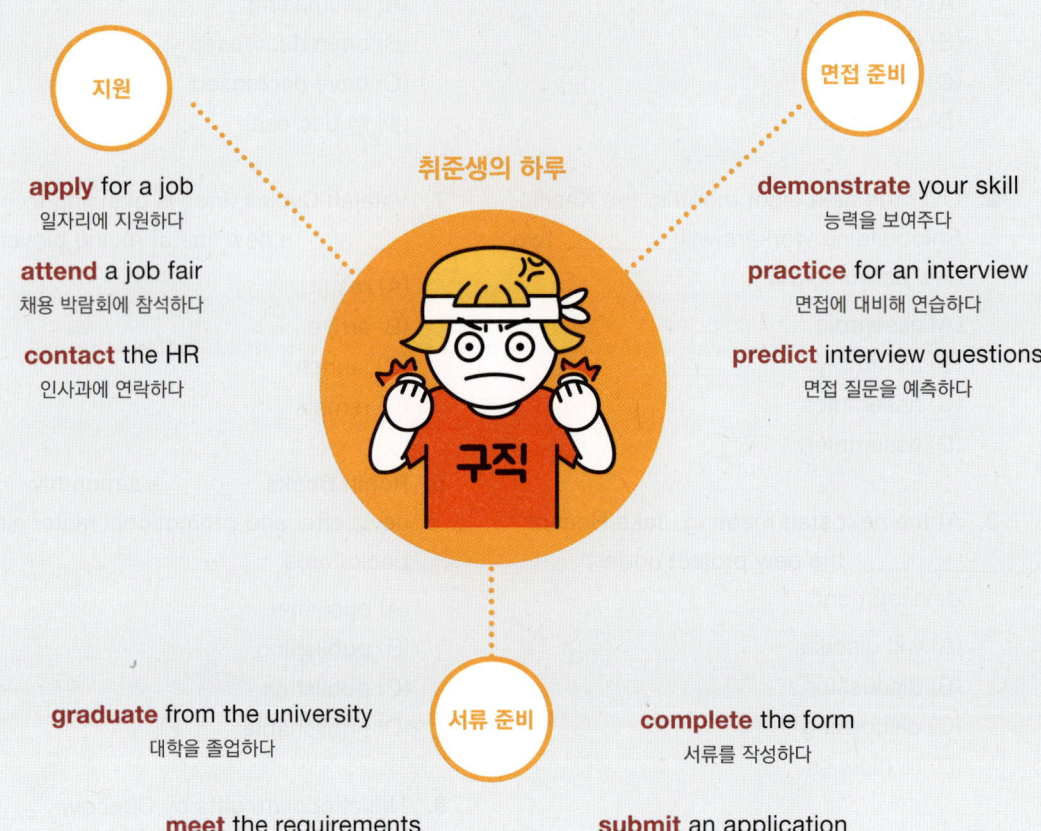

구직

지원
- **apply** for a job
  일자리에 지원하다
- **attend** a job fair
  채용 박람회에 참석하다
- **contact** the HR
  인사과에 연락하다

면접 준비
- **demonstrate** your skill
  능력을 보여주다
- **practice** for an interview
  면접에 대비해 연습하다
- **predict** interview questions
  면접 질문을 예측하다

취준생의 하루

서류 준비
- **graduate** from the university
  대학을 졸업하다
- **meet** the requirements
  요구 조건을 충족시키다
- **complete** the form
  서류를 작성하다
- **submit** an application
  지원서를 제출하다

☐	**apply** [əplái]	v. 지원하다, 신청하다	☐	**submit** [səbmít]	v. 제출하다
☐	**attend** [əténd]	v. 참석하다	☐	**complete** [kəmplíːt]	v. 완료하다, 작성하다
☐	**contact** [kántækt]	v. 연락하다	☐	**predict** [pridíkt]	v. 예측하다
☐	**graduate** [grǽdʒuət]	v. 졸업하다	☐	**practice** [prǽktis]	v. 연습[실습]하다
☐	**meet** [miːt]	v. 만나다, (요구 등을) 충족시키다	☐	**demonstrate** [démənstrèit]	v. (예를 들어) 보여주다

구인

바쁜 인사 과장님

면접 전
- **post** a job opening
  채용 공고를 내다
- **accept** the application
  지원서를 받다
- **schedule** an interview
  면접 일정을 잡다
- **review** a résumé
  이력서를 검토하다

면접
- **organize** an interview
  면접을 준비하다
- **conduct** an interview
  면접을 진행하다
- **interview** job candidates
  채용 후보자를 면접하다

면접 후
- **hire** an intern
  인턴을 고용하다
- **offer** a job
  일자리를 제안하다
- **consider** him for a position
  일자리에 그를 고려하다

☐	**post** [poust]	v. 게시[공고]하다, (우편물을) 발송하다	☐	**conduct** [kɑndʌ́kt]	v. 행하다
☐	**accept** [æksépt]	v. 받아들이다	☐	**interview** [íntərvjùː]	v. 면접하다
☐	**schedule** [skédʒuːl]	v. 일정을 잡다	☐	**consider** [kənsídər]	v. 고려하다
☐	**review** [rivjúː]	v. 검토하다	☐	**offer** [ɔ́ːfər]	v. 제공하다, 제안하다
☐	**organize** [ɔ́ːrgənàiz]	v. 준비하다, 조직하다	☐	**hire** [haiər]	v. 고용하다 (유의어) employ

수 일치

1. 수 일치 — 단수

현재 시제일 때 영어는 주어의 수에 따라 동사의 생김새가 달라져요.
주어가 단수일 때는 단수동사, 복수일 때는 복수 동사를 써서 **주어와 동사의 수**를 서로 **일치**시킵니다.

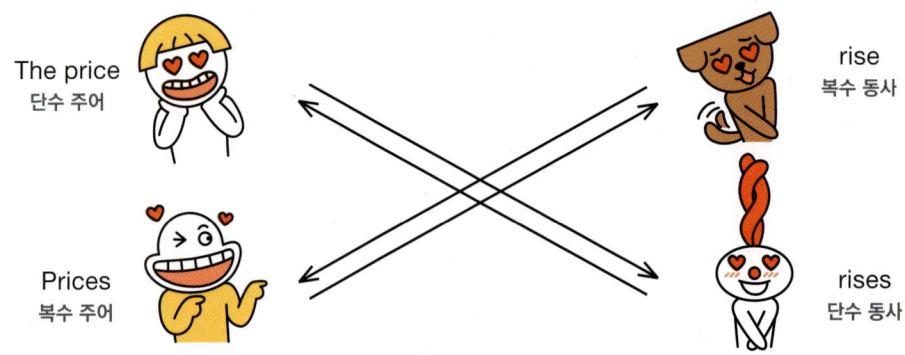

■ 단수 주어 + 단수 동사

· 단수 명사: 사람 한 명, 물건 한 개, 불가산 명사

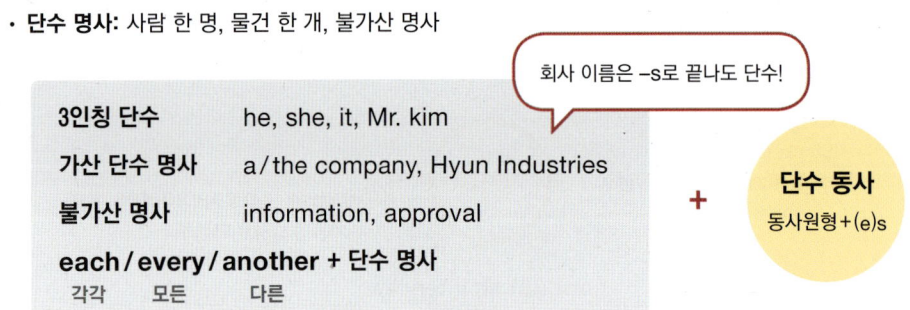

회사 이름은 -s로 끝나도 단수!

She was promoted to head accountant. 그녀는 수석 회계사로 승진했다.
Hyun Industries is one of the most prominent manufacturers on the globe.
Hyun Industries는 세계에서 가장 유명한 제조업체 중 하나이다.
Each applicant is interviewed individually. 각 지원자는 개별적으로 면접을 본다.

Check Up

정답과 해설 p. 53

괄호 안에 알맞은 것을 고르세요.

1. The supervisor (is / are) on a business trip now.
2. Every employee (need / needs) to wear their ID badges.
3. YD Electronics (have / has) reported growth in revenue.
4. Mr. Rotack (work / works) for a shipping company.
5. An approval (is / are) required for admission.

2. 수 일치 — 복수

❶ 복수 주어 + 복수 동사

- **복수 명사** | 사람이나 물건이 둘 이상일 때

복수 대명사	we, you, they
복수 명사	products, employees, ...
many / (a) few / several / both + 복수 명사	
많은 거의 없는 몇몇의 둘 다 (소수의)	

+ **복수 동사** (동사원형)

They have complained about the store.
그들은 그 가게에 대해 불평했다.

The current strategies seem to be very effective.
현재 전략들은 매우 효과적으로 보인다.

Many people know her from last year's concert.
많은 사람들이 지난해 콘서트를 통해 그녀를 안다.

Several participants were late for the conference.
몇몇 참가자들이 회의에 지각했다.

Both cats and dogs like chicken treats.
고양이와 개 모두 닭고기 간식을 좋아한다.

 **Check Up**

괄호 안에 알맞은 것을 고르세요.   정답과 해설 p. 53

1. Our experts (is / are) available 24 hours a day.
2. You (are / has) invited to attend the reception.
3. World Inn and Hue Resorts (plans / plan) to merge.
4. Both candidates (has / are) highly qualified.
5. We (offer / offers) a variety of courses.

3. 수 일치가 필요 없는 경우

① 과거 시제

과거 시제일 때는 수 일치에 신경 쓸 필요 없어요! 주어가 누가 됐든, 동사는 똑같아요.

| 3인칭 단수 | He |
| 복수 | They | + **arrived.** 과거 시제 |

> ⚠️ **주의** be동사는 과거 시제일 때도 주어에 따라 동사 생김새가 달라지므로 주의합시다!
>
> | | be동사 현재 | be동사 과거 |
> | --- | --- | --- |
> | I | am | was |
> | you/복수 주어 | are | were |
> | 3인칭 단수(he/she/it/a pen) | is | was |

② 명령문

'~하시오', '~하세요.'처럼 무언가를 시키거나 요구하는 문장을 **명령문**이라고 해요.

■ 명령문의 생김새

(Please) + 동사원형 ~~~. → 명령문은 무조건 동사원형!

Contact the customer service center. 고객 서비스 센터로 연락하세요.
Please **be** considerate of others. 다른 사람들을 배려해 주세요.

③ 조동사 | will / would / can / could / may / might / should / must

조동사 + 동사원형 ~~~. → 조동사 뒤에는 항상 동사원형!

Many commuters **will be** satisfied with the new subway lines. 많은 통근자들이 새 지하철 노선에 만족할 것이다.

📋 Check Up

괄호 안에 알맞은 것을 고르세요.   정답과 해설 p. 54

1. (Register / Registers) on our Web site.
2. We don't (accepted / accept) cash payment.
3. Maurice Publishing (release / released) a new book.
4. You may (respond / responds) to this e-mail.
5. Please (inspect / inspecting) each package.

4. 주의해야 할 수 일치

❶ 주어가 '일부 또는 전부'일 때

일부	+ of the 단수 명사	단수 동사
전부	+ of the 복수 명사	복수 동사

↳ 일부 혹은 전부를 나타내는 말: all / most / some / half / the rest

Most of the information is confidential. 그 정보의 대부분은 기밀이다.
All of the attendees are eligible for free drinks and snacks. 참석자들 모두 무료 음료와 간식을 먹을 수 있다.

❷ the number of vs. a number of

The number of (단수 주어)	+	복수 명사	단수 동사
A number of 많은(= many)	+	복수 명사 (복수 주어)	복수 동사

The number of senior citizens is increasing rapidly. 노령자의 수가 급격히 증가하고 있다.
A number of senior citizens have financial difficulties. 많은 노령자들이 재정적 어려움을 겪고 있다.

❸ 주어와 동사 사이에 수식어가 있을 때

주어 + [수식어] + 동사

수식어는 주어를 꾸미려고 덤으로 붙은 말이므로 수식어 부분을 빼고 주어와 동사의 수를 일치시키면 돼요!

She [also] (~~speak~~ / **speaks**) Germany.

The manager [of our team] (~~want~~ / **wants**) to discuss the issue.

✓ Check Up

괄호 안에 알맞은 것을 고르세요.   정답과 해설 p. 54

1. Some of the proposals (has / have) been rejected.
2. Mr. Gilbert regularly (visit / visits) the overseas offices.
3. The display at the building entrances (is / are) made up of flowers.
4. All of the new machinery (operate / operates) efficiently.
5. A number of customers (complain / complains) about the service.

PRACTICE

STEP 1 복습문제

1. Our experts _____ available 24 hours a day to address any technical issues.
   (A) is   (B) are

2. To gain access, simply _____ on our Web site.
   (A) register   (B) registers

3. During the orientation period, every new employee _____ to wear their ID badges.
   (A) needs   (B) need

4. All of the new machinery _____ quietly and efficiently thanks to the technical support from DMS Corp.
   (A) operate   (B) operates

STEP 2 응용문제

5. If you _____ any problem, don't hesitate to call customer service at 09391-920573.
   (A) experience   (B) experiences

6. Larson Bakery's staff will _____ every effort to accommodate your request.
   (A) made   (B) make

7. Nearly half of the employees at Paco Company _____ in the suburban area.
   (A) reside   (B) resides

8. The number of participants in the competition _____ increased.
   (A) have   (B) has

ACTUAL TEST

1. Asia First Logistics will always _____ the shipment on time.
   (A) delivers
   (B) has delivered
   (C) delivery
   (D) deliver

2. To get to the Kim & Park law office, please _____ the elevator near the main entrance.
   (A) used
   (B) uses
   (C) use
   (D) using

3. At least five business days _____ required to complete the renovation work.
   (A) is
   (B) are
   (C) has
   (D) has been

4. Visit our Web site and _____ today in EC's short-term multimedia workshop.
   (A) enroll
   (B) enrollment
   (C) enrolled
   (D) enrolling

5. All new recruits at DM Engineering must _____ several training sessions on occupational safety.
   (A) attending
   (B) attend
   (C) attends
   (D) attention

6. All flights departing from Heathrow _____ due to the severe weather conditions.
   (A) postpones
   (B) have been delayed
   (C) was postponed
   (D) postponing

7. Most of the employees of Future Software _____ satisfied with the new system.
   (A) is
   (B) is being
   (C) are
   (D) was

8. The laboratory assistant must ensure that all of the scientific equipment _____ properly.
   (A) functional
   (B) have functioned
   (C) is functioning
   (D) to function

9. Mr. Cheung from Save Accounting _____ conference room 2 on the third floor.
   (A) is using
   (B) use
   (C) usage
   (D) usable

10. All workers at the construction sites _____ required to wear safety helmets.
    (A) is
    (B) be
    (C) has been
    (D) are

동사 최빈출 어휘 2

기업 활동 1

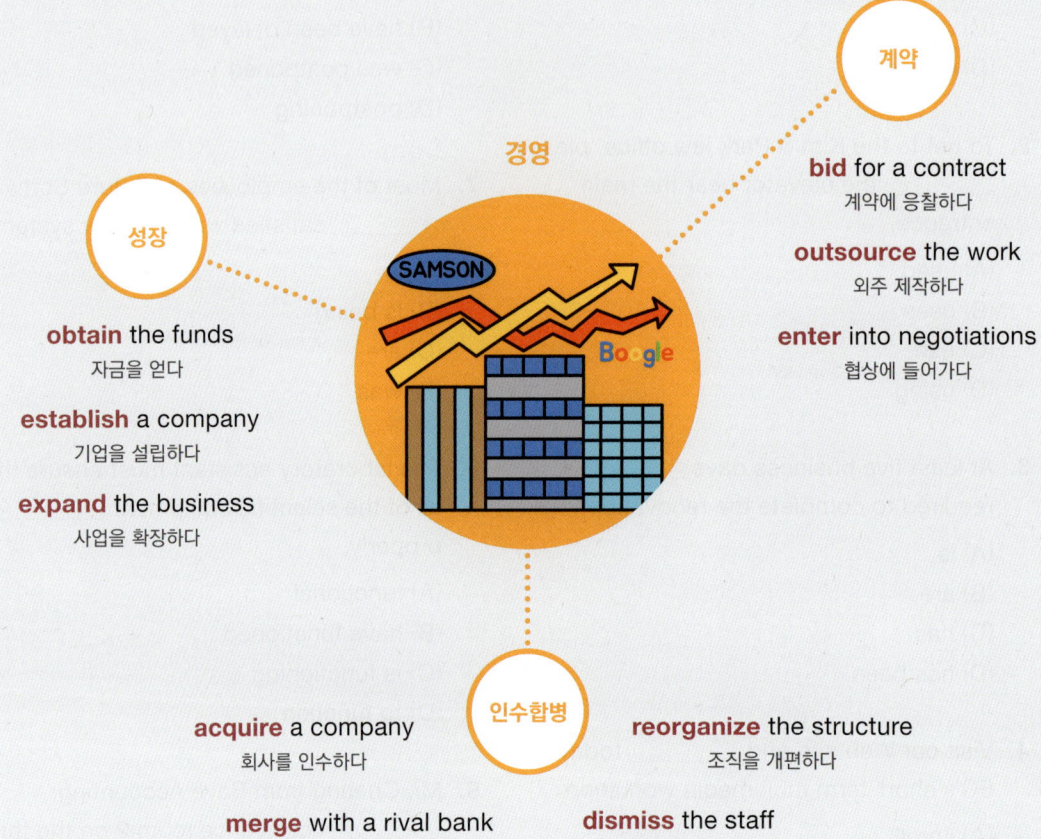

	obtain [əbtéin]	v. 얻다		dismiss [dismís]	v. 해고하다 (유의어) fire
☐	establish [istǽbliʃ]	v. 설립하다 (유의어) found	☐	reorganize [riɔ́ːrgənàiz]	v. 재조직하다
☐	expand [ikspǽnd]	v. 확장하다	☐	enter [éntər]	v. 들어가다
☐	acquire [əkwáiər]	v. 획득하다, 인수하다 (유의어) take over	☐	outsource [àutsɔ́ːrs]	v. 외부에 위탁하다
☐	merge [məːrdʒ]	v. 합병하다	☐	bid [bid]	v. 입찰에 응하다

기업 활동 2

업종

제조/건설
manufacture cars
자동차를 제조하다

construct a building
건물을 건설하다

provide financing for the project
프로젝트에 자금을 제공하다

유통/운송
retail the sportswear
스포츠웨어를 소매 거래하다

distribute the products
제품을 유통시키다

ship the goods
상품을 수송하다

기타
cater a banquet
연회에 음식을 조달하다

publish books
책을 출판하다

design the Web site
웹사이트를 디자인하다

recruit employees
직원을 채용하다

☐	**manufacture** [mǽnjufæ̀ktʃr]	v. 제조(생산)하다 (유의어) produce	☐	**recruit** [rikrúːt]	v. 채용하다, 모집하다
☐	**construct** [kənstrʌ́kt]	v. 건설하다	☐	**design** [dizáin]	v. 디자인하다, 설계하다
☐	**provide** [prəváid]	v. 공급(제공)하다 (유의어) supply	☐	**ship** [ʃip]	v. 수송(배송)하다 (유의어) deliver
☐	**cater** [kéitər]	v. (행사에) 음식을 공급하다	☐	**distribute** [distríbjuːt]	v. 유통시키다, 분배하다
☐	**publish** [pʌ́bliʃ]	v. 출판하다	☐	**retail** [ríːteil]	v. 소매(거래)하다

태

1. 능동태 vs. 수동태

영어에서는 주어와 동사의 관계가 능동이냐 수동이냐에 따라 표현이 달라져요.

■ **능동태란?** | 주어가 동사 행위를 능동적으로 할 때

| 주어가 ~하다. | → 주어 + 동사 |
| 나는 초과 근무를 **한다**. | → I **work** overtime. |

■ **수동태란?** | 주어가 동사 행위를 수동적으로 받을 때

| 주어가 ~되다/당하다. | → 주어 + be + p.p. |
| 임대료가 **지불된다**. | → The rent **is paid**. |

■ **시제별 수동태의 생김새**

시제	형태	예문
현재	am/are/is+p.p.	A new building **is constructed**. 새 건물이 건설된다.
과거	was/were+p.p.	A new building **was constructed**. 새 건물이 건설되었다.
미래	will be+p.p.	A new building **will be constructed**. 새 건물이 건설될 것이다.
현재진행	am/are/is+being+p.p.	A new building **is being constructed**. 새 건물이 건설되고 있다.
과거진행	was/were+being+p.p.	A new building **was being constructed**. 새 건물이 건설되고 있었다.
현재완료	has/have+been+p.p.	A new building **has been constructed**. 새 건물이 건설되었다.
과거완료	had been+p.p.	A new building **had been constructed**. 새 건물이 건설되었다.
미래완료	will have been+p.p.	A new building **will have been constructed**. 새 건물이 건설되어 있을 것이다.

Check Up

정답과 해설 p. 58

다음 문장이 능동태인지 수동태인지 구분하세요.

1. We are hiring temporary chefs for the event. (능동 / 수동)
2. The swimming pools are examined every month by the local officials. (능동 / 수동)
3. The results of the research have been released. (능동 / 수동)

괄호 안의 동사를 문장에 알맞은 형태로 바꾸세요.

4. 그 연구는 Woo 박사에 의해 진행되었다. → The research _____ (conduct) by Dr. Woo.
5. 비행기 요금은 미리 지불될 것이다. → The cost of the flight will _____ (pay) in advance.

2. 수동태 만들기

❶ 수동태 만드는 법

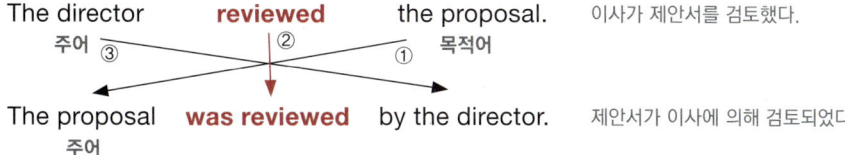

1단계 능동태 문장의 목적어가 수동태의 주어 자리에 온다.
2단계 동사를 수동태(be+p.p.)로 바꾼다.
3단계 능동태의 주어(동사의 행위자)는 〈by+목적격(~에 의해)〉으로 바꾸고 문장 맨 뒤로 보낸다.
　　　＊ 동사의 행위자(능동태의 주어)가 중요한 정보가 아닐 때는 〈by+목적격〉은 생략해도 된다.

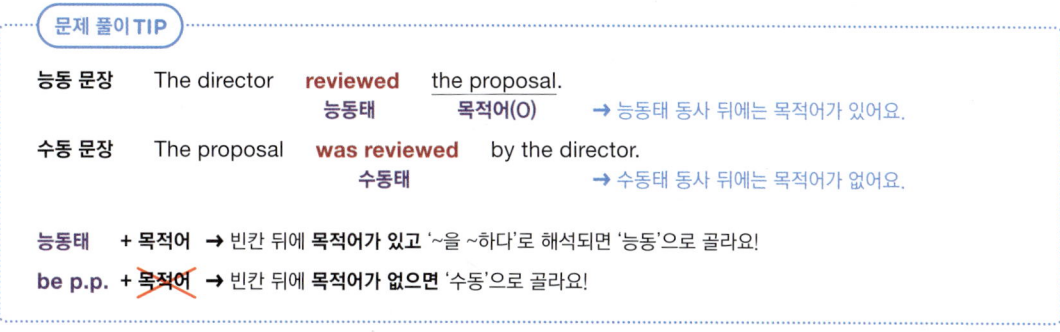

❷ 자동사는 수동태가 불가능

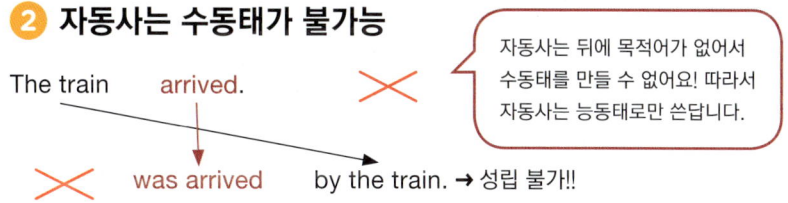

> 자동사는 뒤에 목적어가 없어서 수동태를 만들 수 없어요! 따라서 자동사는 능동태로만 쓴답니다.

Check Up

괄호 안에 알맞은 것을 고르세요.　　　　　　　　　　　　　　　　정답과 해설 p. 59

1. We can (reach / be reached) the sales target this year.
2. The policy will (revise / be revised).
3. The flight will (depart / be departed) at 3 P.M.
4. They frequently (check / are checked) all the data.
5. All seats have (been reserved / reserved).

3. 수동태 짝꿍 전치사

수동태(be p.p.) 뒤에는 전치사 by(~에 의해서)를 주로 쓰지만 by 이외에 다른 전치사를 쓰는 경우도 있어요. 암기가 필요하답니다.

be p.p. in

be interested in ~에 관심[흥미] 있다   be involved in ~에 관련되다   be engaged in ~에 관여[종사]하다

Hubb Industry **is involved in** the housing business. Hubb Industry사는 주택 사업에 관여하고 있다.

be p.p. to

be committed to ~에 전념(헌신)하다   be dedicated to ~에 헌신하다   be exposed to ~에 노출되다
be assigned to ~에 배정되다   be related to ~와 관련되다

Ms. Krizio **has been assigned to** the Sales Department. Krizio 씨는 영업부서로 배정되었다.

be p.p. with

be provided with ~을 제공받다   be satisfied with ~에 만족하다
be equipped with ~을 갖추다   be pleased with ~에 기뻐하다

Mr. Lee **was** very **satisfied with** the hotel service. Lee 씨는 호텔 서비스에 매우 만족했다.

be p.p. of

be informed of ~에 대해 듣다   be notified of ~에 대해 통지받다
be convinced of ~에 대해 확신하다   be reminded of ~에 대해 상기하다

Please **be reminded of** the following instructions. 다음 지침을 상기하십시오.

Check Up

괄호 안에 알맞은 것을 고르세요.   정답과 해설 p. 59

1. Ms. Agatep is (interested / interest) in the position.
2. You are provided (with / to) the return envelope.
3. Mr. Vitello (informs / was informed) of the store return policy.
4. The rooms are (equipped / equipping) with kitchen appliances.
5. We are committed (to / at) reducing pollution.

PRACTICE

1. The cancellation policy will _____ due to the large number of customer complaints.

(A) revise　　　　　　　　(B) be revised

2. Each room comes with air conditioning and is _____ with kitchen appliances.

(A) equipping　　　　　　(B) equipped

3. The flight will _____ for New York at 3 P.M. from gate number 12.

(A) depart　　　　　　　 (B) be departed

4. They always _____ all the data entered before completing a job.

(A) check　　　　　　　　(B) are checked

5. Omaha Broadway's patrons will be satisfied _____ this season's line-up.

(A) with　　　　　　　　 (B) for

6. The confirmation number _____ to exchange your order.

(A) requires　　　　　　　(B) is required

7. Inappropriate use of this machine can _____ serious damage.

(A) cause　　　　　　　　(B) is caused

8. All of the seminars in October will _____ in the Morrison Convention Center.

(A) be held　　　　　　　(B) hold

ACTUAL TEST

1. Only the managerial staff can _____ confidential information due to security concerns.
   (A) accessed
   (B) be accessed
   (C) accessing
   (D) access

2. All of the seats for the football match on Saturday evening _____ except for some box seats.
   (A) have been sold
   (B) sale
   (C) was sold
   (D) selling

3. Save Earth Society is _____ to conserving the environment.
   (A) dedicating
   (B) dedicated
   (C) dedicate
   (D) dedicates

4. The new menu for Salt Water Pub _____ 32 oz. prime rib, filet mignon and unique pasta dishes.
   (A) includes
   (B) include
   (C) will be included
   (D) inclusion

5. Thanks to the recently updated bookkeeping system, our goals for work efficiency have been _____.
   (A) meets
   (B) meeting
   (C) met
   (D) meet

6. Detroit Plumbing will be _____ by French company Dufont Automotive Parts Co.
   (A) acquired
   (B) acquisition
   (C) acquiring
   (D) acquire

7. Diners are pleased _____ the delicious food and cozy atmosphere at Melting Sugar Restaurant.
   (A) between
   (B) on
   (C) to
   (D) with

8. You can _____ through our Web site at www.adconference.com before May 31 and get a 10 percent discount.
   (A) registered
   (B) be registered
   (C) register
   (D) to register

9. All the marketing reports should be _____ by tomorrow, and no exceptions can be made.
   (A) submit
   (B) submitted
   (C) submits
   (D) submitting

10. Universal Electronics _____ several scientific research facilities across the country.
    (A) is operated
    (B) operating
    (C) to operate
    (D) operates

능동태와 수동태

능동태 VS 수동태

능동태
주어가 **한다**.
Jane **wrote** an e-mail.
제인은 이메일을 **썼어**.

— 성질 —

수동태
주어가 **된다/당한다**.
An e-mail **was written** by Jane.
이메일은 제인에 의해 **작성되었어**.

동사
They **filmed** the movie in Seoul.
그들은 서울에서 영화를 **촬영했어**.

— 형태 —

be + p.p. (과거분사)
The movie **was filmed** in Seoul.
그 영화는 서울에서 **촬영되었어**.

파이팅

동사 최빈출 어휘 3

신제품

홍보 수단

launch a TV ad campaign
TV 광고를 시작하다

hold a promotional event
판촉 행사를 열다

implement marketing strategy
마케팅 전략을 실행하다

출시

드디어 나왔다!

introduce a new logo
새로운 로고를 소개하다

release a new car
신차를 출시하다

include new features
새로운 기능들을 포함하다

홍보

promote a new product
신제품을 홍보하다

increase brand awareness
브랜드 인지도를 높이다

attract customers
고객들을 끌어들이다

advertise our service
우리 서비스를 광고하다

☐	**introduce** [ìntrədjúːs]	v. 소개하다, 도입하다	☐	**advertise** [ǽdvərtàiz]	v. 광고하다
☐	**release** [rilíːs]	v. 출시하다, 공개하다	☐	**attract** [ətrǽkt]	v. 끌어들이다, (마음을) 끌다
☐	**include** [inklúːd]	v. 포함하다	☐	**implement** [ímpləmənt]	v. 실행하다
☐	**promote** [prəmóut]	v. 홍보하다, 촉진하다, 승진시키다	☐	**hold** [hould]	v. 개최하다, 잡다
☐	**increase** [inkríːs]	v. 증가하다, 늘리다	☐	**launch** [lɔːntʃ]	v. 시작하다, 착수하다

사은 행사

감사

appreciate customers
고객에게 감사하다

express appreciation
감사를 표하다

고객님, 감사합니다!

할인

reduce the price
가격을 낮추다

save money
돈을 아끼다

buy 1 get 1 free
하나 사면 하나가 공짜

receive a discount
할인을 받다

혜택

win a prize
상품을 타다

give a complimentary voucher
무료 상품권을 주다

redeem the coupon
쿠폰을 현금으로 바꾸다

serve free snacks
무료 스낵을 제공하다

☐	**appreciate** [əpríːʃièit]	v. 고마워하다, 진가를 알아보다	☐	**redeem** [ridíːm]	v. (상품, 현금으로) 바꾸다
☐	**express** [iksprés]	v. 표현하다	☐	**receive** [risíːv]	v. 받다
☐	**win** [win]	v. 이기다, (상 등을) 타다	☐	**buy** [bai]	v. 사다 (유의어) purchase
☐	**give** [ɡiv]	v. 주다	☐	**save** [seiv]	v. 절약하다, 구하다
☐	**serve** [səːrv]	v. (상품, 음식 등을) 제공하다, 근무하다, 일하다	☐	**reduce** [ridjúːs]	v. 줄이다, 낮추다

시제

1. 시제란?

동사의 시제는 문장의 상황이나 사건이 일어난 때를 알려줘요.

I ate salad.
나는 샐러드를 먹었다.

I am eating steak.
나는 스테이크를 먹고 있다.

I will eat ice cream.
나는 아이스크림을 먹을 것이다.

■ 시제의 생김새

현재	동사원형	I **write** a report every week. 나는 매주 보고서를 써요.
과거	동사원형 + ed	I **wrote** a report yesterday. 나는 어제 보고서를 썼어요.
미래	will + 동사원형	I **will write** a report tomorrow. 나는 내일 보고서를 쓸 겁니다.
현재진행	am / are / is + -ing	I **am writing** a report now. 나는 지금 보고서를 쓰고 있어요.
과거진행	was / were + -ing	I **was writing** a report last night. 나는 어젯밤에 보고서를 쓰고 있었어요.
미래진행	will be + -ing	I **will be writing** a report tonight. 나는 오늘 밤에 보고서를 쓰고 있을 거예요.
현재완료	have / has + p.p.	I **have** already **written** a report. 나는 보고서를 이미 썼어요.
과거완료	had + p.p.	I **had written** a report by ten o'clock last night. 나는 어젯밤 10시까지 보고서를 썼어요.
미래완료	will have + p.p.	I **will have written** a report by tomorrow. 나는 내일까지 보고서를 쓸 거예요.

Check Up

괄호 안의 동사를 문장의 시제에 알맞게 바꾸세요. 정답과 해설 p. 63

1. 현재완료   I _____ (live) in Seoul for the last 10 years.
2. 미래   The company _____ (launch) a new facial cream.
3. 과거   Several new printers _____ (be) installed last week.
4. 현재진행   We _____ (accept) applications for membership.
5. 현재   The marketing team _____ (conduct) a survey every year.

2. 단순 시제

① 현재 | 동사원형 / 동사원형 + (e)s

현재의 상태를 설명(날씨가 맑아요.)하거나, 반복적으로 일어나는 일이나 습관(나는 매일 밤 야식을 먹어요.), 일반적인 사실(바닷물은 짜다.)에 대해 이야기할 때는 현재 시제를 써요.

We **attend** the seminar **every year**. 우리는 매년 세미나에 참석한다.
A seminar **gives** a lot of useful information. 세미나는 많은 유용한 정보를 준다.

현재 시제 짝꿍 표현

currently 지금   now 지금   always 항상   usually 대체로
regularly 규칙적으로   frequently 자주   often 자주   occasionally 때때로   every 매

> 현재 시제는 반복이나 습관을 주로 나타내므로, '반복', '빈도'를 뜻하는 빈도부사와 잘 어울려요.

② 과거 | 동사원형 + (e)d

과거에 일어났던 일(두 달 전에 토익 시험을 봤어요.)은 과거 시제를 쓰지요.

We **attended** the seminar **last week**. 우리는 지난주에 세미나에 참석했다.

과거 시제 짝꿍 표현

ago 전에   last 지난   yesterday 어제   recently 최근에   previously 전에   in + 과거 연도 ~년에

③ 미래 | will + 동사원형 / be going to + 동사원형

앞으로의 일(나는 창업할 거예요.)에 대해 이야기할 때는 미래 시제를 씁니다.

We **will attend** the seminar **next Friday**. 우리는 다음 주 금요일에 세미나에 참석할 것이다.
= We **are going to attend** the seminar **next Friday**.

미래 시제 짝꿍 표현

next 다음   shortly 곧   soon 곧   tomorrow 내일   in the future 미래에   in + 미래 연도 ~년에

Check Up

괄호 안에 알맞은 것을 고르세요. 정답과 해설 p. 64

1. Xing Pharmaceutical (frequently / recently) offers incentives.
2. Dinner (will be / was) served shortly.
3. Tom (starts / started) his own business 2 years ago.
4. The new director (will visit / visits) our branch next week.
5. The company (opens / opened) the liaison office in Shanghai last year.

3. 진행 시제

진행 시제는 진행 중인 일을 표현할 때 써요.

❶ 현재진행 | am / are / is + -ing

현재 진행 중인 일(지금 파티를 준비하고 있어요.)이나 가까운 미래의 계획(곧 파티를 시작할 거예요.)을 이야기할 때 써요.

We **are** currently **organizing** a special seminar on Business Opportunities in China.
우리는 현재 중국에서의 사업 기회에 관한 특별 세미나를 준비 중이다.

Dr. Han **is attending** the seminar next week.
Han 박사는 다음 주에 세미나에 참석할 계획이다.

❷ 과거진행 | was / were + -ing

과거의 한 시점에 진행되었던 일(어젯밤에 음악을 듣고 있었어요.)을 이야기할 때 써요.

We **were preparing** for the seminar last night.
우리는 어젯밤에 세미나를 준비하고 있었다.

❸ 미래진행 | will be + -ing

미래의 한 시점에 진행될 일(내일 오후에 자전거를 타고 있을 거예요.)을 이야기할 때 써요.

We **will be attending** the seminar tomorrow morning.
우리는 내일 아침 세미나에 참석하고 있을 것이다.

Check Up

괄호 안에 알맞은 것을 고르세요. 정답과 해설 p. 64

1. Ms. Pelt (was leading / will be leading) a tutorial tomorrow afternoon.
2. Revenues (are / were) dropping rapidly last summer.
3. Passengers (are waiting / waited) to check in their luggage now.
4. Sam Weaver (give / will be giving) a speech this Tuesday.
5. *Hike Monthly* (is / was) currently offering a 25 percent discount.

4. 완료 시제

1 현재완료 | have/has + p.p.

과거의 일이 현재에도 계속되는 상황(3년째 여기서 살고 있어요.), 과거의 경험(뉴욕에 가본 적 있어요.) 또는 과거의 일을 막 끝낸 상황(숙제를 막 끝냈어요.)을 표현할 때 현재완료를 써요.

- **계속** | 과거부터 현재까지 쭉 계속되는 일
She **has worked** for our company **for the last 2 years**. 그녀는 지난 2년 동안 우리 회사를 위해 일해왔다.

- **경험** | 과거의 경험
I **have worked** as a sales clerk **before**. 나는 전에 영업 사원으로 일한 적이 있다.

- **완료** | 과거에 시작한 일을 막 끝낸 상황
He **has just finished** his medical training. 그는 막 전문의 수료과정을 끝냈다.

> **현재완료 시제 짝꿍 표현**
> during[over/for] the last[past] + 기간 지난 ~ 동안   since + 과거 ~ 이래로
> recently 최근에   just 막, 방금   already 이미

2 과거완료 | had + p.p.

과거의 어떤 시점보다 더 전에 일어난 일을 나타낼 때 과거완료를 써요.
She **had completed** the report **before she met the CEO yesterday**.
그녀는 어제 최고 경영자를 만나기 전에 보고서를 완성했다.

> **과거완료 시제 짝꿍 표현**
> before/by the time + 주어 + 과거 동사, 주어 + had p.p. ~하기 전에/~했을 무렵, ~을 완료했다

 Check Up

괄호 안에 알맞은 것을 고르세요.   정답과 해설 p. 65

1. The prices of the mobile phones have (became / become) affordable.
2. By the time he arrived at the airport, the plane (had departed / departs).
3. Blooming Credit service rates (have remained / remain) the same for the last 5 years.
4. The two teams (have worked / are working) together since last February.
5. Jessica (had completed / will complete) the design before she met the buyers.

PRACTICE

STEP 1 복습문제

1. The two teams _____ collaboratively on the new marketing project since last February.
   (A) are working
   (B) have worked

2. Revenues _____ dropping rapidly when Mr. Lee joined the company last summer.
   (A) were
   (B) are

3. Xing Pharmaceutical _____ offers incentives to its sales representatives including cash rewards.
   (A) recently
   (B) frequently

4. In an effort to expand into China, the company _____ the liaison office in Shanghai next year.
   (A) will open
   (B) opened

STEP 2 응용문제

5. Last week, the team _____ for their efforts in organizing a wellness program.
   (A) was commended
   (B) is commending

6. At the next staff meeting, Matt Bower _____ environmental issues.
   (A) will address
   (B) had addressed

7. Before Ursula arrived the venue, the awards ceremony _____ with fireworks.
   (A) begins
   (B) had begun

8. Mr. Hoang _____ to our success over the past five years.
   (A) has contributed
   (B) is contributing

ACTUAL TEST

1. According to Mr. Hale, the manufacturing plant _____ the outdated equipment last month.
   (A) replace
   (B) is replacing
   (C) will replace
   (D) replaced

2. Starting next month, Barnett Airways _____ special discounts to frequent flyers.
   (A) had offered
   (B) offered
   (C) will be offered
   (D) will be offering

3. Ken Murdo, the winner of the city's photography contest, _____ a cash prize at last night's ceremony.
   (A) to be awarded
   (B) was awarded
   (C) is awarding
   (D) award

4. Before Mr. Tang joined Muhada Corp., he _____ as a marketing director at Indiana Grocer.
   (A) is working
   (B) had worked
   (C) having worked
   (D) work

5. Save Energy _____ to be the top energy distributor in Asia since its foundation in 1990.
   (A) aspire
   (B) is aspiring
   (C) has aspired
   (D) aspiring

6. Mr. Kaminsky _____ his report on the progress of business expansion next Thursday.
   (A) will finish
   (B) to finish
   (C) finishing
   (D) finished

7. Stelminac Ltd. _____ its quarterly sales figures yesterday at a media conference.
   (A) is releasing
   (B) releases
   (C) released
   (D) is to release

8. Management informed the work crews that our landscaping contract with Emtraz Associates _____ recently.
   (A) will have been renewed
   (B) is being renewed
   (C) will be renewed
   (D) has been renewed

9. Revive Corporation _____ water purification products for more than 30 years.
   (A) has manufactured
   (B) manufacturing
   (C) manufacture
   (D) to manufacture

10. By the time the proposal was finally approved, the government _____ it several times.
    (A) rejects
    (B) will reject
    (C) had rejected
    (D) being rejected

동사 최빈출 어휘 4

day 11 Vocabulary

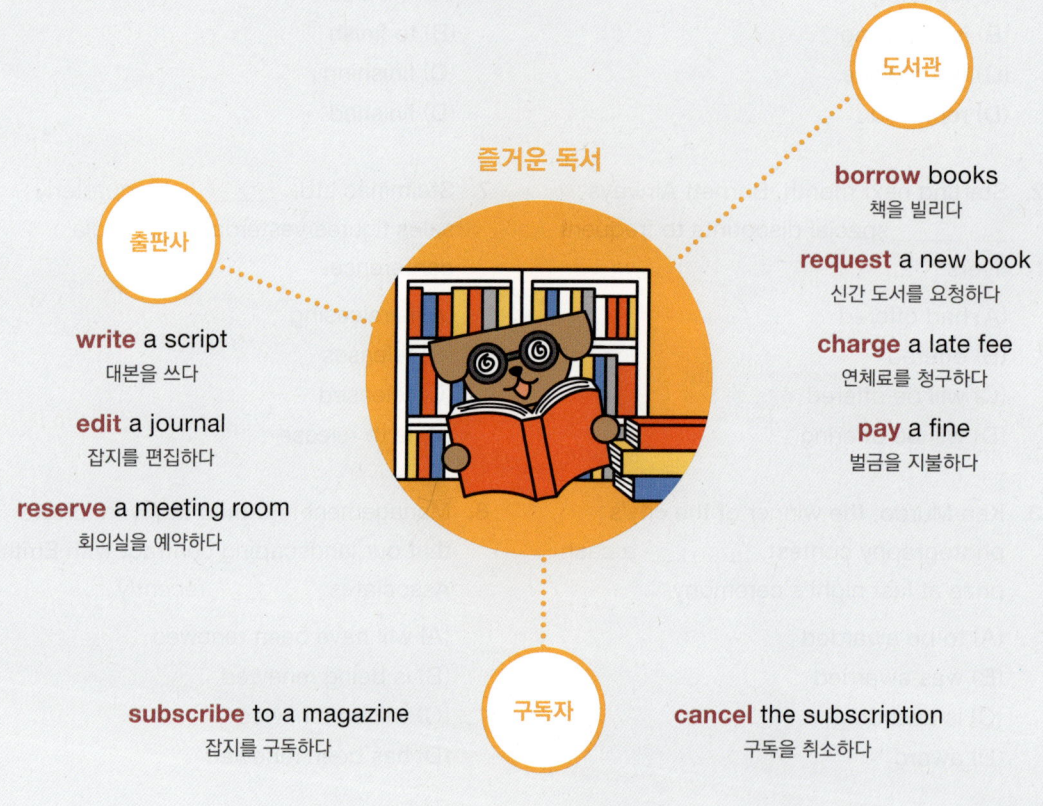

책

즐거운 독서

출판사
- **write** a script
  대본을 쓰다
- **edit** a journal
  잡지를 편집하다
- **reserve** a meeting room
  회의실을 예약하다

도서관
- **borrow** books
  책을 빌리다
- **request** a new book
  신간 도서를 요청하다
- **charge** a late fee
  연체료를 청구하다
- **pay** a fine
  벌금을 지불하다

구독자
- **subscribe** to a magazine
  잡지를 구독하다
- **renew** the subscription
  구독을 갱신하다
- **cancel** the subscription
  구독을 취소하다

☐	**write** [rait]	v. 쓰다	☐	**cancel** [kǽnsl]	v. 취소하다
☐	**edit** [édit]	v. 편집하다	☐	**pay** [pei]	v. 지불하다
☐	**reserve** [rizə́ːrv]	v. 예약하다	☐	**charge** [tʃaːrdʒ]	v. (요금 등을) 청구하다
☐	**subscribe** [səbskráib]	v. 구독하다	☐	**request** [rikwést]	v. 요청하다
☐	**renew** [rinjúː]	v. 갱신하다, 재개하다	☐	**borrow** [bárou]	v. 빌리다

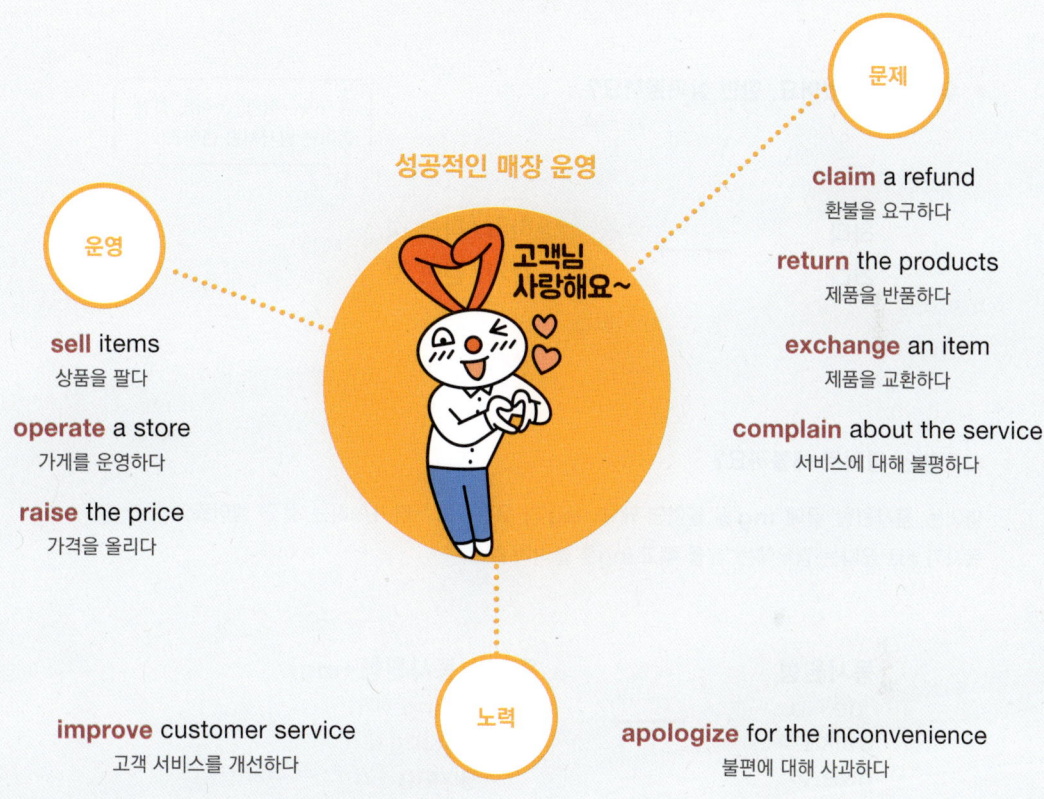

	sell [sel]	v. 팔다		apologize [əpάlədʒàiz]	v. 사과하다
	operate [άpərèit]	v. 운영하다, 작동하다		complain [kəmpléin]	v. 불평[항의]하다
	raise [reiz]	v. 올리다		exchange [ikstʃéindʒ]	v. 교환하다
	improve [imprú:v]	v. 개선하다, 향상시키다		return [ritə́:rn]	v. 반환하다, 돌아오다
	maintain [meintéin]	v. 유지하다		claim [kleim]	v. 요구[청구]하다, 주장하다

동명사

1. 동명사란?

동사를 **명사**처럼 변신시켜 쓰는 말이랍니다.

■ 우리말에도 있어요. 한번 살펴볼까요?

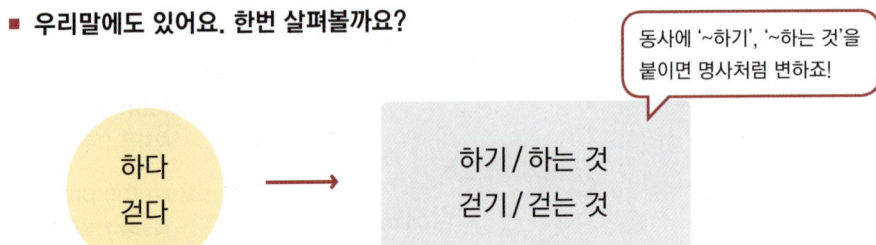

동사에 '~하기', '~하는 것'을 붙이면 명사처럼 변하죠!

■ 이번엔 영어로 해볼까요?

영어는 '동사원형' 끝에 '**ing**'를 붙이면 돼요. 'ing'가 우리말로 '~하기/~하는 것'인 셈이죠.
동사가 e로 끝나는 경우에는 'e'를 빼고 ing를 붙여야 해요

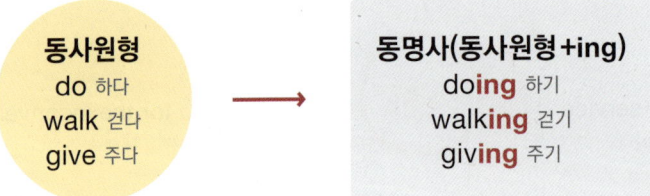

Check Up

동명사로 구문을 완성해 보세요.   정답과 해설 p. 69

1. 편지를 쓰다: write a letter   → 편지 쓰기: _____ a letter
2. 예약하다: make a reservation   → 예약하기: _____ a reservation
3. 발표하다: give a presentation   → 발표하기: _____ a presentation
4. 목표를 달성하다: achieve a goal → 목표 달성하기: _____ a goal
5. 팀을 관리하다: manage a team   → 팀 관리하기: _____ a team

2. 동명사 자리

동사를 명사처럼 둔갑시킨 동명사는, 명사처럼 활용할 수 있답니다.
명사 대신 **명사 자리**에 쓸 수 있다는 얘기죠. 대신 동사 자리에는 들어갈 수가 없어요!
명사 자리 기억나시나요? 주어, 보어, 목적어였죠.

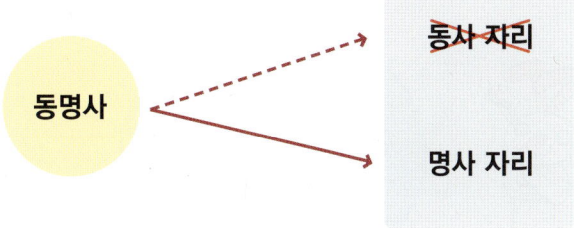

❶ 주어

동명사는 문장 맨 앞에서 주어 역할을 할 수 있어요.

Watching movies is my hobby. 영화를 보는 것이 나의 취미입니다.
주어

❷ 보어

동명사는 be동사 같은 2형식 동사 뒤에서 보어 역할을 할 수 있어요.

My hobby is **watching** movies. 나의 취미는 영화를 보는 것입니다.
보어

❸ 목적어

동명사는 동사나 전치사 뒤에서 목적어 역할을 할 수 있어요.

I **enjoy watching** movies. 나는 영화 보는 것을 즐깁니다.
동사(enjoy)의 **목적어**

I am interested **in watching** movies. 나는 영화 보는 것에 흥미가 있습니다.
전치사(in)의 **목적어**

Check Up

괄호 안의 동사를 동명사로 변형해 문장을 완성하고 문장 성분에 동그라미 치세요. 정답과 해설 p. 69

1. _____ (Send) invitations is important. (주어, 보어, 목적어)
2. Mr. Alvarez is active in _____ (make) contact with his clients. (주어, 보어, 목적어)
3. The manager suggested _____ (purchase) a new computer. (주어, 보어, 목적어)
4. Mr. Tao's job is _____ (conduct) research. (주어, 보어, 목적어)
5. Ms. Yamamoto will be recognized for _____ (complete) the project. (주어, 보어, 목적어)

3. 동명사를 좋아하는 동사

❶ enjoy watching? enjoy to watch?

I **enjoy watching** a movie. 나는 영화 보는 것을 즐깁니다.
I **want** ~~watching~~ a movie.

❷ 동명사가 목적어로 오는 동사

enjoy의 목적어로는 watching이 오지만, want의 목적어로는 동명사 watching이 올 수 없어요.
동명사가 목적어로 올 수 있는 동사는 따로 정해져 있기 때문에 암기가 필요해요!!

■ 동명사가 목적어로 오는 동사

enjoy 즐기다	keep 계속하다	finish 끝내다	quit / discontinue 중단하다
avoid 피하다	deny 부인하다	delay / postpone 연기하다	
consider 고려하다	recommend 추천하다	suggest 제안하다	

TIP 이 동사들은 'enjoy -ing', 'consider -ing'처럼 뒤에 '-ing'를 붙여 외우면 편해요.

✅ Check Up

괄호 안에 알맞은 것을 고르세요.   정답과 해설 p. 70

1. Tina Wong has finished (write / writing) a report.
2. MHC company is considering (to hire / hiring) workers.
3. We recommend (to visit / visiting) our Web site at www.ybn.net.
4. The tenant delayed (to pay / paying) the rent for this month.
5. We will discontinue (producing / produced) our Modak HD Player.

4. 동명사 vs. 명사

❶ 목적어가 올 수 있는 동명사

동명사는 명사처럼 쓸 수 있다고 했지만, 명사와 동명사 사이에는 차이점도 있답니다.
명사는 뒤에 목적어가 오지 않지만, 동명사는 동사의 특징을 그대로 갖고 있어 목적어가 올 수 있어요.

명사 + 목적어	**completion** the project (X) 완료 프로젝트	→ 두 단어가 서로 연결되지 않죠!
	명사	
동명사 + 목적어	**completing** the project (O) 프로젝트를 완료하는 것	→ '완료하는 것'과 목적어(the project)가
	동명사	자연스럽게 연결돼요!

TIP 빈칸 뒤에 목적어가 없으면 명사, 목적어가 있어 '~를 …하는 것'으로 해석이 자연스럽다면 동명사가 답!

❷ 부사의 수식을 받는 동명사

명사는 형용사의 수식을 받고, 동명사는 동사의 특징을 그대로 갖고 있어 부사의 수식을 받을 수 있어요.

형용사 + 명사	**successful** completion (O) 성공적인 완수	
	형용사	
부사 + 동명사	**successfully** completing the job (O) 그 일을 성공적으로 완수하기	
	부사	

 **Check Up** ··

괄호 안에 알맞은 것을 고르세요.   정답과 해설 p. 71

1. Please acknowledge (receipt / receiving) of the payment.
2. Before (installing / installation) the equipment, please read all the instructions.
3. Vannoy's has been serving the best hamburgers in town since its (establishment / establishing).
4. Blue Ribbon Air raised its rates without (notification / notifying) passengers.
5. Mr. Wu is responsible for (promoting / promotion) our brand.

5. 동명사 표현

❶ 전치사 to 뒤에 오는 동명사

전치사 to로 끝나는 숙어는 to부정사의 to인지, 전치사 to인지 헷갈리므로 반드시 구별해야 해요.
전치사 to 뒤에 'ing'를 붙여 외우면 편하답니다.

be committed[dedicated / devoted] to -ing	~하는 것에 헌신/전념하다
be accustomed[used] to -ing	~하는 것에 익숙하다
be attributed to -ing	~ 때문이다, ~ 덕분이다
in addition to -ing	~하는 것뿐 아니라
look forward to -ing	~하는 것을 고대하다
lead to -ing	~하는 것을 초래하다
contribute to -ing	~하는 것에 기여하다
object to -ing	~하는 것을 반대하다

❷ 동명사가 들어가는 숙어

be busy -ing	~하느라 바쁘다
be worth -ing	~할 가치가 있다
have difficulty[trouble] -ing	~하는 데 어려움을 겪다
on[upon] -ing	~하자마자
spend 시간/돈 -ing	~하는 데 시간/돈을 쓰다
go -ing	~하러 가다
feel like -ing	~하고 싶다
cannot help -ing	~하지 않을 수 없다

괄호 안에 알맞은 것을 고르세요.   정답과 해설 p. 71

1. We look forward to (meet / meeting) you next month at the interview.
2. We are (dedicated / attributed) to providing our customers with the best service possible.
3. The Human Resources Department is having difficulty (find / finding) a candidate.
4. Upon (receive / receiving) your payment, the goods will be shipped.
5. In addition to (give / giving) a presentation, Ms. Shim will answer questions.

PRACTICE

STEP 1 복습문제

1. Please confirm _____ of the package so that we can send you the invoice.
   (A) receipt (B) receiving

2. BLC Company is considering _____ temporary workers in preparation for the peak season.
   (A) to hire (B) hiring

3. Due to the rise in fuel prices, Blue Ribbon Air raised its international airfares without _____ passengers in advance.
   (A) notifying (B) notification

4. Ms. Yamamoto will be recognized for successfully _____ the project ahead of schedule.
   (A) managing (B) manages

STEP 2 응용문제

5. Mr. Delgado was in charge of _____ the perfect location for the Bremen Gallery.
   (A) find (B) finding

6. _____ the sales team is the most important part of Mr. Carter's job as the department head.
   (A) Leading (B) Leader

7. As a nurse, Ms. Lim enjoys _____ articles about specific areas of medicine and nutrition.
   (A) reads (B) reading

8. Head Chef Choi of Pho B Restaurant is renowned for skillfully _____ the freshest ingredients.
   (A) selection (B) selecting

ACTUAL TEST

1. To ensure accurate billing, be sure to check all the product codes before _____ an invoice.

    (A) sending
    (B) sent
    (C) send
    (D) to send

2. For a more pleasant holiday, avoid _____ Mullagarch Beach during the summer rainy season.

    (A) visited
    (B) visits
    (C) visiting
    (D) visitation

3. In an effort to protect customers' personal information, we are committed to _____ our online security.

    (A) improve
    (B) improved
    (C) improving
    (D) improves

4. In addition to _____ the Finance Committee, Mr. Boone works as the company's senior accountant.

    (A) supervises
    (B) supervising
    (C) supervision
    (D) supervised

5. CEO Trout plans on _____ a presentation on the company's expansion at the next board meeting.

    (A) give
    (B) given
    (C) giving
    (D) giver

6. As finance director, Mr. Hearst will be responsible for _____ a budget proposal.

    (A) prepare
    (B) preparing
    (C) preparation
    (D) prepares

7. ATX Chairman Shin Kwon-ho plans to spend more time _____ its less profitable branches.

    (A) manager
    (B) managing
    (C) managed
    (D) manages

8. Eugene Smith, president of WCR Kitchenware, announced his decision about _____ a new plant.

    (A) building
    (B) to build
    (C) builds
    (D) build

9. By _____ old machinery with more efficient equipment, Seico will be able to save on operating expenses.

    (A) replaced
    (B) replacement
    (C) replaces
    (D) replacing

10. Super Stores is considering _____ a free gift to any customers who visit the store on its fifth anniversary.

    (A) offering
    (B) offer
    (C) offered
    (D) offers

준동사

준동사는 동사를 변형시켜 다른 품사처럼 활용하는 것을 뜻해요. 동사로 쓸 수 없다는 점만 빼고는 동사의 성질을 그대로 가지고 있어서, '동사에 준한다'는 뜻으로 준동사라 부른답니다.

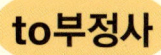 동명사 분사

★ 형태

to+동사원형 **to work**	동사원형+ing **working**	동사원형+ing 동사원형+ed **working** **worked**

★ 역할

명사 / 형용사 / 부사	명사	형용사
I plan **to travel**. 난 **여행할 것**을 계획해. I want some time **to travel**. 난 **여행하는** 시간을 원해. I'm saving money **to travel**. 난 **여행하려고** 돈을 모으고 있어.	I enjoy **cooking**. 난 **요리하는 것**을 좋아해.	I saw a **flying** plane. 난 **날아가는** 비행기를 봤어. I attached the **edited** file. 난 **편집된** 파일을 첨부했어.

형용사 최빈출 어휘 1

☐	**full-time** [ful tɑim]	a. 전 시간 근무의, 전임의	☐	**prospective** [prəspéktiv]	a. 가능한, 잠재적인 (유의어) potential
☐	**flexible** [fléksəbl]	a. 유연한, 융통성이 있는	☐	**additional** [ədíʃənl]	a. 추가의
☐	**available** [əvéiləbl]	a. (물건을) 구할[이용할] 수 있는, (사람이) 시간이 되는, ~할 능력이 있는	☐	**temporary** [témpərèri]	a. 임시의, 잠정의
☐	**unsuitable** [ʌnsúːtəbl]	a. 적합하지 않은 (반의어) suitable, proper	☐	**regular** [régjulər]	a. 정기적인, 규칙적인
☐	**eligible** [élidʒəbl]	a. 자격이 되는	☐	**managerial** [mænədʒíəriəl]	a. 관리의, 경영의

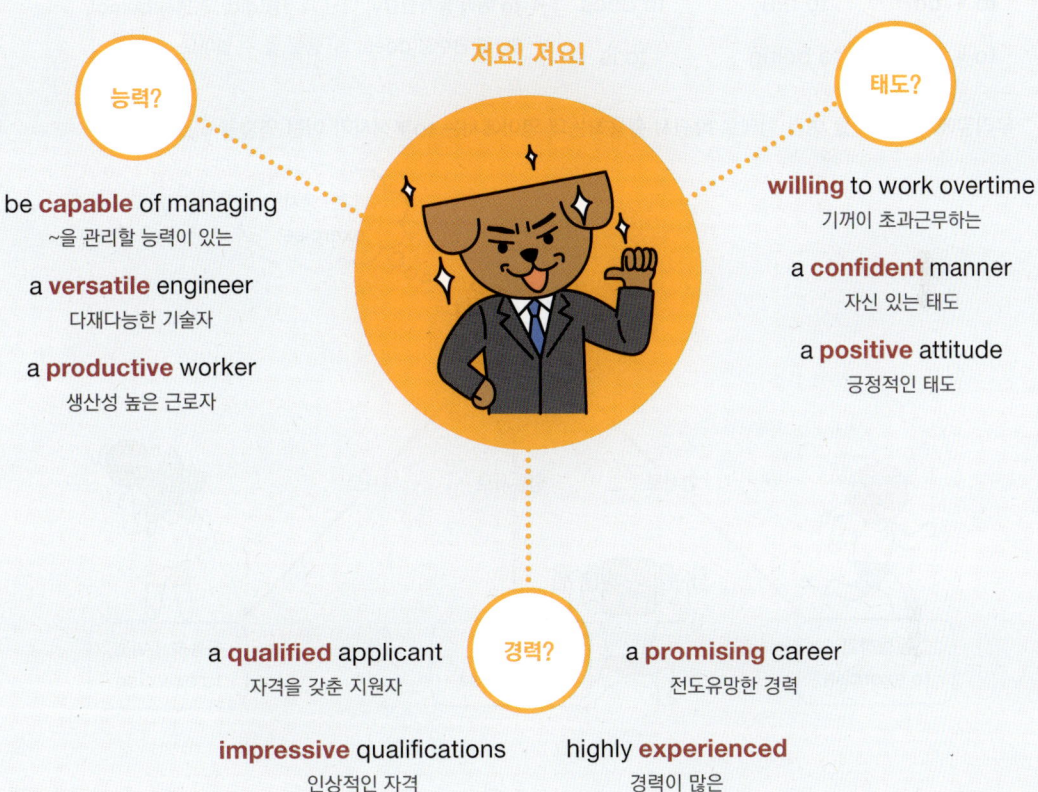

	capable [kéipəbl]	a. 능력 있는, ~할 수 있는		experienced [ikspíəriənst]	a. 경력이 많은, 노련한
	versatile [vɚːrsətl]	a. 다재다능한		promising [prámisiŋ]	a. 유망한, 장래성 있는
	productive [prədʌ́ktiv]	a. 생산성 높은, 생산적인		positive [pázətiv]	a. 긍정적인, 적극적인
	qualified [kwáləfàid]	a. 자격을 갖춘, 적합한		confident [kánfədənt]	a. 자신 있는, 확신하는
	impressive [imprésiv]	a. 인상적인, 감동적인		willing [wíliŋ]	a. 기꺼이 ~하는

117

to부정사

1. to부정사란?

to부정사는 동사를 다른 품사처럼 활용하려고 'to+동사원형'으로 변형시킨 말이에요.

- **to + do**   to <s>did</s>   to <s>does</s>   → to 뒤에 동사원형이 아닌 과거형(did), 동명사(being),
- **to + be**   to <s>being</s>   to <s>is</s>   3인칭 단수형(does, is) 등은 올 수 없어요.

우리말에서도 동사를 여러 형태로 바꿔서 활용하는데 영어에서는 to부정사가 이런 역할을 하죠.

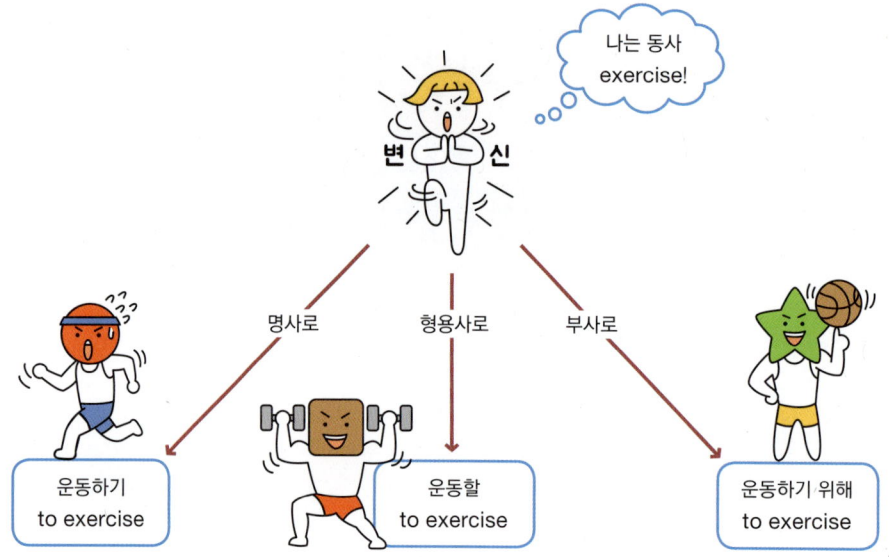

⚠️ **주의** to부정사는 동사를 가지고 만들었지만 동사는 아니에요. 그러니 동사 자리에는 단독으로 절대 오지 못하죠.

I <s>to exercise</s> every day. → I **exercise** every day.   나는 매일 운동한다.
　　동사 자리(✗)　　　　　　　　　 동사(○)

Check Up

괄호 안의 동사를 to부정사로 바꾸고, 각 문장에서 어떤 역할을 하는지 고르세요.　　　정답과 해설 p. 76

1. John wants _____ (start) his own business.　　　　　　　(명사, 형용사, 부사)
2. It is time _____ (focus) on the financial problem.　　　　(명사, 형용사, 부사)
3. Ms. Finley visited Paris _____ (attend) the Trade Fair.　　(명사, 형용사, 부사)
4. I worked overtime _____ (finish) the report.　　　　　　(명사, 형용사, 부사)
5. I hope _____ (see) you at the workshop.　　　　　　　　(명사, 형용사, 부사)

2. to부정사의 역할 — 명사

to부정사는 문장에서 **명사**처럼 쓸 수 있어요.
'~하기/~하는 것'으로 해석하고 명사 자리(주어/보어/목적어)에 명사 대신 들어갈 수 있죠.

❶ 주어 / 보어

To increase sales is our goal. 판매를 늘리는 것이 우리의 목표입니다.
　　주어

Our goal is **to increase** sales. 우리의 목표는 판매를 늘리는 것입니다.
　　　　　　　보어

❷ 목적어

We want **to increase** sales. 우리는 판매를 늘리기를 원합니다.
　　동사(want)의 목적어

동사 뒤의 목적어 자리에 명사 대신 to부정사가 올 수는 있지만, 항상 그런 건 아니에요.
We want **to increase** sales. want의 목적어로는 to increase가 오지만,
We keep ~~to increase~~ sales. keep의 목적어로는 to부정사 to increase가 올 수 없어요.

동명사와 마찬가지로, to부정사가 목적어로 올 수 있는 동사가 따로 정해져 있기 때문에 암기해야 해요!!

■ **to부정사가 목적어로 오는 동사**

want 원하다	hope 희망하다	wish 바라다	expect 기대하다
need 필요하다	decide 결정하다	plan 계획하다	promise 약속하다
choose 선택하다	agree 동의하다	refuse 거절하다	strive 애쓰다
offer 제안하다	fail 실패하다	manage 해내다	intend 의도하다

✅ Check Up

괄호 안에 알맞은 것을 고르세요.　　　　　　　　　　　정답과 해설 p. 76

1. The manager decided (to end / ending) the contract.
2. Mr. Smith wishes (retire / to retire) at the end of this month.
3. Our aim is (keeps / to keep) customers satisfied.
4. You will need (to buy / bought) the tickets in advance.
5. The company has failed (to reach / reaching) sales goals.

3. to부정사의 역할 — 형용사

to부정사는 **형용사**처럼 명사를 꾸밀 때도 쓸 수 있어요.

① 명사 수식

to부정사가 명사를 꾸밀 때는 명사 앞이 아니라 뒤에서 꾸며주고 '~할/~하기 위한/~할 수 있는 명사'로 해석해요.

We are looking for **ways to increase** sales. 우리는 판매를 늘릴 방법을 찾고 있습니다.

② 명사 + to부정사

유독 to부정사가 뒤에 잘 붙는 명사들이 있으니 암기해 두세요.

way to부정사 ~할 방법	effort to부정사 ~하기 위한 노력
plan to부정사 ~할 계획	chance/opportunity to부정사 ~할 기회
ability to부정사 ~할 능력	attempt to부정사 ~하기 위한 시도
decision to부정사 ~할 결심	right to부정사 ~할 권리
time to부정사 ~할 시간	means/steps to부정사 ~하기 위한 조치

I'm excited about the **opportunity to work** at your company. 저는 귀사에서 일할 기회에 설렙니다.

The **ability to speak** Chinese is essential. 중국어를 할 수 있는 능력이 필수적입니다.

In an **effort to increase** its market shares, the company introduced cheaper mobile phones.
시장 점유율을 높이기 위한 노력으로, 그 회사는 더 저렴한 핸드폰을 출시했다.

 Check Up

괄호 안에 알맞은 것을 고르세요.   정답과 해설 p. 77

1. The managers are discussing ways (improve / to improve) the service.
2. The workshop will be an opportunity (learns / to learn) from each other.
3. The CEO has a plan (to build / building) a factory.
4. Everyone will have a chance (to ask / asking) questions.
5. The decision (closing / to close) the Tokyo office was announced.

4. to부정사의 역할 — 부사

to부정사는 부사처럼 **완성된 절 앞이나 뒤에** 덤으로 붙어서 내용을 수식할 수 있고, 주로 '**~하기 위해서/~하려고**'로 해석해요.

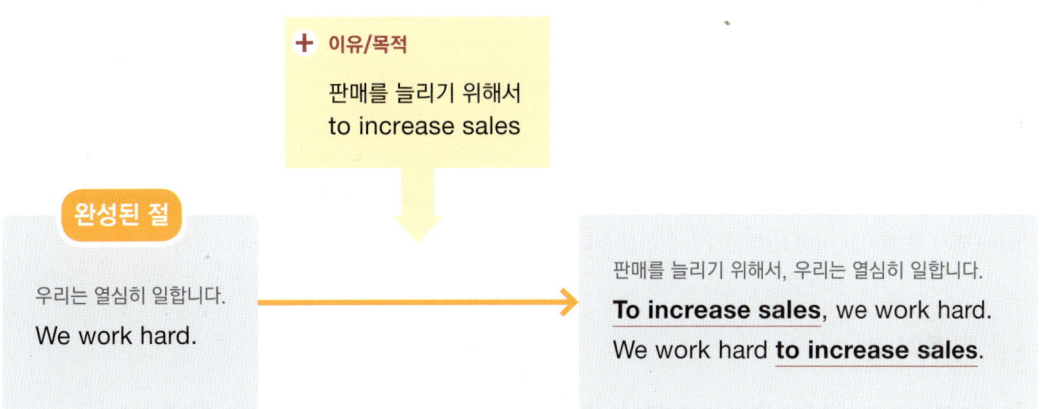

The museum organized a new exhibition **to celebrate** its 50th anniversary.
박물관은 50주년을 기념하기 위해 새로운 전시회를 준비했다.

To thank employees for their hard work, the company will hold a reception.
직원들의 노고에 감사하기 위해 회사는 연회를 열 것이다.

 Check Up

괄호 안에 알맞은 것을 고르세요. 정답과 해설 p. 77

1. (To celebrate / Celebration) the final day, free refreshments will be provided.
2. The director wrote a memo (discuss / to discuss) business trends.
3. The committee posted an article (promotion / to promote) a sports event.
4. Mr. Tanaka made a call (to cancel / cancels) his order.
5. (To track / Tracked) luggage, Mac Airlines uses a computerized system.

5. 의미상 주어 & 가주어

① 의미상 주어 'for + 명사'

I have reserved a hotel room to spend 2 nights. 나는 이틀 밤을 묵을 호텔 방을 예약했다.

I have reserved a hotel room **for Mr. Lee** to spend 2 nights.
나는 **Lee 씨가** 이틀 밤을 묵을 호텔 방을 예약했다.

이 문장에서 누가 이틀 밤을 묵는지 즉, to부정사인 to spend의 행위자(주어)를 추가로 밝히려면 to부정사 앞에 '**for+명사**'를 붙이고 이를 to부정사의 **의미상 주어**라고 불러요.

② 가주어 it

To increase sales for this quarter is important. 이번 분기에 판매를 증가시키는 것이 중요하다.
주어(to부정사) → 긴 to부정사 주어는 주어 자리에 잘 쓰지 않고 뒤로 보내요.

It is important **to increase sales for this quarter**. 이번 분기에 판매를 증가시키는 것이 중요하다.
가주어   진주어

→ 주어 자리가 텅 비면 안 되죠! 가주어 It을 넣어요.

빈자리를 채우기 위해 'it'을 쓰고 가주어(가짜 주어)라 부르고, 뒤로 빠진 to부정사구(원래 주어)는 진주어(진짜 주어)라고 불러요. 가주어 it은 해석하지 않아요.

괄호 안에 알맞은 것을 고르세요.   정답과 해설 p. 78

1. It is important (to satisfy / satisfy) customers.
2. (It / They) is impossible to complete the project on time.
3. Your personal trainer will develop a plan (for / to) you to follow.
4. It is necessary (vacate / to vacate) the building for a safety inspection.
5. Mr. Inga completed the report (as / for) you to review.

6. to부정사 표현

❶ to부정사 빈출 표현

would like to부정사 ~하고 싶다	be pleased to부정사 ~하게 되어 기쁘다
be likely to부정사 ~할/일 것 같다	be able/unable to부정사 ~할 수 있다/없다
be eager to부정사 ~하기를 열망하다	be willing to부정사 기꺼이 ~하다
be hesitant to부정사 ~하기를 망설이다	be scheduled to부정사 ~하기로 예정되어 있다
too 형용사/부사 to부정사 너무 ~해서 …할 수 없다	형용사/부사 enough to부정사 ~하기에 충분히 …하다

We **would like to offer** you a free trial of these products.
귀하께 이 제품들을 무료로 시험 사용해 보실 기회를 드리고 싶습니다.
The event **is scheduled to last** all day. 행사는 하루 종일 지속될 예정입니다.

❷ 동사 + A(목적어) + to부정사

'동사+목적어' 뒤에 to부정사가 오면 '목적어가 to부정사할 것을 동사하다'로 해석돼요. 이런 동사들은 토익에 자주 출제되므로 꼭 암기해 둡시다!

expect A to부정사 A가 ~하리라 기대하다	ask A to부정사 A에게 ~하라고 요청하다
encourage A to부정사 A에게 ~하라고 격려하다	advise A to부정사 A에게 ~하라고 충고하다
allow A to부정사 A가 ~하도록 허락하다	tell A to부정사 A에게 ~하라고 말하다
invite A to부정사 A에게 ~하라고 요청하다	require/request A to부정사 A에게 ~하라고 요구하다
enable A to부정사 A가 ~하는 것을 가능하게 하다	want A to부정사 A가 ~하기를 원하다

The supervisor **encouraged staff to meet** their sales target.
관리자는 직원들에게 매출 목표를 달성하라고 격려했다.
OC Electronics cordially **invites you to attend** the annual R&D Awards Ceremony.
OC Electronics는 정중하게 귀하를 연례 연구개발 시상식에 초대합니다.

 Check Up

괄호 안에 알맞은 것을 고르세요.   정답과 해설 p. 79

1. We would be pleased (provide / to provide) you with information.
2. The firm is (likable / likely) to continue to grow.
3. The store advised Mr. Malone (to keep / keeping) all the receipts.
4. The new software will enable us (track / to track) our expenses.
5. Elliot Cable would like (to express / expressing) its gratitude.

PRACTICE

STEP 1 복습문제

1. Because you are our loyal customer, we would be pleased _____ you with more information.

   (A) provide (B) to provide

2. The manager has decided _____ our contract with the shipping company, Jet Express.

   (A) to end (B) ending

3. The organizing committee posted an article in the local newspaper _____ a sports event.

   (A) to promote (B) promotion

4. Due to the lack of equipment and experienced staff, it is impossible _____ the project on time.

   (A) complete (B) to complete

STEP 2 응용문제

5. Newmedic hired several researchers in an attempt _____ new medications.

   (A) develops (B) to develop

6. Richard Westcot plans _____ some classes after his retirement.

   (A) to teach (B) teaching

7. All managerial staff are advised _____ at least one of the training sessions.

   (A) to attend (B) attend

8. It was a wise decision _____ Ms. Ryan to renovate her flower shop.

   (A) for (B) on

ACTUAL TEST

1. We at Herero Agency strive _____ the best in terms of our customer relations.
   (A) to be
   (B) being
   (C) having been
   (D) be

2. The employees are required to _____ at least one-month's notice before they leave the company.
   (A) giving
   (B) given
   (C) give
   (D) gives

3. In an effort _____ operating costs, employees are asked to avoid unnecessary photocopying.
   (A) reduces
   (B) reduction
   (C) reduce
   (D) to reduce

4. We are truly sorry that we are not able _____ your request.
   (A) accommodates
   (B) to accommodate
   (C) accommodated
   (D) accommodate

5. _____ reimbursement, you need to fill out an expense report form and submit it to the accounting department.
   (A) To claim
   (B) Claim
   (C) Claims
   (D) Claimed

6. Dr. Ortega, the leader of the Centennial Lab, plans _____ detailed reports to her supervisor every month.
   (A) submit
   (B) to submit
   (C) submitted
   (D) will submit

7. We would gladly allow you _____ a discount of up to 10 percent on regular purchases.
   (A) to get
   (B) got
   (C) getting
   (D) have gotten

8. Marc Corp. and ENC Industry signed a joint venture agreement to _____ a residential complex.
   (A) builds
   (B) being built
   (C) build
   (D) built

9. The city plans to build more schools both for local and foreign students _____ rising demands.
   (A) met
   (B) meeting
   (C) to meet
   (D) meet

10. The marketing director has called a meeting unexpectedly _____ an urgent matter.
    (A) addressed
    (B) addresses
    (C) address
    (D) to address

형용사 최빈출 어휘 2

day 13 Vocabulary

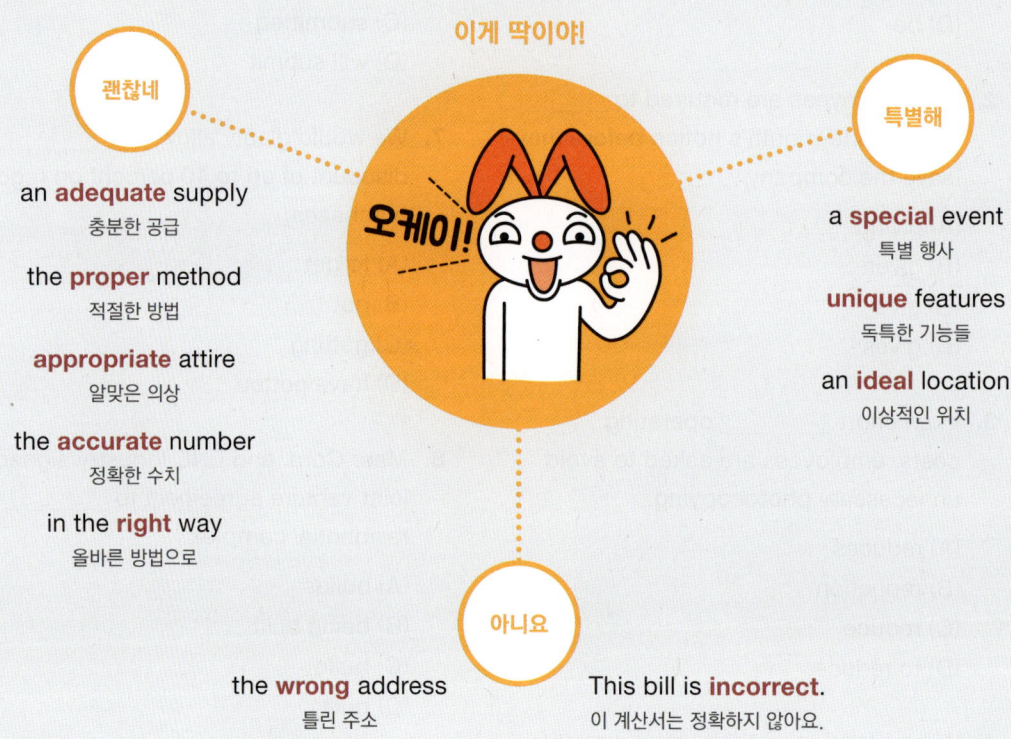

정도

괜찮네
- an **adequate** supply 충분한 공급
- the **proper** method 적절한 방법
- **appropriate** attire 알맞은 의상
- the **accurate** number 정확한 수치
- in the **right** way 올바른 방법으로

이게 딱이야!
오케이!

특별해
- a **special** event 특별 행사
- **unique** features 독특한 기능들
- an **ideal** location 이상적인 위치

아니요
- the **wrong** address 틀린 주소
- This bill is **incorrect**. 이 계산서는 정확하지 않아요.

☐	**adequate** [ǽdkwət]	a. 충분한, 적절한 (반의어) inadequate	☐	**wrong** [rɔːŋ]	a. 틀린, 잘못된
☐	**proper** [prάːpər]	a. 제대로 된, 적절한 (반의어) improper	☐	**incorrect** [ìnkərékt]	a. 부정확한 (반의어) correct
☐	**appropriate** [əpróupriət]	a. 적절한 (반의어) inappropriate	☐	**ideal** [aidíːəl]	a. 이상적인
☐	**accurate** [ǽkjurət]	a. 정확한 (반의어) inaccurate	☐	**unique** [juːníːk]	a. 독특한
☐	**right** [rait]	a. 옳은, 올바른	☐	**special** [spéʃəl]	a. 특별한

가격

얼마예요?

얼마?
too **expensive**
너무 비싼

a **cheap** bargain
싸게 산 물건

an **average** price
평균 가격

무료!
at no **extra** charge
추가 수수료 없이

free Internet access
무료 인터넷 접속

complimentary breakfast
무료 조식

적절!
at **affordable** prices
알맞은 가격에

at **competitive** prices
경쟁력 있는 가격에

at **reasonable** prices
합리적인 가격에

moderate prices
적당한 가격

☐	**expensive** [ikspénsiv]	a. 비싼 (반의어) inexpensive	☐	**moderate** [má:dərət]	a. 보통의, 중간의
☐	**cheap** [tʃi:p]	a. 싼 (반의어) expensive	☐	**reasonable** [rí:zənəbl]	a. 합리적인
☐	**average** [ǽvəridʒ]	a. 평균의	☐	**complimentary** [kà:mpləméntri]	a. 무료의
☐	**affordable** [əfɔ́:rdəbl]	a. 알맞은, 감당할 수 있는	☐	**free** [fri:]	a. 무료의, 자유로운
☐	**competitive** [kəmpétətiv]	a. 경쟁력 있는, 경쟁을 하는	☐	**extra** [ékstrə]	a. 추가의

분사

1. 분사란?

분사는 **동사를 형용사처럼** 바꿔 쓰는 말이에요. 형용사의 자매품 같은 거죠.
동사 뒤에 ing 또는 ed를 붙여 형용사처럼 쓰죠.

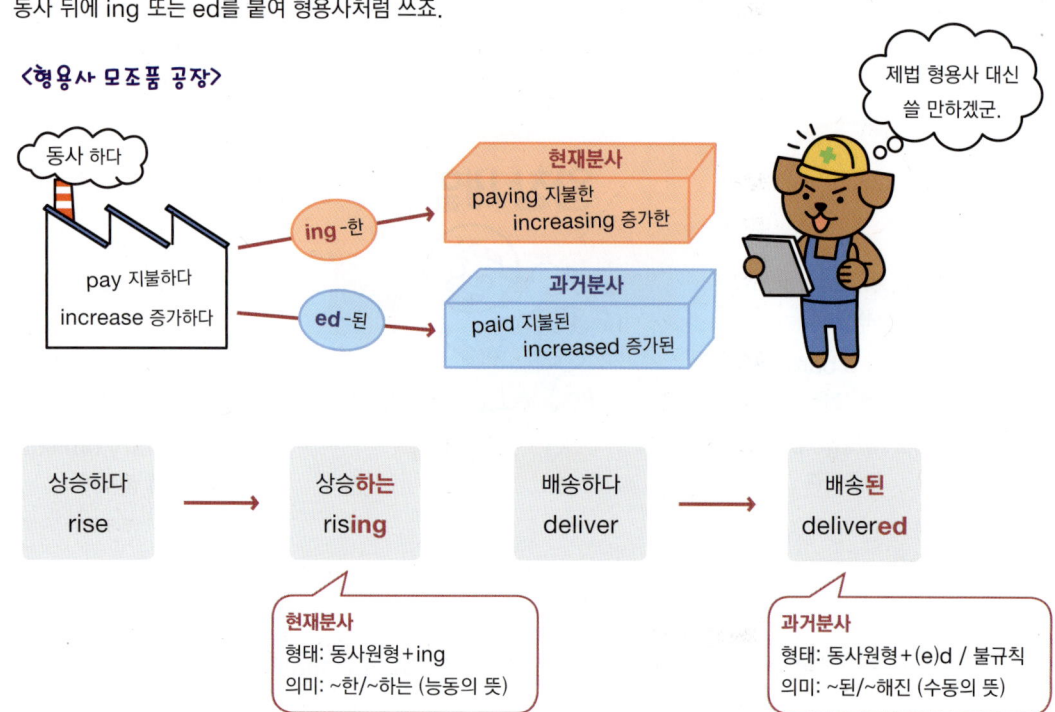

현재분사
형태: 동사원형+ing
의미: ~한/~하는 (능동의 뜻)

과거분사
형태: 동사원형+(e)d / 불규칙
의미: ~된/~해진 (수동의 뜻)

> ⚠ 주의 동사를 가지고 만들었지만 동사는 아니므로 동사 자리에는 올 수 없어요.
> The company (~~offering~~ / **offers**) financial advice to clients.
> 그 회사는 고객들에게 금융에 관한 조언을 제공한다.

✅ Check Up

분사로 구문을 완성해 보세요. 정답과 해설 p. 83

1. 일정표를 첨부하다: attach the schedule → 첨부된 일정표: the _____ schedule
2. 시장이 떠오르다: The markets emerge → 떠오르는 시장: the _____ markets
3. 손님들을 초대하다: invite guests → 초대된 손님들: _____ guests
4. 문제가 남아 있다: A problem remains → 남아 있는 문제: a _____ problem
5. 사업이 빠르게 성장하다: A business grows rapidly
   → 빠르게 성장하는 사업: a rapidly _____ business

2. 분사의 역할 — 형용사

분사는 형용사처럼 **형용사 자리**에 들어가서, **명사를 꾸미는 역할**을 해요.

① 명사 수식

- **앞에서 수식**   (부사) 분사 명사

a rapidly **emerging** market 급부상하는 시장

- **뒤에서 수식**   명사 분사 수식어

the battery **damaged** by heat 열에 손상된 배터리
└ 수식어
→ 분사 뒤에 수식어가 붙어서 말이 길어지면 명사 뒤에서 꾸며줘요.

② 보어 역할

- **주격 보어**   2형식 동사 + 분사

The battery is **damaged**. 배터리가 손상되었습니다.
The market is **emerging**. 그 시장은 떠오르고 있습니다.

- **목적격 보어**   5형식 동사 + 목적어 + 분사

We should **keep our clients** informed of the new products.
     5형식 동사   목적어
우리는 고객들이 신제품에 대한 정보를 계속 받도록 해야 한다.

Mr. White **kept his client** waiting for 30 minutes. White 씨는 고객을 30분 동안 기다리게 했다.
     5형식 동사   목적어

 **Check Up**

괄호 안에 알맞은 것을 고르세요. 정답과 해설 p. 83

1. Seating is (limits / limited).
2. Preference will be given to the (exist / existing) employees.
3. All flights (departs / departing) from Mumbai will be delayed.
4. Current employees can apply for the newly (create / created) position.
5. Most nurses find their job (rewarding / to reward).

3. 현재분사(-ing) vs. 과거분사(-ed)

분사가 명사를 꾸며줄 때 둘의 관계가 **능동**이면 **현재분사(-ing)**를, **수동**이면 **과거분사(-ed)**를 써요.

❶ 현재분사 | 능동의 의미

분사가 '~하는'으로 능동의 의미로 해석되면 현재분사를 써요.

> **growing** business 성장하는 사업
> The business is **growing**. 사업이 성장하고 있다.

→ 사업이 성장하는 능동 관계

❷ 과거분사 | 수동의 의미

분사가 '~된/받은'으로 수동의 의미로 해석되면 과거분사를 써요.

> **enclosed** form 동봉된 양식
> The form is **enclosed**. 양식이 동봉되었다.

→ 양식이 동봉되는 수동 관계

(NOTE)
분사는 목적어의 보어 역할도 할 수 있어요.
I will have my team (**educated** / ~~educating~~) in the new software.
　　　　　목적어
나는 내 팀에게 새 소프트웨어를 교육할 것이다.
→ 목적어인 내 팀(my team)은 교육을 받는 수동 관계

문제 풀이 TIP
분사 뒤에 목적어가 있느냐 없느냐로 답을 알 수도 있답니다.
I know the girl (**wearing** / ~~worn~~) **rain boots**. 나는 장화를 신은 소녀를 알아요.
　　　　　　　　　　　　목적어(O) → 분사 뒤에 목적어가 와서 '…를 ~한'으로 해석되면
　　　　　　　　　　　　　　　　현재분사가 정답!
I received a letter (~~sending~~ / **sent**) from Mr. Samuel. 나는 Samuel 씨가 보낸 편지를 받았어요.
　　　　　　　　　　　　목적어(X) → 분사 뒤에 목적어가 없으면 과거분사가 정답!

 Check Up

괄호 안에 알맞은 것을 고르세요.　　　　　　　　　　　　　　정답과 해설 p. 84

1. The (revising / **revised**) schedule will be distributed.
2. The president knows everyone (**involved** / involving) in the project.
3. The agenda should be (**finalized** / finalizing) by tomorrow.
4. Please find the file (attaching / **attached**) to this e-mail.
5. There will be 100 people (**attending** / attended) the event.

4. 감정분사

감정이나 기분을 나타내는 분사를 감정분사라고 불러요.

❶ 감정분사의 구분

감정분사는 명사를 꾸밀 때 '명사가 감정을 못 느끼고, 감정의 원인을 제공하는' 쪽이면 현재분사(ing)를, '명사가 감정을 느끼는' 쪽이면 과거분사(p.p.)를 써요.

an (**exciting** / ~~excited~~) performance 신나는 공연 ➡ 공연은 감정을 못 느끼고, 감정을 일으키는 원인이므로 ing
the (~~exciting~~ / **excited**) audience 신난 관객 ➡ 관객은 감정을 느끼므로 p.p.

명사가 감정을 못 느끼면 ing		명사가 감정을 느끼면 p.p.	
interesting	흥미로운	interested	흥미를 느끼는
exciting	흥분시키는	excited	흥분한
fascinating	매력적인	fascinated	매료된
satisfying	만족스러운	satisfied	만족한
confusing	혼란스럽게 하는	confused	혼란스러운
disappointing	실망스러운	disappointed	실망한
exhausting	지치게 하는	exhausted	지친
frustrating	좌절감을 주는	frustrated	좌절한
encouraging	고무적인	encouraged	고무된

The restaurant provides **satisfying** meals. 그 식당은 만족스러운 식사를 제공한다.
I'm **satisfied** with this hotel's service. 나는 이 호텔의 서비스에 만족한다.

 동명사도 ing, 현재분사도 ing라서 헷갈리죠? 자리와 해석으로 구분해요!
- 명사 자리(주어/보어/목적어)에 들어가서 '~하기/~하는 것'으로 해석되면 동명사
  Developing new products is difficult. 신제품을 개발하는 것은 어렵다.
  주어(동명사)
- 형용사 자리(명사 수식)에 들어가서 '~한/~하는'으로 해석되면 현재분사
  Vietnam is a **developing** country. 베트남은 개발도상국이다.
  현재분사

 Check Up

괄호 안에 알맞은 것을 고르세요.   정답과 해설 p. 85

1. Johnson has an (interesting / interested) career.
2. Ms. Sal was (disappointing / disappointed) with the results.
3. Our set menu offers (fascinating / fascinated) dishes.
4. (Interesting / Interested) applicants should submit their résumé.
5. This manual is (confused / confusing).

PRACTICE

STEP 1 복습문제

1. The _____ schedule will be distributed by the end of this Friday.

   (A) revised   (B) revising

2. The instruction manual for Lokia's new smart phone is very _____.

   (A) confused   (B) confusing

3. Current part-time employees also can apply for the newly _____ position in the sales department.

   (A) creating   (B) created

4. There will be nearly 100 people _____ Mr. Cox's retirement celebration.

   (A) attending   (B) attended

STEP 2 응용문제

5. Those candidates _____ experience in retail will be preferred.

   (A) possess   (B) possessing

6. We at DecoHome Store always keep our staff _____ on the latest trend.

   (A) updated   (B) will update

7. The new owner was _____ by Ms. Jung's passion for work.

   (A) impressed   (B) impressively

8. All of the _____ guests are required to confirm their attendance.

   (A) inviting   (B) invited

ACTUAL TEST

1. Mr. Garcia said that he is _____ to be part of such an important event.
   (A) honor
   (B) honored
   (C) honoring
   (D) honors

2. It is not easy to keep your listeners _____ during the whole presentation.
   (A) focuses
   (B) is focusing
   (C) will focus
   (D) focused

3. The survey indicates that customers are not _____ with the battery life of our TS 8 model.
   (A) satisfying
   (B) satisfied
   (C) satisfy
   (D) satisfies

4. New employees must wear their _____ uniforms and name tags throughout the training session.
   (A) assigned
   (B) assign
   (C) assigns
   (D) assigning

5. Our Summer party package is available for a _____ time only.
   (A) limiting
   (B) limits
   (C) limited
   (D) limitation

6. The 10th anniversary celebration will be held at the Familia Hotel _____ for its unique interior.
   (A) knowing
   (B) knew
   (C) know
   (D) known

7. Despite the _____ sales performance, Ms. Clark is planning to expand her business.
   (A) disappointing
   (B) disappoint
   (C) disappointment
   (D) disappointed

8. Upon request, we can provide the brochure _____ a variety of services and new products.
   (A) lists
   (B) will list
   (C) have listed
   (D) listing

9. The budget report should be _____ by tomorrow morning for CFO Pat Duran's review.
   (A) submit
   (B) submits
   (C) submitted
   (D) submitting

10. Hotel Libra is _____ in the center of the city and easily accessible from anywhere.
    (A) locate
    (B) locates
    (C) located
    (D) locating

형용사 최빈출 어휘 3

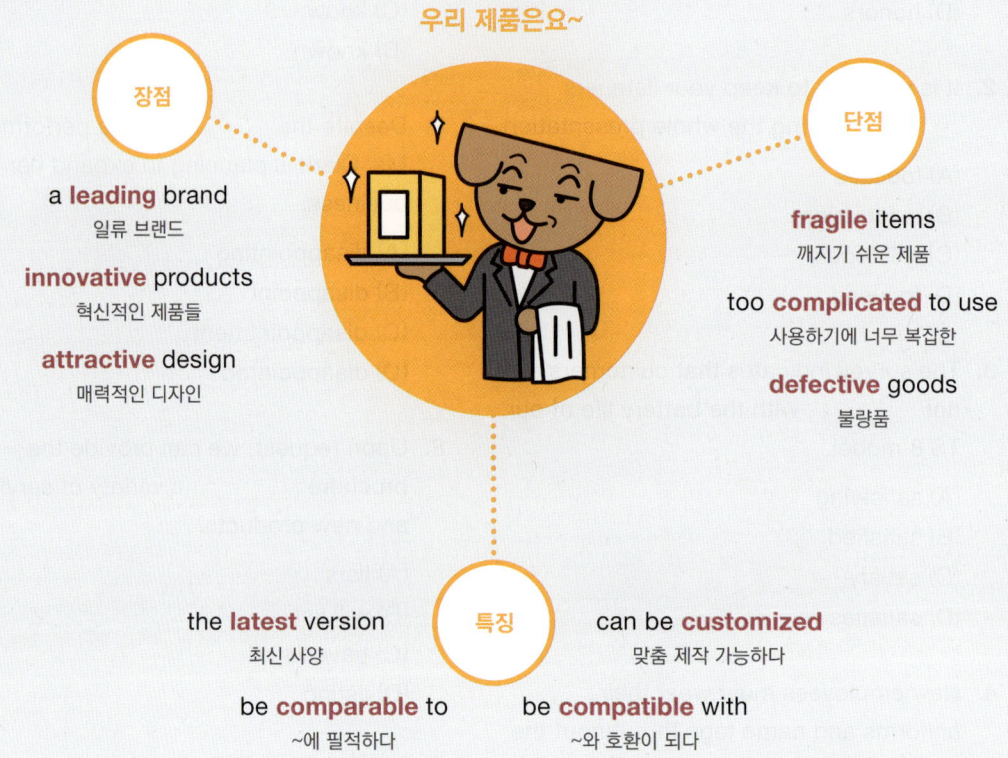

☐	**leading** [líːdiŋ]	a. 선두의, 일류의	☐	**compatible** [kəmpǽtəbl]	a. 호환이 되는
☐	**innovative** [ínəvèitiv]	a. 혁신적인	☐	**customized** [kʌ́stəmàizd]	a. 주문 제작한 (유의어) custom-made
☐	**attractive** [ətrǽktiv]	a. 매력적인	☐	**defective** [difɛ́ktiv]	a. 결함이 있는
☐	**latest** [léitist]	a. 최신의 (유의어) up-to-date	☐	**complicated** [kʌ́mpləkèitid]	a. 복잡한
☐	**comparable** [káːmpərəbl]	a. 비슷한, 필적하는	☐	**fragile** [frǽdʒəl]	a. 깨지기 쉬운, 취약한

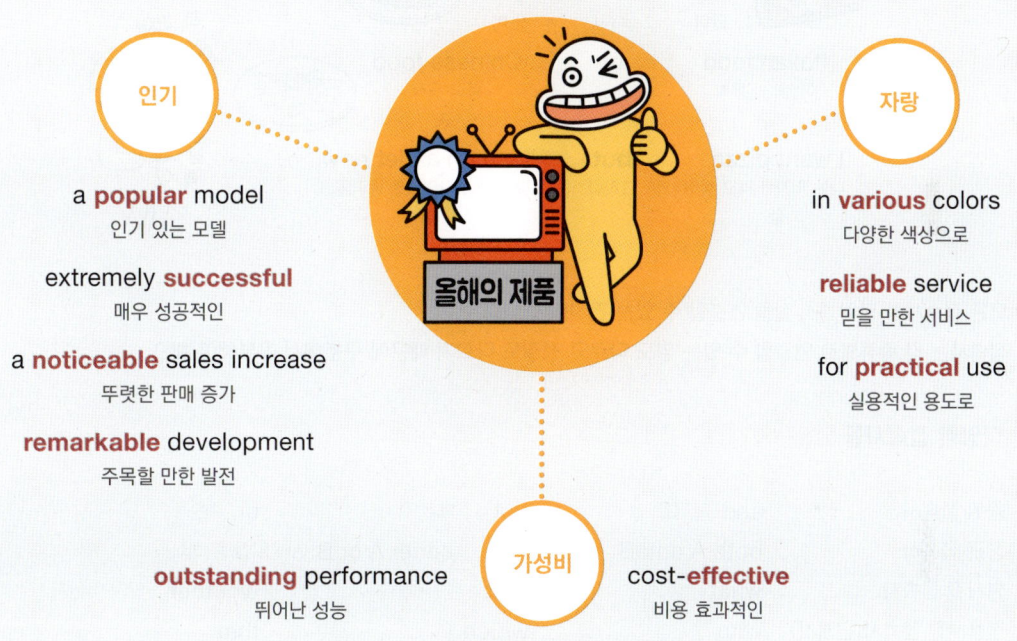

	popular [pá:pjələr]	a. 인기 있는		efficient [ifíʃənt]	a. 효율적인
☐	successful [səksésfəl]	a. 성공적인	☐	effective [iféktiv]	a. 효과적인
☐	noticeable [nóutisəbl]	a. 뚜렷한, 현저한	☐	practical [præktikəl]	a. 현실적인, 실용적인
☐	remarkable [rimá:rkəbl]	a. 주목할 만한, 놀라운	☐	reliable [riláiəbl]	a. 믿을 만한
☐	outstanding [àutstǽndiŋ]	a. 뛰어난	☐	various [vέəriəs]	a. 다양한 (유의어) diverse

접속사

1. 접속사란?

접속사는 따로따로인 말과 말을 **한 덩어리로 연결**해 주는, 말 그대로 '접속'시켜주는 품사를 뜻해요.

- 모든 접속사가 단어, 구, 절을 연결할 수 있는 건 아니랍니다.
  접속사는 각 종류별로 연결할 수 있는 말도 다르고 성질도 다르기 때문에 구분해서 공부해야 해요.

■ 다양한 접속사들

등위 접속사	and 그리고	but 그러나	or 혹은
상관 접속사	both A and B A와 B 둘 다	either A or B A나 B 둘 중 하나	
명사절 접속사	what	that	whether ~인지 아닌지
형용사절 접속사(관계사)	who	which	that
부사절 접속사	because ~때문에	although 비록 ~이지만	when ~할 때

Check Up

접속사를 모두 고르세요.   정답과 해설 p. 89

1. (A) and   (B) not   (C) under   (D) because
2. (A) between   (B) what   (C) this   (D) that
3. (A) also   (B) although   (C) too   (D) for example

주어진 문장에 알맞은 접속사를 고르세요.

4. Soya Dining is very popular (because / whether) its food is excellent.
   음식이 맛있기 때문에 Soya Dining은 인기가 많다.

5. Our wireless printer is affordable (and / or) easy to install.
   우리의 무선 프린터는 저렴하고 설치하기도 쉽다.

2. 등위 접속사

등위 접속사는 **동등한 성질을 띤 두 성분을 연결**하는 접속사예요.

등위 접속사			
and 그리고	or 혹은	but/yet 그러나	so 그래서, 그러므로

[단어 + 단어]   This projector is lightweight **and** durable. 이 영사기는 가볍고 내구성이 있습니다.
                               형용사   형용사

[구 + 구]   You can buy the projector in local stores **or** through our Web site.
                                          전치사구   전치사구
여러분은 현지 상점이나 저희 웹사이트를 통해 영사기를 구입할 수 있습니다.

[절 + 절]   You can buy the item **or** you can use our rental service.
                          절   절
여러분은 물건을 구매하거나 혹은 저희 대여 서비스를 이용할 수 있습니다.

TIP 단, so는 다른 등위 접속사와 달리 절과 절만 연결할 수 있어요.

This projector is lightweight ~~so~~ easy to carry. (X)
                      형용사   형용사

This projector is lightweight (so) it is easy to carry. (O) 이 영사기는 가볍다. 그래서 운반하기 쉽다.
              절   절

Check Up

괄호 안에 알맞은 것을 고르세요.   정답과 해설 p. 89

1. HelloC drinks are made from a mix of yogurt (and / or) fruits.
2. Ms. Ikino can help you with the translation (so / but) she's on vacation now.
3. We will not charge you any shipping (or / also) delivery fees.
4. TrendLead Apparel will hold a banquet for staff (and / so) executives.
5. These numbers are not accurate (or / so) please correct the data.

3. 상관 접속사

혼자 다니는 다른 접속사들과 달리, **둘 이상의 단어가 서로 짝지어 다니는 접속사**를 상관 접속사라고 해요.

상관 접속사

both A and B	A와 B 둘 다
either A or B	A나 B 둘 중 하나
neither A nor B	A도 B도 아닌
not only A but (also) B (= B as well as A)	A뿐만 아니라 B도
not A but B (= B, but not A / B, not A)	A가 아니라 B

Both Mr. Song and Ms. Cox will attend the conference.
Song 씨와 Cox 씨는 둘 다 컨퍼런스에 참석할 것이다.

You can have a room **either** on the top floor **or** on the ground floor.
꼭대기 층이나 1층 둘 중 한 군데에 방을 쓸 수 있어요.

My current job is **neither** exciting **nor** rewarding. 나의 현재 직업은 재미있지도 보람 있지도 않다.

The system error caused **not only** our Web site's malfunction **but also** some deletion of **orders**. 시스템 오류는 웹사이트 고장을 일으켰을 뿐 아니라 일부 주문도 삭제되었다.

You can reserve **room B**, **but not** room A. A실은 안 되지만, B실은 예약 가능합니다.

(TIP) 등위 접속사와 마찬가지로, 상관 접속사도 동일한 구조로 이루어진 양쪽을 연결해요.

either **cheap** or **expensive**   (O)
      형용사   형용사

either **cheap** or **expensively**   (X)
      형용사   부사

Check Up

괄호 안에 알맞은 것을 고르세요.   정답과 해설 p. 90

1. This machine is (not only / just as) expensive but also too complicated to use.
2. Sky Airway offers (either / neither) meals nor snacks.
3. You can either call (but / or) visit the customer service center.
4. (Both / Either) amateur and licensed tour guides can apply for the position.
5. I know some staff members, (and / but) not many.

PRACTICE

STEP 1 복습문제

1. Soya Dining is very crowded _____ it always offers excellent food and service.

   (A) because   (B) whether

2. On July 17, TrendLead Apparel will hold a special banquet for staff _____ executives.

   (A) and   (B) both

3. According to the new policy, Sky Airway will offer _____ meals nor snacks on the flight.

   (A) either   (B) neither

4. For more detailed information, you can _____ call or visit the customer service center.

   (A) not only   (B) either

STEP 2 응용문제

5. Both Fin Street _____ Maine Lane will be closed for the next three days.

   (A) and   (B) or

6. L Tower is not only the newest _____ the tallest building in Seoul.

   (A) in addition   (B) but also

7. You didn't provide any details _____ I am unable to process your order now.

   (A) so   (B) either

8. If there are any questions _____ comments, please contact Ms. Veronica in Public Relations.

   (A) or   (B) but

ACTUAL TEST

1. Ms. Chu proved herself to be _____ a successful businesswoman, but also a gifted writer.

   (A) not only
   (B) not
   (C) as well as
   (D) nor

2. Sales staff must decide _____ to rent a car or to get bus tickets to the conference venue.

   (A) either
   (B) both
   (C) not only
   (D) so

3. David Larson will be in charge of the _____ and design of our new product.

   (A) develop
   (B) develops
   (C) developed
   (D) development

4. We at Romin Solutions offer competitive salary and compensation packages _____ travel opportunities.

   (A) so
   (B) while
   (C) as well as
   (D) because

5. Ms. Calloway will attend the trade conference in Nairobi _____ not the one in Buenos Aires.

   (A) as well
   (B) or
   (C) either
   (D) but

6. Most of the staff members found the president's speech both informative _____ encouraging.

   (A) and
   (B) not
   (C) or
   (D) neither

7. Knives and cutting tools are prohibited from carry-on bags _____ may be carried in checked baggage.

   (A) nor
   (B) but
   (C) so
   (D) either

8. Neither cameras _____ mobile phones are allowed in the concert hall during musical performances.

   (A) either
   (B) but also
   (C) nor
   (D) in addition

9. Upon boarding, all passengers must present the tickets _____ keep them as proof of payment.

   (A) both
   (B) and
   (C) as
   (D) so

10. Cater4u will help you to design your own banquet menu, _____ you can choose from our set menus.

    (A) either
    (B) nor
    (C) not only
    (D) or

연결어

전치사 VS 접속사

성질
전치사: 명사류를 연결한다.
접속사: 절과 절을 연결한다.

뒤에 오는 것

전치사 — 명사 / 대명사 / 동명사

I go to school **with** my sister.
　　　　　　　　　　명사
난 언니**와 같이** 학교에 가요.

I argue **with** her all the time.
　　　　　　대명사
난 그녀**와** 늘 다퉈요.

I am sorry **for** being mean to her.
　　　　　　　　동명사
언니한테 못되게 굴**어서** 미안해요.

접속사 — 절

*단, 등위/상관접속사 뒤에는 단어나 구가 올 수 있다.

I don't drink coffee **because** it keeps me awake at night.
　　　　　　　　　　　　　　　절
난 커피를 마시지 않아요. **왜냐하면** 밤에 잠이 안 오기 때문이에요.

I like **both** coffee and tea.
　　　　　　　구
난 커피와 차 **둘 다** 좋아해요.

부사 최빈출 어휘 1

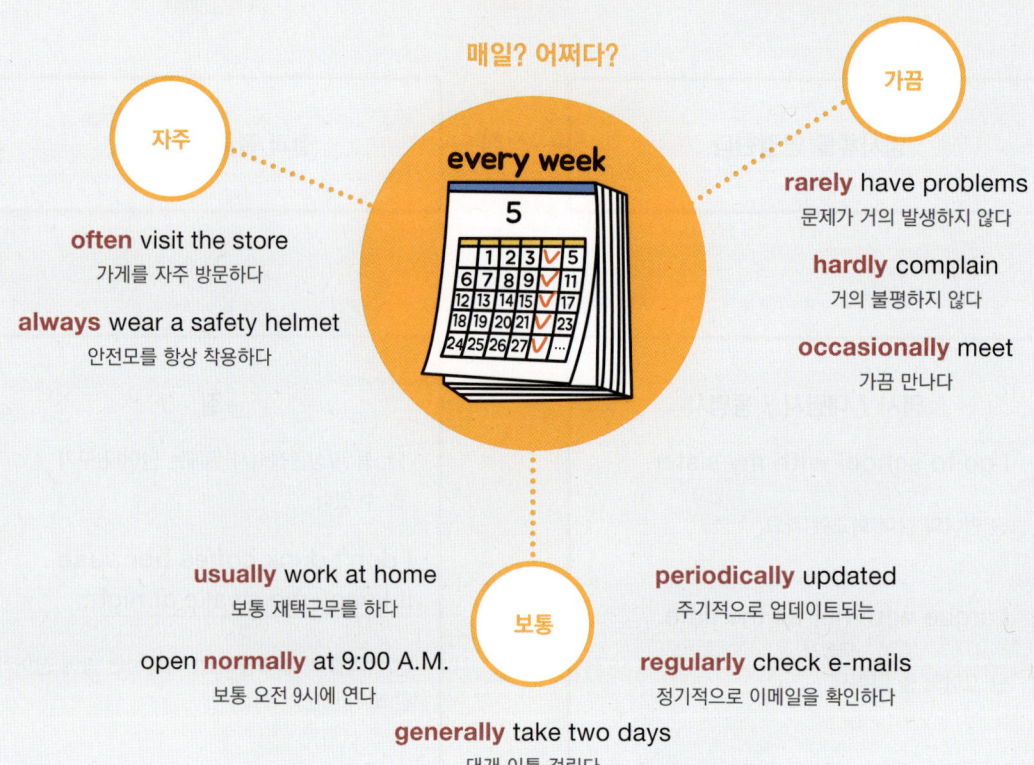

☐	**often** [ɔ́:fən]	ad. 자주 (유의어) frequently		☐	**regularly** [régjələrli]	ad. 정기적으로, 규칙적으로
☐	**always** [ɔ́:lweiz]	ad. 항상		☐	**periodically** [pìriádikəli]	ad. 주기적으로
☐	**usually** [júːʒuəli]	ad. 보통, 평소 (반의어) unusually		☐	**occasionally** [əkéiʒənəli]	ad. 가끔 (유의어) sometimes
☐	**normally** [nɔ́ːrməli]	ad. 보통		☐	**hardly** [háːrdli]	ad. 거의 ~ 아니다[않다] (유의어) barely, scarcely
☐	**generally** [dʒénərəli]	ad. 대개, 일반적으로		☐	**rarely** [réərli]	ad. 드물게, 좀처럼 ~하지 않는 (유의어) seldom

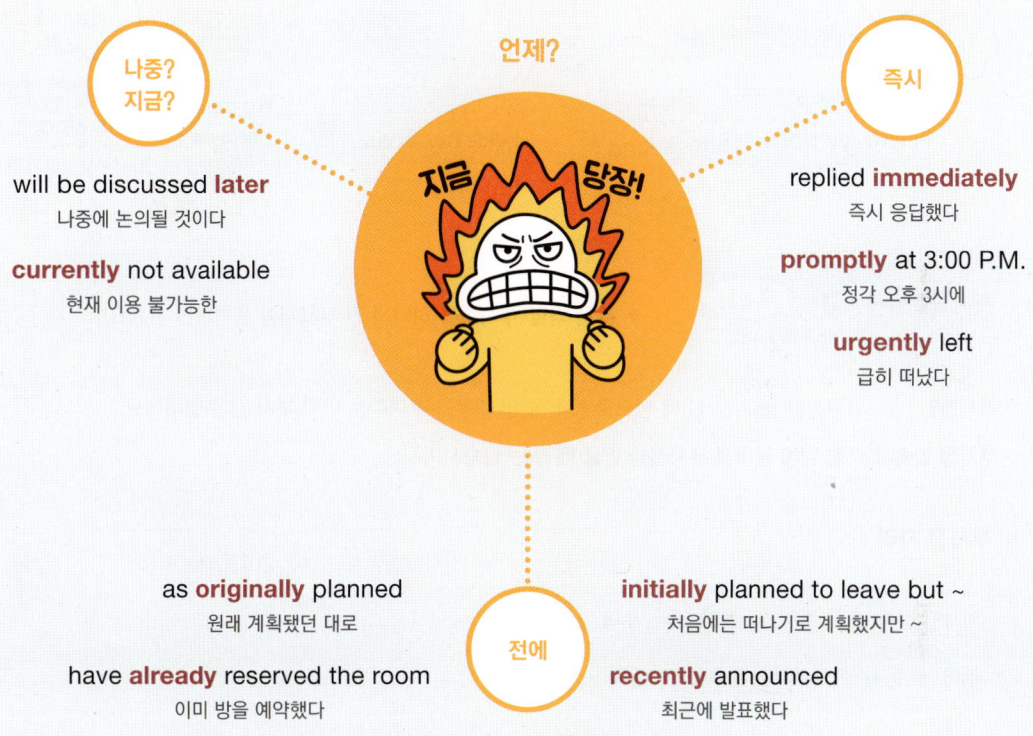

	later [léitər]	ad. 나중에		recently [ríːsntli]	ad. 최근에 (유의어) lately
☐	currently [káːrəntli]	ad. 현재, 지금 (유의어) now	☐	initially [iníʃəli]	ad. 처음에
☐	originally [ərídʒənəli]	ad. 원래, 본래	☐	urgently [ə́ːrdʒəntli]	ad. 급히
☐	already [ɔːlrédi]	ad. 이미, 벌써	☐	promptly [prámptli]	ad. 즉시, 정시에
☐	previously [príːviəsli]	ad. 이전에 (유의어) formerly	☐	immediately [imíːdiətli]	ad. 즉시

143

부사절

1. 부사절과 부사절 접속사

말 그대로 **부사 역할을 하는 절**을 부사절, **부사절을 만들 때 필요한 접속사**를 부사절 접속사라고 해요.

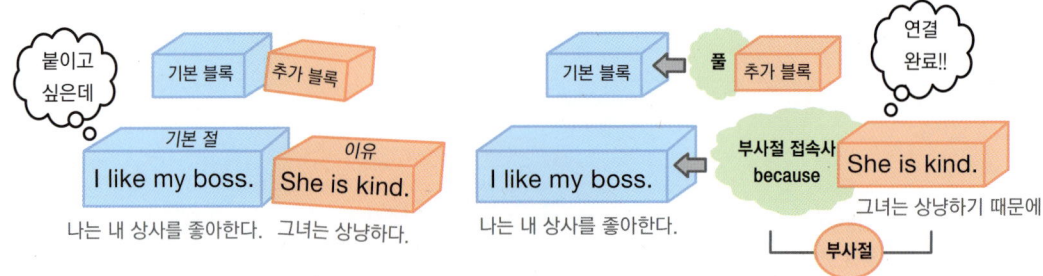

부사절 접속사 + 절 = (부사절)
because   she is kind

→ **부사 역할**(부사절을 하나의 긴 부사처럼 생각하면 쉬워요!)

- **부사절?** 완성된 절(기본 절)에 덤으로 붙어 절의 내용을 꾸며주는 마치 부사 같은 절이에요.
- **부사절 접속사?** 절 앞에 붙여서 부사절을 만들 때 쓰는 접속사이지요.

■ **부사절 자리**

부사절이 앞쪽에 붙을 경우, 쉼표를 찍어 줘요~

[부사절 접속사] + 주어 + 동사 ~ , 주어 + 동사 ~~.

주어 + 동사 ~~ [부사절 접속사] + 주어 + 동사 ~.

Because she is kind, I like my boss.   (O)
  부사절

I like my boss **because** she is kind.   (O)
                    부사절

> 부사절은 기본 절에 덤으로 붙기 때문에, 기본 절 앞, 뒤 상관없이 올 수 있어요.

Check Up

다음 문장에서 부사절을 고르세요.   정답과 해설 p. 94

1. Our new TV set is popular because it is affordable.
   ─────(A)────── ──────(B)──────
2. Please congratulate Joan when you have a chance.
   ──────(A)────── ──────(B)──────
3. When the book *AJ's Spaceship* was released, it was not successful.
   ────────────(A)──────────── ────────(B)────────

문맥상 알맞은 절을 골라 연결하세요.

4. The new bridge will benefit us   •   •   because it required moving overseas.
5. Ms. Dal declined the job offer   •   •   although the construction may take time.

2. 부사절 접속사 vs. 전치사 vs. 접속부사

토익에는 부사절 접속사와 전치사, 부사 자리를 구분하는 문제가 자주 나온답니다.
부사절 접속사는 절(주어+동사), 전치사는 명사를 연결하고, 부사는 덤으로 붙는 수식어임을 기억합시다!

❶ 부사절 접속사 vs. 전치사

기본 절 + [부사절 접속사] + 주어 + 동사 ~ → 부사절 접속사 뒤에는 절이 와요.
         [전치사] + 명사 → 전치사 뒤에는 명사(구)가 와요.

The new item is popular (**because** / ~~because of~~) **it is cheap**. 새로운 상품은 저렴해서 인기가 좋다.
                         부사절 접속사   절

The new item is popular (~~because~~ / **because of**) its low **price**.
새로운 상품은 저렴한 가격 때문에 인기가 좋다.   전치사   명사

❷ 접속부사

접속사와 비슷한 의미의 부사. 접속사와 헷갈리기 쉽지만, 부사라는 것을 명심하세요!

however 그러나	moreover/furthermore 더욱이, 게다가	then 그리고 나서
meanwhile 그동안, 한편	therefore/thus 그러므로	nevertheless 그럼에도 불구하고
instead 대신에	besides/in addition 게다가	on the other hand 반면
if so 만약 그렇다면	otherwise 그렇지 않으면, 달리	in fact 사실상

■ 접속부사 자리

주어 + 동사 ~~. [접속부사], 주어 + 동사 ~~.
앞 문장   마침표   쉼표   뒤 문장

(부사이므로 문장 연결은 할 수 없고, 의미상의 연결 관계만 보여줘요.)

I canceled my next schedule. **Therefore**, I will be able to attend the meeting.
나는 다음 일정을 취소했다. 그러므로 나는 회의에 참석할 수 있을 것이다.

We need to address this problem immediately. **However**, we need more details.
우리는 이 문제를 즉시 처리해야 한다. 그러나 우리는 더 자세한 내용이 필요하다.

Check Up

괄호 안에 알맞은 것을 고르세요.   정답과 해설 p. 95

1. WSB provides a full refund (with / when) a shipment is damaged.
2. Refunds are not available. (Instead / Although), we can offer a replacement.
3. (If / Therefore) you have any questions, feel free to call me.
4. We recommend round tables. (However / Above), other types of tables can be arranged.
5. Our store renovation will be successful (because / because of) your original design.

3. 부사절 접속사 종류 – 시간 & 조건

부사절 접속사는 시간, 조건, 이유, 양보 등 다양한 의미를 나타내요.

① 시간

when / as ~할 때	while ~하는 동안	since (과거에) ~한 이래로	as soon as ~하자마자
before ~하기 전에	after ~한 후에	until ~할 때까지	by the time ~할 때쯤

Mr. Peterson was very surprised **when** he was nominated for the award.
Peterson 씨는 수상 후보자에 올랐을 때 무척 놀랐다.

Since Joy Café introduced its new dessert menu, the sales have increased dramatically.
Joy Café는 새로운 디저트 메뉴를 도입한 이래로 매출이 급격하게 상승했다.

> **TIP** since는 '과거에 ~한 이래로 지금까지'를 의미하므로 [since+주어+과거동사 ~, 주어+have p.p. ~]의 형태로 써요.
> **Since** the president <u>resigned</u>, the company <u>has interviewed</u> 3 candidates.
>   과거   현재완료
> 회장이 사임한 이후로 회사는 3명의 후보자를 면접했다.

② 조건

if 만약 ~하면	unless 만약 ~하지 않으면	provided / providing (that) 만약 ~하면
once 일단 ~하면	in case ~할 경우에	as long as ~하는 한

We will send you a replacement right away **if** we are unable to repair your computer.
컴퓨터를 수리할 수 없다면 바로 대체품을 보내겠습니다.

Once the journalist arrives at the lab, Dr. Han will take him on a tour.
일단 기자가 연구소에 도착하면 Han 박사가 그에게 연구소를 구경시켜 줄 것이다.

괄호 안에 알맞은 것을 고르세요.   정답과 해설 p. 95

1. Please call me (once / but) you get this message.
2. (When / Either) you place an order, please enter the promotional code.
3. (Since / Unless) Mr. Lim joined our team last year, the sales have gone up.
4. (Until / If) you are interested in the position, please contact Mr. Watanabe.
5. Our staff will inform you (as soon as / not only) your furniture is shipped.

4. 부사절 접속사 종류 – 이유 & 양보

1 이유

| because ~ 때문에 | as ~ 때문에 | since ~ 때문에 |

You received this message **because** you are on our customer mailing list.
고객님은 저희 고객 우편 명단에 있기 때문에 이 메시지를 받으셨습니다.

Since many candidates were highly qualified, the hiring decision was difficult.
많은 후보자들이 자격이 충분했기 때문에 채용 결정이 어려웠다.

TIP since는 '~ 이래로', '~ 때문에' 두 가지 의미를 나타내는데, '~ 때문에'라는 뜻으로 쓰일 때는 시제와 상관없이 쓸 수 있어요.

2 양보/대조

| 양보(비록 ~하지만/일지라도) | although / though / even though / even if |
| 대조(반면) | while / whereas |

Even though you are not a client, you can still sign up for our free e-newsletter.
고객이 아니어도 저희 무료 전자소식지를 신청할 수 있습니다.

While we have recently suffered financial difficulties, sales are now recovering.
최근 재정적 어려움을 겪고 있지만 매출은 현재 회복되고 있다.

3 기타

| so that(= in order that) ~할 수 있도록 |
| so + 형용사/부사 + that + 주어 + 동사 매우 ~해서 …하다 |

We will be undergoing renovations **so that** we can expand the display space.
전시 공간을 늘릴 수 있도록 보수공사를 할 예정이다.

Bill's work was **so** excellent **that** the director promoted him to a full project manager.
Bill의 작업은 아주 탁월해서 이사는 그를 전임 프로젝트 매니저로 승진시켰다.

Check Up

괄호 안에 알맞은 것을 고르세요.   정답과 해설 p. 96

1. I will set up a projector (so that / in order to) you can present your slide show.
2. The item is not in stock (as / until) it is no longer manufactured.
3. (Not only / While) the workshop was helpful, one day was not enough.
4. Lisa is so busy (because / that) she doesn't have time to take a vacation.
5. Car inspections are necessary (even if / in fact) the car seems to work properly.

PRACTICE

STEP 1 복습문제

1. Simply type in the code MTS 1450 in the promotion box _____ you place an order.

   (A) when   (B) either

2. _____ Mr. Lim was transferred to our division last year, the sales have risen nearly 20 percent.

   (A) Unless   (B) Since

3. I will install a projector in the meeting room _____ you will be able to present your slide show.

   (A) so that   (B) even if

4. Refunds are not allowed for this item. _____, we can send you a replacement.

   (A) Although   (B) Instead

STEP 2 응용문제

5. _____ TG Motors upgraded its assembly lines, productivity improved significantly.

   (A) Once   (B) Unless

6. Please be sure to inspect all items _____ they are sent to the warehouse.

   (A) before   (B) without

7. The concert for tonight has been delayed _____ the storm is approaching.

   (A) because   (B) therefore

8. _____ Kim's cooking class provides all the equipment and ingredients, you need to bring your own apron.

   (A) So that   (B) Although

ACTUAL TEST

1. Customers will receive an invoice via e-mail _____ they place an order online.
   (A) when
   (B) from
   (C) just
   (D) above

2. We will use temporary employees _____ we receive approval to hire more permanent staff members.
   (A) still
   (B) by
   (C) without
   (D) until

3. Dr. Lanski will give an opening speech, _____ he is not delayed in traffic.
   (A) according to
   (B) as well
   (C) as long as
   (D) so that

4. _____ Ms. Haines joined Oliver Wiseman, she served as a financial advisor for Fine Asset.
   (A) Before
   (B) Immediately
   (C) Not only
   (D) Therefore

5. The hotel receptionists were _____ helpful that they helped the guests find exciting attractions.
   (A) much
   (B) so
   (C) even
   (D) yet

6. A recruiter will contact you by phone _____ you are selected for an interview.
   (A) however
   (B) only
   (C) if
   (D) nor

7. _____ we participated in the trade fair, visits to our Web site have increased by 30 percent.
   (A) Unless
   (B) Already
   (C) Since
   (D) Yet

8. _____ you wait to meet with one of our consultants, feel free to enjoy the complimentary coffee.
   (A) In addition
   (B) While
   (C) Moreover
   (D) Within

9. Ms. Ortega is MF Consulting's successful market researcher _____ Mr. Duran is a recognized economic analyst.
   (A) after
   (B) because
   (C) so
   (D) whereas

10. _____ Y-mart's stock price has gone up slightly, its executives are still worried about slow sales.
    (A) Even though
    (B) Due to
    (C) Regarding
    (D) Until

부사 최빈출 어휘 2

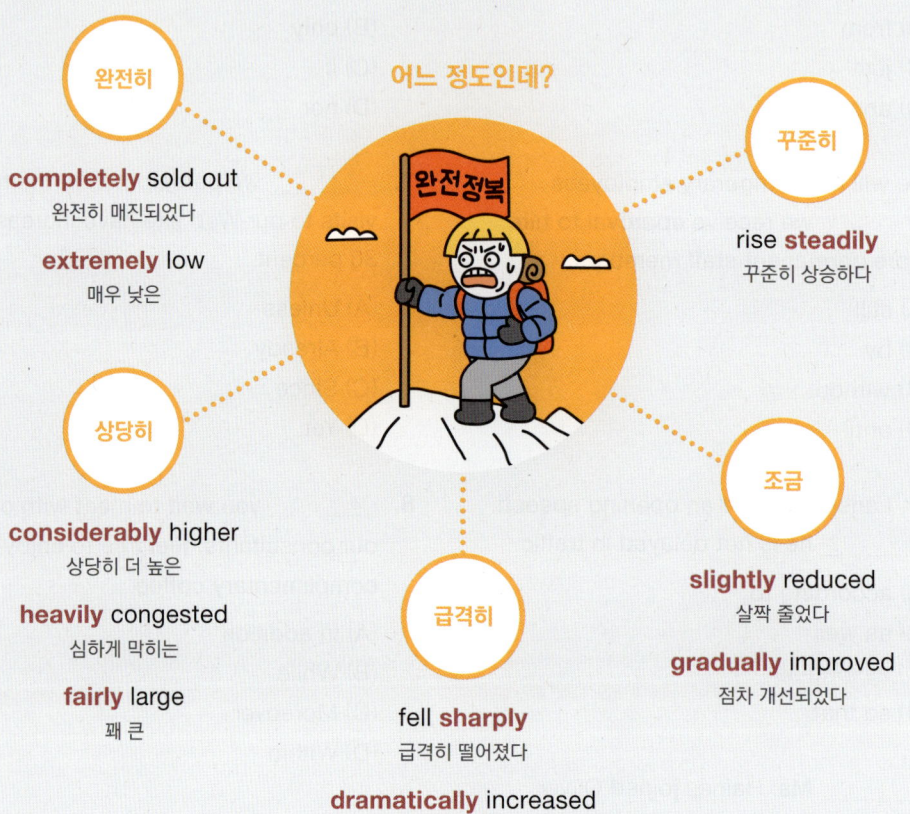

	completely [kəmplí:tli]	ad. 완전히 (유의어) fully		dramatically [drəmǽtikəli]	ad. 극적으로
☐	extremely [ikstrí:mli]	ad. 극히, 매우 (유의어) very	☐	sharply [ʃɑ́:rpli]	ad. 급격히
☐	considerably [kənsídərəbli]	ad. 상당히 (유의어) significantly, substantially	☐	gradually [grǽdʒuəli]	ad. 서서히, 점차
☐	heavily [hévili]	ad. 심하게, 과하게	☐	slightly [sláitli]	ad. 조금, 살짝
☐	fairly [féərli]	ad. 꽤, 공정하게 (유의어) quite	☐	steadily [stédili]	ad. 꾸준히

	consistently [kənsístəntli]	ad. 일관되게, 끊임없이		**carefully** [kέərfəli]	ad. 신중히, 조심스럽게
	still [stil]	ad. 여전히, 아직도		**finally** [fáinəli]	ad. 마침내
	cooperatively [kouápərətivli]	ad. 협조적으로, 협력하여		**accordingly** [əkɔ́ːrdiŋli]	ad. (상황에) 맞춰, 적절하게
	yet [jet]	ad. 아직		**abroad** [əbrɔ́ːd]	ad. 해외로, 해외에(서)
	permanently [pə́ːrmənəntli]	ad. 영구적으로 (반의어) temporarily		**officially** [əfíʃəli]	ad. 공식적으로

명사절

1. 명사절과 명사절 접속사

명사절이란 명사처럼 쓸 수 있는 문장을 말해요.
문장을 명사처럼 주어, 보어, 목적어에 쓰고 싶을 때 앞에 붙여주는 것이 명사절 접속사예요.

The rumor is true! 소문이 사실이래!

→ 주어에 절을 넣을 수 있을까?

Mr. Lee will leave the firm is true! (X)

→ 앞에 명사절 접속사를 붙이면 가능해요!

That Mr. Lee will leave the firm is true! (O)
명사절 접속사 ─── 명사절   Lee 씨가 퇴사한다는 것이 사실이래!

```
명사절 = 명사절 접속사 + 절
         That    Mr. Lee will leave the firm
```

→ 명사절을 하나의 긴 명사처럼 생각하면 쉬워요!

■ 명사절 접속사의 종류

that ~인 것	whether / if ~인지 아닌지	who 누가 ~인지
what 무엇이[을] ~인지	which 어느 것이[을] ~인지	when 언제 ~인지
where 어디서 ~인지	how 어떻게 ~인지	why 왜 ~인지

Who will replace Mr. Lee is not known. 누가 Lee 씨를 대신할 지는 알려지지 않았습니다.
We know **that** Mr. Lee is honest. 우리는 Lee 씨가 정직하다는 것을 압니다.

Check Up

다음 문장에서 명사절을 찾아 밑줄 치세요.   정답과 해설 p. 101

1. Mr. Hanson knows where the event will be held.
2. The problem is that the ticket is too expensive.

괄호 안에 알맞은 것을 고르세요.

3. I am not sure (whether / of) I am eligible to receive a bonus.
4. We believe (that / despite) the new product will be successful.
5. The director knows (what / who) will be promoted as Head Manager.

2. 명사절 접속사 자리

명사절은 문장 내에서 명사 자리인 **주어, 보어, 동사의 목적어, 전치사의 목적어** 자리에 들어가요.

① 주어

That Mr. Lee will leave the firm is true. Lee 씨가 퇴사한다는 것은 사실이다.

② 보어

The fact is **that Mr. Lee is planning to open his business**.
사실은 Lee 씨가 창업을 계획하고 있다는 것이다.

③ 동사의 목적어

I wonder **if Mr. Lee will be successful**. Lee 씨가 성공할지 어떨지 궁금하다.
　동사

④ 전치사의 목적어

Everyone is talking about **why he has decided to leave**.
　　　　　　　　　전치사
모두 그가 왜 떠나기로 결정했는지에 관해 이야기하고 있다.

 **Check Up**

괄호 안에 알맞은 것을 고르세요.　　　　　　　　　　　　　　정답과 해설 p. 102

1. Please advise me on (whether / as) I should attend the interview or not.
2. The government officials announced (that / both) there will be a design competition.
3. Maria's prediction is (each / that) the sales will rise shortly.
4. Management has not yet decided (if / neither) the company will hire new staff.
5. (How / Also) we can improve productivity will be discussed.

3. 완전절을 이끄는 명사절 접속사

명사절 접속사는 종류에 따라 문장 구조가 완전한 절 앞에 오는 접속사와 불완전한 절 앞에 오는 접속사로 나뉘어요.

❶ 완전절이란?

말 그대로 모자라는 성분 없이, 문장 구성이 완전한 절을 뜻해요.

I need information. 나는 정보가 필요하다.
주어 동사 목적어

I am an analyst. 나는 분석가이다.
주어 동사 보어

❷ 명사절 접속사 + 완전절

아래 접속사들 뒤에는 완전한 절이 와요.

| that ~인 것 | whether / if ~인지 아닌지 | when 언제 ~인지 |
| where 어디서 ~인지 | how 어떻게 ~인지 | why 왜 ~인지 |

I think **that he is kind**. 나는 그가 친절하다고 생각한다.
　　　　　　완전절
Bob hasn't decided **whether he will buy a new car**. Bob은 새 차를 살지 말지 결정하지 못했다.
　　　　　　　　　　　　　완전절
Ms. Fender knows **when the shipment will arrive**. Fender 씨는 배송품이 언제 도착할지 안다.
　　　　　　　　　　　완전절
The survey shows **why the item is popular**. 설문조사는 그 상품이 왜 인기 있는지 보여준다.
　　　　　　　　　　완전절
Dr. Yu will talk about **how we should handle negative feedback**.
　　　　　　　　　　　　완전절
Yu 박사는 우리가 부정적인 의견을 어떻게 처리해야 하는지에 대해 이야기할 것이다.

> ⚠️ **주의** that은 전치사의 목적어 자리, if는 주어 자리와 전치사의 목적어 자리에 올 수 없어요.
>
> - **that** – 전치사의 목적어 자리에 올 수 없음.　　Everyone is talking about ~~that~~ he will retire.
> - **if** – 주어 자리에 올 수 없음.　　　　　　　　~~If~~ Mr. Lee will retire is not clear.
>   　　　전치사의 목적어 자리에 올 수 없음.　　Everyone is talking about ~~if~~ he will retire.

✅ Check Up

괄호 안에 알맞은 것을 고르세요.　　　　　　　　　　　　　　　　　　　　　정답과 해설 p. 103

1. You will notice (that / about) our prices are affordable.
2. This data explains (why / in addition) we are one of the leading manufacturers.
3. (Where / Or) the conference will be held hasn't been decided.
4. (Whether / If) the new mobile phone will succeed in China is uncertain.
5. You are advised to check (when / on) the Web site was updated.

4. 불완전절을 이끄는 명사절 접속사

이번에는 문장 구조가 불완전한 절과 함께 쓰이는 명사절 접속사를 알아보세요.

❶ 불완전절이란?

문장을 구성하는 성분 중에서 주어, 목적어나 보어가 하나 빠진 절을 뜻해요.

I need ✗
주어 동사 목적어

✗ need information.
주어 동사 목적어

I am ✗
주어 동사 보어

❷ 명사절 접속사 + 불완전절

아래 접속사들 뒤에는 불완전한 절이 와요.

| who 누가 ~인지 | what 무엇이[을] ~인지 |

I wonder **who will be the new CEO**. 나는 누가 새 최고 경영자가 될지 궁금하다.
　　　　　　불완전절 (주어 없음)

Ms. Fender knows **what Bob has bought**. Fender 씨는 Bob이 무엇을 샀는지 안다.
　　　　　　　　　　불완전절 (목적어 없음)

Ms. Fender knows **what Bob's plan is**. Fender 씨는 Bob의 계획이 무엇인지 안다.
　　　　　　　　　불완전절 (보어 없음)

Check Up

정답과 해설 p. 103

괄호 안에 알맞은 것을 고르세요.

1. Please let me know (what / where) you think.
2. We need a description of (who / if) you are.
3. This office building is just (that / what) we're looking for.
4. (What / Why) we need is a clear marketing strategy.
5. The schedule includes (when / who) will deliver each speech.

PRACTICE

STEP 1 복습문제

1. The hiring committee has not yet determined _____ the company will hire new sales representatives.

   (A) if (B) neither

2. Customers will notice _____ our prices are more affordable than those of our rival brands.

   (A) what (B) that

3. All the documentation must include a detailed description of _____ you and your organization are.

   (A) who (B) if

4. Your efficient procedures explain _____ you are one of the leading manufacturers in Asia.

   (A) why (B) although

STEP 2 응용문제

5. The committee will decide _____ will represent the company at the event.

   (A) who (B) when

6. You should indicate _____ you will stay during the visit.

   (A) where (B) nearby

7. Management announced _____ the firm will implement a new technology education program.

   (A) who (B) that

8. The manager requests _____ all workers submit their time sheets by 3 P.M. tomorrow.

   (A) or (B) that

ACTUAL TEST

1. Mr. Duran asked _____ he would be able to reschedule the appointment with Dr. Long.
   (A) while
   (B) neither
   (C) if
   (D) like

2. _____ will receive additional compensation will be announced next week.
   (A) Someone
   (B) Each
   (C) Few
   (D) Who

3. The Larrimont Theater announced _____ it will extend the performance schedules for some musicals.
   (A) what
   (B) which
   (C) that
   (D) once

4. Mr. Williams, marketing director at Hello Fresh, will present _____ the company's plans are.
   (A) even
   (B) about
   (C) what
   (D) how

5. _____ Monsoon opens a new store in Hong Kong depends on the market research findings.
   (A) In addition
   (B) Whether
   (C) Each
   (D) Despite

6. The study indicates _____ Save Energy LED lights last longer than outdated street lights.
   (A) that
   (B) but
   (C) what
   (D) by

7. We have not decided _____ Mr. Lee's retirement party will be held at the restaurant or at the company cafeteria.
   (A) nearby
   (B) about
   (C) whether
   (D) who

8. The employee handbook describes _____ an employee should report work-related accidents.
   (A) to
   (B) with
   (C) this
   (D) how

9. The revised timetable should indicate _____ each building will be inspected.
   (A) when
   (B) so
   (C) very
   (D) as

10. The tour will give you an opportunity to see _____ the spaceship really looks like.
    (A) that
    (B) what
    (C) another
    (D) if

day 17 Vocabulary

부사 최빈출 어휘 3

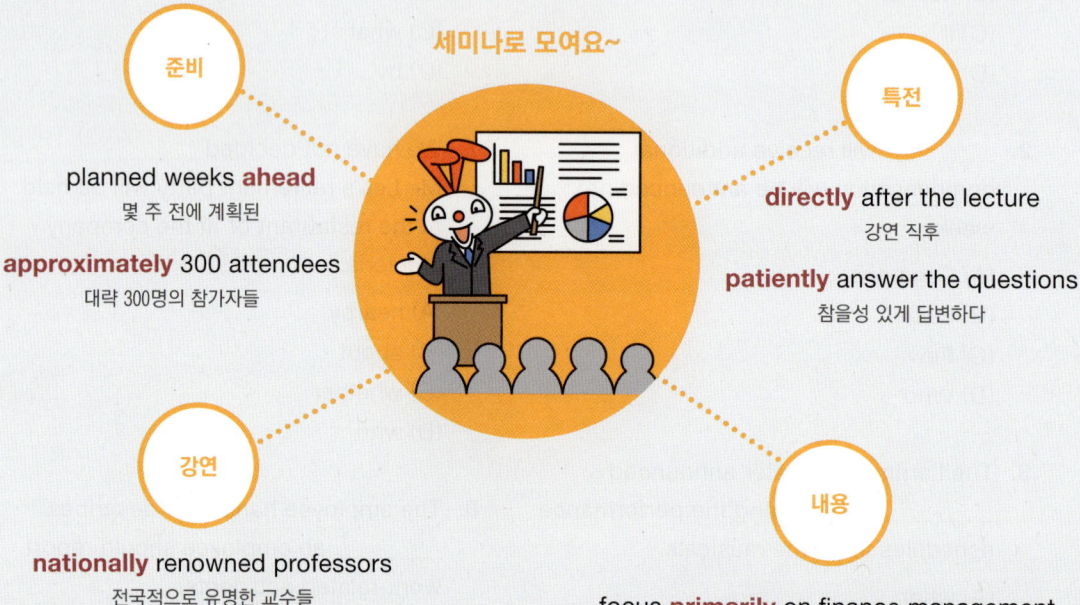

세미나

세미나로 모여요~

준비
- planned weeks **ahead**
  몇 주 전에 계획된
- **approximately** 300 attendees
  대략 300명의 참가자들

특전
- **directly** after the lecture
  강연 직후
- **patiently** answer the questions
  참을성 있게 답변하다

강연
- **nationally** renowned professors
  전국적으로 유명한 교수들
- speak **clearly**
  명확하게 말하다
- the **accurately** recorded data
  정확하게 기록된 정보
- for a **strictly** limited time
  엄격하게 제한된 시간 동안

내용
- focus **primarily** on finance management
  주로 금융 관리에 초점을 두다
- **particularly** popular topics
  특히 인기 있는 주제들

☐	**ahead** [əhéd]	ad. 앞서, 미리	☐	**strictly** [stríktli]	ad. 엄격히
☐	**approximately** [əpráksəmətli]	ad. 대략, 거의	☐	**particularly** [pərtíkjulərli]	ad. 특히, 특별히
☐	**nationally** [nǽʃənəli]	ad. 전국적으로	☐	**primarily** [praimérəli]	ad. 주로 (유의어) largely
☐	**clearly** [klíərli]	ad. 또렷하게, 분명히	☐	**patiently** [péiʃntli]	ad. 끈기 있게, 참을성 있게
☐	**accurately** [ǽkjurətli]	ad. 정확히 (유의어) exactly	☐	**directly** [diréktli]	ad. 곧장, 곧바로

부동산

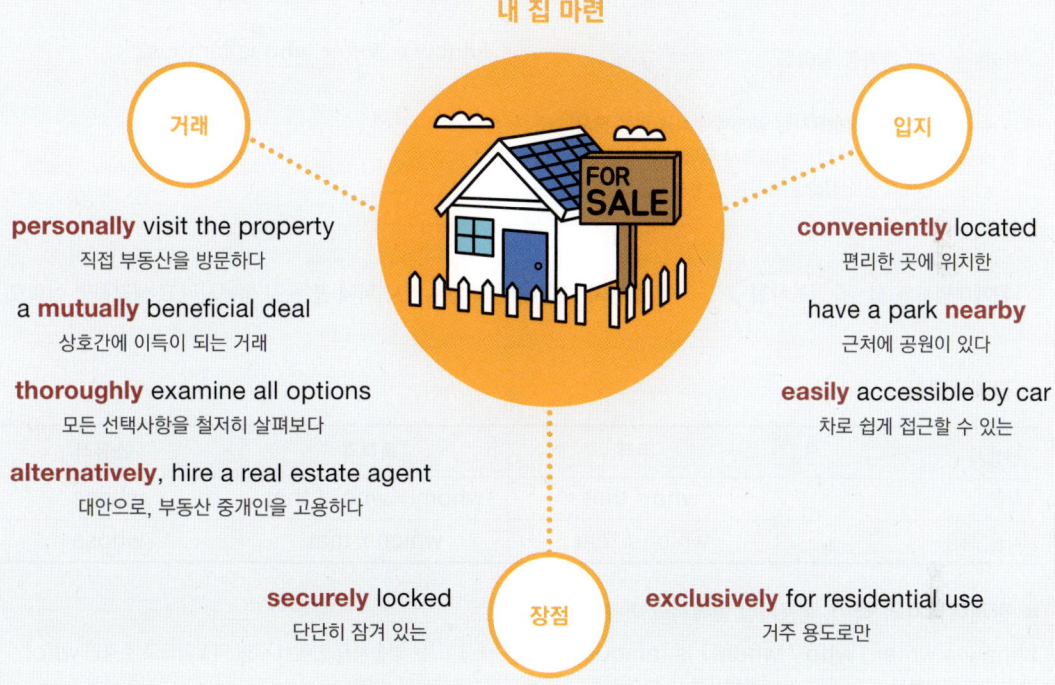

☐	**personally** [pə́:rsənəli]	ad. 직접, 개인적으로	☐	**fortunately** [fɔ́:rrtʃənətli]	ad. 운 좋게도, 다행히
☐	**mutually** [mjú:tʃuəli]	ad. 상호간에	☐	**exclusively** [iksklú:sivli]	ad. 오로지, 독점적으로
☐	**thoroughly** [θə́:rouli]	ad. 철저히, 완전히	☐	**easily** [í:zili]	ad. 쉽게 (유의어) readily
☐	**alternatively** [ɔ:ltə́:rnətivli]	ad. 대안으로, 그 대신에	☐	**nearby** [nìərbái]	ad. 근처에, 가까이
☐	**securely** [sikjúərli]	ad. 단단히, 안전하게	☐	**conveniently** [kənví:njəntli]	ad. 편리하게

형용사절

1. 형용사절과 관계대명사

형용사절은 형용사처럼 **명사를 수식하는 절**이고, 형용사절을 만들 때 쓰는 접속사가 관계대명사예요.

나는 작가를 알아요. + 그 작가는 유명해요.　　　I know a writer. + The writer is famous.

나는 유명한 작가를 알아요.　　　I know a writer who is famous.

- a writer = 선행사(형용사절 앞에서 수식을 받는 명사)
- who is famous = 형용사절(명사 뒤에서 명사를 수식하는 절)
- who = 관계대명사(절을 연결하는 접속사+명사를 대신한 대명사)

관계대명사 + 절 = 형용사절 → 형용사 역할(형용사절을 명사 뒤에 붙는 긴 형용사라고 생각하면 쉬워요!)

■ **관계대명사**

선행사 \ 격	주격	목적격	소유격
사람	who / that	whom(=who) / that	whose
사물, 동물	which / that	which / that	whose

■ **관계대명사의 격** | 형용사절 안에서의 역할을 나타내요.

I know a writer (**who** / ~~whom~~) is famous.　　→ (　)는 형용사절 안에서 주어 역할이므로 주격인 who!
　　　선행사　　　　　　형용사절

■ **관계대명사 사람 vs. 사물** | 선행사를 보고 판단해요.

I know a writer (**who** / **that** / ~~which~~) is famous.　　→ that은 사람, 사물에 모두 쓸 수 있어요.
　　　사람 선행사

I read a book (~~who~~ / **that** / **which**) is popular.
　　　사물 선행사

 Check Up

다음 문장에서 형용사절을 찾아 밑줄 치세요.

정답과 해설 p. 108

1. I know a man who wants to buy a used car.
2. The store manager who helped me was very kind.

괄호 안에 알맞은 것을 고르세요.

3. We hired an applicant (who / which) has strong computer skills.
4. Mr. Park moved to a new apartment (who / which) is close to work.
5. The company awards employees (that / which) perform well.

2. 주격 관계대명사

Ms. Green is an interior designer. + The interior designer renovated our office.
Green 씨는 인테리어 디자이너다.   그 인테리어 디자이너는 우리 사무실을 개조했다.

① 뒤 문장으로 명사(interior designer)를 수식하고 싶어요. → 형용사절로 바꿔요!
② 뒤 문장에서 선행사와 중복되는 명사를 찾아
   → 관계대명사로 바꿔요! (The interior designer는 사람이고, 주어이므로 who(= that))
③ 완성된 형용사절을 선행사 뒤에 붙이면 끝!

Ms. Green is an interior designer who renovated our office.
Green 씨는 우리 사무실을 개조한 인테리어 디자이너다.

■ 주격 관계대명사는 형용사절 안에서 주어 역할을 해요.

선행사 + **주격 관계대명사** + 동사 + 목적어/보어
　　　　who / which / that

→ 형용사절 안에 주어가 없으면 주격 관계대명사를 골라요!

Ms. Green who renovated our office will receive an award.
선행사　주격 관계대명사　동사　　목적어
우리 사무실을 개조한 Green 씨는 상을 받을 것이다.

We are developing **an application which tracks deliveries**.
　　　　　　　　　선행사　주격 관계대명사 동사　목적어
우리는 배송을 추적하는 어플리케이션을 개발하고 있다.

The application which tracks deliveries will be developed.
선행사　　주격 관계대명사 동사　목적어
배송을 추적하는 어플리케이션이 개발될 것이다.

 Check Up

괄호 안에 알맞은 것을 고르세요.　　　　　　　　　　　　　　정답과 해설 p. 108

1. The company will reward employees (who / which) arranged the workshop.
2. MOL was the company (what / which) sponsored the event.
3. Customers (who / which) sign up for a one-year subscription will get a discount.
4. Items (who / that) are on sale are not eligible for free delivery.
5. Mr. Adams and his team will conduct the research (which / whose) shows consumer confidence.

3. 목적격 관계대명사

Ms. Green is an interior designer. + We hired the interior designer.
Green 씨는 인테리어 디자이너다. 우리는 그 인테리어 디자이너를 고용했다.

Ms. Green is an interior designer. We hired that.

Ms. Green is an interior designer that we hired. Green 씨는 우리가 고용한 인테리어 디자이너다.

① 뒤 문장으로 명사(interior designer)를 수식하고 싶어요. → 형용사절로 바꿔요!
② 뒤 문장에서 선행사와 중복되는 명사를 찾아 → 관계대명사로 바꿔요! (the interior designer는 사람이고, 목적어이므로 → that(= whom))
③ that은 선행사와 형용사절을 연결하는 접속사이므로 → 선행사와 형용사절 사이로 이동
④ 완성된 형용사절을 선행사 뒤에 붙이면 끝!

■ 목적격 관계대명사는 형용사절 안에서 목적어 역할을 해요.

선행사 + 목적격 관계대명사 + 주어 + 동사
　　　　who(m) / which / that

→ 형용사절 안에 목적어가 없으면 목적격 관계대명사를 골라요!

The interior designer **that** we hired will receive an award.
　　선행사　　　　목적격 관계대명사 주어　동사
우리가 고용한 인테리어 디자이너는 상을 받을 것이다.

I downloaded an application **which** CoCo developed. 나는 CoCo가 개발한 어플리케이션을 다운로드했다.
　　　　　　　　　선행사　　　목적격 관계대명사 주어　　동사

The application **which** I downloaded is free. 내가 다운로드한 어플리케이션은 무료다.
　선행사　　　목적격 관계대명사 주어　동사

(NOTE) 목적격 관계대명사는 생략할 수 있어요.
I downloaded an application ⓢwhichⓢ CoCo developed.
　= I downloaded an application CoCo developed.
The application ⓢwhichⓢ I downloaded is free.
　= The application I downloaded is free.

 Check Up

괄호 안에 알맞은 것을 고르세요.　　　　　　　　　　　　　　　　　　정답과 해설 p. 109

1. We invite you to the seminar (who / which) the SE Association will hold.
2. Ms. Valtez received an e-mail from her mentor (whom / which) she met in Paris.
3. This mail includes an application form (that / whom) you must return.
4. I will call Mr. Bowman (whom / him) you need to meet.
5. The products (who / which) I ordered last week haven't arrived yet.

4. 소유격 관계대명사

Ms. Green is an interior designer. + The designer's design is original.
Green 씨는 인테리어 디자이너다.　　　　　　그 디자이너의 디자인은 독창적이다.

Ms. Green is an interior designer **whose** design is original.

① 뒤 문장으로 명사(interior designer)를 수식하고 싶어요. ➔ 형용사절로 바꿔요!
② 뒤 문장에서 선행사와 중복되는 명사를 찾아 ➔ 관계대명사로 바꿔요!
　　(the designer's는 사람이고, 소유격이므로 ➔ whose
③ 완성된 형용사절을 선행사 뒤에 붙이면 끝!

■ 소유격 관계대명사는 형용사절 안에서 소유격 역할을 해요.

선행사 + **소유격 관계대명사** + 명사 + 동사 + 목적어/보어
　　　　　　whose　　　　　　　　완전절

➔ ① 형용사절이 주어와 동사, 목적어(보어)가 모두 있는 완전절이고
　 ② 관계대명사 자리 바로 뒤에 명사가 와서
　 ③ '선행사의 명사'로 해석되면 소유격 관계대명사를 골라요

• the applicant **whose** résumé is impressive
　　　　　　　　　　명사　동사　보어 ➔ 완전절
　　지원자의 이력서

• the company **whose** product you like
　　　　　　　　　명사(목적어) 주어 동사 ➔ 완전절
　　회사의 제품

Ms. Green whose design is original will receive an award.
　선행사　소유격 관계대명사　　완전절
디자인이 독창적인 Green 씨는 상을 받을 것이다.

ICB is **an organization whose** membership includes many businessmen.
　　　　선행사　소유격 관계대명사　　　완전절
ICB는 회원에 많은 기업가들이 포함되어 있는 단체다.

An organization whose membership includes many businessmen held its annual conference.
　선행사　소유격 관계대명사　　　　완전절
회원에 많은 기업가들이 포함되어 있는 단체가 연례 총회를 개최했다.

Check Up

괄호 안에 알맞은 것을 고르세요.　　　　　　　　　　　　　　　　정답과 해설 p. 110

1. Thank you to Mr. Gibson (who / whose) presentation was educational.
2. Management decided to close the factory (it / whose) old equipment raised the production costs.
3. B. S. Bowling, (whose / she) new novel is already on the best-seller list, will join the event.
4. Applicants (whose / which) requests do not meet the requirements will be notified.
5. We will collaborate with a consulting firm (that / whose) economists are globally recognized.

PRACTICE

STEP 1 복습문제

1. MOL was among several companies _____ sponsored the event held last week.

   (A) whom   (B) which

2. We are pleased to invite you to the seminar _____ the SE Association will hold in New York.

   (A) who   (B) which

3. We appreciate Mr. Gibson _____ presentation on international law was very educational.

   (A) whose   (B) who

4. The company awards employees _____ perform well and have near-perfect attendance.

   (A) whose   (B) who

STEP 2 응용문제

5. We received your articles _____ we plan to publish in the October issue.

   (A) which   (B) who

6. Only applicants _____ meet the requirements will be contacted.

   (A) that   (B) which

7. Employees _____ forget their passwords will have to create new IDs.

   (A) whose   (B) who

8. Safe Jet is offering a promotion _____ allows passengers to enjoy 50 percent off base fares.

   (A) that   (B) them

ACTUAL TEST

1. Customers _____ want express delivery will have to pay an extra fee of seven dollars.
   (A) who
   (B) they
   (C) them
   (D) which

2. The shopping center, _____ construction will begin next month, will be located near the city hall.
   (A) it
   (B) its
   (C) whose
   (D) who

3. Please read the product brochure, _____ describes all the features and benefits.
   (A) additionally
   (B) who
   (C) so
   (D) which

4. The printer _____ has recently been purchased for the administration department is being installed.
   (A) whose
   (B) who
   (C) each
   (D) that

5. The city has begun the urban green project _____ will transform an old factory into a park.
   (A) that
   (B) nor
   (C) yet
   (D) unless

6. Ms. Jeffries, _____ is leaving our company after 30 years of service, will give a speech at the farewell banquet.
   (A) her
   (B) where
   (C) who
   (D) she

7. The sales report _____ Mr. Watanabe submitted to the finance director contains several errors.
   (A) who
   (B) how
   (C) by
   (D) that

8. Jossiman is an award-winning advertising agency _____ clients include large food makers.
   (A) when
   (B) whose
   (C) which
   (D) whom

9. The plan _____ Mayor Claude implemented to attract more tourists was a great success.
   (A) who
   (B) which
   (C) recently
   (D) from

10. The renovated Sports Center _____ will include a new swimming pool is scheduled to open next month.
    (A) where
    (B) itself
    (C) which
    (D) this

day 18 Vocabulary

전치사구 최빈출 어휘 1

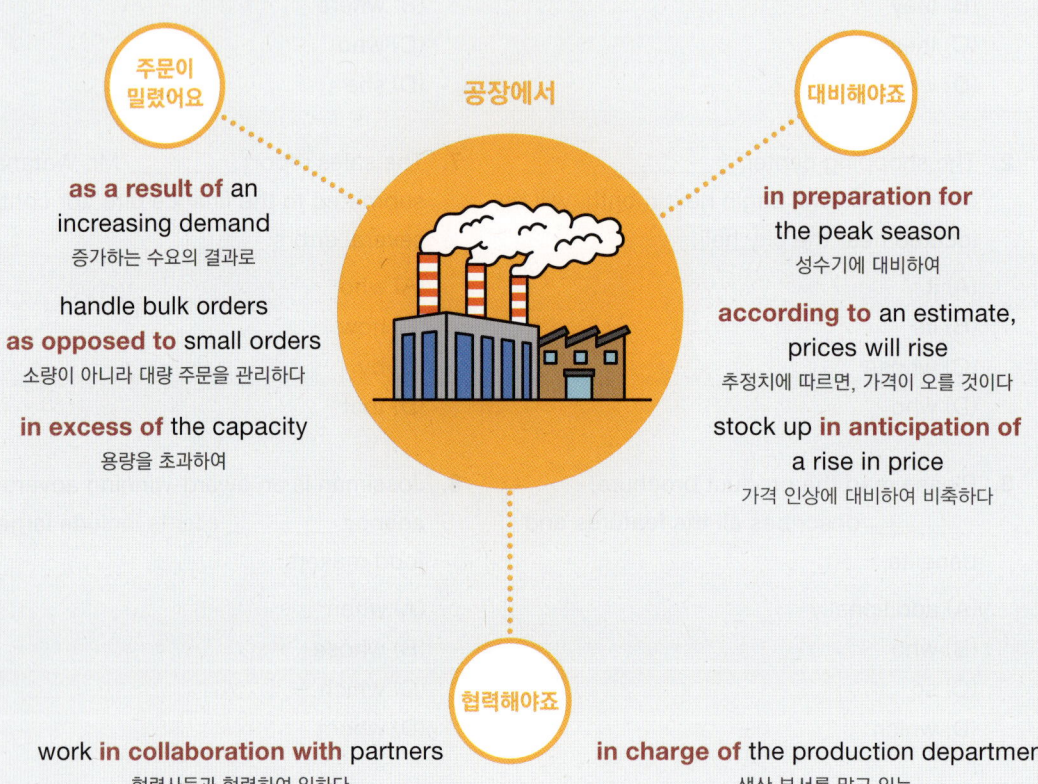

☐ as a result of	~의 결과로	☐ in charge of	~을 맡고 있는
☐ as opposed to	~이 아니라, ~와 반대로	☐ in anticipation of	~을 예상[기대]하여
☐ in excess of	~을 초과하여	☐ according to	~에 따르면
☐ in collaboration with	~와 협력하여	☐ in preparation for	~에 대비하여

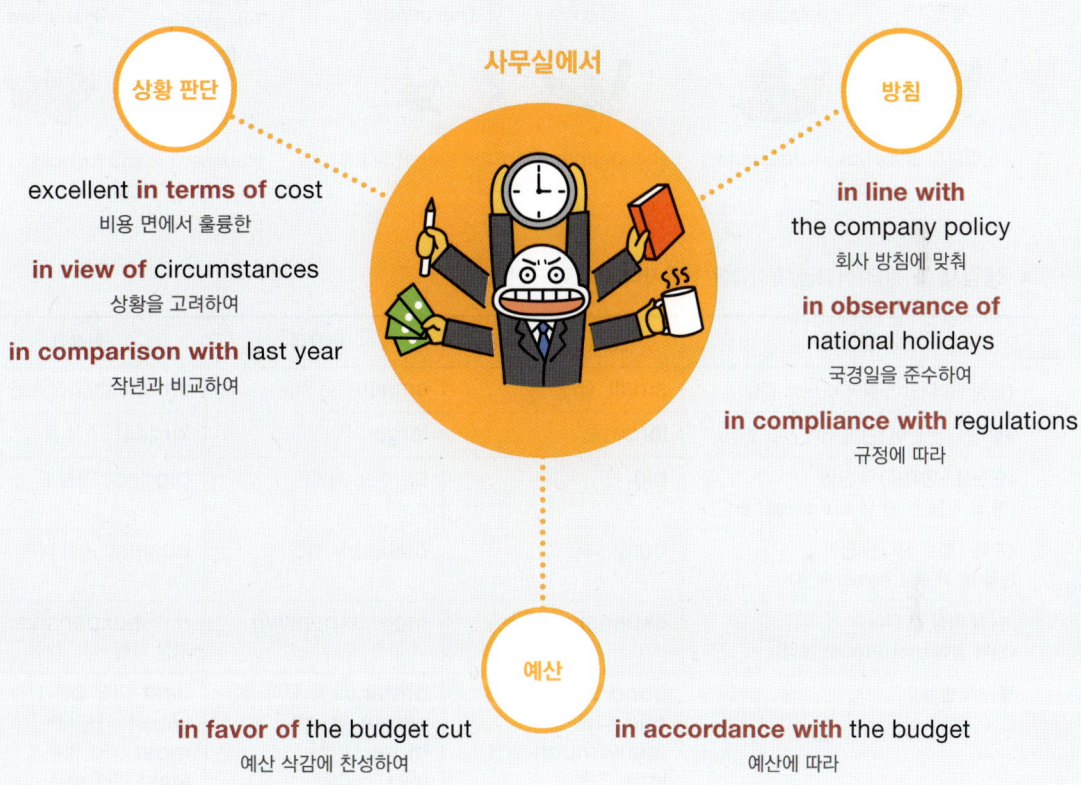

☐ **in terms of**	~에 관해서, ~면에서	☐ **in accordance with**	~에 부합되게, ~에 따라
☐ **in view of**	~을 고려하여 (유의어) in light of	☐ **in compliance with**	~에 따라, ~에 순응하여
☐ **in comparison with**	~와 비교하여	☐ **in observance of**	~을 준수하여
☐ **in favor of**	~에 찬성[지지]하여	☐ **in line with**	~에 따라, ~에 맞춰

비교

1. 비교 구문이란?

말 그대로 무언가를 비교할 때 쓰는 표현을 말해요.
영어에서는 어떤 대상을 비교할 때, 상황별로 **원급/비교급/최상급** 세 가지로 나눠 표현해요.

청양고추	Jalapeño	청양고추	Thai pepper	청양고추 Thai pepper	Habanero

청양고추 is **as** hot **as** Jalapeño. 　　Thai pepper is **hotter than** 청양고추. 　　Habanero is **the hottest**.
〈원급〉　　　　　　　　　　　　　　　　　　〈비교급〉　　　　　　　　　　　　　　　　　〈최상급〉

■ **생김새** | 원급/비교급/최상급은 형용사나 부사로 표현해요.

생김새	원급(생긴 그대로)	비교급	최상급
1음절 단어 (단어 뒤에 er/est 붙임)	small 작은	smaller 더 작은	smallest 가장 작은
e로 끝나는 단어 (단어 뒤에 r/st 붙임)	large 큰	larger 더 큰	largest 가장 큰
〈단모음+단자음〉의 단어 (맨 끝 자음 한 번 더 쓰고 er/est 붙임)	big 큰	bigger 더 큰	biggest 가장 큰
〈자음+y〉로 끝나는 단어 (y를 i로 바꾸고 er/est 붙임)	busy 바쁜	busier 더 바쁜	busiest 가장 바쁜
2음절 이상 긴 단어 (단어 앞에 more/most 붙임)	expensive 비싼	more expensive 더 비싼	most expensive 가장 비싼
불규칙 변화	good/well 좋은/잘 bad 나쁜 many/much 많은 little 적은	better 더 좋은/더 잘 worse 더 나쁜 more 더 많은 less 더 적은	best 가장 좋은/가장 잘 worst 가장 나쁜 most 가장 많은 least 가장 적은

Check Up

주어진 단어의 원급, 비교급, 최상급을 쓰세요.　　　　　　　　　　　　　　정답과 해설 p. 115

1. easy 　　원급 _____ — 비교급 _____ — 최상급 _____
2. difficult 　원급 _____ — 비교급 _____ — 최상급 _____
3. well 　　원급 _____ — 비교급 _____ — 최상급 _____

문장 내용에 맞게 빈칸을 적절한 형태로 채우세요.

4. The rental rate in Tree Village is _____ (cheap) than other locations.
   Tree Village의 임대료는 다른 지역보다 더 저렴합니다.

5. Woogle.net is the _____ (popular) Web site in the world.
   Woogle.net은 세상에서 가장 인기 있는 웹사이트입니다.

2. 원급

'**A는 B만큼 ~하다**'와 같이 비슷한 두 대상을 비교할 때 원급 구문을 써요.

① 원급의 형태

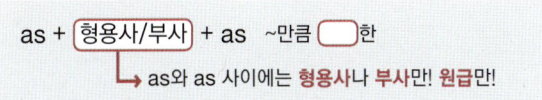

Seoul is as (**large** / ~~largely~~) as Singapore. 서울은 싱가포르만큼 크다.
↳ as ~ as 사이에 형용사를 쓸지, 부사를 쓸지는 as 앞의 동사를 보면 돼요. as 앞에 be동사(is)가 있네요. be동사 뒤는 형용사(보어)자리이므로 large가 와야 해요.

Our previous X7 model is as (**popular** / ~~more popular~~) as the new car.
우리의 전 모델인 X7은 신차만큼 인기 있다.

'as ~ as' 사이에는 원급만! 비교급이나 최상급은 안 돼요!

② as many/much 명사 as | ~만큼 많은 '명사'

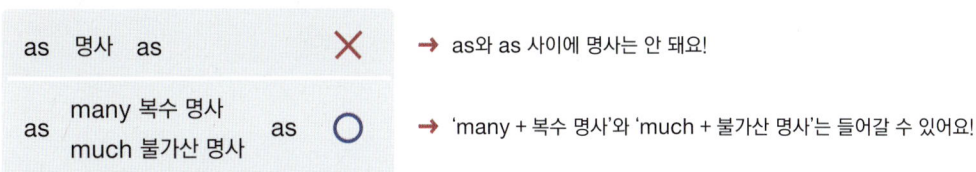

Seoul has as (~~people~~ / **many people**) as Jakarta. 서울에는 자카르타만큼 사람이 많다.

③ 원급이 들어간 표현

| as 원급 as possible 가능한 ~하게 | the same (명사) as ~와 똑같은 |

Construction work will begin **as soon as possible**. 가능한 빨리 공사가 시작될 것이다.

Participants will pay **the same cost as** before. 참가자들은 전과 같은 비용을 지불할 것이다.

Check Up

괄호 안에 알맞은 것을 고르세요.   정답과 해설 p. 115

1. Mr. Song tried to answer (**as many** / so much) questions as possible.
2. The food at Marco's is as (**excellent** / excellence) as the service.
3. Please reply to the e-mail as (**soon** / sooner) as you can.
4. The restaurant offers the same menu (**as** / than) last year.
5. We encourage as many employees as (**possible** / possibly) to carpool.

3. 비교급

'A는 B보다 더 ~하다'와 같이 차이 나는 두 대상을 비교할 때 비교급을 써요.

❶ 비교급의 형태

> 비교급 + 명사 + than ~보다 더 ◯한

Seoul is **larger than** Busan. 서울은 부산보다 더 크다.

❷ 비교급 강조 부사

비교급 의미를 '훨씬 더 ~한'으로 강조하고 싶다면 비교급 앞에 much/far/even 등을 붙이면 돼요.

> much/far/even/still/a lot + 비교급 훨씬 더 ~한
> significantly/considerably + 비교급 상당히 더 ~한
> ~~very~~ + 비교급 → 비교급 앞에 very는 쓰지 않으니까 조심!

Seoul is (**much** / ~~very~~) larger than Busan. 서울은 부산보다 훨씬 더 크다.

❸ 비교급이 들어간 표현

> more than ~ ~보다 많이, ~ 이상
> no longer 더 이상 ~ 아닌[하지 않는]
> the 비교급 ~, the 비교급 … ~할수록 더 …하다
> no later than 늦어도 ~까지는
> 비교급 than ever 어느 때보다 더 ~한[하게]

We have **more than** 10 branches all over the world. 우리는 세계 도처에 10개 이상의 지점이 있다.

Please submit all the documents **no later than** 5:30 P.M. 모든 서류를 늦어도 오후 5시 30분까지 제출하세요.

The sooner the shipment arrives, **the better** it is. 선적물이 더 빨리 도착할수록, 더 좋습니다.

📋 Check Up

괄호 안에 알맞은 것을 고르세요. 정답과 해설 p. 116

1. Coast Coffee has (many / more) customers than last year.
2. We require applicants to have more (than / as) 5 years of experience.
3. The items must be delivered no (late / later) than 5:00 P.M.
4. Organic food is (very / much) more nutritious than non-organic food.
5. The (soon / sooner) we get ready, the better chance we have of succeeding.

4. 최상급

'**A가 가장 ~하다**'는 뜻으로 셋 이상을 비교하면서 최고를 표현할 때 최상급을 써요.
비교 대상이 둘 밖에 없을 때는 최상급을 쓰지 않아요.

❶ 최상급의 형태

```
the/소유격 [최상급] 명사   of/among 비교 대상들   ~중에서 가장 ☐한
                        in 장소/분야            ~에서 가장 ☐한
                        that ~ ever            지금까지 ~한 중에 가장 ☐한
```

Of all the Korean cities, Seoul is **the largest**. 한국의 모든 도시들 중에서, 서울이 가장 크다.
Seoul is **the largest city in Korea**. 서울은 한국에서 가장 큰 도시이다.
Seoul is **the largest city that I've ever visited**. 서울은 내가 지금까지 방문해 본 도시 중 가장 큰 도시이다.

❷ 최상급이 들어간 표현

```
one of the 최상급 + 복수 명사   가장 ~한 사람/것들 중 하나
the + 서수 + 최상급   ~번째로 가장 ~한
```

Seoul is **one of the largest cities** in the world. 서울은 세계에서 가장 큰 도시들 중 하나이다.
Busan is **the second largest** city in Korea. 부산은 한국에서 두 번째로 큰 도시이다.

괄호 안에 알맞은 것을 고르세요.   정답과 해설 p. 117

1. EZ Electronics releases the (**most innovative** / more innovative) software in the market.
2. HB Medical Center offers the (**best** / better) medical care in Orange County.
3. SKFF donated $6 million, the (high / **highest**) amount ever paid in one year.
4. Sophia seems to be the most promising (**among** / at) all the candidates.
5. Sacks Insurance is one of the (**largest** / largely) insurance providers in Asia.

PRACTICE

STEP 1 복습문제

1. We encourage _____ employees as possible to carpool to work during rush hours.

   (A) as many   (B) as much

2. The sooner we get ready for the product launch, the _____ chance we have of succeeding.

   (A) good   (B) better

3. HB Medical Center offers the _____ medical care services in Orange County.

   (A) most affordable (B) more affordable

4. We require all applicants to have _____ than 5 years of experience in managing a hotel.

   (A) many   (B) more

STEP 2 응용문제

5. Green Credit always strives to give you the _____ service in town.

   (A) faster   (B) fastest

6. The Mini Pro battery lasts _____ longer than any other batteries.

   (A) far   (B) many

7. The new subway line travels _____ route as CityBus 5B.

   (A) the same   (B) more

8. Timing can be just as _____ as location for home sales.

   (A) importantly   (B) important

ACTUAL TEST

1. The temperature setting within storage containers shouldn't be more _____ 15 degrees Celsius.
   (A) like
   (B) down
   (C) than
   (D) in

2. Interviewing _____ applicants as possible can be difficult and time-consuming.
   (A) so many
   (B) more
   (C) as many
   (D) as much

3. The new laser printer prints out copies _____ than the old printing machine did.
   (A) quickness
   (B) quickly
   (C) quick
   (D) more quickly

4. *Money Plus* became one of the _____ distributed financial publications in the northeastern area.
   (A) wide
   (B) most widely
   (C) wideness
   (D) widen

5. Prices at Jason Appliances are _____ lower than those at other appliance retailers.
   (A) significantly
   (B) significant
   (C) significance
   (D) signify

6. Kay Tech's newest software makes your decision-making as _____ as possible.
   (A) easier
   (B) easy
   (C) easiest
   (D) more easily

7. Our air conditioners are _____ more efficient than those manufactured by our competitors.
   (A) many
   (B) very
   (C) much
   (D) most

8. Despite the fierce competition in the brewing industry, Gang remains the _____ brewery in the region.
   (A) most popular
   (B) popularity
   (C) most popularly
   (D) popularize

9. The most recent NaNo tournament drew _____ participants than last year's event.
   (A) more
   (B) many
   (C) every
   (D) most

10. Movie director Alex Gunn says that *Guardians Vol. 2* is the _____ film that he has ever made.
    (A) creatively
    (B) more creative
    (C) creative
    (D) most creative

전치사구 최빈출 어휘 2

호텔

호텔에서

숙박

in the event of a late check-out
퇴실이 늦어질 경우에

a week **in advance of** your check-in date
체크인 날짜에서 일주일 앞서

welcome you **on behalf of** our hotel
저희 호텔을 대신하여 환영합니다

규정

including tax
세금을 포함하여

present valid identification **along with** the credit card
신용카드와 함께 유효한 신분증을 제시하다

혜택

amenities **such as** wi-fi and restaurants
무선 인터넷과 레스토랑 같은 편의시설

in addition to discounts, we offer a free gift
할인에 더해, 우리는 사은품도 제공한다

provide welcome drinks **as well as** the shuttle service
셔틀 서비스뿐 아니라 환영 음료도 제공하다

☐ **in the event of**	~할 경우에 (유의어) in case of	☐ **A as well as B**	B뿐만 아니라 A도
☐ **in advance of**	~보다 앞서	☐ **in addition to**	~에 더하여
☐ **on behalf of**	~을 대신[대표]하여	☐ **along with**	~와 함께, ~에 덧붙여
☐ **such as**	~와 같은	☐ **including**	~을 포함하여

회사

회사에서

회식

thanks to employees
직원들 덕분에

apart from free drinks, food is provided
무료 음료 이외에도, 음식이 제공되다

in search of a restaurant that vegetarians would like
채식주의자들이 좋아할 만한 식당을 찾아서

인사

in response to your inquiries about the salary
급여에 관한 귀하의 문의에 응하여

can apply for the transfer **regardless of** length of service
근무 기간에 상관없이 전근 지원 가능하다

work overtime **in exchange for** an overtime pay
초과근무 수당을 받고 초과근무를 하다

행사

a celebration **in honor of** Ms. Moon
Moon 씨를 축하하는 기념행사

with the exception of the CEO, everyone participated
최고 경영자를 제외하고, 모두 참석했다

☐ thanks to	~ 덕분에	☐ with the exception of	~을 제외하고
☐ apart from	~ 이외에도, ~을 제외하고	☐ in exchange for	~ 대신, ~의 교환으로
☐ in search of	~을 찾아서, ~을 구하여	☐ regardless of	~에 상관없이
☐ in honor of	~을 기념[축하]하여 (유의어) in celebration of	☐ in response to	~에 응하여

day 20

Part 6 알아보기

Part 6는?

파트 6는 파트 5와 파트 7(독해)을 접목시킨 형태예요. 독해 지문 속에 빈칸이 삽입되어 있고, 그 빈칸에 가장 알맞은 답을 고르는 문제이지요. 각 지문당 4문제씩 4개의 지문이므로 총 16문제가 출제됩니다.

문제 유형

- **문법** | 문장 구조와 문법에 따라 적합한 보기를 고르는 문제
- **어휘** | 문맥상 알맞은 어휘를 고르는 문제
- **문장 삽입** | 문맥상 알맞은 문장을 고르는 문제(지문당 1문제)

유형별 풀이 전략

문법 파트 5와 같은 방식으로 풀어요. 빈칸이 있는 문장의 구조와 문법을 따져서 적합한 보기를 고르면 끝!

> Full-time employees _____ work 36 hours per week.
>
> (A) normal　　　　　(B) **normally**

풀이 주어(employees) _____ 동사(work) 사이? 부사!

어휘 파트 5와 달리 빈칸이 있는 문장만으로는 답을 고르기 힘들어요. 빈칸 문장의 주변 문장들을 추가로 읽으면서 빈칸에 들어갈 어휘에 대한 단서를 잡아야 합니다.

> During the peak season, deliveries may take longer. If your order is _____, please contact us.
>
> **(A) delayed**　　　　　(B) overpriced

풀이 1. 해석: '주문품이 _____ 이면, 연락주세요.' (delayed 지연된 / overpriced 가격이 비싸게 책정된)
→ 보기 둘 다 말이 되네요? 답을 고르기가 애매해요! 주변 문장을 추가로 읽어요!
　　2. 앞 문장 '성수기에는, 배송이 더 오래 걸릴 수 있어요.' → 문맥상 'delayed'가 적합!

178

문장 삽입

빈칸 앞뒤를 읽고 내용의 흐름을 파악해야 해요! 빈칸은 지문의 앞, 가운데, 뒤 가리지 않고 나와요.

| **STEP 1** 빈칸 앞뒤 문장 확인 → 들어갈 내용 예상 | **STEP 2** 보기를 읽고 선택 | **STEP 3** 선택한 보기를 넣고, 자연스럽게 연결되는지 확인 |

> I heard about your recent promotion. _____. Congratulations!
>
> **(A) I'm sure you will succeed in your new role.**
> (B) I'm interviewing candidates for the position.

풀이 STEP 1 앞 문장 – 당신의 최근 승진에 대해 들었어요. _____ 뒤 문장 – 축하합니다!

STEP 2 (A) 나는 당신이 새로운 업무에서도 성공하리라고 확신합니다.
(B) 나는 그 직책의 후보자들을 면접 보는 중입니다.

STEP 3 문맥상 (A)가 적합!

TIP 1. 지시어나 대명사를 활용하자!

빈칸 뒤나 보기에 지시어가 있을 경우, 지시어가 가리키는 내용이 적절한지를 확인합니다.
이때, 지시어의 단수/복수를 따져서 지시어가 가리키는 단어와 수 일치가 되는지도 꼭 확인하세요.

지시어 this / that / these / those
대명사 it / them / both

2. 연결어를 활용하자!

빈칸 뒤나 보기에 연결어가 있을 경우, 연결어의 앞뒤 내용이 자연스럽게 연결되는 보기로 고릅니다.

대조	however 하지만	on the other hand 반면	
인과	therefore 그러므로	thus 따라서	
예시	for example 예를 들어	for instance 예를 들어	
결론	as a result 그 결과	in conclusion 결론적으로	
추가	also 또한	in addition 추가로	moreover 게다가

예제

앞에서 학습한 유형별 풀이 전략을 적용해 차근차근 풀어 보세요.

Chesterville(Nov. 19) – When Dan Gibson opened the Eclectic Café, he started with only one employee on a tight budget. He admits that the first few months of operation were -------. However, he soon had to hire more people and now he has 32 staff members. "When Starbugs opened, everyone thought it would hurt our business, but I was thrilled ------- I was going to have more customers passing by my café," he said. And he was correct. -------.

1. (A) successful
   (B) potential
   (C) challenging
   (D) busy

2. (A) if
   (B) because
   (C) instead of
   (D) although

3. (A) The restaurant plans to move next month.
   (B) This situation was not expected to last so long.
   (C) When it opened, the sales went up.
   (D) Mr. Gibson had a vision of opening a restaurant.

체스터빌(11월 19일) – Dan Gibson이 Eclectic Café를 열었을 때, 그는 빠듯한 예산에 직원 단 한 명으로 시작했다. 그는 처음 몇 달 운영이 ¹**어려웠다고** 실토한다. 그러나 곧 직원을 더 채용해야 했고 지금은 직원 32명을 보유하고 있다. "Starbugs가 문을 열자 모두들 우리 사업에 타격이 되리라고 생각했죠. 하지만 우리 카페를 지나가는 손님이 더 많아질 것이기 ²**때문에** 저는 정말 신났어요."라고 Gibson 씨는 말했다. 그리고 Gibson 씨의 생각이 옳았다. ³**그 가게가 문을 열자 매출이 상승했다.**

1. [어휘_형용사]

❶ '그는 첫 몇 달 운영이 ------ 이었다고 인정한다.'
(A) 성공적인, (B) 가능성이 있는, (C) 어려운, (D) 바쁜
보기 모두 그럴 듯 → 주변 문장을 더 읽어봅시다!

❷ 앞 문장 직원 1명과 빠듯한 예산으로 가게 시작
뒤 문장 However(하지만), 직원 더 채용, 지금 32명
→ 문맥상 '처음 몇 달은 어려웠다'가 적절!!

2. [문법_부사절 접속사]

❶ 문장구조 파악하기
'[절1] I was thrilled ------ [절2] I was going to ~'
절과 절을 연결해야 하니까 접속사! → 전치사 (C)는 탈락!
접속사 (A), (B), (D)가 정답 후보 → 이제 해석으로!

❷ '신이 났다 ------ 더 많은 손님이 카페 옆을 지나갈 것'
신이 난 이유였군요. → (B) because(~ 때문에)가 정답!

3. [문장 삽입]

❶ 먼저 빈칸 앞을 살펴볼까요?
다른 가게가 문을 열었다 → 손님이 늘 거라서 Gibson 씨는 신이 났다. → 예상이 맞았다 → ------

❷ 보기를 하나씩 대입해 볼까요?
(A) 그 식당은 다음 달 이전할 계획이다.
(B) 이 상황이 그렇게 오래 지속되리라고는 예측하지 못했다.
(C) 카페가 문을 열자 매출이 올랐다.
(D) Gibson 씨는 식당을 열겠다는 희망을 갖고 있었다.

❸ 손님이 늘 거라는 예상이 맞았으므로 매상이 올랐다는 이야기가 이어져야 자연스럽다. → (C)가 정답!

TIP (C)의 대명사 it → Starbugs

---

tight budget 빠듯한 예산 operation 경영, 운영 hire 채용하다 hurt 상처를 입히다, 타격을 입히다
thrilled (아주 좋아서) 신이 난 customer 고객 pass by ~를 지나가다 correct 옳은 go up 상승하다

PRACTICE

빈칸에 가장 알맞은 것을 고르세요.

1.

> I am writing to request an extension to the lease for my room. ------- new room will not be ready before the middle of June. Therefore, I would like to stay here until June 20.

(A) Many   (B) My   (C) Its   (D) Their

2.

> I recently purchased a jacket from your Web site. When I received the item last week, I tried it on. -------, when I wore it for the first time this morning, I noticed slight damage on the collar.

(A) In addition   (B) For example   (C) Therefore   (D) However

3.

> The Rochester Business Institute is conducting job interview workshops for individuals. We will teach you the best way to answer questions about the most common topics. ------. Our experienced instructors will improve your chances of getting the position.

(A) Each one was pleased with the results of the course.
(B) The trend is expected to continue in many sectors.
(C) These include career history, personal strengths, and future plans.
(D) Now you finally have the tools to start your own business.

---

1. request 요청하다 extension 연장 lease 임대차 계약 therefore 따라서 stay 머무르다
2. recently 최근 purchase 구입하다 receive 받다 last week 지난주 try on ~을 입어보다 wear 입다(과거형 wore) for the first time 처음으로 notice 발견하다 slight 약간의 damage 손상 collar 칼라, 깃
3. conduct 실시하다, 행하다 job interview 취업[입사] 면접 individual 개인 common 흔한, 일반적인 experienced 경험 많은 instructor 강사 improve 향상시키다, 개선하다 position 직위, 자리

ACTUAL TEST

Questions 1-4 refer to the following memo.

To: All Employees
From: Jamy Eason
Date: 17 March
Subject: Great News

Dear Employees,

Thank you for all your hard work and we have great news! Future Tools will be ------- our third shop in two months. This additional store ------- in the Times Cube shopping mall between Sixth and Eighth Avenues in Devonshire.
1. **2.**

We are looking for some cashiers with a positive attitude and exceptional customer service skills. Applications should be submitted ------- March 31. Then, the Human Resources officer will review each applicant's résumé to determine which applicants will be invited to come for an interview. -------.
3. **4.**

Best regards,

Jamy Eason, CEO
Future Tools

1. (A) closing
   (B) opening
   (C) decorating
   (D) renovating

2. (A) will be located
   (B) to locate
   (C) will locate
   (D) was located

3. (A) by
   (B) following
   (C) for
   (D) due to

4. (A) Spread this exciting news to interested friends.
   (B) Make sure you have mailed all the forms.
   (C) Call Future Tools office to schedule an interview.
   (D) Parking will not be available.

Questions 5-8 refer to the following notice.

Notice to EBC Internet Customers:

EBC Internet has been ------- by Sparks Communications. Under the agreement, customer contracts will remain the same. For the next three months, all ------- may still be made through the EBC Web site. For example, you may settle your bill by bank transfer or credit card. After the three-month period, you will be required to use the Sparks Communications site. -------. We know that having reliable access to the Internet is important. That's why we will strive to avoid ------- in service during this transition.

5. (A) developed
   (B) honored
   (C) influenced
   (D) acquired

6. (A) concerns
   (B) payments
   (C) documents
   (D) inquiries

7. (A) Please inform us about which one you prefer.
   (B) There are many providers to choose from.
   (C) You will be advised on how to do so later.
   (D) Many of you have commented on its design.

8. (A) interrupt
   (B) interrupted
   (C) interrupts
   (D) interruptions

Questions 9-12 refer to the following information.

Officeworks Online wants to make your online shopping experience as quick as possible. If you are concerned about the shipping status of your order, please ------- the following information. **9.**

We offer same-day delivery to Sydney for items that are ordered before 11:30 A.M. Orders placed after 11:30 A.M. will be delivered the following business day.

During the wet season, deliveries to certain areas may take ------- than usual. In this event, we will contact you via the phone number listed in your contact details. -------. If you are not contacted by the ------- delivery date, please call us. **10.** **11.** **12.**

9. (A) report
   (B) organize
   (C) note
   (D) lead

10. (A) long
    (B) longest
    (C) longer
    (D) length

11. (A) Please make sure your contact details are up-to-date.
    (B) Feel free to contact us at any time.
    (C) A delivery date was calculated.
    (D) Check our Web site for more information.

12. (A) late
    (B) different
    (C) recent
    (D) expected

Questions 13-16 refer to the following advertisement.

A trip to Lahara Island wouldn't be complete without a boat ride from Oceanway Tours. -------. It features a four-hour trip along the coast, which includes one hour of snorkeling. Participants may see rare fish ------- by the Aquatic Preservation Society. Tickets must be booked in advance on www.oceanwaytours.com. ------- a cancellation due to bad weather, you may rebook the tour or request a refund. Oceanway Tours has also arranged discount opportunities with our partners. Simply show ------- ticket receipt from Oceanway Tours to receive a number of deals.

13. (A) We have certification from the Lahara Safety Commission.
    (B) Our most popular activity is the Sunburst Cove Adventure.
    (C) Each guide is an expert on the history of the area.
    (D) The island is known worldwide for its natural beauty.

14. (A) protective
    (B) protection
    (C) protected
    (D) protecting

15. (A) Despite
    (B) Provided that
    (C) Following
    (D) As well as

16. (A) every
    (B) their
    (C) other
    (D) your

day 21-25

주제/목적

주제/목적 문제란?

'이 글의 주제는 무엇인가?', '이 글을 쓴 목적(이유)은 무엇인가?'와 같이 글을 쓴 주제나 목적을 묻는 문제예요.
파트 7 총 54 문제 중 4~7 문제 출제되고 있답니다. 지문 전체를 대표하는 핵심을 파악하는 것이 중요해요.

빈출 질문 유형

What is the main idea[topic] of this article? 이 기사의 주요 내용[주제]은?
What is this memo mainly about? 이 메모는 주로 무엇에 관한 것인가?
What is mainly discussed in the e-mail? 이메일에서 주로 논의되는 것은 무엇인가?
What is being advertised/announced? 무엇이 광고/공고되고 있는가?

What is the (main) purpose of this letter? 이 편지의 (주된) 목적은?
Why was this letter written/sent? 이 편지를 쓴/보낸 이유는?

문제 풀이 전략

STEP 1 유형 파악하기
질문을 읽고 '주제/목적' 문제임을 파악한다.

STEP 2 제목 확인하기
제목이 있다면 반드시 제목부터 읽는다. 가장 결정적인 단서를 제공해 준다. 제목이 없다면 곧바로 3단계로!

STEP 3 전반부 읽기
지문의 앞부분을 읽는다. 글의 주제와 목적을 말해주는 단서는 대부분 제목과 전반부에 몰려 있다.

⊕ 최후의 수단
3단계까지 마쳐도 정답이 안 나오면? 다른 문제들부터 먼저 푼다.
다른 문제를 풀면서 지문 전체에 대한 정보를 파악하게 되므로 자연스럽게 글의 주제나 목적을 찾아낼 수 있다.

예제

앞에서 학습한 풀이 전략을 적용해 차근차근 풀어 보세요.

To: Eva Jenkins <e.jenkins@craneco.net>
From: Miami Housekeeping <info@miamihousekeeping.com>
Date: March 6
Subject: Cleaning Service

Dear Ms. Jenkins,

Miami Housekeeping aims to provide top-class service for our customers, so we are very sorry that this did not happen in your case. I have received your e-mail about the mess left behind from the cleaning crew on March 1. The problem has been reported to the crew manager. I would like to offer you a free window washing service at your next regular appointment. I hope you will continue to be a loyal customer of Miami Housekeeping.

Sincerely,

Travis Dupree
Office Manager, Miami Housekeeping

Why did Mr. Dupree send the e-mail?

(A) To set up a weekly appointment
(B) To introduce a new business
(C) To apologize for an error
(D) To remind a customer about a policy

STEP 2 제목 확인하기

'청소 서비스'라는 제목만으로는 정보가 부족하군요.

STEP 3 전반부 읽기

지문의 앞쪽을 읽어봅시다. '미안합니다 … 청소 직원이 어지럽혀 놓고 간 것에 대한 귀하의 이메일을 받았습니다.' 라는 내용으로 보아 이 편지는 받는 이(Ms. Jenkins)에게 사과하려고 쓴 글이네요! 따라서 정답은 (C) 실수에 대해 사과하기 위해

STEP 1 유형 파악하기

질문을 먼저 확인합니다. 이메일을 보낸 목적을 묻고 있네요.

수신: Eva Jenkins <e.jenkins@craneco.net>
발신: Miami Housekeeping <info@miamihousekeeping.com>
날짜: 3월 6일
제목: 청소 서비스

Jenkins 씨께,

Miami Housekeeping에서는 고객들에게 일류 서비스를 제공하는 것을 목표로 하고 있는데, **고객님의 경우 그렇지 못해 매우 죄송합니다**. 3월 1일에 **청소 직원이 어지럽혀 놓고 간 것에 대한 귀하의 이메일을 받았습니다**. 그 문제는 청소 직원 관리자에게 보고되었습니다. 다음 정규 약속 날짜에 유리창 청소 서비스를 무료로 제공해 드리고자 합니다. 계속 Miami Housekeeping을 애용해 주시기를 바랍니다.

Travis Dupree
사무장, Miami Housekeeping

---

housekeeping 집안일 aim 목표로 하다 provide 제공하다 top-class 최고 수준의 customer 고객 case 경우 receive 받다 mess 엉망인 상태 leave behind 두고 가다 crew 직원 problem 문제 report 보고하다 manager 관리자 would like to 부정사 ~하고 싶다 offer 제공하다 free 무료의 washing 세척 appointment 약속 continue 지속하다
loyal customer 단골고객

PARAPHRASING 연습

 **STEP 1** 밑줄 친 단어와 바꿔 쓸 수 있는 단어를 고르세요.

1. It's on sale = give a _____
   (A) refund   (B) discount

2. formal clothing = business _____
   (A) attire   (B) textile

3. advertising campaigns = _____ activities
   (A) promotional   (B) voluntary

4. our loyal customer = our regular _____
   (A) patron   (B) vendor

5. your trip schedule = your travel _____
   (A) expense   (B) itinerary

 **STEP 2** 주어진 문장과 바꿔 쓸 수 있는 문장을 고르세요.

6. All items may only be returned to stores within seven days of purchase.
   (A) Returns can be made within a week of the purchased date.
   (B) A request for a refund on any items may take seven days.

7. Please fill out the return form and send us a copy.
   (A) You are allowed to make a copy of the return sheet.
   (B) You are required to complete the form and send a duplicate.

PRACTICE 1

[Notice]

Jones Clothing

Notice to Customers

The holidays are just around the corner! Jones Clothing understands that it's difficult to find time to shop during the busy holiday season. That's why we're staying open one hour later than our usual time from November 20 to December 23. We hope this will make it more convenient for you to check out our men's and women's department, along with the newly added children's section. With products ranging from everyday basics to cutting-edge trends, Jones Clothing has everything you need. Our friendly staff is looking forward to serving you.

---

1. What is the main purpose of the notice?

(A) To advertise seasonal jobs
(B) To promote a holiday sale
(C) To announce extended hours
(D) To explain a return policy

STEP 1 유형 파악하기 purpose of the notice? → 공지문의 목적?

STEP 2 제목 확인하기 Jones Clothing → 옷 회사? Notice to Customers 고객에게 나가는 공지문?

STEP 3 전반부 읽기 difficult 어려운 / time to shop 쇼핑할 시간 / stay open 연다 / later than usual time 평소보다 늦게… → 그렇다면?

---

notice 공고문 customer 고객 holiday 휴가 usual 보통의 convenient 편리한 check out 확인하다 department 부서, 부처 along with ~와 함께 added 추가된 section 부문 product 제품 range from ~ to … 범위가 ~에서 …에 이르다 cutting-edge 최첨단의 friendly 친절한 look forward to ~을 기대하다

PRACTICE 2 [E-mail]

> To: Christian Young
> From: Alfred Hayes
> Re: O'Brian issue
> Date: July 4
>
> Dear Christian,
>
> I have just received a call from Alex O'Brian, our loyal customer. According to him, three of the microscopes had missing parts and one had a defective knob. I have asked him to complete a return form and send us a copy with the items in their original packaging.
>
> Please arrange for the replacement units. We should be able to send them immediately once we have received the returned items.
>
> Thank you.
>
> Alfred

2. Why was the e-mail written?

   (A) To report a problem
   (B) To introduce a client
   (C) To request a return form
   (D) To arrange for a delivery

STEP 1 유형 파악하기 Why ~~ written? ➜ 목적?

STEP 2 제목 확인하기 Re: O'Brian issue ➜ O'Brian 씨 문제??
issue는 '문제, 안건'의 뜻으로 problem, matter, topic으로 paraphrasing!

STEP 3 전반부 읽기 received a call from Alex O'Brian, customer 고객 전화 / missing parts 부품 분실 / a defective knob 결함… ➜ 문제가 생겼군!

---

issue 문제, 안건 receive 받다 call 전화 loyal 충성스러운 customer 고객 loyal customer 단골 고객 according to ~에 따르면 microscope 현미경 missing 분실된 part 부품 defective 결함이 있는 knob 손잡이 complete 작성하다 return 반환 form 서류 copy 복사본 item 물품 original 원래의 packaging 포장(재) arrange 마련하다, 정리하다 replacement 교체 unit (구성) 단위 immediately 즉시 once 일단 ~하면

ACTUAL TEST

[E-mail]

To: Michelle Kim <mkim@laumon.com>
From: Sarah Rodriguez <srodriguez@raytour.com>
Subject: Changes to Monday schedule
Date: 4 January

Ms. Kim,

I had to make a change to your itinerary. Unfortunately, the exploration of Noryangjin Fish Market scheduled for Monday morning is not available. The fish market has been closed for renovation. Instead, I recommend the Gwangjang Market Tour. The Gwangjang Market is one of the oldest and largest traditional markets in Seoul. You will notice I have replaced the Noryangjin Fish Market Tour with the Gwangjang Market Tour. I hope that this switch is OK with you.

Sunday	Monday	Tuesday
Arrive	Lexman Hotel	Hanok House
Check into hotel	Breakfast at hotel	DMZ Trip
Hike Namsan Tower	Gwangjang Market Explore Hongdae	Check into Hanok Explore Bukchon Hanok Village

Regards,
Sarah

1. Why was the e-mail sent?

   (A) To correct an error in an advertisement
   (B) To reschedule an appointment
   (C) To provide an update on a travel itinerary
   (D) To discuss changes to a market renovation

day 22 Reading

세부사항

세부사항 문제란?

Who(누가), When(언제), Where(어디서), What(무엇을), How(어떻게), Why(왜)와 같은 세부적인 내용을 묻는 문제예요. 독해 문제 중 거의 3분의 1을 차지하는 빈출 유형이지요.

빈출 질문 유형

 Who is Ms. Breeland? Breeland 씨는 누구인가?

 When was Mr. Seymour expected to arrive?
Seymour 씨는 언제 도착할 예정이었는가?

 Where will a book fair be held? 도서 박람회는 어디서 열릴 것인가?

What has Mr. Azevedo recently done? Azevedo 씨는 최근에 무엇을 했는가?

 How can customers receive a discount? 고객들은 어떻게 할인을 받을 수 있는가?

 Why were the participants provided with name tags?
참가자들은 왜 이름표를 받았는가?

문제 풀이 전략

STEP 1 [문제] 찾기 쉬운 정보로 키워드 잡기

문제나 보기에서 대문자, 숫자, 기호 등으로 전환될 수 있는 찾기 쉬운 단어를 키워드로 잡는다.

대문자	고유 명사(회사·상호명, 사람 이름)
	지명(도시 이름, 나라 이름, 주소) / 요일 / 달
숫자	연락처(팩스·전화 번호), 날짜, 돈(액수), 영업시간
기호	돈($,£,€), 할인(%), 연락처(이메일 주소-@), 웹사이트 주소(www.)

STEP 2 [지문] 키워드 찾기는 신속하게! 독해는 꼼꼼하게!

인터넷에서 검색어를 뒤지듯, 지문 속에서 키워드 혹은 연관 단어를 빠른 속도로 훑으며 찾는다. 키워드를 발견하면, 앞뒤 내용을 꼼꼼히 읽고 보기와 대조해 답을 고른다.

⊕ 다음 문제는 후반부부터 뒤져요!

요청/제안	What are ~ asked/required/advised/encouraged to do? 무엇을 하라고 요청/요구/조언/권장되는가?
추가 정보	How can ~ learn more about ~? 어떻게 ~에 대해 더 알아볼 수 있는가?
	How can ~ obtain information ~? 정보를 어떻게 얻을 수 있는가?
취소/환불	What does the cancellation policy indicate? 취소 규정은 무엇을 나타내는가?
계획/미래	What will happen next month? 다음 달에 어떤 일이 있을 것인가?
	What does ~ plan to do? ~은 무엇을 할 계획인가?

예제

앞에서 학습한 풀이 전략을 적용해 차근차근 풀어 보세요.

To: Tawana Khan <tkhan@duncanconsulting.net>
From: Raul Palerma<rpalerma@duncanconsulting.net>
Date: October 6
Subject: Business trip to Houston

Dear Ms. Khan,

Thanks for sending me the information about the hotel you booked for your upcoming trip to Houston. The company will reserve a temporary office for your time there and in Seattle. We'll use Tempo Incorporated. It has an excellent reputation, and I know the owner personally, as we worked together at Swick Tech in Los Angeles for several years. I'll make the booking on your behalf and pass on the necessary information.

I wish you luck and hope you can bring some great news with you when you come back here in New York.

Sincerely,

Raul

Where did Mr. Palerma meet the owner of Tempo Incorporated?

(A) Seattle
(B) Los Angeles
(C) Houston
(D) New York

STEP 2 키워드 찾기는 신속하게! 독해는 꼼꼼하게!

Tempo와 도시 이름 대문자들이 있는 부분 발견! 이제 앞뒤를 꼼꼼히 읽어요. 'Los Angeles에서 같이 일했기 때문에, Tempo 사의 사주를 개인적으로 안다.' 따라서 정답은 (B) Los Angeles!

STEP 1 찾기 쉬운 정보로 키워드 잡기

Tempo 사의 사주를 만난 장소를 묻고 있고, 보기에는 도시 이름이 나와 있네요. 대문자로 표기된 Tempo와 도시 이름 위주로 찾아야겠네요.

수신: Tawana Khan <tkhan@duncanconsulting.net>
발신: Raul Palerma <rpalerma@duncanconsulting.net>
날짜: 10월 6일
제목: 휴스턴 출장

Khan 씨께,

다가오는 휴스턴 출장 때 묵으려고 예약한 호텔 자료를 보내 주셔서 감사해요. 회사에서는 당신이 그곳과 **시애틀**에 머무는 동안 이용할 임시 사무실을 예약할 것입니다. 우리는 Tempo 사를 이용할 것입니다. Tempo 사는 평판이 아주 좋은데, 나는 몇 년 간 **로스앤젤레스**의 Swick Tech에서 같이 일했기 때문에 개인적으로도 사주를 알아요. 당신을 대신해서 내가 예약하고 필요한 정보를 전달해 드릴게요.

행운을 빌어요. 그리고 여기 뉴욕으로 돌아올 때 좋은 소식을 가져올 수 있기를 바라요.

Raul

business trip 출장 information 정보 book 예약하다 upcoming 다가오는 reserve 예약하다 temporary 임시의 excellent 훌륭한 reputation 평판 owner 소유주 personally 개인적으로 on one's behalf ~을 대신하여 pass on 전하다 luck 행운 bring 가져오다 great 좋은 news 소식

PARAPHRASING 연습

STEP 1 밑줄 친 단어와 바꿔 쓸 수 있는 단어를 고르세요.

1. exhibit paintings = _____ artwork

   (A) display   (B) illustrate

2. a highly praised movie = a widely _____ film

   (A) criticized   (B) acclaimed

3. introduce new items = _____ new products

   (A) develop   (B) launch

4. commence at noon = _____ at 12 P.M.

   (A) begin   (B) reschedule

5. temporarily closed = provisionally _____

   (A) moved   (B) shut down

STEP 2 주어진 문장과 바꿔 쓸 수 있는 문장을 고르세요.

6. We will place an ad in the classified section of the newspaper.

   (A) We will advertise our products in the print media.
   (B) Newspaper advertising is suitable for our products.

7. You can choose to complete the assignment at home.

   (A) You may go home if you finish the assignment early.
   (B) You can work from home.

PRACTICE 1

[Notice]

> **NOTICE**
>
> **Hilbert Museum to open a new exhibition**
>
> We are pleased to announce a new exhibition, "Ugly Art", which will be on display March 18 through May 23. This eagerly anticipated exhibit will feature 50 works by acclaimed international artists such as Obi de Sagazan, Sim Yong-min and Thomas Baker. Newcomer Yayoi Weiwei's installation is especially noteworthy. It was described as "the most interesting debut of the year" by Marta Kuz, world-renowned curator of The New Gallery in London. To learn more about the featured artists, please visit our Web site at www.hilbertmuseum.org, or download our museum app to stay up-to-date with the upcoming events.

1. Who is Thomas Baker?

(A) An architect
(B) A museum curator
(C) An artist
(D) A journalist

2. Who was praised by Ms. Kuz?

(A) Mr. De Sagazan
(B) Mr. Sim
(C) Mr. Baker
(D) Ms. Weiwei

---

1. **STEP 1** 쉬운 키워드 잡기 [문제] Who ~ Thomas Baker? → 누구, Thomas Baker? → 사람 이름은 대문자!

   STEP 2 신속히 찾고, 꼼꼼히 읽기 대문자 검색하다 'Thomas Baker' 발견 → 키워드 앞뒤 내용 확인!

2. **STEP 1** 쉬운 키워드 잡기 [문제] Who ~ praised by Ms. Kuz? → 누구, 칭찬 받아, Ms. Kuz한테? → 사람 이름은 대문자!

   STEP 2 신속히 찾고, 꼼꼼히 읽기 대문자 검색하다 'Marta Kuz' 발견 → 키워드 앞뒤 내용 확인!

---

notice 공고 museum 미술관, 박물관 exhibition 전시(회) announce 발표하다 display 전시, 진열 on display 전시[진열] 중인 eagerly 간절히 anticipated 기대되는 feature 특징으로 하다 acclaimed 칭송 받는 international 국제적인 artist 예술가 newcomer 신인 especially 특히 noteworthy 주목할 만한 describe 묘사하다 interesting 흥미로운 debut 데뷔 world-renowned 세계적으로 유명한 curator 큐레이터 app 앱 up-to-date 최신의 upcoming 다가오는

PRACTICE 2 [Letter]

Mr. John Clarke, Purchasing Manager June 5
Big Electronics Store
231 Sheridan Avenue
Chicago, IL 54250

Dear Mr. Clarke,

This summer, Line Electronics will introduce a new tablet line. Since last January, we have expanded our product line to include tablet computers and laptops. The company is preparing to launch a promotional campaign for the new tablets in July.

We decided to place our advertisements in a local newspaper, *Daily Chicago*, and several computer magazines. We gave up on the original plan for TV commercials because it would cost too much.

Please see the enclosed product brochure for your reference. If you need more information, please feel free to contact me.

Emma Workman, Product Manager
Line Electronics

ENCLOSURE

3. When will Line Electronics begin advertising the new product line?

(A) In January
(B) In May
(C) In June
(D) In July

4. According to the letter, what type of advertising will Line Electronics use?

(A) Text messages
(B) Radio
(C) Print
(D) Television

3.
STEP 1 쉬운 키워드 잡기 [문제] When ~ begin advertising ~? → 언제, 광고 시작? [보기] 달 → '달 이름'은 대문자

STEP 2 신속히 찾고, 꼼꼼히 읽기 '대문자 달 이름' 발견 → '광고 시작' 달인지 확인!

4.
STEP 1 쉬운 키워드 잡기 [문제] ~ what type of advertising ~? → 무슨 종류 광고? → 키워드 'advertising' 관련 내용 검색

STEP 2 신속히 찾고, 꼼꼼히 읽기 'advertisements' 발견 → 이용하는 광고 종류 확인! → a local newspaper로 단서 확보!

---

electronics 전자(전자 회사 이름), 전자 제품 introduce 소개하다 tablet 태블릿 PC line 상품(종류) expand 확장하다 include 포함하다 promotional campaign 홍보 캠페인 place (주문 등을) 하다 advertisement(= ad) 광고 place one's[an] advertisement 광고하다 original 원래의 commercial 광고 cost 비용이 들다 enclosed 동봉된 brochure (안내) 책자 reference 참고 contact 연락하다

ACTUAL TEST

[E-mail]

To:	Employees
From:	Alex Jenkins, Head of operations
Date:	August 19
Subject:	Level 23 and 24 Closure

I am writing to inform you that the upper floors of the main office building will be temporarily closed for three days. The air conditioning system in the building broke down, creating an unpleasant working environment. Maintenance workers will replace the entire system and fully restore the air conditioning system. The work will begin on Thursday, August 21, and end on Saturday, August 23. In compliance with safety regulations, no one except work crews will be allowed in the area during this period.

All office rooms on the 23rd and 24th floor will be affected. Those employees in the relevant areas should choose to work either at home or in any vacant meeting rooms in other parts of the building. Speak to Nima Suarez in administration for details about the rooms available for use. We apologize for any inconvenience this may cause.

1. When will the closure commence?

(A) On August 19
(B) On August 21
(C) On August 22
(D) On August 23

2. What are some employees asked to do?

(A) Bring their work home
(B) Contact an operations director
(C) Leave the office early
(D) Move to another building

NOT/TRUE

NOT/TRUE 문제란?

'사실인 것은?', '언급된 것은?', '~가 아닌 것은?', '언급되지 않은 것은?'처럼 질문 내용을 지문과 대조했을 때 사실인지 아닌지를 묻는 유형이에요. 파트 7 문제 중 20% 정도를 차지한답니다.

빈출 질문 유형

NOT

What is NOT a qualification for the position?
일자리에 대한 자격조건이 아닌 것은?

What is NOT mentioned about the event participants?
행사 참가자에 대해 언급되지 않은 것은?

What is NOT stated about the new Web site?
새로운 웹사이트에 대해 언급되지 않은 것은?

What is NOT indicated as one of Ms. Brown's strengths?
Brown 씨의 강점으로 명시되지 않은 것은?

TRUE

What is true about the survey? 설문조사에 대해 사실인 것은?

What is stated about the tower? 탑에 대해 언급된 것은?

What is mentioned about the property on Santa Rosa Street?
Santa Rosa Street의 부동산에 대해 언급된 것은?

문제 풀이 전략

STEP 1 유형 파악하기

'true/NOT/mentioned (= indicated, stated) + about/as'가 보이면 NOT/TRUE 문제!

STEP 2 키워드 잡기

'NOT'이나 'about/as' 뒤에 나오는 단어가 바로 문제의 핵심 키워드!
문제 외에 보기에서도 찾기 쉬운 단어 (대문자, 숫자, 기호 등)가 보이면 이 또한 키워드로 활용한다!

STEP 3 지문과 보기 대조하기

문제 및 보기에서 확보한 키워드를 이용해 지문에서 빠르게 관련 단서를 찾고, 찾아낸 단서와 그 주변 내용을 보기와 하나씩 대조하며 NOT인지 TRUE인지 확인한다.

예제

앞에서 학습한 풀이 전략을 적용해 차근차근 풀어 보세요.

Standard Bank Group is looking for a full-time financial controller to help our finance director. The controller will be responsible for the financial management of our group as well as budget and forecasts preparation.

- More than 5 years' experience in accounting and finance is required.
- Candidates must be an excellent accounting software user and possess administration skills.
- Applicants who have been licensed as a CPA(Certified Public Accountant) will be given special consideration.

Minimum qualifications also include an advanced degree in accounting, finance or related fields.
Please submit your résumé and cover letter by March 26 to humanresources@sbg.com.

What is NOT a qualification for the position?

(A) Computer proficiency in accounting programs
(B) At least five years of relevant experience
(C) Accounting degree
(D) **Training in budget planning**

STEP 3 지문과 보기 대조하기

키워드(qualification, 숫자 5, 대문자 학위)를 빠르게 뒤져 5 years' 발견! (B) 5년 이상 경력과 일치 → true. 주변 내용을 추가로 보기와 대조해요. (A) 회계 소프트웨어 활용 능력 → true. (C) 학위 소지 → true. (D) 예산 계획 분야 연수 → 지문에서 찾을 수 없으므로 NOT!

STEP 1 유형 파악하기

질문에 NOT이 있는 걸 보니 NOT/TRUE 문제네요.

STEP 2 키워드 잡기

문제 키워드? NOT 뒤의 자격요건(qualification), 보기 (B) five → '숫자', (C) degree → 대문자(MA, Ph.D.)는 찾기 쉬운 단서로 활용할 수 있어요!

Standard Bank Group에서는 재무 이사를 보조할 정규직 재무 관리자를 구하고 있습니다. 재무 관리자는 예산 및 전망 준비와 더불어 우리 그룹의 재무 관리를 맡게 됩니다.
- 회계 및 재무 분야에 **5년** 이상의 경력이 요구됩니다.
- 지원자는 **회계 소프트웨어를** 능숙하게 사용해야 하며 관리 능력이 있어야 합니다.
- CPA(공인회계사) 자격증이 있는 지원자는 우대합니다.

최소 자격요건으로 회계나 재무, 혹은 관련 분야에서 석사 이상의 **학위**가 있어야 합니다.
3월 26일까지 humanresources@sbg.com으로 이력서와 자기소개서를 제출하시기 바랍니다.

full-time 상근(직)의 financial controller 재무 관리자 finance 금융(재정) director 이사 as well as ~ ~뿐 아니라 budget 예산 forecast 예측 preparation 준비 experience 경력, 경험 candidate 지원자, 후보자 possess 소유하다 administration 행정 applicant 지원자 licensed 면허가 있는 certified 증명된 consideration 고려 minimum 최소한의 qualification 자격 advanced 상위[고급]의 degree 학위 advanced degree 석·박사 학위 related 관련된 field 분야 submit 제출하다 cover letter 자기소개서 proficiency 능숙함 relevant 관련된

PARAPHRASING 연습

밑줄 친 단어와 바꿔 쓸 수 있는 단어를 고르세요.

1. The room has a <u>terrace</u> = a room with a _____
   (A) window   (B) balcony

2. an <u>estate</u> manager = a _____ manager
   (A) property   (B) license

3. <u>register for</u> our classes = _____ our courses
   (A) sign up for   (B) volunteer

4. overseas <u>outlets</u> = international _____
   (A) stores   (B) warehouses

5. <u>tailored</u> to your needs = _____ per your request
   (A) dressed   (B) customized

주어진 문장과 바꿔 쓸 수 있는 문장을 고르세요.

6. We will have a brainstorming session tomorrow on sales.
   (A) We need to think creatively and make some suggestions about sales.
   (B) A major storm will move across the nation tomorrow.

7. The library has 7 sections in its three-story building.
   (A) The three buildings of the library are divided into 7 sections.
   (B) The library has three floors, with 7 sections.

PRACTICE 1

[E-mail]

To: Alan Brown
From: Gina Ekuno
Date: 15 September
Subject: Advertisements

Dear Mr. Brown,

I want to share some information with you since you are preparing to advertise new properties in our region.

One apartment is nestled in the hills of a quiet village in Cornwall. It has 4 bedrooms, 2 bathrooms, and spacious living and dining rooms. It has new furniture and the view from the balcony is wonderful.

The other one is on Keswick Road in Grasmere. It is a two-story house with a car garage. It was fully renovated 5 months ago and furnished with up-to-date appliances. In addition, there is a lovely backyard garden surrounded by a white picket fence.

These houses must be posted on our Web site later this week.

Sincerely,
Gina Ekuno
Manager, Grasmere Estate Agency

1. What is stated as a feature of the Cornwall apartment?

(A) Parking facilities
(B) A laundry room
(C) A terrace
(D) A private garden

2. What is NOT mentioned about the property on Keswick Road?

(A) It has an enclosed yard.
(B) It consists of two floors.
(C) It has new home appliances.
(D) It was built five months ago.

1.
STEP 1	유형 파악하기	~ stated as ~? → TRUE 문제!
STEP 2	키워드 잡기	문제 키워드? ~ stated as 뒤 단어!
STEP 3	지문과 보기 대조하기	apartment 발견! → 키워드 주변 내용과 보기 대조

2.
STEP 1	유형 파악하기	~ NOT mentioned about ~? → NOT 문제!
STEP 2	키워드 잡기	문제 키워드? ~ about 뒤 단어 → 찾기 쉬운 대문자!
STEP 3	지문과 보기 대조하기	Keswick Road 발견! → 키워드 주변 내용과 보기 대조

---

advertisement 광고 share 공유하다 information 정보 prepare 준비하다 advertise 광고하다 property 부동산 nestle 자리 잡다 spacious 넓은 view 전망 balcony 발코니 story 층 garage 차고 fully 완전히 renovate 수리하다 furnish (가구 등)비치하다 up-to-date 최신의 appliances 가전제품(주로 복수형) backyard 뒤뜰 surround 둘러싸다 picket fence 말뚝 울타리 estate agency 부동산 중개소

PRACTICE 2 [Advertisement]

Tiera Housekeeping Service (THS)
Save time by leaving the cleaning to us!

Tiera Housekeeping Service (THS) is Stockton's most trusted cleaning service. We offer a wide variety of services for residential and commercial properties.

Regular Cleaning Package:
Offered daily, twice a week, or weekly / Two-person crew for an hourly rate of $50

Deep Cleaning Package:
One-time deep cleaning for special occasions, preparation for house sale, etc. / Three- to five-person crew for an hourly rate of $75–$140

Call (734) 555-0122 to book an appointment. Visit www.tierahousekeeping.com to download a brochure or browse customer testimonials.

---

3. According to the advertisement, what is true about THS?

(A) It provides a monthly service option.
(B) Its customers are all businesses.
(C) Its crew sizes vary.
(D) It serves several cities in the area.

4. What can customers do on the THS Web site?

(A) Book a consultation
(B) Read customers' opinions
(C) Request a mailed brochure
(D) Set up an appointment

3.
STEP 1 유형 파악하기 ~ true about ~? → TRUE 문제!

STEP 2 키워드 잡기 문제 키워드? ~ about 뒤 단어! → 찾기 쉬운 대문자!

STEP 3 지문과 보기 대조하기 THS 발견! → 광고문에서 언급하고 있는 업체 → 업체 관련 내용과 보기 대조

4.
STEP 1 유형 파악하기 What ~ do on Web site? → 웹사이트에서 할 수 있는 일? → 찾기 쉬운 웹 주소 www.~

STEP 2 키워드 찾기는 신속하게! 독해는 꼼꼼하게! Web site 주소 발견! → 키워드 주변 꼼꼼히 읽고 보기에서 정답 찾기!

---

housekeeping 집안일 **trusted** 신뢰 받는 **offer** 제공하다 **a variety of** 다양한 **residential** 거주의 **commercial** 상업의 **property** 부동산, 건물 **regular** 보통의 **crew** 직원 **rate** 요금 **occasion** 경우 **preparation** 준비 **appointment** 약속 **browse** 둘러보다 **testimonial** 추천글

ACTUAL TEST

[Web site]

| **NetAsia** | Products | Support & Security | Ways to Bank |

Thank you Mr. Lanski for registering for our online banking services. You can now easily access and manage your online account any time any day with NetAsia Bank online services.

Please take some time to learn more about what we offer.

<What can I do with online banking?>

◈ **Check your balance**
  – Your balance shows you how much money you have in your account.
◈ **Check your bank statements**
  – Approximately 80% of our personal accounts are currently managed online.
◈ **Make payments or send money**
  – Send money securely to and from any account using our card reader.
◈ **Manage and track your savings**
  – Our Savings Target helps you to set goals and track your progress.

1. Who is Mr. Lanski?

   (A) A bank teller
   (B) A bank customer
   (C) A financial planner
   (D) A Web site designer

2. What most likely would a customer NOT be able to do online?

   (A) View statements
   (B) Transfer money
   (C) Apply for a loan
   (D) Plan financial goals

추론

추론 문제란?

'~에 대해 암시된 것은?', '~할 것 같은가?'처럼 지문에 직접 나와 있지 않은 내용을 추론을 통해 찾아내는 문제예요. 반드시 본문에 언급된 내용만을 토대로 추론해야 한다는 점을 명심하세요. 약 10문제 정도 출제된답니다.

빈출 질문 유형

전체 내용

Where would the notice **most likely appear/be found**?
이 안내문이 있을 만한 장소는?

For whom is this information **most likely written/intended**?
이 정보의 대상은 누구이겠는가?

What can be **inferred** from the article? 기사 글에서 추론할 수 있는 것은?

What is **suggested** about Ms. Larsson? Larsson 씨에 대해 암시된 것은?
↓
글을 보낸 사람이나 받는 사람에 대한 정보는 전체 내용

세부 사항

What is **implied** about the gloves? 장갑에 대해 암시된 것은?

How much will Mr. Duran **most likely** pay?
Duran 씨는 얼마를 지불해야 하겠는가?

What is **most likely** true about Carla White?
Carla White 씨에 대해 사실일 만한 것은?
↓
보낸/받는 사람이 아닌 제3의 인물에 대한 정보는 세부 사항

문제 풀이 전략

STEP 1 유형 파악하기

'암시(suggest / imply / infer)', 'most likely'가 보이면 추론 문제!

STEP 2 키워드 잡기: 전체 or 세부?

문제 키워드를 파악한다. 대부분 about 뒤 단어가 키워드! 키워드가 지문 전체에 퍼져 있는 내용인지, 특정 부분에 몰려 있는 세부 사항인지 파악한다.

STEP 3 지문과 보기 대조하기

- 문제 키워드가 전체 내용이면? 보기를 먼저 읽어본다. → 각 보기의 내용을 지문과 대조하며 오답을 소거하며 푼다.
- 문제 키워드가 세부 사항이면? 바로 지문으로 가서 문제 키워드 및 관련 단서를 찾는다. → 찾아낸 단서와 그 주변 내용을 보기와 대조한다.

예제

앞에서 학습한 풀이 전략을 적용해 차근차근 풀어 보세요.

Millennium Research is a division of a German consulting group. The group is known for its nation-wide public opinion polls. It provides research and strategic consulting to large organizations in many regions.

Millennium Research regularly conducts public opinion polls. The results, analyses, and videos are published daily in digital forms. The division loses nearly €100,000 per year, but brings the group greater visibility of a well-known brand as a whole.

The division interviews approximately 1,000 residents per region. The target population is all citizens aged 17 and older.

What is suggested about Millennium Research?

(A) It operates in multiple countries.
(B) It is looking for new researchers.
(C) It updates its Web site every day.
(D) It earns €100,000 on each survey.

STEP 2 키워드 잡기: 전체 or 세부?

about 뒤 Millennium Research가 키워드! 지문에 Millennium Research가 여기저기 보이고, 이 회사에 대해 설명하는 글인 것으로 보아 전체에 퍼져 있는 내용이네요!

STEP 3 지문과 보기 대조하기

각 보기를 읽으면서 지문과 대조합니다. 당연히 찾기 쉬운 단어부터 확인하는 게 유리하죠! (D)의 € 위주로 먼저 검색 → 지문 속 € 발견! € 바로 앞에서 loses 발견, (D) earns(번다)이므로 → 오답! 가까운 주변 내용과 남은 보기들을 대조해요. (C) 매일 웹사이트 업데이트 = (지문) 매일 디지털 형식으로 공개(published daily in digital forms) → 정답!

STEP 1 유형 파악하기

suggested about으로 보아 암시하는 바를 묻는 추론 문제네요.

Millennium Research는 독일 컨설팅 그룹의 계열사이다. 이 그룹은 전국적인 여론조사로 유명하다. 이 그룹은 많은 지역에서 대규모 기관들에게 리서치 및 전략적 컨설팅을 제공한다.
Millennium Research는 정기적으로 여론조사를 시행한다. 그 결과 및 분석, 영상들은 디지털 형태로 매일 게시된다. 이 계열사는 매년 거의 10만 유로의 손실을 보지만, 대체로 하나의 유명 상표로서 그룹을 더 돋보이게 해준다.
이 계열사는 지역당 대략 1,000명의 주민들을 인터뷰한다. 대상이 되는 집단은 17세 이상의 모든 시민들이다.

division 부, 계열사 consulting 컨설팅, 자문
nation-wide 전국적인 public 대중의
opinion poll 여론 조사 provide 제공하다
strategic 전략적인 organization 기관
region 지역 regularly 정기적으로 analysis 분석 form 형식 lose 잃다 visibility 가시성
approximately 대략 resident 거주자, 주민
per ~당, ~마다 population 인구

PARAPHRASING 연습

밑줄 친 단어와 바꿔 쓸 수 있는 단어를 고르세요.

1. lost baggage = _____ luggage

   (A) missing   (B) found

2. personal belongings = personal _____

   (A) possessions   (B) membership

3. collect your bags = _____ your baggage

   (A) assemble   (B) pick up

4. submit a bill = send a(n) _____

   (A) invoice   (B) contract

5. ask about the data = _____ about the information

   (A) examine   (B) inquire

주어진 문장과 바꿔 쓸 수 있는 문장을 고르세요.

6. The luggage allowance rules apply to our flights.

   (A) Laptops are banned as cabin baggage on flights.
   (B) We place limitations on checked baggage and boxes.

7. We would appreciate your feedback on our service.

   (A) We thank you for your choice to use our services.
   (B) We would be grateful for a survey response about our service.

PRACTICE 1

[E-mail]

From: info@tsalostandfound.com
To: dgilbert@gigumail.com
Date: October 27
Subject: Lost luggage

Dear Mr. Gilbert,

Thank you for contacting Transportation Lost and Found. We received your inquiry about the missing luggage. On the form, you mentioned that you left your large black suitcase at the security check point. However, we collected so many similar suitcases that we cannot identify yours. We recommend you to visit our lost and found center and pick up the luggage yourself.

Please note that you will be asked to present a valid form of identification. You also need to bring your flight ticket as a proof of travel.

We are open from 8 A.M. to 7 P.M. seven days a week. If you have any questions, please call us at 555-0173.

Regards,

Pat Louis
Transportation Lost and Found

1. Where does Ms. Louis most likely work?

   (A) At an airport
   (B) At a customs office
   (C) At a shipping agency
   (D) At a travel agency

2. What did Mr. Gilbert most likely ask about?

   (A) Cancellation policy
   (B) Lost belongings
   (C) Baggage allowance
   (D) Travel itinerary

---

1. **STEP 1** 유형 파악하기 most likely ~? ➡ 추론 문제!

   STEP 2 키워드 잡기: 전체 or 세부? Ms. Louis+where ~ work 보낸 사람의 직장 ➡ 보낸 사람의 신분은 전체 내용

   STEP 3 지문과 보기 대조하기 전체 내용이므로 보기 먼저 확인 ➡ 지문에서 관련 단서 찾기

2. **STEP 1** 유형 파악하기 most likely ~? ➡ 추론 문제!

   STEP 2 키워드 잡기: 전체 or 세부? Mr. Gilbert+ask(받는 사람이 물어본 것) ➡ 구체적 행위는 세부 사항

   STEP 3 지문과 보기 대조하기 세부 사항이므로 지문으로 ➡ 받는 사람(지문에서 you)과 ask 위주로 찾기 ➡ your inquiry 발견!

---

lost 잃어버린 luggage 짐 transportation 교통, 운송업 lost and found 분실물 취급소 inquiry 질문 missing 분실된 mention 언급하다 suitcase 여행 가방 security 보안 security check point 보안 검색대 collect 모으다 identify 찾다 recommend 추천하다 present 제시하다 valid 유효한 identification 신분 증명 proof 증명

PRACTICE 2

[Invoice]

From: Clean Car Center
625 Wissahickon Drive
Baltimore, Maryland 20053

Invoice Number: 02947
Date Issued: 12 December
Billed to: Mr. Staten

Item	Description	Quantity	Cost
Car Washing Service	3 hour power washing	1	$65.00
Maintenance Service	New tire installation	3	$195.00
Car Service	Routine oil change	1	$30.00
Repair Service	Window Repair	2	$160.00
Thank you for choosing Clean Car Center. Visit us again!		Total	$450.00

3. What most likely is the Clean Car Center?

(A) A cleaning service
(B) A car rental business
(C) A shipping company
(D) An auto mechanic shop

4. What is implied about Mr. Staten?

(A) A part he requested is out of stock.
(B) He received a service discount.
(C) He had car tires replaced.
(D) His car model has been discontinued.

3.
> **STEP 1** 유형 파악하기 most likely ~? ➡ 추론 문제!
>
> **STEP 2** 키워드 잡기: 전체 or 세부? Clean Car Center(업체명, 보낸 측) ➡ 보낸 측의 정체는 전체 내용
>
> **STEP 3** 지문과 보기 대조하기 전체 내용이므로 보기 먼저 확인 ➡ 지문에서 관련 단서 찾기 'Car Center+Car Washing+Maintenance Service+Repair Service+Tire installation+oil change'로 추론하면?

4.
> **STEP 1** 유형 파악하기 ~ implied about ~? ➡ 추론 문제!
>
> **STEP 2** 키워드 잡기: 전체 or 세부? about 뒤 Mr. Staten ➡ 송장을 받는 사람에 관한 것이므로 전체 내용
>
> **STEP 3** 지문과 보기 대조하기 전체 내용이므로 보기 먼저 확인 ➡ 지문에서 관련 단서 찾기
> 지문에서 New tire installation(새 타이어 장착) = 보기 (C) had car tires replaced(타이어 교체)

---

invoice 송장 issue 발급하다 bill 청구서를 보내다 item 품목, 항목 description 설명 quantity 수량 cost 값, 비용 maintenance 정비, 수리 tire 타이어 installation 설치 routine 일상적인, 정기적인 repair 수리 total 총액

ACTUAL TEST

[Form]

Guest Feedback Form

We would like to thank you for staying at the Milton International Hotel. We value your compliments, suggestions or complaints in order to improve our services. Please fill out the form below and leave it at the reception desk when you check out.

	Excellent	Good	Fair	Poor
Front Office Staff	✓			
Restaurant Food			✓	
Housekeeping		✓		
Cleanliness	✓			
Business Center	✓			

Would you recommend our hotel to others?   No   Maybe   Yes

Any other comments?

Overall, I had a wonderful time staying at your hotel. The room was small but very clean and cozy. Thanks to the state-of-the-art equipment at the business center, I was able to get my job done easily and quickly. The food at the restaurant was not bad but the price was a bit high.

Room No.   *A807*
Name   *Amelia Ryan*

---

1. What are guests asked to do?

   (A) Leave their keys at the front desk
   (B) Return a completed form
   (C) Book the next stay in advance
   (D) Write a restaurant review

2. What is suggested about Ms. Ryan?

   (A) She is a renowned chef.
   (B) She is looking for a job in the hotel industry.
   (C) She stayed at the hotel for her vacation.
   (D) She would recommend the hotel to her colleagues.

기타 유형

동의어 찾기

질문에서 묻고 있는 단어의 지문 속 의미를 파악한 후, 보기 중에서 같은 뜻의 단어를 고르는 문제예요.

빈출 질문 유형

> The word "terms" in paragraph 2, line 3, is closest in meaning to
> 2번째 단락 3번째 줄의 "terms"와 의미상 가장 가까운 것은?

→ 동의어 찾기 문제는 형태가 다 똑같아요. " " 속 단어와 몇 번째 단락, 몇 번째 줄인지만 확인하면 돼요!

문제 풀이 전략

STEP 1 [지문] 단어 찾고, 문맥 속 의미 파악
지문 속에서 해당 단어를 빠르게 찾고, 단어가 들어 있는 문장을 읽으며 문맥 속에서 의미를 파악한다.

STEP 2 [보기] 같은 의미의 단어 고르기
뜻이 여러 개인 단어가 함정으로 등장하므로, 잘 아는 동의어가 보인다고 무턱대고 고르면 안 된다! 반드시 문맥 속에서 파악한 의미와 같은 뜻인지 확인 후 고른다.

예제

위에서 학습한 풀이 전략을 적용해 차근차근 풀어 보세요.

Berry Media Services Agreement

These terms create a contract between you and Berry. Please read the Agreement carefully.

A. Berry ID
Using our services requires a Berry ID. You are responsible for maintaining its security and confidentiality.

B. Privacy
Your use of our services is subject to Berry's Privacy Policy. It is available at http://www.berry.com/legal/privacy/.

STEP 1 단어 찾고, 문맥 속 의미 파악
1번째 단락, 1번째 줄, "terms" 발견! 앞뒤를 읽고 문맥을 따져요. Agreement(합의서), contract(계약) 등으로 보아 '조건'의 의미로 쓰였네요.

The word "terms" in paragraph 1, line 1, is closest in meaning to

(A) conditions   (B) periods
(C) words   (D) expressions

STEP 2 같은 의미의 단어 고르기
(A) conditions(조건)가 답! term은 기간(= period), 단어/용어(= word/name)의 뜻도 있지만 문맥상 맞지 않아요.

의도 파악 (문자/채팅)

문자 메시지나 온라인 채팅에서 주고받는 말의 의도를 묻는 문제예요.

빈출 질문 유형

> At 2:12 P.M., what does Mr. Wilson (most likely) mean when he writes, "Oh, no doubt"? 오후 2시 12분에, Wilson 씨가 "오, 당연하지"라고 쓴 의도는 무엇인가?

→ 의도 파악 문제는 형태가 다 똑같아요. " " 속 문구와 시간, 사람 이름만 확인하면 돼요!

문제 풀이 전략

STEP 1 [질문] 질문 확인 → 위치 파악
지문에서 몇 시, 누구, " " 구문을 확인, 구문의 뜻을 생각하며 지문 속 위치를 파악한다.

STEP 2 [지문] 앞뒤 문맥 파악
" " 구문의 앞뒤 문장을 읽고 문맥 속에서 의도를 파악한다. 특히 " " 구문은 바로 앞 메시지에 대한 응답이 많으므로 주로 앞 메시지에 단서가 숨어 있다.

STEP 3 [보기] 가장 비슷한 구문 고르기
파악한 의도를 가장 잘 나타낸 보기를 고른다.

예제

위에서 학습한 풀이 전략을 적용해 차근차근 풀어 보세요.

Sam Adams [10:39 A.M.]
  Hi Katy, are you off today?

Katy Larson [10:41 A.M.]
  I'm working at home. What's up?

Sam Adams [10:42 A.M.]
  I need to make some copies right now, but I can't find my printer card. Can I borrow yours?

Katy Larson [10:44 A.M.]
  Absolutely! It's in the top drawer of my desk.

Sam Adams [10:45 A.M.]
  Thanks! I will put it back.

STEP 2 앞뒤 문맥 파악
앞 메시지(네 인쇄카드 좀 빌릴 수 있을까?)에 대한 응답이네요! 뒤 메시지(책상 서랍 맨 위 칸에 있어.)로 보아 승낙의 의미가 확실해요!

STEP 1 질문 확인 → 위치 파악
10:44 A.M., Ms. Larson, "Absolutely!" 확인, Absolutely는 '전적으로, 물론'이라는 뜻.
→ 지문 속에서 위치를 파악해요.

At 10:44 A.M., what does Ms. Larson mean when she writes, "Absolutely!"?

(A) She lost her printer card.
(B) She will return to the office.
(C) She borrowed someone else's.
(D) **She will let Sam use her printer card.**

STEP 3 가장 비슷한 구문 고르기
(D) Sam이 자기 카드를 쓰게 해 줄 것이다. → '승낙'을 뜻하므로 정답!

day 25 Reading

문장 삽입

지문의 흐름으로 보아, 주어진 문장이 들어가기에 가장 적절한 위치를 고르는 문제예요.

빈출 질문 유형

> In which of the positions marked [1], [2], [3], and [4] does the following sentence best belong? "But we need more data before we make a decision."
> [1], [2], [3], [4] 중 다음 문장이 들어가기에 가장 적절한 곳은? "하지만 결정을 내리기 전에 정보가 더 필요합니다."

→ 문장 삽입 문제는 형태가 다 똑같아요. " " 속 문장과 지문 속 [1], [2], [3], [4]의 위치만 확인하면 돼요!

문제 풀이 전략

STEP 1 [문제] 주어진 문장 파악
문제에 주어진 문장을 읽고, 키워드를 파악한다. 특히 대명사, 연결어 및 찾기 쉬운 단어(대문자, 숫자, 기호)는 중요한 단서가 될 수 있다. 키워드를 바탕으로 앞뒤에 연결될 내용을 예상해 본다.

STEP 2 [지문] 단서 활용 → 위치 선택
[1,2,3,4] 앞뒤를 빠르게 살피며 키워드와 연관된 정보가 있는지부터 확인하고, 적절한 위치를 선택한다.

STEP 3 삽입 → 연결 확인
선택한 위치에 주어진 문장을 넣고, 자연스럽게 연결되는지 점검해 본다.

예제

위에서 학습한 풀이 전략을 적용해 차근차근 풀어 보세요.

> Thank you for your inquiry about the Business Management Conference at the Vics Hotel on March 1. – [1] – The conference features over 20 sessions and workshops. The deadline for the pre-registration is February 10. – [2] – The regular registration fee is $105, but we offer a discounted rate of $80 for pre-registration. – [3] – You can also sign up in advance for a lunch buffet. The registration forms can be downloaded from our Web site. – [4] – If you need more information, please call us at 555-0177.

STEP 2 단서 활용 → 위치 선택
[4]번 자리 앞 문장에 '회의 목록'과 비슷한 류의 단어인 '신청서', '거기'로 대신할 수 있는 '웹사이트' 발견!

STEP 3 삽입 → 연결 확인
[4]에 문장 넣고 확인! → 신청서는 웹사이트에서 다운로드할 수 있다. 또한 거기에서 회의 목록도 볼 수 있다. → 매끄럽게 연결되므로 정답!

STEP 1 주어진 문장 파악
"또한 거기에서 회의 목록도 보실 수 있습니다."의 키워드? ① also + a list(또한 회의 목록도) → 회의 목록과 비슷한 대상이 앞에 있겠구나! ② there '거기'라고 대신할 말이 앞에 있겠네요!

In which of the positions marked [1], [2], [3], and [4] does the following sentence best belong? "You can also find a list of all sessions there."

(A) 1   (B) 2   (C) 3   **(D) 4**

연계 문제

연계 문제는 이중 지문과 삼중 지문 문제에서 출제되는데, 한 쪽 지문에 나온 단서와 다른 쪽 지문의 단서를 연계해서 푸는 문제입니다.

연계 문제 유형

[지문 1] **웹 페이지** 제품 특징 묘사 (제품 A: 고가, 소음 없음 / 제품 B: 저가, 간단한 기능)
[지문 2] **고객 후기** 내가 산 제품은 좀 비쌌지만, 조용해서 좋았어요.
Q. 고객이 구매한 제품은? 정답) 제품 A

[지문 1] **공지문** 여행 일정표 (1일: 등산 / 2일: 자연사 박물관 견학 / 3일: 공연 관람)
[지문 2] **이메일** 일정 일부의 변경을 알리는 내용 (2일째 견학 장소: 자연사 박물관 → 현대 미술관)
[지문 3] **고객 후기** (1일: 등산이 힘들었어요. / 2일: 기념품을 샀어요. / 3일: 멋진 공연이었어요.)
Q. Wright 씨가 기념품을 산 장소는? 정답) 현대 미술관

문제 풀이 전략

STEP 1 [문제] 키워드 파악 + 첫 지문 결정

문제나 보기의 키워드를 파악하며, 어느 지문을 먼저 확인해야 단서를 빨리 찾을 수 있을지 정한다.

STEP 2 첫 지문 확인 → 부족하면, 다른 지문으로!

지문에서 빠르게 단서를 찾고, 주변 내용을 읽는다. 만약 답을 고르기에 단서가 부족하다면 연계 문제! 기존 키워드와 첫 지문에서 얻은 정보를 취합해 다른 지문에서 추가 단서를 뒤진다.

STEP 3 첫 단서 + 추가 단서 = 정답

첫 지문에서 파악한 단서와 다른 지문에서 추가로 파악한 단서를 종합해 정답을 도출한다.

예제 | 이중 지문 [Advertisement & E-mail]

앞에서 학습한 풀이 전략을 적용해 차근차근 풀어 보세요.

Everyday Gym

Select the right membership for you!
Whether you select the Everyday Card or STAR Card membership, belonging to Everyday Gym has its benefits.

Membership Type Benefits	Everyday Card ($20 per month)	STAR Card ($29.99 per month)
Unlimited access to home club	✓	✓
Unlimited use of massage chairs		✓
1/2 price cooler drinks	✓	✓

Please note that the registration fee of $36 (First time registration only and no fee for renewals) is non-refundable when you choose to cancel the membership.

From: ahowe@everydaygym.com
To: Jnorton@gworld.com
Subject: Thank you
Date: February 20

Dear Mr. Norton,

Thank you for renewing your membership to Everyday Gym. As a token of our appreciation, we would like to offer you some free personal training sessions. One of our certified trainers will tailor an exercise plan for you.

By the way, you left your STAR Card when you made a payment. Please pick it up at the reception desk.

Best regards,
Alex Howe

What is suggested about Mr. Norton?

(A) He received a discount.
(B) He pays $29.99 every month.
(C) He is currently working out with a personal trainer.
(D) He intends to cancel his membership.

STEP 2 첫 지문 확인 →
부족하면, 다른 지문으로!

$29.99만으로는 답을 알 수 없어요.
→ $29.99 주변의 정보 "STAR Card + per month(매달)"를 취합해 다른 지문에서 추가 단서를 찾아요!

STEP 2 다른 지문으로!

"STAR Card" 발견! → 내용을 확인해요.

STEP 1 키워드 파악 +
첫 지문 결정

문제 키워드? about 뒤 Mr. Norton. 보기 키워드? $29.99 →
$29.99가 보이는 광고문부터 확인!

STEP 3 첫 단서 + 추가 단서
= 정답

첫 단서(매달 $29.99달러짜리는 STAR Card를 준다) + 추가 단서(Mr. Norton은 STAR Card 소유자) → (B) Mr. Norton은 매달 $29.99를 낸다.가 정답!

예제 | 삼중 지문 [Web page, Course list & Phone message]

앞에서 학습한 풀이 전략을 적용해 차근차근 풀어 보세요.

> Museum of Fine Arts (MFA) studio art classes and workshops offer easy access to a rich and diverse art collection and personal instruction by professional artists. The adult program classes are offered yearlong and meet once a week for 4, 6, 8, or 10 weeks.
> The MFA provides courses for all experience levels. If you are unsure of what level to take or have specific questions, call the studio art staff at 555-0095.

Studio Art Classes

Class	Time	Materials
Life Drawing	Mondays 1:30 – 4:00 P.M.	Sketch Pad 11x14″, 3B Pencils, Eraser
Pen and Ink	Tuesdays 10:15 A.M. – 12:45 P.M.	Watercolor Pads 9x12″, Black & White Permanent Ink
Painting	Tuesdays 1:30 – 4:00 P.M.	Starter set of Acrylic Paints, Acrylic Brushes size #8

If your class is not listed here, supplies will be provided on the first day and the instructor will review supplies to bring for the following classes.

> **FOR:** Daniel Valtez
> **TIME:** Saturday, 10:20 A.M.
> ✓ Telephone ＿ Fax ＿ Office Visit
>
> **MESSAGE:**
> Andrew Timmins called. He is taking Tuesday classes. He has his own watercolor pad, 11x14″, and he is not sure if its size would be okay to use for the class. I told him that you would call him back to discuss the matter. His phone number is 555-0019.

Which class is Mr. Timmins most likely taking?

(A) Life Drawing
(B) Pen and Ink
(C) Painting
(D) All of the above

STEP 2 다른 지문으로!
"Tuesdays + Watercolor Pads" 발견! → 수업 이름 확인!

STEP 2 첫 지문 확인 → 부족하면, 다른 지문으로!
'화요일 수업' 만으로는 답을 알 수 없어요. → 주변의 정보 "watercolor pad(수채화 패드)"를 취합해 다른 지문에서 추가 단서를 찾아봐요!

STEP 1 키워드 파악 + 첫 지문 결정
문제 키워드? Mr. Timmins가 듣는 수업 → Mr. Timmins 관련 지문인 Message부터 확인!

STEP 3 첫 단서 + 추가 단서 = 정답
첫 단서(화요일 수업을 듣고, 수채화 패드를 가지고 있다.) + 추가 단서 (화요일+수채화 패드) → "Pen and Ink" 수업!

ACTUAL TEST

Questions 1-2 refer to the following text message chain.

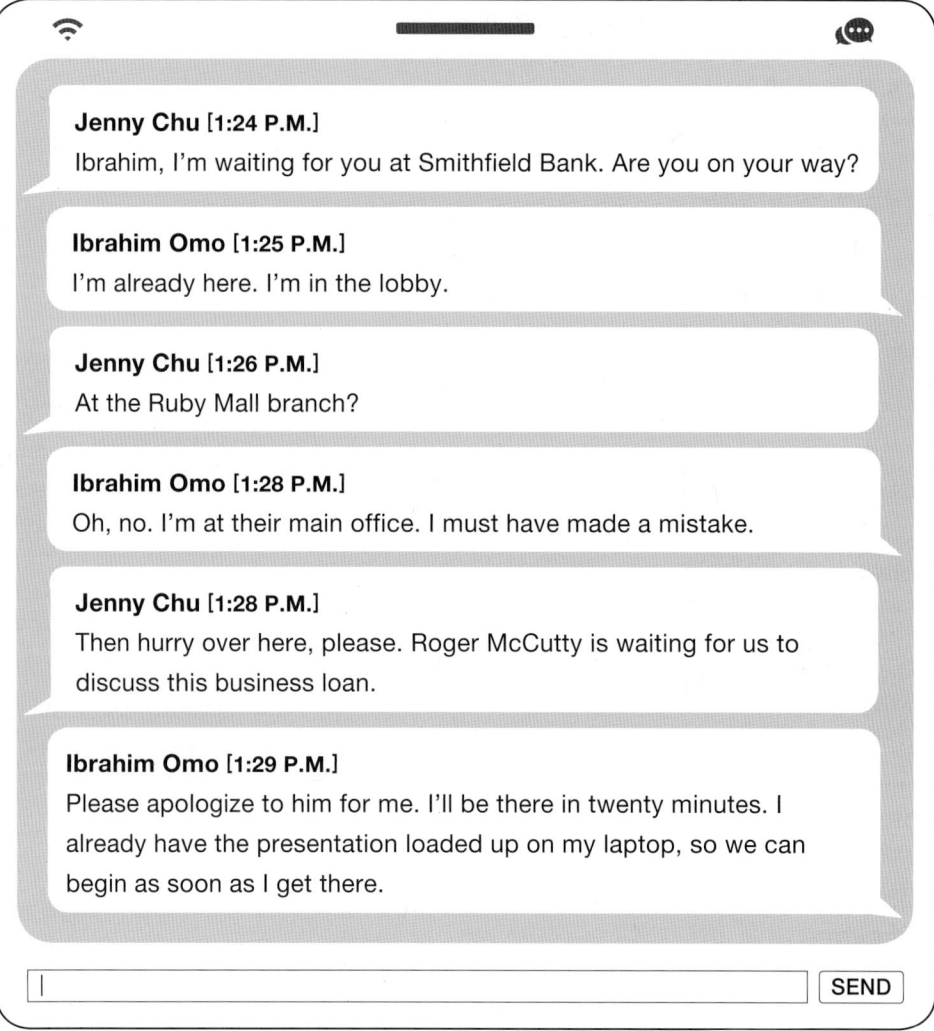

1. At 1:26 P.M., what does Ms. Chu mean when she writes, "At the Ruby Mall branch"?

   (A) She thinks Mr. Omo is at the wrong location.
   (B) She wants to know where she should go.
   (C) She needs to reserve a luncheon spot.
   (D) She does not recall meeting a client.

2. What is Mr. Omo bringing with him?

   (A) A loan application
   (B) An office map
   (C) A product catalog
   (D) A laptop computer

Questions 3-5 refer to the following e-mail.

FROM: joemalone@testawholesale.com
TO: reikanakano@testawholesale.com
SUBJECT: Another favor
DATE: August 12

Hi Ms. Nakano,

— [1] —. I know you've been putting in a lot of extra hours the past few weeks, but I have to ask you to adjust your schedule one more time. — [2] —. We have a shipment of coffee beans coming in tomorrow from Santa Monica Roasters. As you know, that truck always arrives early, sometimes as early as 4 A.M. — [3] —. Could you be here to receive it? You can either keep your normal shift and earn overtime pay, or leave work early.

I want you to know that I myself and the rest of management see you working hard. — [4] —. When promotion season comes around, we'll certainly keep you in mind.

Best,

Joe Malone
Testa Wholesale

3. What is the purpose of the e-mail?

   (A) To ask a worker to come in early
   (B) To give directions to a truck driver
   (C) To place an order with a distributor
   (D) To notify a worker about a job opening

4. The word "promotion" in paragraph 2, line 2, is closest in meaning to

   (A) advertising
   (B) discount
   (C) training
   (D) advancement

5. In which of the positions marked [1], [2], [3], and [4] does the following sentence best belong?

   "Usually, Regina is here to meet the driver, but she's out of town."

   (A) [1]
   (B) [2]
   (C) [3]
   (D) [4]

Questions 6-10 refer to the following advertisement and form.

Visit Silver Springs Cave!

Take a refreshing hike inside a scenic cave and learn more about the history and nature of Silver Springs. Our tours are available to both individuals and groups. All tours are conducted on foot unless noted below. Click on any tour name to reserve your spot in advance. We fill up faster during summer, so act soon!

Tour	Description
Silver Springs History	Take a one-hour stroll and learn about the first inhabitants of Silver Springs. The tour ends with interactive demonstrations of tool- and basket-making.
Adventurer's Delight	Gear up and experience a true caving adventure. This is the best way to get to know our cave. Sorry, no kids!
Cave Boating	Ride into the cave on our specially designed boats. Due to the small size of the boats, groups are limited to ten people.
Biology Underground	The biology enthusiasts among you will love this one! See how the life forms in our cave have adapted to their unique environment.

URL	www.silverspringscave.com/reservation

Silver Springs Cave Reservation Form

Group coordinator	Michelle Nguyen
Contact number	(267) 555-0199
Number in group	18
Name of Organization	Siena Nature Club
Notes	I saw the limit for this tour was ten people, but I thought we could maybe divide our group into two and take the tour that way. Would that be possible?
Payment method	☐ Credit card ☐ Bank transfer ☑ Cash on arrival (A valid credit card will be required to hold the reservation)

Submit Reservation	Cancel

6. What is suggested about Silver Springs Cave?

(A) It was discovered ten years ago.
(B) It was studied by a university.
(C) It is busier in the summer.
(D) It is free to enter.

7. What is indicated about the cave tours?

(A) They are all open to groups.
(B) They are all walking tours.
(C) They are all open to children.
(D) They are all led by a biologist.

8. What tour does Ms. Nguyen want to take?

(A) Silver Springs History
(B) Adventurer's Delight
(C) Cave Boating
(D) Biology Underground

9. What most likely is true about Ms. Nguyen?

(A) She will request a one-hour tour.
(B) She belongs to a nature club.
(C) She registered too late for a tour.
(D) She has toured Silver Springs Cave before.

10. What will Silver Springs Cave most likely ask Ms. Nguyen for?

(A) An e-mail address
(B) A security deposit
(C) A list of attendees
(D) A credit card number

Questions 11-15 refer to the following article, e-mail, and floor plan.

Farmer's Market Opening

The Blake County Farmer's Market will reopen this Saturday, April 2, at the Blake County Fairground. This year, the Farmer's Market will begin selling two more types of products as well as the usual fruits and vegetables. Vendors producing jams and other canned goods will be in the West Annex, while farmers selling dairy products will be on the opposite side, at the East Annex. The market will be open every Saturday and Sunday from 9 A.M. until 2 P.M. If you are interested in selling your products at the Farmer's Market, send an e-mail to the coordinator, Hank Krenshaw at krenshaw@bcfairground.com. Payment, by check or credit card, must be received by April 1.

From: toby@mortleyfarm.com

To: krenshaw@bcfairground.com

Subject: Stall for the opening

Date: March 12

Hello Mr. Krenshaw,

My name is Toby Mortley. I am a Blake County farmer, and I am thrilled to hear about your expansion of the Farmer's Market. I can finally sell my merchandise at the Market.

I would like to apply to rent a stall in the West Annex. I need approximately 15 square-feet of table space. I will pay you on the day before the reopening in cash.

Regards,

Toby Mortley

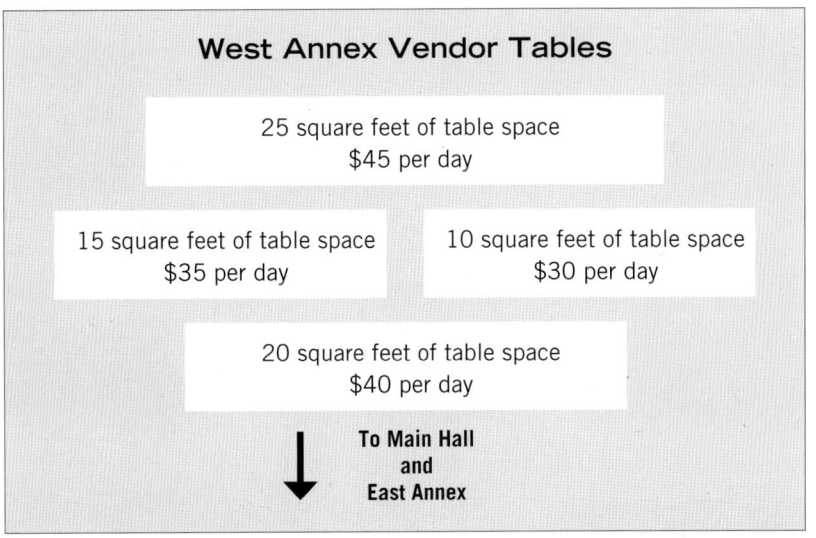

11. In the article, the word "goods" in line 4 is closest in meaning to

   (A) products
   (B) devices
   (C) funds
   (D) decorations

12. What is suggested about the Farmer's Market?

   (A) It was previously closed for one year.
   (B) It previously did not offer dairy products.
   (C) It will soon expand to other countries.
   (D) It requires an entry fee for shoppers.

13. What might cause a problem with Mr. Mortley's rental?

   (A) A late payment
   (B) An incorrect payment method
   (C) The items he sells
   (D) The dates he requested

14. In the e-mail, what is indicated about Mr. Mortley?

   (A) He wants the Farmer's Market to move locations.
   (B) He cannot attend the Farmer's Market's opening day.
   (C) He is happy the Farmer's Market will sell more kinds of items.
   (D) He thinks it is too expensive to rent a stall at the Farmer's Market.

15. How much will Mr. Mortley most likely pay per day to rent a stall?

   (A) $30
   (B) $35
   (C) $40
   (D) $45

PARTS
5-7

FINAL

TEST

FINAL TEST

정답과 해설 p. 156

READING TEST

In the Reading test, you will read a variety of texts and answer several different types of reading comprehension questions. The entire Reading test will last 75 minutes. There are three parts, and directions are given for each part. You are encouraged to answer as many questions as possible within the time allowed.

You must mark your answers on the separate answer sheet. Do not write your answers in your test book.

PART 5

Directions: A word or phrase is missing in each of the sentences below. Four answer choices are given below each sentence. Select the best answer to complete the sentence. Then mark the letter (A), (B), (C), or (D) on your answer sheet.

101. Mr. Davis plans to spend more time with his family after his ------- from the company.

(A) retirement
(B) cancellation
(C) expiration
(D) ceremony

102. Mr. Larsen showed the staff some photos that ------- took for the company Web site.

(A) his
(B) him
(C) he
(D) himself

103. The building's lobby will be closed next week ------- its space can be renovated.

(A) not only
(B) other than
(C) such as
(D) so that

104. The city's annual music festival is expected to ------- visitors from across the region.

(A) expand
(B) outsource
(C) attract
(D) practice

105. Please be sure to arrive at 8:40 A.M. next Monday to begin ------- orientation.

(A) you
(B) your
(C) yours
(D) yourself

106. Sales of Jumaria brand coffee drinks have risen ------- during the past year.

(A) sharper
(B) sharply
(C) sharpness
(D) sharpened

107. Although the company is unlikely to construct any new research labs, it does plan to renovate its ------- facilities.
    (A) exists
    (B) existence
    (C) existed
    (D) existing

108. The product reviews confirm that the AX-5 laptop starts up ------- than most competing laptops.
    (A) quickest
    (B) more quickly
    (C) quickly
    (D) quicken

109. The client was offered a 10%-off coupon as ------- for the inconvenience caused by the delivery delay.
    (A) courier
    (B) mortgage
    (C) compensation
    (D) revenue

110. Ms. Danforth ------- her expertise to our Research and Development section over the last ten years.
    (A) has contributed
    (B) is contributing
    (C) will contribute
    (D) to have contributed

111. All staff working in the data center must show their employee ID cards to security personnel ------- entering the building.
    (A) upon
    (B) from
    (C) across
    (D) along

112. The newly-introduced Guitar Playing Basics course is ------- for beginners of all ages and musical interests.
    (A) fragile
    (B) willing
    (C) capable
    (D) ideal

113. To save energy, Bentravia Snacks Ltd. has simplified its process of ------- dry food ingredients together.
    (A) mixes
    (B) mixable
    (C) mixing
    (D) to mix

114. Visitors are not permitted to enter the manufacturing area ------- they are part of a guided factory tour.
    (A) whether
    (B) among
    (C) unless
    (D) without

115. Orascad, Inc.'s lightbulbs have a round shape and are sold in ------- sizes.
    (A) vary
    (B) varies
    (C) variously
    (D) various

116. ------- Mr. Li was pleased about the offer to transfer to the company's Boston office at first, he ultimately decided against relocating.
    (A) Despite
    (B) Even though
    (C) Only if
    (D) Regardless

117. The 200-year-old Eastmor Building has been carefully restored to its original -------.
    (A) appearance
    (B) appeared
    (C) appears
    (D) appearing

118. Users of the public library may ------- up to five books at a time for a period of two weeks.
    (A) borrow
    (B) contact
    (C) recruit
    (D) increase

GO ON TO THE NEXT PAGE

119. Several rooms in the Snowpark Resort Hotel have balconies directly ------- the skiing area.
    (A) apart
    (B) above
    (C) away
    (D) as of

120. The new model of smartphone has been ------- praised by technology writers for its ease of use.
    (A) widely
    (B) wide
    (C) width
    (D) widened

121. ------- new employee will be assigned a mentor for guidance during the orientation period.
    (A) All
    (B) Most
    (C) Every
    (D) Those

122. Fashion ------- of younger consumers will be the topic of our next market research study.
    (A) preferential
    (B) preferred
    (C) preferences
    (D) preferring

123. The Sales Floor Supervisor often needs ------- several sales and customer service teams at the same time.
    (A) to manage
    (B) be managed
    (C) managing
    (D) being managed

124. Gondatta Hotel no longer uses door locks ------- its guest rooms are now secured by digital keypad systems.
    (A) behind
    (B) unless
    (C) because
    (D) despite

125. The Maurus M9 motorcycle has received ------- positive feedback from customers.
    (A) extremely
    (B) extreme
    (C) extremity
    (D) extremes

126. Larned Supply, Inc. will be ------- by the French company Delisle Automotive Parts Co. next month.
    (A) acquired
    (B) acquisition
    (C) acquiring
    (D) acquire

127. All Itaric Ltd. machine tools conform to nationally ------- standards for precision.
    (A) recognize
    (B) recognized
    (C) recognizing
    (D) recognition

128. The Web designer has a busy schedule, so he may request an ------- on the site testing deadline.
    (A) extension
    (B) extended
    (C) extends
    (D) extensionally

129. When a customer submits an order via our online store, we begin processing it ------- for shipment.
    (A) permanently
    (B) immediately
    (C) extremely
    (D) approximately

130. The features on the DX-8 digital camera are ------- to those found on higher-priced professional models.
    (A) effective
    (B) comparable
    (C) qualified
    (D) impressive

PART 6

Directions: Read the texts that follow. A word, phrase, or sentence is missing in parts of each text. Four answer choices for each question are given below the text. Select the best answer to complete the text. Then mark the letter (A), (B), (C), or (D) on your answer sheet.

Questions 131-134 refer to the following newsletter article.

Alarex Ltd., a leading ------- of lighted, high-visibility safety signs, is proud to announce
131.
the appointment of Matt Donahoe as its CEO. Effective immediately, Mr. Donahoe
------- David Linder, who will retire after 12 years of service in the executive post. Mr.
132.
Donahoe most recently ------- as a regional manager and supervised the opening of the
133.
company's Bradlow City factory. Prior to that, he managed the company's warehouse
operations. -------. "We expect that the company will continue to move forward under his
134.
direction," said Ellen Penarth, a member of the board of directors.

131. (A) writer
 (B) purchaser
 (C) manufacturer
 (D) inspector

132. (A) replaces
 (B) be replaced
 (C) to be replaced
 (D) was replacing

133. (A) included
 (B) obtained
 (C) served
 (D) expressed

134. (A) The headquarters relocation project should be complete by then.
 (B) This record of leadership made him the obvious choice for the top position.
 (C) Mr. Linder oversaw an important acquisition deal in his final year of service.
 (D) Recruiters have begun interviewing candidates for those positions.

GO ON TO THE NEXT PAGE

Questions 135-138 refer to the following Web page.

Delsey Hotel   Banquet room rentals

Whether it is a retirement party, awards banquet, or professional seminar, Delsey Hotel is the perfect venue for your next corporate -------. We have banquet rooms that -------
                                                                    135.   **136.**
parties from 5 to 300 guests. And we can provide your group with more than just the space. -------. We do everything needed to make your event a success. ------- you would
        137.   **138.**
like to find out more about what we offer, please contact our banquet manager at 555-0087.

135. (A) remodeling
     (B) acquisition
     (C) management
     (D) gathering

136. (A) accommodating
     (B) accommodate
     (C) are accommodated
     (D) accommodates

137. (A) An event planner can offer valuable tips on these matters.
     (B) We hope to expand into other regions in the coming months.
     (C) Extra services, such as on-site catering, are also available.
     (D) We recommend booking ahead to avoid last-minute difficulties.

138. (A) If
     (B) Even
     (C) Not only
     (D) Regardless

Questions 139-142 refer to the following announcement.

Wawona City's "Big Day of Running Races" is scheduled for April 15. The races take place at Hillside Park, and they are designed for athletes of all ages and -------. Ready for a challenge? Compete ------- some of the region's top runners in the experts' 10-kilometer race. -------. New to running? Sign up for the 3-kilometer race—it follows an ------- course over mostly flat ground. Registration for all events is free. For more details, visit www.wawona-cityraces.org.

139. (A) incomes
(B) markets
(C) locations
(D) abilities

140. (A) since
(B) during
(C) with
(D) but

141. (A) The best personal trainers try to motivate their clients.
(B) Running improves your health in many other ways too.
(C) Its route includes steep hills and some rough trails.
(D) The prizes were handed out at the end of the day.

142. (A) ease
(B) easy
(C) easily
(D) easiest

Questions 143-146 refer to the following e-mail.

To: Kate Valerio <kate-artist@mail.com>
From: Kenji Takata <kenji-takata@gallery.com>
Date: May 9
Subject: Art Exhibition

Dear Ms. Valerio,

I am pleased to inform you that our art gallery's owner, Nichole Meyer, has accepted both of your paintings for ------- in our annual art show focusing on oil paintings. The originality and artistic quality of your work were important ------- in selecting your works for display. -------, your paintings' vivid color patterns make them ideal works for displaying in our online gallery. Congratulations on the acceptance! I am also happy to report that this year's show will bring together the most diverse group of painters we have ever assembled. -------. We hope you will be able to attend in person.

Sincerely yours,

Kenji Takata, Exhibit Coordinator
Canevatz Art Gallery

143. (A) included
 (B) inclusion
 (C) includes
 (D) include

144. (A) tasks
 (B) judges
 (C) factors
 (D) expenses

145. (A) If so
 (B) In addition
 (C) In spite of this
 (D) Rather than

146. (A) It was a big success, thanks to the volunteers' hard work.
 (B) The participating artists represent more than 20 countries.
 (C) The pricing of these artworks depends on their popularity.
 (D) We will ship the paintings back to you in early September.

PART 7

Directions: In this part you will read a selection of texts, such as magazine and newspaper articles, e-mails, and instant messages. Each text or set of texts is followed by several questions. Select the best answer for each question and mark the letter (A), (B), (C), or (D) on your answer sheet.

Questions 147-148 refer to the following invitation.

Conway Business Supply
818 Queen Street E
Toronto, Ontario M4L 1H3
(808) 555-0067
www.con-way.ca

We invite you to join us for a special in-store event.
Saturday, April 19
11:00 A.M. to 7:00 P.M.

Looking to upgrade your office equipment? Join us this Saturday when we will give hands-on demonstrations of the latest photocopiers, printers, and scanners. You will get the chance to try out these new products, and choose the best ones for your needs.

There is more. On Saturday only, we will take 25% off the price of any of our computer desks, executive chairs, and filing cabinets. Request a printing service from us on that day, and you will get 20% off.

Conway Business Supply
The region's top office supply shop—serving the area for more than 15 years!

147. Why most likely was the invitation sent?

(A) To advertise a new online store
(B) To announce interactive demonstrations
(C) To give details about a recycling program
(D) To celebrate a business anniversary

148. What will be sold at reduced prices on April 19?

(A) Laptop computers
(B) Business software programs
(C) Stationery supplies
(D) Office furniture

GO ON TO THE NEXT PAGE

Questions 149-150 refer to the following online chat discussion.

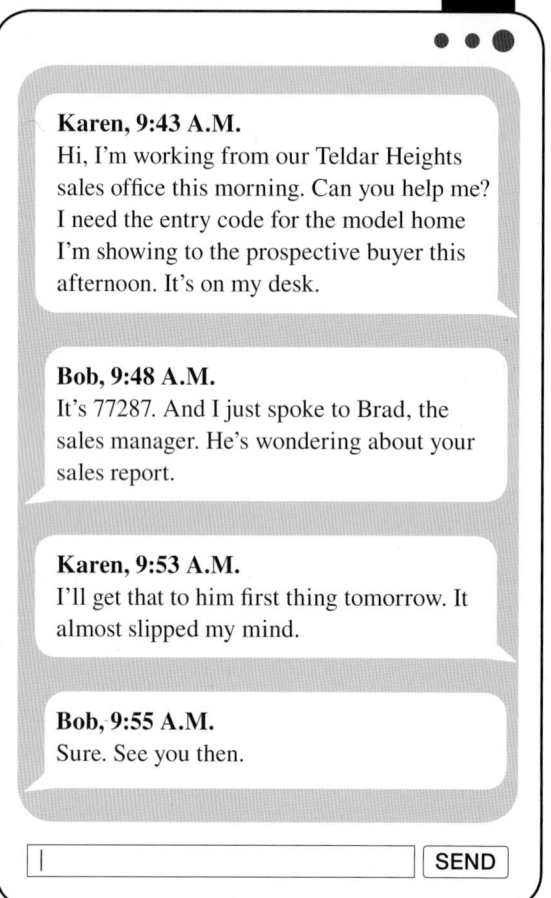

Karen, 9:43 A.M.
Hi, I'm working from our Teldar Heights sales office this morning. Can you help me? I need the entry code for the model home I'm showing to the prospective buyer this afternoon. It's on my desk.

Bob, 9:48 A.M.
It's 77287. And I just spoke to Brad, the sales manager. He's wondering about your sales report.

Karen, 9:53 A.M.
I'll get that to him first thing tomorrow. It almost slipped my mind.

Bob, 9:55 A.M.
Sure. See you then.

149. What most likely is Karen's job?

(A) Manager of a building supply store
(B) Fashion designer
(C) Real estate agent
(D) Construction equipment salesperson

150. At 9:48 A.M., what does Bob most likely mean when he writes, "He's wondering about your sales report"?

(A) Brad will be traveling on business.
(B) Sales were surprisingly good.
(C) A document is hard to read.
(D) A document is due.

Questions 151-152 refer to the following notice.

Office Tek Building — Notice of Upgrades

Please excuse the inconvenience as we renovate this building's first floor. We are currently enlarging the client lounge for the comfort of our visitors. All delivery drivers should sign in at the second-floor reception desk and use this updated directory for reference.

First Floor
Temporarily closed for upgrades

Second Floor
Dextarr Plastics, Inc.	Suite 220
Zensby Technology	Suite 240

Third Floor
Rutter Legal Services	Suite 330
Patcad Real Estate Sales	Suite 360

Fourth Floor
Fredec Interior Design	Suite 410
Shivasa Textiles, Inc.	Suite 440

151. Why is the building being renovated?

(A) To construct additional entrances
(B) To upgrade its elevators
(C) To expand a rest area
(D) To build a new mailroom

152. Where most likely would a law office be found?

(A) On the first floor
(B) On the second floor
(C) On the third floor
(D) On the fourth floor

GO ON TO THE NEXT PAGE

Questions 153-154 refer to the following flyer.

Zorelli's Pizzeria
17 Pine Street, Easton, PA 17331
Phone: 555-0143
zorellis-pizzeria.com

Hours: Monday to Friday 11 A.M. to 10 P.M.
         Saturday and Sunday 3 P.M. to 11 P.M.

All of our pizzas are baked using homemade recipes. Get them whole or by the slice.

Order your pizza online or by phone for fast, free delivery. Holding a special event? We have banquet rooms that can hold up to 30 guests, and we are conveniently located just steps from Easton University.

Daily special — get a large one-topping pizza (6 pieces) for just $12

Visit our Web site for a complete menu.

153. What is mentioned about the pizzas?

(A) They are available by the slice.
(B) They are sold in six different sizes.
(C) They are not all listed on the Web site.
(D) They take 30 minutes to prepare.

154. What is suggested about Zorelli's Pizzeria?

(A) It charges a fee for delivery.
(B) It is located near a university.
(C) It has extended hours on Fridays.
(D) It is owned by a catering firm.

Questions 155-157 refer to the following Web page.

Artecxx Ltd. news and updates — we have reopened in a larger space!

☛ Artecxx Ltd. is pleased to announce the grand reopening of our store at its new location, 173 Robb Street. Our larger floor space now gives us the chance to showcase more of our inventory. We offer the area's widest selection of cooking tools and kitchen gadgets for both home and professional chefs. And that is not all. We have launched a "preferred customer" card program that offers great members-only benefits. To sign up for membership, go to the "Register" page of this Web site.

We would also like to know how we are doing. Fill out our in-store feedback survey, and we will give you a coupon booklet valued at $50.

---

155. What type of business most likely is Artecxx Ltd.?

(A) A kitchen supply store
(B) A building cleaning service
(C) A seller of trade show displays
(D) An organic food store

156. According to the Web page, what is true about Artecxx Ltd.?

(A) It plans to open more locations.
(B) It has started a loyalty card program.
(C) It recently upgraded its Web site.
(D) Its store is open only by appointment.

157. What do customers receive for completing a survey?

(A) An extended warranty
(B) A free consultation
(C) A book of coupons
(D) A cash payment of $50

Questions 158-160 refer to the following memo.

To: All Depley Uniform Supply staff
From: Sally Cho
Re: Staff outing
Date: March 17

Jeff, our regional manager, has decided to hold our staff outing later than originally planned due to our workflow. Thanks to the success of our corporate referral program, we have picked up Alara's Café as a new client. We will start supplying them with uniforms starting April 10. That will make it necessary for some employees to work longer hours in the coming weeks. To allow everyone to attend, the event date is now set for May 9.

Also, Gina Allen in Employee Relations still needs a hand with putting together the event's transportation options. Please contact her if you would like to help. For our venue, she has already booked the barbecue area at Plumfeld City Park.

158. Why most likely was the memo posted?
(A) To review points from a training program
(B) To outline the company's overtime policy
(C) To announce a store's expansion
(D) To explain a change in scheduling

159. What will probably happen in April?
(A) A new client will use the company's services.
(B) A department will hold a logo contest.
(C) A new manager will be hired.
(D) A staff picnic will be held.

160. Why are employees instructed to contact Ms. Allen?
(A) To give updates on a renovation project
(B) To schedule a job interview
(C) To help arrange transportation
(D) To select a location for a trade show

Questions 161-163 refer to the following survey.

Savar Career Workshops
Feedback form

Workshop title: *Leading Staff Meetings*   Workshop number: *3*

Planning to attend the next workshop in the series?   Yes [ ]   No [✓]

Attendee name (optional): *Diane Lopez*

Why did you attend this workshop? (Select up to 3 reasons.)

The instructor was well-known.   [ ]   The cost was affordable.   [✓]
The topic was important to me.   [✓]   The length was appropriate.   [✓]
Other _____   [ ]

Do you agree with the following statements?

	Yes	No
The instructors had good presentation skills.	[✓]	[ ]
The instructors presented helpful information.	[✓]	[ ]
The instructors encouraged interaction among participants.	[ ]	[✓]

Additional comments:
The Ambalat Hotel was a good choice for the venue. The topic was relevant to my duties at work, so I am glad I attended. I am noting, though, that the workshop's enrollment of 20 people did not allow for much individual attention.

161. What most likely is true about the workshop?

(A) It was part of a series.
(B) It was discounted for corporate clients.
(C) It was postponed previously.
(D) It was held in an office building.

162. What is suggested about Ms. Lopez?

(A) She used to design professional workshops.
(B) She registered for a workshop in person.
(C) She is a colleague of one of the instructors.
(D) She is required to lead meetings at her job.

163. What most likely was Ms. Lopez the least satisfied with?

(A) The choice of venue
(B) The workshop's size
(C) The instructor's knowledge of a topic
(D) The instructor's presentation skills

Questions 164-167 refer to the following notice.

To: All Staff
From: Daisy Conners, Office Manager
Date: July 2
Re: Updates

Nancy Park, our administrative assistant, will be on leave from July 7 to July 28. —[1]—. A freelance professional, Mike Freiberg, will work in her place during this time. —[2]—. In Ms. Park's absence, he will be helping our entire staff of accountants and financial planners with their clerical tasks, and he will also greet clients at the reception desk. His payroll will be handled not by us but by Temporaries Plus, according to their standard procedure. —[3]—.

There is still time to register for our in-house seminar *Better Accounting Services for Small Businesses*, scheduled for July 21. To sign up, please speak to me in person no later than July 14. —[4]—. Note that Mr. Freiberg will not be involved with this event, as he will be busy with Ms. Park's duties.

If you have any immediate questions or concerns, please contact me or Ms. Park.

164. Where most likely was the notice posted?

(A) At a job recruitment center
(B) At an accounting firm
(C) At a travel agency
(D) At a medical clinic

165. What is indicated about Ms. Park?

(A) She spoke at a previous staff workshop.
(B) She recently found a new job.
(C) She will take some time off from work.
(D) She will be promoted to a managerial position.

166. According to the notice, what is the registration deadline for a seminar?

(A) July 7
(B) July 14
(C) July 21
(D) July 28

167. In which of the positions marked [1], [2], [3], and [4] does the following sentence best belong?

"He was placed with us through Temporaries Plus, a local staffing agency."

(A) [1]
(B) [2]
(C) [3]
(D) [4]

Questions 168-171 refer to the following online chat.

Mathers, Jeff	10:57 A.M.	I'd like to try out that new Chinese restaurant for lunch. Anyone want to come along?
Bootzin, Laura	10:59 A.M.	That'll work.
Wu, Harvey	11:01 A.M.	Count me in also.
Bigsby, Gretchen	11:03 A.M.	I have to eat at my desk. I'm preparing a presentation for our afternoon meeting.
Mathers, Jeff	11:05 A.M.	No problem, Gretchen. What is your presentation about?
Bigsby, Gretchen	11:06 A.M.	I'll review the features of our new software program for taking customer orders.
Wu, Harvey	11:08 A.M.	How are the preparations going?
Bigsby, Gretchen	11:09 A.M.	Actually, I need some help. My customer service team wants me to give a demonstration while they take notes. I will play the role of a customer, but I need a volunteer to take the part of a customer service representative. The volunteer should be new to the software.
Wu, Harvey	11:10 A.M.	Oh, I tested out the program when it was first installed.
Bootzin, Laura	11:11 A.M.	How about asking someone in the operations department?
Pham, Sara	11:13 A.M.	I haven't used it. You could use me as a volunteer.
Bigsby, Gretchen	11:14 A.M.	Perfect. The meeting starts at 3 o'clock sharp.

168. At 10:59 A.M., what does Ms. Bootzin most likely mean when she writes, "That'll work"?

(A) She plans to work overtime that day.
(B) She will go to a Chinese restaurant.
(C) She will attend an afternoon meeting.
(D) She likes the features of a software program.

169. What is suggested about Ms. Bigsby?

(A) She recently attended a technology trade show.
(B) She will move to a new office soon.
(C) She works in a customer service department.
(D) She helped install a company's computer system.

170. What is mentioned about a presentation?

(A) It is scheduled to take place over two days.
(B) It was designed by Mr. Wu.
(C) It will include a snack break.
(D) It will feature a role-play.

171. Who will use a new program for the first time in the afternoon?

(A) Ms. Pham
(B) Ms. Bigsby
(C) Mr. Mathers
(D) Mr. Wu

Questions 172-175 refer to the following article.

What's Been Found at Elway Park?

(OCTOBER 8) — This past Saturday, during the weekend cleanup of Elway Park, crews found watches and cameras with a total value of over $2,000. The volunteer effort was aimed at making the park a cleaner and greener venue for an upcoming annual music festival. Even heavy rain showers could not dampen the volunteers' enthusiasm as they collected over 200 pounds of recyclable trash. —[1]—.

Organizer Rick Parsons, a life-long resident of Elway City, has participated in six of the cleanups. "We find all kinds of things," he said. "Last year, I found a racing bicycle. It's common for jewelry and even toys to turn up. —[2]—. Visitors often forget these items and leave them in the park. —[3]—. Collecting this stuff is a big task, so we're grateful for the volunteers' hard work."

After being sorted out by the cleaning crews, all valuable personal belongings are taken to the park's visitor center. —[4]—. During that time, people can go there to recover their missing items. A listing of lost valuables is posted on the "Update" page of the park's official Web site, www.elway-park.org.

172. Why most likely was the article written?

(A) To give updates on storms in the area
(B) To report on a volunteer cleanup project
(C) To promote a new recycling program
(D) To seek ideas for a fund-raising event

173. What is indicated about Mr. Parsons?

(A) He is a native of Elway City.
(B) He is a nature photographer.
(C) He owns a local restaurant.
(D) He used to work as a musician.

174. What is suggested about Elway Park?

(A) It has an indoor play area.
(B) One of its bicycle trails is closed.
(C) It opened to the public six years ago.
(D) A yearly event will be held there.

175. In which of the positions marked [1], [2], [3], and [4] does the following sentence best belong?

"They are held there for 60 days before they are sent to an auction."

(A) [1]
(B) [2]
(C) [3]
(D) [4]

Questions 176-180 refer to the following form and e-mail.

Stalmarac Supply

Customer's name: Corbarri's
Delivery address: 15 Columbia Street, Lancaster, PA 17602
Date: August 3

Item	Description	Quantity	Unit price	Total
R1562	Paper dinner napkins 25 cm X 30 cm	2000	$0.15	$300.00
R1673	Paper beverage napkins 20 cm X 30 cm	2000	$0.12	$240.00
R1719	Plastic food boxes with color logo (1.6 liter)	800	$0.30	$240.00
R1804	Customized plastic cups with lids (1 liter)	800	$0.25	$200.00

*All of the paper and plastic products we sell are eco-friendly and can be recycled.

☛ Please send all inquiries to our sales manager, Andy Gupta, at gupta@stalmarac-supply.com.

To: gupta@stalmarac-supply.com
From: Ken Meary@corbarris.com
Date: August 8

Dear Mr. Gupta,

Thank you for sending a copy of my purchase order, and congratulations on being promoted. I look forward to working with you. For now, I just want to mention two things. The person who formerly held your position, Ellen Getz, had offered a price reduction on item R1719. She lowered the per-item price from 30 cents to 25 cents. Could you check on this? As a small business, the difference matters to us.

Also, we decided not to purchase any additional supplies of item R2224, the plastic soup containers. We have received complaints about these from some corporate clients who use our catering services. Apparently the containers' lids are difficult to remove. We never had this problem previously, so perhaps our most recent supply was made by a different manufacturer. In any case, we would like to find a better substitute.

Thank you,

Ken Meary
General Manager, Corbarri's

176. What type of business most likely is Corbarri's?

(A) A party goods store
(B) A package manufacturer
(C) A catering company
(D) A supermarket

177. What do all of the ordered items have in common?

(A) They have the same dimensions.
(B) They were ordered in the same amounts.
(C) They have a customized logo.
(D) They are safe for the environment.

178. What item does Mr. Meary want a discount for?

(A) Dinner napkins
(B) Beverage napkins
(C) Food boxes
(D) Plastic cups

179. Who most likely is Ms. Getz?

(A) One of Mr. Meary's current trainees
(B) A newly-hired employee at Corbarri's
(C) One of the founders of Corbarri's
(D) A previous sales manager at Stalmarac Supply

180. What is implied in the e-mail?

(A) Mr. Meary plans to expand a business.
(B) Mr. Meary used to work at a plastic factory.
(C) Stalmarac Supply reduced its shipping fees.
(D) Corbarri's has received negative feedback.

GO ON TO THE NEXT PAGE

Questions 181-185 refer to the following e-mail and letter.

To:	Mary Dutton <Dutton@ifaa-fest.org>
From:	Brian Whitley <Whitley@ifaa-fest.org>
Subject:	Festival
Date:	May 19

Dear Mary,

Thank you for the update in your last e-mail. It is great that we have boosted ticket sales to our film festival, compared with past years. What a surprise! I see that many purchases were made online, so our Web site is clearly attracting interest in the event.

To answer your previous inquiry, I am still not sure about the question and answer session after the screening of *The Old Days*. The director, Tim Harney, said that he may be busy at the time of the festival, and I am concerned he may not be about to join us. If he is unavailable, we could possibly find one of the film's editors to host the session. Either way, however, we should encourage our VIP Pass holders to stay for the Q&A. I will know within this week about Mr. Harney's availability.

Cinema Arts Alliance (CAA)

13 June

Mr. Greg Landers
73 Nicola Street
Kamloops BC V2C 2S6

Dear Mr. Landers:

On behalf of the CAA, I would like to express my gratitude for purchase of a VIP Pass for our summer film festival. The enclosed pass gives you access to all the festival's films, plus a Q&A session led by the director of *The Old Days*.

Your pass also entitles you to free parking and priority seating at all film screenings. For the first time ever this year, we are offering a new reward only to holders of our VIP Pass—10% off our one-day classes that teach the fundaments of film acting. For information on this program, please consult our Web site. We invite you to participate!

Sincerely,

Mary Dutton
Mary Dutton, Public Relations Director
Cinema Arts Alliance

181. What is Mr. Whitley surprised about?

(A) A positive review of a recent film
(B) An increase in ticket sales
(C) The hiring of some young film performers
(D) The launch of a new Web site

182. What concern does Mr. Whitley have?

(A) Attendance at a past festival was low.
(B) A Web site is confusing to some users.
(C) A guest may be unable to attend an event.
(D) Too many film screenings are scheduled for one day.

183. Why did Ms. Dutton send the letter to Mr. Landers?

(A) To give directions to a theater
(B) To thank him for a purchase
(C) To outline some schedule changes
(D) To obtain feedback about a film

184. What most likely is true about the summer film festival?

(A) Tim Harney will attend it to answer questions.
(B) Mary Dutton will be unable to attend part of it.
(C) It will start later than expected.
(D) Its ticket prices were reduced.

185. What new reward is the CAA offering to VIP Pass holders?

(A) E-mail updates
(B) Valet parking services
(C) Discounts on acting classes
(D) Photo sessions with film directors

Questions 186-190 refer to the following flyer, e-mail, and text message.

Enjoy these great events at Cleary City's Fall Festival!

Friday, October 5
12:30 P.M. Dessert Baking Contest – Attendees will vote to choose the tastiest dessert recipe. The winner will get a $500 cash prize!
Contest entry fee: $8
Sponsor: Tiscal Bakery
Location: City Culture Center

2:00 P.M. to 5:00 P.M. Photo Exhibit – See the finalists' pictures from the city's photo contest, and meet all the photographers in person. A panel of expert judges will choose the best image and award the prizewinner a BH Photo Supply gift card valued at $300.
Location: City Art Gallery

Saturday, October 6
10:00 A.M. Nature Walk – Nature enthusiast Jeff Calo will lead this scenic hike through Burr Park. $10 registration fee includes free "Nature Walk" T-shirt.
Sponsor: Jeff Calo, owner of Calo's Outdoor Apparel
Location: Burr Park, visitor's center

4:00 P.M. Folk Concert – Back by popular demand! Enjoy traditional Irish music in a lively concert by The Cork Trio. Free admission.
Sponsor: Kanrith University
Location: Kanrith University, indoor theater

For more information, visit www.cleary-fest.com.

From: Fiona Burke <f-burke@cleary-city.org>
To: Judy Gemma <j-gemma@tbmail.com>
Date: October 1
Subject: Festival

Hi Judy,

Rain is predicted for all day Saturday, so I would like to go with our previously-discussed backup plan. I will switch the days of Jeff's event and yours but the venue will still be the City Culture Center. We will post the updated schedule on our Web site and send a reminder e-mail to participants about the switch.

There is some good news. The city's budget allows us to release a souvenir booklet for this festival. Photos of your event will, of course, appear on one of its pages.

Yours,

Fiona Burke, Festival Planning Director

From: Fred Sato
Sent: October 4, 4:47 P.M.
To: Dale Munson

Sure, I can lead the trainee's orientation session in your place. Your other commitment is important! I hope your work catches the judges' eyes. You deserve to win that gift card.

186. What is indicated about The Cork Trio's concert?

(A) It requires an entry fee.
(B) It has a new sponsor this year.
(C) It will take place indoors.
(D) It is their first public performance.

187. Why most likely was the e-mail written?

(A) To provide feedback about a Web site
(B) To request additional volunteers
(C) To inform about a schedule change
(D) To explain a festival's low turnout

188. In the e-mail, the word "release" in paragraph 2, line 1, is closest in meaning to

(A) enter
(B) motivate
(C) give freedom to
(D) make available

189. Who most likely will coordinate a festival event on Saturday morning?

(A) Ms. Burke
(B) Ms. Gemma
(C) Mr. Calo
(D) Mr. Sato

190. Why most likely is Mr. Munson unable to lead an orientation?

(A) He is judging dessert recipes for a contest.
(B) He is setting up equipment for a concert.
(C) He is helping to guide a nature walk.
(D) He is attending a photography exhibit.

GO ON TO THE NEXT PAGE

Questions 191-195 refer to the following Web page, e-mail, and text message.

Alto Press – Author's Resource Page >> Important instructions for authors

To avoid costly errors and production delays, all Alto Press authors should review the following guidelines carefully:

- Ensure that your manuscript has a full title page.
- E-mail scans of permission forms for all the photographs you will include. Printable forms can be obtained by clicking here.
- Review the important action dates in the author's checklist, which we send with your acceptance letter.

Please e-mail all your files directly to your Alto Press editor.

To:	Choi Wang-Ho <wangho@fastmail.net>
From:	Anna Dorset <anna-dorset@alto.edu>
Date:	February 8
Subject:	What's ahead?
Attachment:	schedule

Dear Dr. Choi,

Your assistant, Lara Ortiz, just sent me an e-mail with the scanned permission documents. With those, we are ready for the final phase of producing *Our Future Economy*. The schedule attached includes a list of editing deadlines. Some of these dates may differ from those on your original checklist. In particular, the final edits to the text on the book's back cover must be submitted by March 15.

We are still on target for publication in September. I look forward to seeing you in early November, when we will kick off your promotional tour at our flagship store in Oregon.

Regards,

Anna Dorset, Senior Editor
Alto Press

From: Choi Wang-Ho
Sent: March 17, 9:47 A.M.
To: Lara Ortiz

Lara, I have a quick update regarding the book's back cover. I just shared my changes to its text with Anna, and she will e-mail an image of the modified cover later today. We need to give them fast feedback. Then the text can be finalized by tomorrow at the latest. Thanks!

---

191. According to the Web page, what does Alto Press mail to authors?

    (A) A set of approval forms for images
    (B) A checklist of important dates
    (C) A disc for a publishing software program
    (D) A catalog of sample cover designs

192. What is probably true about *Our Future Economy*?

    (A) It includes photographs.
    (B) It was revised by another author.
    (C) It will be sold only via a Web site.
    (D) It is Dr. Choi's first published work.

193. What is expected to happen in November?

    (A) A bookstore chain will hold a clearance sale.
    (B) An Alto Press book will go out of print.
    (C) Ms. Dorset will receive a job promotion.
    (D) Dr. Choi will meet Ms. Dorset in person.

194. What is suggested about Dr. Choi?

    (A) He will submit some text after a deadline.
    (B) He met Ms. Ortiz at a book fair.
    (C) He previously was an editor at Alto Press.
    (D) He plans to open a bookstore in the future.

195. In the text message, the word "regarding" in line 1 is closest in meaning to

    (A) respecting
    (B) observing
    (C) concerning
    (D) opposing

GO ON TO THE NEXT PAGE

Questions 196-200 refer to the following newsletter article and e-mails.

Local Business News

January

At a media conference yesterday, city officials reported that the construction work on Shore City's much-awaited Surfside Mall is proceeding smoothly. The interior fountains have just been installed, and the shopping center is set to open in May — weeks ahead of schedule. Retail space in the mall is still available, but it is filling up rapidly. Though it will be smaller than Shore City's other two malls, it will be the first one with glass frontage overlooking the ocean. Thanks to this desirable location, businesses here can expect plenty of foot traffic.

So far the mall has been successful in attracting out-of-town businesses. "Several prospective tenants are new to the area," said rental manager Emily Chiu. "We are offering reduced rental prices exclusively for business owners from outside Shore City. That incentive has helped us approach our goal of 80% occupancy."

The deadline to submit rental applications is March 1. Interested business owners should contact Ms. Chiu at chiu@surfside.com for more information.

From:	Lorna Diaz <l-diaz@jewelry.com>
To:	Emily Chiu <chiu@surfside.com>
Date:	January 13
Subject:	Inquiry

Dear Ms. Chiu,

I was referred to Surfside Mall by my friend Jim McColl, who plans to open an art gallery there. He also told me about a unique incentive he received from mall management. As a small business owner, my situation is similar to his. I run a jewelry store in nearby Fir Heights and wish to expand into Shore City.

Regardless of the space's size, I would like to be near my friend's business. A corner space, or a space close to an entrance, would be preferable. However, I do not want to be next to a food seller. Could you send me a list of vacant spaces?

Thank you in advance,

Lorna Diaz

From: Surfside Mall Rental Office <surfside@rental.com>
To: Lorna Diaz <l-diaz@jewelry.com>
Date: January 14
Subject: Available space

Based on your preferences, we have generated this list of vacancies* at Surfside Mall:

Space 1 – 140 square meters; near the mall's main entrance and adjacent to sandwich shop

Space 3 – 130 square meters; corner space with hot dog seller to its left side

Space 5 – 125 square meters; corner space adjoining art gallery—the city's first

Space 7 – 160 square meters; near rear entrance, between T-shirt seller and ice cream shop

*Please call our rental office at 555-0167 to inquire about leasing costs.

---

196. What is one reason the article was written?
(A) To announce a delay in a shopping center's opening
(B) To outline reasons why people visit Shore City
(C) To summarize feedback about a mall's design
(D) To give a progress report on a retail project

197. In the article, the word "still" in paragraph 1, line 7, is closest in meaning to
(A) no longer
(B) even now
(C) more and more
(D) without motion

198. What is indicated about Surfside Mall?
(A) It is the largest shopping center in Shore City.
(B) It will offer views of the sea.
(C) It will have a total of 80 stores.
(D) It will be used for local food festivals.

199. What is suggested about Mr. McColl?
(A) He is Ms. Chiu's former assistant.
(B) He made changes to a mall's design.
(C) He rented retail space at a reduced price.
(D) He used to operate a beach resort.

200. Where would Ms. Diaz most likely want to locate her store?
(A) In Space 1
(B) In Space 3
(C) In Space 5
(D) In Space 7

불규칙 동사표

뜻	동사원형	과거형	과거분사형
되다	become	became	become
시작하다	begin	began	begun
깨다, 부수다	break	broke	broken
가져오다	bring	brought	brought
잡다	catch	caught	caught
오다	come	came	come
자르다	cut	cut	cut
하다	do	did	done
마시다	drink	drank	drunk
운전하다	drive	drove	driven
먹다	eat	ate	eaten
떨어지다	fall	fell	fallen
느끼다	feel	felt	felt
찾다	find	found	found
잊다	forget	forgot	forgotten
얻다, 받다	get	got	gotten
주다	give	gave	given
가다	go	went	gone
자라다, 커지다	grow	grew	grown
가지다, 먹다	have	had	had
듣다	hear	heard	heard
유지하다	keep	kept	kept
알다	know	knew	known
만들다	make	made	made
만나다	meet	met	met
놓다	put	put	put
그만두다	quit	quit	quit
읽다	read [riːd]	read [red]	read [red]
달리다	run	ran	run
말하다	say	said	said
보다	see	saw	seen
앉다	sit	sat	sat
말하다	speak	spoke	spoken
서다	stand	stood	stood
가져가다	take	took	taken
가르치다	teach	taught	taught
말하다	tell	told	told
생각하다	think	thought	thought
입다	wear	wore	worn
쓰다	write	wrote	written

YBM 스타트 토익 RC

정답 및 해설

day 01 품사

PART 5

Check Up

1. 명사
교재 p.12

1. (A), (D)   2. (B), (C)   3. 주어   4. 목적어   5. 보어

1. **(A) building**   (B) busy   (C) in   **(D) mind**
   - [해설] (A) building(건물), (D) mind(마음)가 명사이며, (B) busy(바쁜)는 형용사, (C) in(~ 안에)은 전치사이다.
   - [어휘] building 건물   busy 바쁜   in ~ 안에   mind 마음, 정신

2. (A) important   **(B) paper**   **(C) meeting**   (D) is
   - [해설] (B) paper(종이), (C) meeting(회의)이 명사이며, (A) important(중요한)는 형용사, (D) is(이다, 있다)는 be동사이다.
   - [어휘] important 중요한   paper 종이   meeting 회의

3. The **seminar** was very helpful. (**주어**)   그 세미나는 매우 유익했다.
   - [해설] 명사 seminar가 문장 맨 앞에서 주어 역할을 하고 있다. was는 be동사 is의 과거형이며, very는 부사, helpful은 형용사이다.
   - [어휘] seminar 세미나   very 매우   helpful 도움이 되는, 유익한

4. I have some **questions**. (**목적어**)   나는 몇 가지 질문이 있습니다.
   - [해설] 명사 questions가 동사 have 뒤에서 동사의 목적어 역할을 하고 있다. I는 인칭대명사, have는 동사, some은 형용사이다.
   - [어휘] have 갖다   some 조금의, 몇 개의   question 질문

5. He is my **boss**. (**보어**)   그는 나의 상사이다.
   - [해설] 명사 boss가 be동사 뒤에서 보어 역할을 하고 있다. He는 인칭대명사, is는 be동사, my는 인칭대명사이다.
   - [어휘] he 그   my 나의   boss 상사

2. 대명사 / 동사
교재 p.13

1. him   2. They   3. have   4. gave   5. is

1. I know Mr. Son. 나는 Son 씨를 알고 있다. → I know (**him** / his).   나는 그를 안다.
   - [해설] Mr. Son이 동사 know의 목적어 역할을 하므로 목적격인 him이 정답이다.
   - [어휘] know 알다

2. These items are popular.   이 물품들은 인기가 있다. → (**They** / It) are popular.   그것들은 인기가 있다.
   - [해설] These items(이 물품들)는 복수이므로 복수 대명사인 They가 정답이다. it은 단수 대명사이다.
   - [어휘] item 물품, 항목   popular 인기 있는

3. You can (**have** / having) dessert.   너는 디저트를 먹어도 된다.
   - [해설] 조동사 can은 동사원형 앞에만 쓰인다. 따라서 원형인 have가 정답이다.

어휘 have 먹다   dessert 디저트

4. Mr. Smith (**gave** / is) a presentation.   Smith 씨는 프레젠테이션을 했다.

   해설 문맥상 프레젠테이션을 '하다'가 되어야 하므로 일반동사인 gave가 정답이다. be동사인 is가 동사 자리에 오면 'Smith 씨는 프레젠테이션이다.'라는 의미가 되어 적합하지 않다.

   어휘 presentation 프레젠테이션   give a presentation 프레젠테이션을 하다

5. Ms. White (been / **is**) an engineer.   White 씨는 엔지니어이다.

   해설 문장에 동사가 없고 Ms. White와 an engineer는 동일하므로 '~이다'를 의미하는 be동사 is가 정답이다. been은 be동사의 과거분사형으로 단독으로 동사 자리에 올 수 없다.

   어휘 engineer 엔지니어

3. 형용사 / 부사   교재 p.14
1. delicious   2. new   3. easily   4. quick   5. extremely

1. This ice cream is (**delicious** / deliciously).   이 아이스크림은 맛있다.

   해설 주어인 This ice cream을 꾸며주는 보어 자리이므로 형용사인 delicious가 정답이다.

   어휘 ice cream 아이스크림   delicious 맛있는   deliciously 맛있게, 기분 좋게

2. Maria bought a (**new** / newly) computer.   Maria는 새 컴퓨터를 샀다.

   해설 명사인 computer를 앞에서 꾸며주는 자리이므로 형용사인 new가 정답이다.

   어휘 buy 사다(bought는 buy의 과거형)   new 새로운   newly 새로이, 최근   computer 컴퓨터

3. The products are (**easily** / easy) found here.   그 제품들은 이곳에서 쉽게 볼 수 있다.

   해설 동사인 are found를 꾸며주는 자리이므로 부사인 easily가 정답이다. 부사는 완전한 문장에 덤으로 붙는 품사임을 기억하자.

   어휘 product 제품   easily 쉽게   easy 쉬운   find 발견하다   here 이곳에서, 여기서

4. Thank you for your (**quick** /quickly) reply.   귀하의 빠른 답장에 감사드립니다.

   해설 명사인 reply를 앞에서 꾸며주는 자리이므로 형용사인 quick이 정답이다.

   어휘 quick 빠른   quickly 빨리   reply 답장, 응답

5. I am (extreme / **extremely**) happy.   나는 무척 행복하다.

   해설 형용사인 happy를 꾸며주는 자리이므로 부사인 extremely가 정답이다.

   어휘 extreme 극단적인   extremely 극도로, 무척

4. 전치사 / 접속사   교재 p.15
1. from   2. in   3. at   4. but   5. and

1. Mr. Wang came (by / **from**) China.   Wang 씨는 중국 출신이다.

   해설 '중국에서 왔다'라는 의미로 유래를 의미하는 전치사 from이 정답이다. 전치사 by는 '~ 옆에서', '~에 의해' 등 위치나 수단을 의미한다.

   어휘 come from ~에서 오다, ~ 출신이다

2. This scarf was made (of / **in**) Italy. 이 스카프는 이탈리아에서 제조되었다.

   [해설] '이탈리아에서 제조되었다'라는 의미로 장소를 나타내는 전치사 in이 정답이다. 'be made of'는 '~으로 구성되다'라는 의미이다.

   [어휘] scarf 스카프

3. The train arrived (**at** / to) 3 o'clock. 기차는 3시에 도착했다.

   [해설] '3시에'라는 의미로 시각 앞에 오는 전치사 at이 정답이다.

   [어휘] train 기차 arrive 도착하다 o'clock 시

4. I am busy today, (here / **but**) I can meet you tomorrow. 나는 오늘은 바쁘지만 내일은 너를 만날 수 있다.

   [해설] '오늘은 바쁘지만 내일은 만날 수 있다'는 의미로 앞에 나온 문장과 반대되는 내용이 뒤 문장에 나오므로 '그러나, 하지만'을 의미하는 접속사 but이 적합하다. 부사인 here는 접속사 역할을 할 수 없다.

   [어휘] busy 바쁜 today 오늘 here 여기 meet 만나다 tomorrow 내일

5. You will receive your membership card (**and** / them) free gifts.
   귀하는 귀하의 회원 카드와 무료 선물을 받게 됩니다.

   [해설] '회원 카드'와 '무료 선물'을 연결하는 접속사인 and가 정답이다. 대명사 them은 말과 말을 연결하는 역할을 할 수 없다.

   [어휘] receive 받다 membership 회원 card 카드 free 무료인, 공짜인 gift 선물

5. 구와 절
1. 구 2. 절 3. 구 4. 구 5. 절

교재 p.16

1. every year (**구**) 매년

   [해설] 형용사 every와 명사 year로 이루어진 구이다.

   [어휘] every 매 year 연, 1년

2. our restaurant introduced a new menu (**절**) 저희 식당은 새로운 메뉴를 도입했습니다.

   [해설] 주어 our restaurant과 동사 introduced가 있는 절이다.

   [어휘] restaurant 식당 introduce 소개하다, 도입하다

3. an interesting job (**구**) 흥미로운 일

   [해설] 관사 an, 형용사 interesting, 명사 job으로 이루어진 구이다.

   [어휘] interesting 흥미로운 job 일, 직업

4. to the customers (**구**) 고객들에게

   [해설] 전치사 to, 정관사 the, 명사 customers로 이루어진 구이다.

   [어휘] customer 고객

5. they liked it (**절**) 그들은 그것을 좋아했다

   [해설] 주어 they와 동사 liked가 있는 절이다.

   [어휘] they 그들 like 좋아하다

PRACTICE 1

교재 p.17

1. friend, Chicago, hometown   2. My, she, her, me   3. lives, showed   4. beautiful
5. here, kindly   6. in, to   7. and   8. 절   9. 구   10. 절

1. My ⓕriend lives here in ⓒhicago and she kindly showed her beautiful ⓗometown to me.

   친구는 여기 시카고에 사는데 그녀는 친절하게도 그녀의 아름다운 고향을 나에게 구경시켜 주었다.

   [해설] **명사 찾기** | 문장에서 명사는 friend, Chicago, hometown이다. friend는 주어, Chicago는 전치사(in)의 목적어, hometown은 동사(showed)의 목적어 역할을 한다.

   [어휘] friend 친구   Chicago 시카고   hometown 고향

2. ⓜy friend lives here in Chicago and ⓢhe kindly showed ⓗer beautiful hometown to ⓜe.

   [해설] **대명사 찾기** | 문장에서 대명사는 My, she, her, me이다. My는 소유격, she는 주격, her는 소유격, me는 목적격이다.

   [어휘] my 나의   she 그녀는   her 그녀의   me 나를, 나에게

3. My friend ⓛives here in Chicago and she kindly ⓢhowed her beautiful hometown to me.

   [해설] **동사 찾기** | 문장에서 동사는 lives, showed이다.

   [어휘] live 살다   show 보여주다

4. My friend lives here in Chicago and she kindly showed her ⓑeautiful hometown to me.

   [해설] **형용사 찾기** | 문장에서 형용사는 beautiful이다. beautiful은 뒤에 나오는 명사 hometown을 꾸미는 역할을 한다.

   [어휘] beautiful 아름다운

5. My friend lives ⓗere in Chicago and she ⓚindly showed her beautiful hometown to me.

   [해설] **부사 찾기** | 문장에서 부사는 here, kindly이다.

   [어휘] here 여기에   kindly 친절하게도

6. My friend lives here ⓘn Chicago and she kindly showed her beautiful hometown ⓣo me.

   [해설] **전치사 찾기** | 문장에서 전치사는 in, to이다.

   [어휘] in ~ 안에, ~에   to ~에게

7. My friend lives here in Chicago ⓐnd she kindly showed her beautiful hometown to me.

   [해설] **접속사 찾기** | 문장에서 접속사는 and이다. 접속사 and가 절인 My friend lives here in Chicago와 she kindly showed her beautiful hometown to me를 연결하고 있다.

   [어휘] and 그리고

8. My friend lives here (절) 내 친구는 여기 산다

   [해설] **구와 절 구별하기** | 주어(My friend), 동사(lives)가 있는 절이다.

   [어휘] my 나의   friend 친구   live 살다   here 여기

9. here in Chicago (구) 여기 시카고에

   [해설] **구와 절 구별하기** | 부사(here), 전치사(in), 명사(Chicago)로 이루어진 구이다.

   [어휘] here 여기

10. she kindly showed her beautiful hometown (절) 그녀는 친절하게도 그녀의 아름다운 고향을 구경시켜 주었다.

> [해설] **구와 절 구별하기** | 주어(she), 동사(showed)가 있는 절이다.

> [어휘] she 그녀는 kindly 친절하게도 show 보여주다 her 그녀의 hometown 고향

PRACTICE 2

교재 p.18

1. (B) 2. (A) 3. (A) 4. (A) 5. (A) 6. (A) 7. (A) 8. (B)

1. Mr. Kang has some **questions** about the report.

(A) questioned   **(B) questions**

Kang 씨는 보고서에 대해 몇 가지 질문이 있다.

> [해설] **명사 자리** | 동사의 목적어 빈칸은 동사 has의 목적어 자리이므로 명사가 들어가야 한다. 따라서 정답은 (B) questions이다.

> [어휘] report 보고서

2. Our products are **easily** found in large supermarkets.

(A) easily   (B) easy

우리 제품들은 대형 슈퍼마켓에서 쉽게 찾을 수 있다.

> [해설] **부사 자리** | 빈칸은 동사인 are found를 꾸미는 자리이다. 따라서 정답은 부사인 (A) easily이다. 형용사인 (B) easy는 명사를 꾸민다.

> [어휘] product 제품 find 찾다(found는 과거, 과거분사형)

3. All of our products are made **in** Vietnam.

(A) in   (B) and

우리 제품은 모두 베트남에서 제작된다.

> [해설] **전치사 자리** | 빈칸은 뒤 명사인 Vietnam과 함께 '베트남에서'라는 의미 덩어리를 만드는 자리다. 따라서 전치사인 (A) in이 정답이다. 접속사인 (B) and는 말과 말을 연결하는 역할을 한다.

> [어휘] Vietnam 베트남

4. Mr. Smith **will give** a presentation at the next meeting.

(A) will give   (B) given

Smith 씨는 다음 회의에서 프레젠테이션을 할 것이다.

> [해설] **동사 자리** | Mr. Smith는 명사구, a presentation은 명사구, at the next meeting은 전치사구로 동사가 없는 문장이다. 문장에는 동사가 반드시 1개 있어야 하므로 빈칸은 동사 자리이다. 따라서 정답은 (A) will give이다. (B) given은 give의 과거분사형으로 동사 자리에는 올 수 없다.

> [어휘] give a presentation 프레젠테이션을 하다

5. Mr. Adams is a **successful** businessman.

(A) successful   (B) success

Adams 씨는 성공한 기업가이다.

> [해설] **형용사 자리** | 빈칸은 뒤의 명사 businessman을 꾸며주는 자리이다. 명사를 꾸미는 품사는 형용사이므로 정답은 (A) successful이다.

> [어휘] businessman 기업가 successful 성공한, 성공적인 success 성공

6. I want to thank you for **your** help.

   (A) your   (B) you

   당신의 도움에 감사드립니다.

   [해설] **대명사의 소유격** | 명사 help 앞이므로 빈칸에는 소유격이 들어가야 한다. 해석상으로도 '당신의 도움에 감사한다'는 의미가 되어야 하므로 정답은 (A) your이다.

   [어휘] want 원하다 thank 감사하다 help 도움

7. Please call me **when** you have time.

   (A) when   (B) usually

   시간 있을 때 전화 주세요.

   [해설] **접속사 자리** | 빈칸 앞에도 절(Please call me)이 있고 빈칸 뒤에도 절(you have time)이 있으므로 절과 절을 연결하는 접속사가 필요한 자리이다. 따라서 (A) when이 정답이다. (B) usually는 부사로 절과 절을 연결할 수 없다.

   [어휘] call 전화하다 usually 보통, 대체로

8. She **is** the head scientist at our laboratory.

   (A) to be   **(B) is**

   그녀는 우리 연구실의 수석 과학자이다.

   [해설] **동사 자리** | She 대명사, the head scientist 명사구, at our laboratory 전치사구로 동사가 없다. 따라서 빈칸은 동사 자리로 (B) is가 정답이다. (A) to be는 to부정사로 동사 자리에 올 수 없다.

   [어휘] head 수석, 책임자 scientist 과학자 laboratory 연구실, 실험실

day 02 문장

PART 5

Check Up

1. 주어와 동사

교재 p.20

1. Delivery, 주어   2. attend, 동사   3. manager, 주어   4. He, 주어   5. produces, 동사

1. (**Delivery** / Deliver) is free. (**주어**) 배송은 무료이다.

   [해설] 괄호는 문장 맨 앞, 동사 is 앞 주어 자리이다. 주어 자리에 올 수 있는 것은 명사이므로 정답은 Delivery이다. Deliver는 동사이다.

   [어휘] delivery 배송 deliver 배송하다 free 무료인

2. They (**attend** / attending) the workshop. (**동사**) 그들은 워크숍에 참석한다.

   [해설] 괄호는 주어 They 뒤 동사 자리이다. 따라서 attend가 정답이다. 동사에 -ing를 붙인 동명사 또는 현재분사형인 attending은 동사 자리에 올 수 없다.

   [어휘] attend 참석하다 workshop 워크숍

3. The (managed / **manager**) will attend the meeting. (**주어**) 매니저는 회의에 참석할 것이다.

   [해설] 괄호는 문장 맨 앞, 동사 will attend 앞 주어 자리이다. 주어 자리에는 명사류가 와야 하므로 manager가 정답이다.

   [어휘] managed 관리되는 manager 매니저, 관리자 attend 참석하다 meeting 회의

4. (Him / **He**) sent an e-mail. **(주어)** 그는 이메일을 보냈다.

   [해설] 괄호는 문장 맨 앞, 동사 sent 앞 주어 자리이다. 따라서 주격 대명사인 He가 정답이다. Him은 목적어 자리에 오는 목적격 대명사이다.

   [어휘] send 보내다(sent는 과거형)

5. The company (**produces** / products) medical equipment. **(동사)** 그 회사는 의료 장비를 생산한다.

   [해설] 괄호는 주어 The company 뒤 동사 자리이다. 따라서 동사인 produces가 정답이다. products는 '상품'이라는 뜻의 명사이다.

   [어휘] produce 생산하다   product 상품, 생산품   medical 의료의   equipment 장비, 설비

2. 목적어와 보어
교재 p.21

1. you, 목적어   2. surprised, 보어   3. famous, 보어   4. reception, 목적어   5. advice, 목적어

1. Mr. Shin has called (your / **you**). **(목적어)** Shin 씨가 당신에게 전화했다.

   [해설] 괄호 안은 동사 has called의 목적어 자리이다. 따라서 정답은 목적격 대명사인 you이다. your는 소유격 대명사로 명사 앞에 온다.

   [어휘] call 전화하다

2. Linda was (**surprised** / surprise). **(보어)** Linda는 놀랐다.

   [해설] 괄호 안에 be동사 was 뒤 보어 자리이다. 따라서 정답은 형용사인 surprised이다.

   [어휘] surprised 놀란   surprise 놀라게 하다

3. The movie made the actor (**famous** / famously). **(보어)** 그 영화는 배우를 유명하게 만들었다.

   [해설] 괄호 안은 목적어 the actor를 보충 설명하는 목적격 보어 자리이다. 따라서 정답은 형용사인 famous이다.

   [어휘] actor 배우   famous 유명한   famously 유명하게

4. We will hold a (receive / **reception**). **(목적어)** 우리는 환영 연회를 개최할 것이다.

   [해설] 괄호 안은 동사 will hold의 목적어 자리이다. 따라서 정답은 명사인 reception이다.

   [어휘] reception 환영 연회, 리셉션

5. My manager gave (advise / **advice**). **(목적어)** 내 매니저가 조언했다.

   [해설] 괄호 안은 동사 gave의 목적어 자리이다. 따라서 정답은 명사인 advice이다. advise는 동사이다.

   [어휘] give advice 조언하다, 충고하다

3. 문장의 구조 — 1형식 & 2형식
교재 p.22

1. 1형식   2. 2형식   3. 2형식   4. be   5. worked

1. The plane will depart at 10 A.M. **(1형식)** 비행기는 오전 10시에 출발할 것이다.
   주어   동사

   [해설] '주어+동사'로 이루어진 1형식 문장이다. at 10 A.M.은 수식어이다.

   [어휘] plane 비행기   depart 출발하다, 떠나다

2. The car sales seem slow. **(2형식)** 자동차 판매가 부진한 듯하다.
   주어   동사 주격 보어

해설 '주어+동사+주격 보어'로 이루어진 2형식 문장이다. seem은 주격 보어가 필요한 2형식 동사이다.

어휘 sales 판매 seem ~인 것 같다 slow 느린, 불경기의, 부진한

3. We are a leading company. (2형식) 우리는 선도적인 기업이다.
   주어 동사   주격 보어

   해설 '주어+동사+주격 보어'로 이루어진 2형식 문장이다. We = a leading company로 주어와 동격이므로 주격 보어 자리에 명사가 왔다.

   어휘 leading 선도적인, 주요한

4. You will (**be** / rise) pleased. 당신은 기쁠 것입니다.

   해설 pleased라는 형용사 보어 앞에는 2형식 동사가 어울린다. 따라서 정답은 be이다. rise는 1형식 동사로 뒤에 보어가 필요 없다.

   어휘 pleased 기쁜

5. He (**worked** / was) as a manager. 그는 매니저로 일했다.

   해설 be동사 is의 과거형인 was 뒤에는 보어가 필요하다. 그런데 as a manager는 '전치사+명사'로 이루어진 수식어이다. 따라서 보어가 필요 없는 1형식 동사인 worked가 정답이다.

   어휘 work 일하다 manager 매니저

4. 문장의 구조 — 3형식 & 4형식   교재 p.23

1. 3형식   2. 4형식   3. 3형식
4. 그가 나에게 그 소식을 말해주었다. 간접목적어 – me, 직접목적어 – the news
5. 제가 당신에게 서류를 보내주겠습니다. 간접목적어 – you, 직접목적어 – the document

1. We will take a train. (3형식) 우리는 기차를 탈 예정이다.
   주어 동사   목적어

   해설 '주어+동사+목적어'로 이루어진 3형식 문장이다.

   어휘 train 기차 take a train 기차를 타다

2. The company offered me a job. (4형식) 그 회사는 나에게 일자리를 제안했다.
       주어   동사 간접목적어 직접목적어

   해설 '주어+동사+간접목적어+직접목적어'로 이루어진 4형식 문장이다.

   어휘 offer 제안하다 job 일, 일자리

3. We finished the project on time. (3형식) 우리는 프로젝트를 제시간에 끝냈다.
   주어 동사   목적어   수식어

   해설 '주어+동사+목적어'로 이루어진 3형식 문장이다. on time은 '전치사(on)+명사(time)'로 이루어진 전치사 덩어리로 수식어 역할을 한다.

   어휘 finish 끝내다 on time 제시간에, 정각에

4. He told me the news. 그가 나에게 그 소식을 말해주었다.

   해설 tell 뒤에 간접목적어 me, 직접목적어 the news가 나란히 온 4형식 문장이다. 'tell+사람+직접목적어' 형태는 '누구에게 ~을 말하다'로 해석한다.

   어휘 tell 말하다(told는 과거형) news 소식

5. I will send you the document. 제가 당신에게 서류를 보내주겠습니다.

9

[해설] send 뒤에 간접목적어 you, 직접목적어 the document가 나란히 온 4형식 문장이다. 'send + 사람 + 직접목적어' 형태는 '누구에게 ~을 보내다'로 해석한다.

[어휘] send 보내다 document 서류, 문서

---

5. 문장의 구조 — 5형식 　　　　　　　　　　　　　　　　　　　　　　　교재 p.24
1. clean　2. interesting　3. responsible　4. excited　5. open

1. Our hotel always keep the rooms (**clean** / cleanly).　우리 호텔은 항상 객실을 청결히 유지합니다.

[해설] 동사(keep)의 목적어인 the rooms를 보충 설명하는 목적격 보어가 필요하므로 형용사인 clean이 정답이다.

[어휘] always 항상　keep (특정한 상태를) 유지하다　clean 깨끗한　cleanly 깨끗하게

2. I found the book (interestingly / **interesting**).　나는 그 책이 재미있었다.

[해설] 동사(found)의 목적어인 the book을 보충 설명하는 목적격 보어가 필요하므로 형용사인 interesting이 정답이다.

[어휘] find 찾다, 알게 되다　book 책　interestingly 재미있게　interesting 재미있는

3. We consider Ms. Rosy (**responsible** / response).　우리는 Rosy 씨가 책임감 있다고 생각한다.

[해설] 동사 consider의 목적어 Ms. Rosy를 보충 설명하는 목적격 보어가 필요하므로 형용사인 responsible이 정답이다.

[어휘] consider (~을 …로) 여기다, 생각하다　responsible 책임감 있는, 책임 있는　response 대답하다, 응답하다

4. The news made them (excitedly / **excited**).　그 소식은 그들을 흥분하게 만들었다.

[해설] 동사 made의 목적어 them을 보충 설명하는 목적격 보어가 필요하므로 형용사인 excited가 정답이다.

[어휘] excitedly 흥분하여　excited 흥분한

5. Please leave the window (openly / **open**).　창문을 열린 채로 두세요.

[해설] 동사 leave의 목적어 the window를 보충 설명하는 목적격 보어가 필요하므로 형용사인 open이 정답이다.

[어휘] leave (어떤 상태로) 두다, 그대로 두다　window 창문　openly 터놓고, 솔직하게　open 열린; 열다

---

6. 수식어 — 형용사 역할 수식어 1 　　　　　　　　　　　　　　　　　　　교재 p.25
1. a very popular　2. on this Web site　3. his creative　4. to communicate well with others
5. about the new system

1. Myeong-dong is **a very popular** district.　명동은 매우 인기 있는 지역이다.

[해설] 관사 a, 형용사 popular를 수식하는 부사 very, 형용사 popular가 명사 district를 앞에서 수식하고 있다.

[어휘] very 매우, 아주　popular 인기 있는　district 구역, 지역

2. The information **on this Web site** is very helpful.　이 웹사이트의 정보는 아주 유용하다.

[해설] '전치사(on) + 형용사(this) + 명사(Web site)' 덩어리가 명사 The information을 뒤에서 수식하고 있다.

[어휘] information 정보　Web site 웹사이트　helpful 유용한, 유익한

3. The chef is famous for **his creative** dishes.　그 주방장은 창의적인 요리로 유명하다.

[해설] 소유격 대명사 his, 형용사 creative가 명사 dishes를 앞에서 수식하고 있다.

[어휘] chef 주방장　famous 유명한　creative 창의적인　dish 요리

4. Angela has an ability **to communicate well with others**.
   Angela는 다른 사람들과 의사소통을 잘 하는 능력을 갖고 있다.
   [해설] to부정사 덩어리 to communicate well with others가 명사 ability를 뒤에서 수식하고 있다.
   [어휘] ability 능력   communicate 의사소통하다   well 잘   others 다른 사람들

5. I have questions **about the new system**.   새로운 시스템에 관한 질문이 있습니다.
   [해설] 전치사(about) 덩어리 about the new system이 명사 questions를 뒤에서 수식하고 있다.
   [어휘] question 질문, 의문   new 새로운   system 시스템

7. 수식어 — 형용사 역할 수식어 2   교재 p.26
1. working at our China office   2. wearing glasses   3. sent from your account
4. that is on sale   5. which we bought last week

1. All the staff **working at our China office** will receive a bonus.
   우리 중국 사무소에서 일하는 모든 직원이 보너스를 받을 것이다.
   [해설] 분사(동사원형ing) 덩어리 working at our China office가 명사인 staff를 뒤에서 수식하고 있다.
   [어휘] staff 직원   receive 받다   bonus 보너스, 상여금

2. The man **wearing glasses** is our new employee.   안경을 쓴 남자는 우리의 새로운 직원이다.
   [해설] 분사(동사원형ing) 덩어리 wearing glasses가 명사인 The man을 뒤에서 수식하고 있다.
   [어휘] wear 입다, 쓰다   glasses 안경   employee 직원

3. I read the e-mail **sent from your account**.   나는 당신의 계정으로 온 이메일을 읽었습니다.
   [해설] 분사(과거분사) 덩어리 sent from your account가 명사인 the e-mail을 뒤에서 수식하고 있다.
   [어휘] read 읽다   send 보내다(sent는 과거분사형)   account 계정, 계좌

4. The customer bought the TV **that is on sale**.   고객은 할인하는 TV를 구매했다.
   [해설] 관계사절 that is on sale이 명사인 the TV를 뒤에서 수식하고 있다.
   [어휘] customer 고객   buy 사다, 구매하다(bought는 과거형)   on sale 할인 중인

5. The printer **which we bought last week** is broken.   지난주에 우리가 산 인쇄기가 고장 났다.
   [해설] 관계사절 which we bought last week가 명사인 The printer를 뒤에서 수식하고 있다.
   [어휘] printer 인쇄기, 프린터   last week 지난주   broken 고장 난

8. 수식어 — 부사 역할 수식어   교재 p.27
1. very   2. through the Web site   3. Unfortunately   4. To meet the deadline
5. because her flight was canceled

1. The project was **very** successful.   그 프로젝트는 매우 성공적이었다.
   [해설] 부사 very가 형용사 successful을 수식하고 있다.
   [어휘] very 매우   successful 성공적인

2. I ordered the item **through the Web site**.   나는 웹사이트를 통해 그 상품을 주문했다.

[해설] '전치사+명사 덩어리'인 through the Web site가 동사구 ordered the item을 수식하고 있다.

[어휘] order 주문하다   item 상품   through (~을) 통하여

3. **Unfortunately**, Mr. Kim missed the flight.   안타깝게도 Kim 씨는 비행기를 놓쳤다.

[해설] 부사 Unfortunately가 절 Mr. Kim missed the flight을 수식하고 있다.

[어휘] unfortunately 불행히도, 안타깝게도   miss 놓치다   flight 비행기

4. **To meet the deadline**, I have to work overtime.   마감을 맞추기 위해서 나는 야근을 해야 한다.

[해설] to부정사(to+동사원형) 덩어리 To meet the deadline이 절 I have to work overtime을 수식하고 있다.

[어휘] meet the deadline 마감을 맞추다   overtime 초과근무, 야근

5. She couldn't come **because her flight was canceled**.
그녀의 비행기가 취소되었기 때문에 그녀는 올 수 없었다.

[해설] 부사절 because her flight was canceled가 절 She couldn't come을 수식하고 있다.

[어휘] flight 비행기   cancel 취소하다

PRACTICE 1   교재 p.28

1. ⟨The museum⟩ has ▱a wonderful exhibit▱.
그 박물관은 멋진 전시회를 합니다.

[해설] 문장 성분 파악하기 | 문장 맨 앞 The museum이 주어, has가 동사 a wonderful exhibit이 목적어이다. wonderful은 exhibit을 꾸미는 형용사 수식어이다.

[어휘] museum 박물관   wonderful 멋진   exhibit 전시회, 전시; 전시하다

2. ⟨The employees⟩ found ▱the seminar▱ ◁useful▷.
직원들이 세미나가 유용하다는 걸 알게 됐습니다.

[해설] 문장 성분 파악하기 | 문장 맨 앞 The employees가 주어, found가 동사, the seminar가 목적어이다. useful은 목적어인 the seminar를 설명하는 목적격 보어이다.

[어휘] employee 직원   find 알게 되다(found는 과거형)   seminar 세미나   useful 유용한

3. ⟨I⟩ will show ▱you▱ ▱some samples▱.
제가 샘플 몇 가지를 보여드리겠습니다.

[해설] 문장 성분 파악하기 | 문장 맨 앞 I가 주어, will show가 동사, you가 간접목적어, some samples가 직접목적어이다.

[어휘] show 보여주다   sample 샘플, 견본품

4. ⟨House prices⟩ rose sharply.
주택 가격이 급격히 상승했다.

[해설] 문장 성분 파악하기 | 문장 맨 앞 House prices가 주어, rose가 동사이다. sharply는 동사를 수식하는 부사로 수식어이다.

[어휘] house prices 주택 가격   rise 상승하다(rose는 과거형)   sharply 급격하게, 가파르게

5. ⟨Customer satisfaction⟩ is very ◁important▷.
고객 만족은 매우 중요합니다.

[해설] 문장 성분 파악하기 | 문장 맨 앞 Customer satisfaction이 주어, is가 동사, important가 보어이다. very는 important를 수식하는 부사로 수식어이다.

[어휘] customer 고객 satisfaction 만족 important 중요한

6. The price has risen. — I work at night.
   주어 동사   주어 동사 수식어
   가격이 올랐다.   나는 저녁에 일한다.

   [해설] **1형식 문장** | '주어+동사'만으로 완성된 1형식 문장이다. 'at night'은 '전치사(at)+명사(night)' 덩어리로 수식어이다.

   [어휘] price 가격 rise 상승하다, 오르다 work 일하다

7. We offer customers free parking. — I sent Ms. Louis an e-mail.
   주어 동사 간접목적어   직접목적어   주어 동사 간접목적어 직접목적어
   저희는 고객들에게 무료 주차를 제공합니다. 나는 Louis 씨에게 이메일을 보냈다.

   [해설] **4형식 문장** | '주어+동사+간접목적어+직접목적어'로 이루어진 4형식 문장이다.

   [어휘] offer 제공하다 customer 고객 free 무료의 parking 주차 send 보내다

8. The items are very popular. — The fee remains unchanged.
   주어   동사 수식어 주격 보어   주어   동사   주격 보어
   그 상품들은 매우 인기가 있다.   요금은 바뀌지 않은 채로 있다.

   [해설] **2형식 문장** | '주어+동사+주격 보어'로 이루어진 2형식 문장이다.

   [어휘] item 상품, 품목 fee 요금, 수수료 remain (여전히 ~한 상태로) 있다 unchanged 변하지 않은, 그대로의

9. Nora submitted the report on time. — You should complete the survey.
   주어   동사   목적어   수식어   주어   동사   목적어
   Nora는 보고서를 제시간에 제출했다.   당신은 설문조사를 끝내야 한다.

   [해설] **3형식 문장** | '주어+동사+목적어'로 이루어진 3형식 문장이다. 'on time'은 '전치사(on)+명사(time)' 덩어리로 수식어이다.

   [어휘] submit 제출하다 report 보고서 on time 제시간에 complete 완성하다, 완료하다 survey 설문조사

10. We keep your data safe.   — The manager made the point clear.
    주어 동사 목적어 목적격 보어   주어   동사   목적어 목적격 보어
    저희는 귀하의 데이터를 안전하게 보관합니다.   매니저는 그 점을 분명히 했다.

    [해설] **5형식 문장** | '주어+동사+목적어+목적격 보어'로 이루어진 5형식 문장이다.

    [어휘] data 데이터, 자료 safe 안전한 point 점, 요점 clear 분명한

PRACTICE 2

교재 p.29

1. The conference rooms / in Main Hall / are available / only / for morning meetings.
   회의실은 / 메인 홀에 있는 / 이용가능 합니다 / 오로지 / 아침 회의를 위해서만

   [해설] **수식어 구분하기** | in Main Hall은 '전치사+명사' 덩어리 수식어, only는 부사, for morning meetings는 '전치사+형용사+명사' 덩어리 수식어이다.

   [어휘] conference room 회의실 Main Hall 메인 홀 available 이용할 수 있는 only 오로지

2. Mr. Parmar will answer all questions / about the new policy / in a company-wide e-mail.
   Parmar 씨는 모든 질문에 답할 것입니다 / 새로운 정책에 관하여 / 회사 전체 이메일에서

   [해설] **수식어 구분하기** | about the new policy는 '전치사+정관사+형용사+명사', in a company-wide e-mail은 '전치사+관사+형용사+명사'로 이루어진 수식어이다.

   [어휘] answer 대답하다 policy 정책 company-wide 회사 전체의

PART 5 정답 및 해설

3. Bizer Pharmaceutical has announced the development / of a new drug / to treat cancer.
   Bizer 제약회사는 개발을 발표했습니다 / 신약의 / 암을 치료하기 위한

   [해설] **수식어 구분하기** | of a new drug은 '전치사+관사+형용사+명사', to treat cancer는 to부정사 덩어리 수식어이다.

   [어휘] pharmaceutical 약학의, 제약의; 제약 회사 announce 발표하다 development 개발 drug 약 treat 치료하다, 다루다 cancer 암

4. The number / of people / attending the seminar / has increased / for years.
   수가 / 사람들의 / 세미나에 참석하는 / 증가했다 / 수년 동안

   [해설] **수식어 구분하기** | of people은 '전치사+명사', attending the seminar는 분사 덩어리, for years는 '전치사+명사' 덩어리 수식어이다.

   [어휘] number 수 attend 참석하다 seminar 세미나 increase 증가하다 year 해, 년

5. The Dee Gallery opened a new exhibition / to celebrate its tenth anniversary.
   Dee 갤러리는 새 전시회를 열었다 / 10주년을 기념하기 위해

   [해설] **수식어 구분하기** | to celebrate its tenth anniversary는 to부정사(to celebrate) 덩어리 수식어이다.

   [어휘] gallery 갤러리 exhibition 전시회 celebrate 기념하다 anniversary 주년, 기념일

6. The NS tower / located / in the center / of the city / is famous / for its light decorations.
   NS 타워는 / 위치되어 있는 / 중앙에 / 도시의 / 유명하다 / 조명 장식으로

   [해설] **수식어 구분하기** | located는 과거분사, in the center는 '전치사+정관사+명사', of the city는 '전치사+정관사+명사', for its light decorations는 '전치사+소유격 대명사+명사+명사'로 이루어진 수식어이다.

   [어휘] located 위치한 center 중심, 중앙 famous 유명한 light 조명 decoration 장식

7. We will watch the demonstration video, / which explains the rules / of the game.
   우리는 시범 동영상을 볼 겁니다, / 규칙을 설명해 주는 / 게임의

   [해설] **수식어 구분하기** | which explains the rules는 관계사절, of the game은 '전치사+정관사+명사' 덩어리 수식어이다.

   [어휘] watch 보다 demonstration 시범, 시연 video 동영상 explain 설명하다 rule 규칙

8. All employees / that operate the equipment / must wear safety glasses.
   모든 직원들은 / 장비를 다루는 / 보안경을 착용해야 합니다.

   [해설] **수식어 구분하기** | that operate the equipment는 관계사절 덩어리 수식어이다.

   [어휘] employee 직원 operate 다루다, 작동하다 equipment 장비 wear 착용하다 safety glasses 보안경

9. We should review the document / before we release the final proposal / to the rest of the staff.
   우리는 서류를 검토해야 합니다 / 우리가 최종 제안서를 공개하기 전에 / 나머지 직원들에게

   [해설] **수식어 구분하기** | before we release the final proposal은 부사절 수식어, to the rest of the staff은 전치사 덩어리 수식어이다.

   [어휘] review 검토하다 document 서류 release 공개하다 final 최종의 proposal 제안서 rest 나머지 staff 직원

10. People can work / more efficiently / if they have enough sleep.
    사람들은 일할 수 있습니다 / 더 효율적으로 / 만약 충분히 잔다면

    [해설] **수식어 구분하기** | more efficiently는 부사, if they have enough sleep은 부사절 수식어이다.

    [어휘] work 일하다 efficiently 효율적으로 enough 충분한 sleep 잠, 수면

day 03 명사 — PART 5

📋 Check Up

1. 명사란?
교재 p.30

1. (B) 2. (D) 3. (C) 4. attendee 5. productivity

1. (A) improve **(B) improvement** (C) improved (D) improving

   [해설] (A) improve – 동사, (C) improved – 과거 동사 혹은 과거분사, (D) improving – 현재분사 혹은 동명사. (B) improvement가 명사로 정답이다. -ment로 끝나는 단어는 대부분 명사이다.

   [어휘] improve 개선되다, 향상시키다 improvement 개선, 향상

2. (A) pleasant (B) pleased (C) please **(D) pleasure**

   [해설] (A) pleasant – 형용사, (B) pleased – 과거 동사 혹은 과거분사, (C) please – 동사 혹은 부사. (D) pleasure가 명사로 정답이다. -ure로 끝나는 단어는 주로 명사이다.

   [어휘] pleasant 쾌적한, 즐거운 pleased 기쁜 please 기쁘게 하다, 제발 pleasure 즐거움

3. (A) reserve (B) reserves **(C) reservation** (D) reserving

   [해설] (A) reserve와 (B) reserves - 동사, (D) reserving – 현재분사 혹은 동명사. (C) reservation이 명사로 정답이다. -tion으로 끝나는 단어는 주로 명사이다.

   [어휘] reserve 예약하다 reservation 예약

4. 참석하다: attend → 참석자: **attendee**

   [해설] attend - 동사, attendee – 명사

5. 생산하다: produce → 생산성: **productivity**

   [해설] produce – 동사, productivity – 명사

2. 명사 자리 – 주/목/보
교재 p.31

1. 목적어   2. 주어   3. 주어   4. 보어   5. 목적어

1. The director has made a <u>decision</u>. (**목적어**) 이사는 결정을 내렸다.

   [해설] 동사 has made 뒤 목적어 자리이다.

   [어휘] director 이사 make 만들다 decision 결정

2. The <u>display</u> will feature photographs. (**주어**) 그 전시는 사진을 특징으로 한다.

   [해설] 동사 will feature 앞 주어 자리이다. display는 동사와 명사의 형태가 같으므로 주의하자.

   [어휘] display 전시, 전시하다 feature ~을 특징으로 하다 photograph 사진

3. This <u>equipment</u> is compatible with PC software. (**주어**) 이 장비는 컴퓨터 소프트웨어와 호환이 된다.

   [해설] be동사 is 앞 주어 자리이다.

   [어휘] equipment 장비 be compatible with ~와 호환이 되는 software 소프트웨어

15

4. Mr. Chan is a supervisor. (보어)   Chan 씨는 관리자이다.
   [해설] be동사 뒤 보어 자리이며 Mr. Chan과 동격이다.
   [어휘] supervisor 관리자

5. The moment of decision has come. (목적어)   결정의 순간이 왔다.
   [해설] 전치사 of 뒤, 전치사의 목적어 자리이다.
   [어휘] moment 순간   decision 결정   come 오다

3. 명사 자리 — 명사 짝꿍   교재 p.32
1. recommendation   2. appreciation   3. approval   4. writer   5. convenience

1. Mr. Kanso made a (recommends / **recommendation**).   Kanso 씨가 추천했다.
   [해설] 괄호 앞에 관사 a가 있는 것으로 보아 명사가 와야 한다. 따라서 recommendation이 정답이다.
   [어휘] recommend 추천하다   recommendation 추천

2. Mr. Miles expressed his (**appreciation** / appreciative).   Miles 씨가 감사를 표했다.
   [해설] 괄호 앞에 소유격 his가 있으므로 명사 자리이다. 따라서 appreciation이 정답이다.
   [어휘] express 표현하다   appreciation 감사   appreciative 감사하는

3. Final (approved / **approval**) is required.   최종 승인이 필요하다.
   [해설] 괄호는 be동사 앞 주어 자리이다. 또한 괄호 앞에 형용사인 final이 왔으므로 뒤에 명사가 와야 함을 알 수 있다. 따라서 정답은 approval이다.
   [어휘] final 최종의   approve 승인하다   approval 승인   require 요구하다

4. She became a famous (**writer** / writing).   그녀는 유명한 작가가 되었다.
   [해설] 괄호 앞에 관사 a와 형용사인 famous가 있는 것으로 보아 명사 자리이다. writer, writing 모두 명사이지만 become 뒤 보어 자리로 She와 동격이므로 '그녀는 writing(글쓰기)이다'는 어울리지 않는다. 따라서 writer(작가)가 정답이다.
   [어휘] become 되다   famous 유명한   writer 작가   writing 글쓰기, 저술

5. I will send you the form for your (**convenience** / convenient).
   귀하의 편의를 위해 제가 서류를 보내 드리겠습니다.
   [해설] 괄호 앞에 소유격 your가 있으므로 명사 자리임을 알 수 있다. 따라서 명사인 convenience가 정답이다.
   [어휘] send 보내다   form 서류   convenience 편의   convenient 편리한

4. 가산 명사(셀 수 있는 명사)   교재 p.33
1. discount   2. Employees   3. Reports   4. increase   5. requests

1. The buyer will receive a 3% (**discount** / discounts).   바이어는 3퍼센트 할인을 받을 것이다.
   [해설] 괄호 앞에 관사 a가 있으므로 단수 명사가 와야 한다.
   [어휘] buyer 바이어, 구매자   receive 받다   discount 할인

2. (Employee / **Employees**) will receive bonuses. 직원들은 보너스를 받을 것이다.

   [해설] employee(직원)는 가산 명사다. 가산 명사는 앞에 관사나 소유격 같은 한정사가 없을 경우 반드시 복수 명사로 써야 한다.

   [어휘] employee 직원   receive 받다   bonus 보너스, 상여금

3. (Report / **Reports**) must be true. 보고서가 사실임이 틀림없다.

   [해설] report(보고서)는 가산 명사다. 가산 명사는 앞에 관사나 소유격 같은 한정사가 없을 경우 반드시 복수 명사로 써야 한다.

   [어휘] report 보고서, 보고하다   must ~이 틀림없다, ~해야 한다   true 사실인

4. Riga Airport expects a significant (**increase** / increases). Riga 공항은 상당한 증가를 기대한다.

   [해설] 괄호 앞에 관사 a가 있는 것으로 보아 단수 명사가 와야 한다.

   [어휘] airport 공항   expect 기대하다   significant 상당한   increase 상승, 증가

5. They made (request / **requests**). 그들은 요청했다.

   [해설] 괄호는 동사 made의 목적어 자리이므로 명사 자리이다. request(요청)는 가산 명사인데, 앞에 관사나 소유격 같은 한정사가 없으므로 복수 명사가 정답이다.

   [어휘] request 요청

5. 불가산 명사(셀 수 없는 명사)   교재 p.34
1. equipment   2. luggage   3. work   4. architect   5. assistance

1. All employees must wear protective (**equipment** / equipments). 모든 직원들은 보호 장비를 착용해야 한다.

   [해설] equipment는 불가산 명사이므로 뒤에 복수를 뜻하는 s가 붙을 수 없다.

   [어휘] all 모든   employee 직원   wear 입다   protective 보호하는   equipment 장비

2. Two pieces of my (**luggage** / luggages) are missing. 내 짐 두 개가 분실되었다.

   [해설] luggage는 불가산 명사이므로 뒤에 복수를 뜻하는 s가 붙을 수 없다.

   [어휘] two 둘   piece 부분, 한 개   luggage 짐, 수하물   missing 분실된

3. Ms. Moon has done excellent (**work** / works). Moon 씨는 뛰어난 일을 했다.

   [해설] work는 '일, 업무'라는 뜻으로 쓰일 경우 불가산 명사이므로 뒤에 s가 붙을 수 없다.

   [어휘] do 하다   excellent 뛰어난   work 업무, 일

4. He is a renowned (**architect** / architecture). 그는 유명한 건축가이다.

   [해설] 괄호 앞에 관사 a로 보아 가산 단수 명사가 와야 한다. architecture(건축학)는 불가산 명사이므로 a와 함께 쓸 수 없다. 문맥상으로도 괄호는 주어인 He와 동격이 되어야 하므로 사람을 뜻하는 architect가 정답이다.

   [어휘] renowned 유명한   architect 건축가   architecture 건축(학)

5. The University Board is seeking (**assistance** / assistant). 대학교 위원회가 도움을 구하고 있다.

   [해설] 해석하면 '도움(assistance)을 구하고 있다', '조수(assistant)를 구하고 있다' 모두 의미가 통한다. 하지만 assistant는 가산 명사이므로 앞에 관사나 소유격 같은 한정사가 오거나, 한정사가 없을 경우는 복수형으로 써야 하므로 답이 될 수 없다.

   [어휘] university 대학   board 위원회   seek 구하다   assistance 도움   assistant 조수, 보조원

6. 복합 명사 (명사+명사)

교재 p35

1. product 2. assembly 3. sales 4. supplies 5. application

1. The (productive / **product**) manual should be read in advance. 제품 설명서를 미리 읽어야 한다.
   - [해설] 문법적으로는 명사 manual 앞에 형용사인 productive도 올 수 있지만 '미리 읽어야 한다'는 맥락을 보면 '제품 설명서'가 적절하다. 따라서 manual과 함께 복합 명사를 만드는 product가 정답이다.
   - [어휘] productive 생산력 있는   product 제품   manual 설명서   in advance 미리

2. Taomi has added more (assemble / **assembly**) lines. Taomi는 더 많은 조립 라인을 추가했다.
   - [해설] 괄호는 동사 added 뒤이므로 동사 assemble은 올 수 없다. 명사 lines와 함께 복합 명사 '조립 라인'을 이루는 assembly가 정답이다. 복합 명사 'assembly lines'가 통째로 added의 목적어 역할을 하고 있다.
   - [어휘] add 추가하다   assemble 조립하다   assembly 조립

3. GIM announced (**sales** / sell) results for the first quarter. GIM은 1/4분기의 판매 결과를 발표했다.
   - [해설] 괄호는 동사 announced 뒤이므로 동사인 sell은 올 수 없다. 명사 results와 함께 복합 명사를 이루는 sales가 정답이다. 복합 명사 'sales results'가 통째로 announced의 목적어 역할을 하고 있다.
   - [어휘] announce 발표하다   sale 판매   sell 판매하다   result 결과   quarter 분기

4. We offer a variety of office (supplying / **supplies**). 저희는 다양한 사무용품을 제공합니다.
   - [해설] 괄호에는 office와 함께 복합 명사를 이루는 supplies가 들어가는 것이 적절하다. 복합 명사 'office supplies'가 통째로 전치사 of의 목적어 역할을 하고 있다.
   - [어휘] a variety of 다양한 ~   supply 공급하다   supplies 용품, 비품

5. Please fill out the (apply / **application**) form. 신청서를 작성해 주세요.
   - [해설] 괄호는 관사 the와 명사 form 사이이므로 동사인 apply는 들어갈 수 없다. 명사는 앞이나 뒤에 명사가 추가로 붙어 복합 명사를 만들 수 있는데, 이 경우 명사 form(서류) 앞에 명사인 application(신청)을 붙여 '신청 서류'로 자연스럽게 연결되므로 복합 명사인 application form이 정답이다.
   - [어휘] fill out 작성하다   apply 신청하다   application 신청   form 서류

PRACTICE

교재 p.36

STEP 1 1. (A) 2. (B) 3. (B) 4. (B)   **STEP 2** 5. (A) 6. (B) 7. (A) 8. (A)

1. This spring, Riga Airport expects a significant **increase** in passenger traffic.

   (A) increase   (B) increases

   이번 봄에 Riga 공항은 여객 수송에 있어 상당한 증가를 기대한다.
   - [해설] **a + 단수 가산 명사** | 빈칸 앞에 관사 a가 있으므로 단수 명사가 와야 한다.
   - [어휘] spring 봄   airport 공항   expect 기대하다   significant 상당한   increase 상승, 증가   passenger traffic 여객 수송

2. **Employees** of MAU Manufacture will be receiving cash incentives later this month.

   (A) Employ   **(B) Employees**

   MAU 제조사의 직원들은 이달 말에 장려금을 받을 것이다.

[해설] **명사 자리_주어** | 전치사 수식어구 /of MAU Manufacture/를 빼면 빈칸은 동사 will be 앞 주어 자리이므로 명사인 (B) Employees가 정답이다.

[어휘] employee 직원   manufacture 제조   receive 받다   cash 현금   incentive 장려(우대)책   later 나중에   month 달   employ 고용하다

3. Mr. Miles expressed his **appreciation** to Ms. Sandoval for her hard work in preparing the training program.

   (A) appreciate   **(B) appreciation**

   Miles 씨는 교육 프로그램을 준비한 노고에 대해 Sandoval 씨에게 감사를 표했다.

   [해설] **명사 자리_소유격 뒤** | 빈칸 앞에 소유격 his가 있으므로 명사 자리이다. 또한 동사 expressed의 목적어 자리이므로 명사가 확실하다. 따라서 정답은 (B) appreciation이다.

   [어휘] express 표현하다   hard work 노고   prepare 준비하다   training program 교육[연수] 프로그램   appreciate 감사하다   appreciation 감사

4. The Nebraska University Board is seeking **assistance** for its multi-million dollar construction project.

   (A) assistant   **(B) assistance**

   Nebraska 대학 위원회는 수백만 달러짜리 건설 프로젝트에 대한 도움을 구하고 있다.

   [해설] **가산 명사와 불가산 명사의 구분** | 해석하면 '도움(assistance)을 구하고 있다'나 '조수(assistant)를 구하고 있다' 모두 의미가 통한다. 하지만 assistant는 가산 명사이므로 앞에 관사나 소유격 같은 한정사가 와야 하고, 한정사가 없을 경우는 복수형으로 써야 하므로 (B) assistance가 정답이다.

   [어휘] university 대학   board 위원회   seek 구하다   multi-million 수백만의   dollar 달러   construction 건설   project 프로젝트   assistant 조수, 보조원   assistance 도움

5. The plan has the support of all our staff, but it still requires **approval** from the senior management.

   (A) approval   (B) approves

   그 계획안은 우리 전 직원들의 지지를 받고 있지만, 그래도 여전히 고위 관리직의 승인을 받아야 한다.

   [해설] **명사 자리_동사의 목적어** | 빈칸은 동사 requires의 목적어 자리이므로 명사가 들어가야 한다. 따라서 정답은 (A) approval이다.

   [어휘] support 지원   staff 직원   require 요구하다   senior management 고위 관리직, 간부급 직원   approval 승인   approve 승인하다

6. Mr. Ladd will take a few days off to recover from his recent **operation**.

   (A) operated   **(B) operation**

   Ladd 씨는 최근 받은 수술에서 회복하기 위해 며칠 쉴 것이다.

   [해설] **명사 자리_소유격, 형용사 뒤** | 빈칸 앞에 소유격 his와 형용사 recent가 있으므로 명사가 올 순서이다. 또한 빈칸은 전치사 from의 목적어 자리이기도 하므로 명사가 확실하다. 따라서 정답은 (B) operation이다.

   [어휘] take a day off 하루 쉬다   a few 조금   recover 회복하다   recent 최근의   operate 수술하다   operation 수술

7. Ms. Chu, marketing director of Yapi Ltd., announced her **intention** to retire at the last staff meeting.

   (A) intention   (B) intend

   Yapi 사의 마케팅 책임자인 Chu 씨는 지난번 직원회의에서 은퇴하겠다는 의향을 밝혔다.

   [해설] **명사 자리_소유격 뒤** | 빈칸 앞에 소유격 her가 있으므로 명사 자리이다. 빈칸은 또한 동사 announced의 목적어 자리이므로 명사가 와야 한다. 따라서 정답은 (A) intention이다.

   [어휘] marketing 마케팅   director 이사, 책임자   announce 발표하다, 밝히다   retire 은퇴하다   last 지난   staff meeting 직원회의   intention 의도, 의향   intend 의도하다

8. We make every effort to meet customer needs by promptly responding to **requests**.

(A) **requests**   (B) request

우리는 요구 사항에 즉각 대응함으로써 고객의 요구를 충족시키는데 모든 노력을 기울인다.

[해설] **가산 명사의 단복수** | respond to(~에 응답하다)에서 to는 전치사이다. 빈칸은 전치사 to의 목적어 자리이므로 명사 자리이다. request는 가산 명사이므로 앞에 관사나 소유격 같은 한정사가 와야 하는데, 빈칸 앞에 한정사가 없으므로 복수 명사가 와야 한다. 따라서 정답은 (A) requests이다.

[어휘] make every effort to 부정사 ~하려고 온갖 노력을 기울이다   meet 충족시키다   customer 고객   need 요구   promptly 즉각   respond 응답하다

ACTUAL TEST

교재 p.37

1. (D) 2. (C) 3. (D) 4. (A) 5. (B) 6. (B) 7. (A) 8. (B) 9. (D) 10. (C)

1. The merger deal will involve the **relocation** of about 50 personnel by next February.

(A) relocated   (B) relocate   (C) relocates   **(D) relocation**

그 합병으로 오는 2월까지 50명 정도 직원의 재배치가 필요할 것이다.

[해설] **명사 자리_동사의 목적어** | 빈칸은 동사 involve의 목적어 자리이며, 빈칸 앞에 관사 the가 있으므로 빈칸에는 명사가 와야 한다. 따라서 정답은 (D) relocation이다.

[어휘] merger 합병   deal 거래   involve 포함하다, 필요로 하다   personnel 직원   relocate 재배치하다, 이전시키다   relocation 재배치, 이전

2. The Meizzel Tower was designed and built in 1889 by a famous **engineer** and his team.

(A) engineering   (B) engineers   **(C) engineer**   (D) engine

Meizzel Tower는 1889년에 유명한 건축기사와 그의 팀에 의해 설계되고 건축되었다.

[해설] **a + 단수 명사** | 빈칸 앞에 관사 a와 형용사 famous가 있으므로 빈칸은 단수 명사 자리이다. 단수 명사인 engineer와 engine 중 engine(엔진)은 문맥상 적합하지 않으므로 정답은 (C) engineer이다.

[어휘] tower 탑   design 디자인하다, 설계하다   build 짓다   famous 유명한   team 팀   engineer (건축·기계) 기술자   engine 엔진

3. The company's "Outstanding Employee of the Quarter" award is given as recognition for individual **achievement**.

(A) achieve   (B) achieved   (C) achieves   **(D) achievement**

그 회사의 '분기별 우수 사원' 상은 개인의 성과를 인정하여 주는 상이다.

[해설] **명사 자리_형용사 뒤** | 빈칸은 전치사 for의 목적어 자리로, 형용사인 individual의 수식을 받고 있으므로 명사 자리이다. 따라서 정답은 명사인 (D) achievement이다.

[어휘] outstanding 우수한, 탁월한   employee 직원   quarter 분기   award 상   recognition 인식, 인정   individual 개인의; 개인   achieve 성취하다, 이루다   achievement 성취, 성과

4. The photocopying of confidential documents is not allowed without **permission** from the supervisor.

(A) permission   (B) permissible   (C) permitted   (D) permit

기밀문서의 복사는 관리자의 허가 없이는 허용되지 않는다.

[해설] **명사 자리_전치사의 목적어** | 빈칸은 전치사 without의 목적어 자리이므로 명사 자리이다. permit(허가증)은 가산 명사로 앞에 관사나 소유격 같은 한정사가 와야 하므로 정답은 (A) permission이다.

[어휘] photocopying 복사   confidential 기밀의   document 서류   allow 허용하다   without ~ 없이
supervisor 관리자   permission 허가   permissible 허용되는   permit 허락하다, 허가증

5. The members of the **assembly** will vote on a new law next week.

(A) assemble   **(B) assembly**   (C) assembles   (D) assembled

의회 의원들은 다음 주 새로운 법안에 대해 투표할 것이다.

[해설] 명사 자리_전치사의 목적어 | 빈칸은 전치사 of 뒤 목적어 자리이고 앞에 관사 the가 있으므로 명사가 들어가야 한다. 따라서 정답은 (B) assembly이다.

[어휘] vote 투표하다   new 새로운   law 법(안)   next 다음의   week 주   assemble 모으다   assembly 의회, 조립

6. According to the local media, our company's **visibility** on the various social media needs to be expanded.

(A) visible   **(B) visibility**   (C) visibly   (D) more visible

지역 언론에 따르면, 다양한 소셜 미디어에서 우리 회사의 가시성이 확대되어야 한다.

[해설] 명사 자리_소유격 뒤 | 빈칸 앞에 소유격 our company's가 있으므로 빈칸은 명사 자리이다. 따라서 정답은 (B) visibility이다.

[어휘] according to ~에 따르면   local media 지역[현지] 언론   various 다양한   expand 확장하다, 늘리다
visible 눈에 띄는, 눈에 보이는   visibility 눈에 보임, 가시성   visibly 눈에 띄게, 두드러지게

7. Our factory in Vietnam is operating at full capacity in **preparation** for the peak season.

(A) preparation   (B) prepare   (C) prepared   (D) prepares

베트남에 있는 우리 공장은 성수기에 대비하여 전면 가동 중이다.

[해설] 명사 자리_전치사의 목적어 | 빈칸은 전치사 in 뒤의 목적어 자리이므로 명사가 와야 하므로 정답은 (A) preparation이다.

[어휘] factory 공장   Vietnam 베트남   operate 운영하다, 작동하다   at full capacity 전력으로   peak season 성수기
preparation 준비   prepare 준비하다

8. The **exhibit** in the lobby of our building gives visitors an outline of the firm's 100-year history.

(A) exhibited   **(B) exhibit**   (C) to exhibit   (D) exhibiting

우리 건물 로비에 있는 전시품은 방문객들에게 회사의 100년 역사의 개요를 제시해 준다.

[해설] 명사 자리_주어 | 빈칸은 동사 gives의 주어 자리이므로, 명사인 exhibit과 동명사인 exhibiting이 둘 다 가능하다. 빈칸 앞에 관사 The가 있으며, 빈칸 뒤에 목적어가 없으므로, 정답은 명사인 (B) exhibit이다.

[어휘] outline 개요   give an outline of ~의 개요[줄거리]를 말하다   firm 회사   exhibit 전시회, 전시품; 전시

9. Please confirm **receipt** of the e-mail, which was sent by Mr. Bork at 9:45 P.M. last night.

(A) received   (B) receive   (C) receives   **(D) receipt**

어젯밤 9시 45분 Bork 씨가 보낸 이메일 수신을 확인해 주세요.

[해설] 명사 자리_동사의 목적어 | 빈칸은 동사 confirm의 목적어 자리이므로 명사 자리이다. 따라서 정답은 (D) receipt이다.

[어휘] confirm 확인하다   e-mail 이메일   send 보내다   last 지난   night 밤   receive 받다   receipt 수령

10. Incoming CEO Gina Fowler will give a **presentation** on the company's future strategy.

(A) presenting   (B) presented   **(C) presentation**   (D) presents

신임 최고 경영자 Gina Fowler 씨는 회사의 미래 전략에 관해 발표할 것이다.

[해설] 명사 자리_동사의 목적어 | 빈칸은 동사 give의 목적어 자리이며, 앞에 관사 a로 보아 가산 단수 명사가 오면 된다. 따라서 정답은 (C) presentation이다.

[어휘] incoming 들어오는, 신임의   CEO 최고 경영자   give a presentation 발표하다   company 회사   future 미래
strategy 전략   present 제시하다, 발표하다   presentation 발표

day 04 대명사

Check Up

1. 대명사란?
교재 p.40

1. him, we   2. that, these   3. all, some   4. I, them   5. They, his

1. [해설] him, we는 인칭대명사, this는 지시대명사, some은 부정대명사이다.
2. [해설] they, us는 인칭대명사, that, these는 지시대명사이다.
3. [해설] you, it은 인칭대명사, all, some은 부정대명사이다.
4. 나는 그들을 만났다. → I met **them**.
   [해설] 앞 빈칸은 동사 met의 앞이므로 주어 자리이고 '나는'이 들어가야 하므로 I가 정답이다. 뒤 빈칸은 동사 met의 목적어 자리이고 '그들을'이 들어가야 하므로 'them'이 정답이다.
5. Alan and Nora will visit Mr. Park's office. → **They** will visit **his** office.
   [해설] 앞 빈칸에서 Alan과 Nora는 동사 will visit 앞 주어이고, 1인칭(I)이나 2인칭(You)이 아닌 3인칭이자 두 명(복수)이므로 they가 들어가야 한다. 뒤 빈칸에서 Mr. Park's는 명사 office 앞 소유격이고, 3인칭 단수 남자이므로 his가 정답이다.

2. 인칭대명사
교재 p.41

1. He   2. your   3. My   4. it   5. she

1. (Him / **He**) is a renowned writer.   그는 유명한 작가이다.
   [해설] 괄호는 문장의 맨 앞이자 동사 is 앞이므로 주어 자리이다. 따라서 정답은 주격인 He이다.
   [어휘] renowned 유명한   writer 작가

2. Please find (you / **your**) invoice.   귀하의 송장을 확인하세요.
   [해설] 괄호는 명사 invoice 앞이므로 소유격이 와야 한다. 따라서 정답은 소유격인 your이다.
   [어휘] find 찾다   invoice 송장

3. (**My** / I) appointment has been rescheduled.   나의 약속이 변경되었다.
   [해설] 괄호는 명사 appointment 앞이므로 소유격이 와야 한다. 따라서 정답은 소유격인 My이다.
   [어휘] appointment 약속   reschedule 일정을 변경하다

4. If you receive a faulty item, please return (**it** / them) to the store.
   만약 흠이 있는 제품을 받으시면, 가게로 반품해 주세요.
   [해설] 괄호는 동사 return의 목적어 자리이므로 목적격이 들어가야 한다. 괄호 안의 대명사가 앞에 있는 단수 명사 a faulty item을 대신해야 하므로 it이 정답이다.
   [어휘] if 만약 ~하면   receive 받다   faulty 흠이 있는   item 제품   return 돌려주다   store 가게

5. Because Ms. Ryan developed the plan, (**she** / they) will give a presentation.
   Ryan 씨가 그 계획을 세웠기 때문에 그녀가 발표할 것입니다.
   [해설] 괄호는 앞에 있는 명사 Ms. Ryan을 대신하므로 '3인칭 단수+여성'을 뜻하는 she가 정답이다.
   [어휘] because 때문에   develop 발전시키다   plan 계획   give a presentation 발표하다

3. 소유대명사
교재 p.42

1. hers   2. ours   3. yours   4. you   5. ours

1. The USB drive is (her / **hers**). 그 USB 드라이브는 그녀의 것이다.

    [해설] 괄호는 be동사 뒤이므로 보어 자리이다. 보어는 주어와 동격이므로 '그녀의 것'이라는 의미의 hers가 정답이다. her는 소유격과 목적격으로 쓰이는데, 소유격으로 쓰일 때는 뒤에 명사가 있어야 하고, 목적격으로 쓰일 때는 앞에 타동사나 전치사가 있어야 한다.

    [어휘] USB drive USB 드라이브

2. The buyer chose (**ours** / we) from many design samples. 바이어는 많은 디자인 견본 중에서 우리의 것을 골랐다.

    [해설] 괄호는 동사 chose 뒤 목적어 자리이므로 소유대명사인 ours가 정답이다.

    [어휘] buyer 바이어, 구매자   choose 선택하다   many 많은   design 디자인   sample 견본

3. I received Tom's e-mail but (you / **yours**) hasn't arrived yet.
    나는 Tom의 이메일은 받았지만 네 것은 아직 도착하지 않았다.

    [해설] 괄호는 동사 hasn't arrived의 앞, 주어 자리이다. 주어 자리에는 you와 yours 모두 가능한데 괄호 안의 대명사 중 문맥상 'your e-mail'을 대신하는 'yours(네 것)'가 들어가야 적절하다. 또한 you는 동사가 haven't이어야 하므로 정답이 될 수 없다.

    [어휘] receive 받다   e-mail 이메일   arrive 도착하다

4. I am writing this letter because I haven't heard from (**you** / yours).
    나는 귀하로부터 아무 소식을 듣지 못해서 이 편지를 씁니다.

    [해설] 괄호는 전치사 뒤 목적어 자리이다. you와 yours 모두 목적어 자리에 올 수 있지만 문맥상 '당신'이 들어가야 적절하다. yours가 들어가면 '너의 편지로부터 아무 소식을 듣지 못했다'가 되어 의미가 통하지 않는다.

    [어휘] write 쓰다   letter 편지   because 때문에   hear 듣다

5. We are using Zedox printer rental services so this printer is not (it / **ours**).
    우리는 Zedox 프린터 대여 서비스를 사용하고 있으므로 이 프린터는 우리의 것이 아니다.

    [해설] 괄호는 be동사 뒤 보어 자리이다. it과 ours 모두 보어 자리에 올 수 있지만 문맥상 '이 프린터는 우리의 것(우리의 프린터)이 아니다'가 적절하므로 ours가 정답이다. it은 printer를 대신하므로 it을 넣으면 '이 프린터는 그것(프린터)이 아니다'가 되어 의미가 통하지 않는다.

    [어휘] use 사용하다   printer 인쇄기   rental 대여의   service 서비스

4. 재귀대명사
교재 p.43

1. herself   2. herself   3. himself   4. himself   5. himself

1. Ms. Yan committed (her / **herself**) to music. Yan 씨는 음악에 전념했다.

    [해설] 괄호는 동사 commit의 목적어 자리이므로 her와 herself 모두 가능하다. 괄호는 Ms. Yan을 대신하는데, 주어와 동일 인물이므로 재귀대명사 herself가 정답이다.

    [어휘] commit oneself to ~에 전념하다   music 음악

2. Ms. Shin reviewed the résumés (her / **herself**). Shin 씨는 직접 이력서들을 검토했다.

    [해설] 괄호는 완전한 문장 뒤에 덤으로 붙어서 'Ms. Shin이 직접 했음'을 강조하는 자리이므로 재귀대명사가 들어가야 한다. 따라서 정답은 재귀대명사 herself이다. 다른 대명사들은 완전한 문장에 추가로 붙을 수 없다.

    [어휘] review 검토하다   résumé 이력서

3. The manager (he / **himself**) attended the workshop.   매니저가 직접 워크숍에 참석했다.

   [해설] 괄호는 주어와 동사 사이에 덤으로 껴서 주어인 manager가 '직접 했음'을 강조해 주는 자리이다. 따라서 정답은 재귀대명사 himself이다. 주어와 동사 사이에 덤으로 낄 수 있는 대명사는 재귀대명사밖에 없다.

   [어휘] manager 관리자   attend 참석하다   workshop 워크숍

4. Jake prepared a survey by (him / **himself**).   Jake는 설문조사를 혼자 준비했다.

   [해설] by 뒤에 들어가서 '혼자'를 뜻하는 재귀대명사가 적절하다. 따라서 정답은 재귀대명사 himself이다. him이 들어갈 경우, 'by him'은 '그에 의해서'를 의미하므로 문맥상 적합하지 않다.

   [어휘] prepare 준비하다   survey 설문 조사

5. The owner gave a presentation (him / **himself**).   사주가 직접 발표했다.

   [해설] 괄호는 완전한 문장 뒤에 덤으로 붙어 '사주가 직접 했다'는 것을 강조하는 자리이므로 재귀대명사가 적절하다. 따라서 정답은 재귀대명사 himself이다. 다른 대명사들은 완전한 문장에 추가로 붙을 수 없다.

   [어휘] owner 소유주   give a presentation 발표하다

5. 지시대명사
교재 p.44

1. these   2. This   3. those   4. those   5. Those

1. Please fill out (that / **these**) forms.   이 서류들을 작성해 주세요.

   [해설] 괄호는 명사 forms 앞에서 명사를 수식하는 형용사 자리이다. that, these 둘 다 가능하지만, 괄호 뒤 명사가 복수 형태이므로 복수를 의미하는 these가 정답이다. that과 this는 단수 명사를 수식한다.

   [어휘] fill out 작성하다   form 서류

2. (**This** / They) is a limited-time offer.   이것은 기간이 한정된 할인이다.

   [해설] 괄호는 주어 자리이므로 This와 They 모두 가능하지만, 괄호 뒤 동사 is가 단수를 뜻하므로 단수인 This가 정답이다. They는 복수이므로 단수 동사 is와 함께 쓸 수 없다.

   [어휘] limited 한정된, 제한된   time 시간   offer (짧은 기간의) 할인

3. We offer workshops for (**those** / that) looking for a job.   우리는 구직 중인 사람들을 위해 워크숍을 제공한다.

   [해설] 괄호는 전치사 for의 목적어 자리이므로 those와 that 모두 가능하다. 하지만 괄호는 뒤에 따라온 looking for a job의 수식을 받아 구직 중인 '사람들'을 의미하므로, 뒤에 수식어가 따라 붙어 '~한 사람들'을 뜻하는 those가 정답이다.

   [어휘] offer 제공하다   workshop 워크숍   look for ~을 찾다   job 일, 직업

4. Mr. Chin will send a timetable to (that / **those**) who attend the seminar.
   Chin 씨가 세미나에 참석하는 사람들에게 시간표를 보낼 것이다.

   [해설] 괄호는 전치사 to 뒤 목적어 자리이므로 that과 those 모두 가능하다. 괄호 뒤 'who attend ~'의 수식을 받아 '세미나에 참석한 사람들'을 뜻하므로, 뒤에 수식어가 따라 붙어 '~한 사람들'을 의미하는 those가 정답이다. 특히 those는 '~한 사람들'로 쓰일 때 'those who ~'로 자주 출제되므로 통으로 외워 두자.

   [어휘] send 보내다   timetable 시간표   attend 참석하다   seminar 세미나

5. (Them / **Those**) with a university degree will be preferred.   학사 학위가 있는 사람들을 우대할 것이다.

   [해설] 괄호는 뒤에 따라온 with a university degree의 수식을 받아 학사 학위가 있는 '사람들'을 의미하므로, '~한 사람들'을 뜻하는 those가 정답이다. 수식어인 전치사구 /with a university degree/를 빼면 빈칸은 동사 will be 앞 주어 자리이므로 목적격인 Them은 정답이 될 수 없다.

   [어휘] university 대학   degree 학위   prefer 선호(우대)하다

6. 부정대명사

교재 p.45

1. others   2. Many   3. each   4. Some   5. some

1. Please be kind to (another / **others**).   다른 사람들에게 친절하세요.

   [해설] 괄호는 전치사 to의 목적어 자리로 another와 others 모두 가능하다. 문맥상 '또 한 사람(another)'보다는 '다른 사람들(others)'이 적절하다.

   [어휘] kind 친절한

2. (**Many** / Much) of the applicants are qualified.   많은 지원자들이 자격을 갖추었다.

   [해설] 괄호는 주어 자리이므로 대명사인 many와 much 둘 다 가능하다. many와 much는 뜻은 같지만, 빈칸은 복수 명사인 applicants를 대신하므로 many가 정답이다. much는 불가산 명사를 대신하므로 답이 될 수 없다.

   [어휘] applicant 지원자   qualified 자격을 갖춘

3. We give a free gift to (**each** / every) of our members.   우리는 회원들 각자에게 무료 선물을 증정한다.

   [해설] 괄호는 전치사 to의 목적어 자리이므로 대명사인 each가 정답이다. each(각각)는 형용사, 대명사 둘 다 되지만, every(모든)는 형용사로만 쓰이므로 답이 될 수 없다.

   [어휘] give 주다   free 무료의   gift 선물   member 회원

4. (**Some** / Each) have complained.   소수의 사람들이 불평했다.

   [해설] 괄호는 동사 have 앞 주어 자리이므로 Some과 Each 모두 가능하다. 동사 have는 복수 주어와 쓰이므로 정답은 Some이다. Each는 단수이므로 단수 동사 has가 와야 한다.

   [어휘] some 일부   each 각각   complain 불평하다

5. We will buy (**some** / many) of her jewelry next month.   우리는 다음 달에 그녀의 보석 일부를 구입할 것이다.

   [해설] jewelry는 불가산 명사이므로 many와는 함께 쓸 수 없다. some은 가산 복수 명사, 불가산 명사와 모두 쓸 수 있으므로 some이 정답이다.

   [어휘] buy 구입하다   jewelry 보석

PRACTICE

교재 p.46

STEP 1   1. (B)   2. (A)   3. (B)   4. (B)   **STEP 2**   5. (B)   6. (B)   7. (A)   8. (A)

1. Please find **your** latest invoice for the total course fees.

   (A) you   (B) **your**

   총 수강료에 대한 귀하의 최근 송장을 확인하세요.

   [해설] 인칭대명사_소유격 | 빈칸은 명사 invoice 앞이므로 소유격이 와야 한다. 따라서 정답은 (B) your이다.

   [어휘] find 찾다   latest (가장) 최근의   invoice 송장   total 총   course 강의   fee 수수료

2. Not only is Arnold Green a fashion photographer, but **he** is also a renowned writer.

   (A) **he**   (B) him

   Arnold Green은 패션 사진작가일 뿐만 아니라, 유명한 작가이기도 하다.

   [해설] 인칭대명사_주격 | 빈칸은 접속사 but 뒤에 온 절의 맨 앞이자 동사 is 앞이므로 주어 자리이다. 따라서 정답은 (A) he이다. him은 목적격이므로 답이 될 수 없다.

어휘 not only A but also B A뿐 아니라 B도   fashion 패션   photographer 사진작가   renowned 유명한   writer 작가

3. The owner of the Gump Corporation gave a presentation **himself** at the annual meeting.
   (A) him   (B) **himself**

   Gump Corporation의 사주가 연례 회의에서 직접 발표했다.

   해설 **재귀대명사_강조 용법** | 빈칸은 완전한 문장 뒤에 덤으로 붙어 '사주가 직접 했다'는 것을 강조하는 자리이므로 재귀대명사가 정답이다. 다른 대명사들은 완전한 문장에 추가로 붙을 수 없다.

   어휘 owner 소유주   give a presentation 발표하다   annual 연간의, 연례의   meeting 회의

4. Mr. Chin will send an updated timetable to **those** who attend the seminar on managerial techniques.
   (A) that   (B) **those**

   Chin 씨는 경영 기법에 관한 세미나에 참석하는 사람들에게 최신 시간표를 보낼 것이다.

   해설 **지시대명사_those** | 빈칸은 전치사 to 뒤 목적어 자리이므로 that과 those 모두 가능하다. 빈칸 뒤 'who attend ~'의 수식을 받아 '세미나에 참석한 사람들'을 뜻하므로, 뒤에 수식어가 따라 붙어 '~한 사람들'을 의미하는 those가 정답이다.

   어휘 send 보내다   updated 최신의   timetable 시간표   attend 참석하다   seminar 세미나   managerial 경영의, 운영의   technique 기법

5. Ms. Gilbert will be attending the trade fair with **her** sales team.
   (A) herself   (B) **her**

   Gilbert 씨는 그녀의 영업팀과 함께 무역 박람회에 참석할 것이다.

   해설 **인칭대명사_소유격** | 빈칸은 명사 sales team 앞이므로 소유격이 와야 한다.

   어휘 attend 참석하다   trade 무역, 거래   fair 박람회   sales team 영업팀

6. Market research indicates that most of the area's consumers see **themselves** as smart shoppers.
   (A) it   (B) **themselves**

   시장 조사에 따르면 그 지역 소비자들의 대부분은 자신들을 현명한 구매자라고 여긴다.

   해설 **재귀대명사_재귀용법** | 빈칸은 동사 see의 목적어 자리이므로 it과 themselves 둘 다 가능하다. 빈칸은 that절의 주어와 동일 인물로 consumers를 대신하고 있으므로, 재귀대명사가 들어가야 한다. 따라서 정답은 (B) themselves이다. consumers는 사람이고 복수 명사이므로 사물, 단수를 뜻하는 it으로 대신할 수 없다.

   어휘 market research 시장 조사   indicate 나타내다, 보여주다   consumer 소비자

7. **Many** are concerned about the board's decision to decrease the budget.
   (A) **Many**   (B) Every

   많은 사람들이 예산을 줄이려는 이사회의 결정에 대해 걱정한다.

   해설 **부정대명사_many** | 빈칸은 be동사 앞 주어 자리이므로 대명사인 Many가 정답이다. Many는 대명사, 형용사 둘 다 되지만, Every는 형용사이므로 명사 자리에 들어갈 수 없다.

   어휘 be concerned about ~에 대해 걱정하다   board 이사회, 위원회   decision 결정   decrease 줄이다   budget 예산

8. **Those** with dyslexia will get a deadline extension of five working days.
   (A) **Those**   (B) Them

   난독증이 있는 사람들은 마감일을 근무일수로 5일 연장을 받을 것이다.

   해설 **지시대명사_those** | 전치사구 /with dyslexia/를 빼면 빈칸은 동사 will get 앞 주어 자리이므로 목적격인 Them은 답이 될 수 없다.

   어휘 dyslexia 난독증   get 얻다   deadline 마감일   extension 연장   five 다섯   working day 근무일

ACTUAL TEST

교재 p.47

1. (A) 2. (A) 3. (C) 4. (A) 5. (D) 6. (D) 7. (A) 8. (A) 9. (B) 10. (C)

1. **My** meeting with potential investors has been moved to July 10.

   (A) My   (B) Me   (C) Myself   (D) Mine

   잠재적 투자자들과의 회의 일정이 7월 10일로 옮겨졌다.

   [해설] 인칭대명사_소유격 | 빈칸은 명사 meeting 앞이므로 소유격이 와야 한다.

   [어휘] meeting 회의   potential 잠재적인, 가능성이 있는   investor 투자자   move 옮기다   July 7월

2. A personalized asset management plan was designed to serve **each** of our clients.

   (A) each   (B) whose   (C) it   (D) whom

   개인별로 맞춤화된 자산 관리 계획은 고객 각자에게 제공되도록 설계되었다.

   [해설] 부정대명사_each | 빈칸은 to 부정사(to+동사)에서 to 뒤 동사 serve의 목적어 자리이므로 목적어 자리에 들어갈 수 있는 대명사인 each와 it이 가능하다. 빈칸은 ___ of our clients(우리 고객들 중 ___)로 'client'를 대신하는 말이므로 단수 사물을 뜻하는 it은 답이 될 수 없다. whose와 whom은 의문대명사로 내용상 빈칸에 적절하지 않다.

   [어휘] personalized 맞춤화된   asset 자산   management 관리   plan 계획   design 설계하다   serve (서비스 등을) 제공하다   client 고객

3. Dr. Gray requested a shuttle service from the airport to the hotel for **himself** this Saturday.

   (A) his own   (B) he   **(C) himself**   (D) his

   Gray 박사는 그 자신을 위해 이번 주 토요일 공항에서 호텔까지 셔틀 서비스를 요청했다.

   [해설] 재귀대명사_재귀용법 | 빈칸은 전치사 for의 목적어 자리로 himself와 his(그의 것)가 답이 될 수 있다. 빈칸은 Dr. Gray를 대신하는데, 동사인 requested의 주어도 Dr. Gray로 동일 인물이므로 재귀대명사가 정답이다. 또한 문맥상 '그의 것을 위해'는 적절하지 않다.

   [어휘] request 요청하다   shuttle service 왕복 버스 서비스   airport 공항   hotel 호텔   Saturday 토요일

4. None of **them** arrived at the conference on time due to an unexpected flight delay.

   (A) them   (B) they   (C) themselves   (D) their

   예상치 못한 항공기 지연 때문에 그들 중 누구도 회의에 제시간에 도착하지 못했다.

   [해설] 인칭대명사_목적격 | 빈칸은 전치사 of의 목적어 자리이므로 them과 themselves가 올 수 있는데 재귀대명사는 주어 자리에는 쓰지 않으므로 정답은 (A) them이다.

   [어휘] none 아무도 ~않다   arrive 도착하다   conference 회의, 학회   on time 제시간에   due to ~ 때문에   unexpected 예상 못한   flight 비행   delay 지연

5. Mr. Duran wants to confirm when photographs for the magazine will be ready for **his** review.

   (A) he   (B) himself   (C) him   **(D) his**

   Duran 씨는 잡지에 들어갈 사진이 언제쯤 그가 검토할 수 있도록 준비되는지 확인하고 싶어한다.

   [해설] 인칭대명사_소유격 | 빈칸은 명사 review 앞이므로 소유격이 들어가야 한다.

   [어휘] want 원하다   confirm 확인하다   when 언제   photograph 사진   magazine 잡지   be ready for ~할 준비가 되다   review 검토

6. **Those** wishing to apply for an accounting position must e-mail Ms. Valtez by Thursday, February 14.

   (A) Them   (B) Their   (C) Who   **(D) Those**

27

회계 관련 자리에 지원하고 싶은 사람들은 2월 14일 목요일까지 Valtez 씨에게 이메일을 보내야 한다.

[해설] **지시대명사_those** | 수식어인 /wishing ~ position/을 빼면 빈칸은 동사 must e-mail 앞 주어 자리이므로 정답은 Those이다. those는 뒤에 수식어가 붙어 '~한 사람들'을 의미한다.

[어휘] wish 바라다   apply for ~에 지원하다   accounting 회계   position 일자리, 직위   e-mail 이메일을 보내다
Thursday 목요일   February 2월

7. Yesterday, Ms. Chang indicated that **she** would ask team members to work overtime.

   (A) she   (B) hers   (C) herself   (D) her

   어제 Chang 씨가 팀원들에게 초과 근무를 요청할 것임을 내비쳤다.

   [해설] **인칭대명사_주격** | 빈칸은 접속사 that 뒤, 동사 would ask 앞에 위치한 that절의 주어 자리이므로 정답은 she이다.

   [어휘] yesterday 어제   indicate 나타내다, 내비치다   ask 요청하다   team 팀   member 구성원
   work 일하다   overtime 초과 근무

8. Sunmi Kang prepared all of the inventory sheets for every store location **herself**.

   (A) herself   (B) she   (C) hers   (D) her

   Sunmi Kang은 전 매장의 모든 재고조사표를 직접 작성했다.

   [해설] **재귀대명사_강조용법** | 빈칸은 완전한 문장 뒤에 덤으로 붙어서 'Sunmi Kang이 직접 작성했다'는 것을 강조하는 자리이므로 재귀대명사가 들어가야 한다. 따라서 정답은 (A) herself이다. 다른 대명사들은 완전한 문장에 추가로 붙을 수 없다.

   [어휘] prepare 작성하다, 만들다   inventory sheet 재고조사표   location 장소, 지점

9. Because of staffing issues, Mr. Trang is handling all the mailing tasks by **himself**.

   (A) yourself   **(B) himself**   (C) itself   (D) themselves

   인력 부족 문제 때문에 Trang 씨는 혼자서 모든 우편물 업무를 처리하고 있다.

   [해설] **재귀대명사_관용 표현** | 'by+재귀대명사'는 '혼자서'라는 뜻의 관용 표현이다. 빈칸은 3인칭 단수, 남성인 명사 Mr. Trang을 대신하므로 (B) himself가 정답이다.

   [어휘] staffing 직원 (수), 직원 채용   issue 문제   handle 처리하다, 담당하다   mailing 우편물   task 일, 업무
   by oneself 혼자서

10. The training session will be held for **those** interested in the new software program.

    (A) either   (B) they   **(C) those**   (D) whom

    새로운 소프트웨어 프로그램에 관심 있는 사람들을 위해 수업이 열릴 것이다.

    [해설] **지시대명사_those** | 빈칸은 전치사 for의 목적어 자리이므로 주격인 they는 들어갈 수 없고, 의문대명사 whom(누구를)은 내용상 부적절하다. 목적어 자리에 들어갈 수 있는 대명사 either(둘 중 하나)와 those 중, '둘 중 하나'는 문맥상 부적절하고, 뒤에 수식어가 붙어 '~한 사람들'을 의미하는 those가 적절하다.

    [어휘] training session 교육 (과정)   hold 개최하다   interested 관심 있는   new 새로운   software 소프트웨어
    program 프로그램

day 05 형용사   PART 5

📋 Check Up

1. 형용사란?   교재 p.50
1. (B), (C)   2. (A)   3. attractive   4. comparable   5. defective

1. (A) use   **(B) useful**   **(C) useless**   (D) user
   [해설] (A) use 사용(명사), 사용하다(동사) (B) useful 유용한(형용사) (C) useless 쓸모없는(형용사) (D) user 사용자(명사).

2. **(A) additional**   (B) add   (C) addition   (D) additionally
   [해설] (A) additional 추가의(형용사) (B) add 추가하다(동사) (C) addition 추가(명사) (D) additionally 추가로(부사)

3. 마음을 끌다: attract → 매력적인: **attractive**
   [해설] attract – 동사, attractive – 형용사

4. 비교하다: compare → 비교할 만한, 비슷한: **comparable**
   [해설] compare – 동사, comparable – 형용사

5. 결함: defect → 결함이 있는: **defective**
   [해설] defect – 명사, defective – 형용사

2. 형용사 자리   교재 p.51
1. important   2. protective   3. necessary   4. preventable   5. clean

1. The mayor played an (importance / **important**) role.   시장이 중요한 역할을 했다.
   [해설] 괄호는 명사 role 앞에서 명사를 수식하는 형용사 자리이다.
   [어휘] mayor 시장   play 놀다, 하다   importance 중요성   important 중요한   role 역할

2. Employees must wear the (**protective** / protect) gear.   직원들은 보호 장비를 착용해야 한다.
   [해설] 괄호는 명사 gear 앞에서 명사를 수식하는 형용사 자리이다.
   [어휘] employee 직원   wear 입다   protective 보호하는   protect 보호하다   gear 장비

3. Computer skills are (necessarily / **necessary**).   컴퓨터 기술이 필수적이다.
   [해설] 괄호는 be동사 뒤 보어 자리이다. 2형식 동사인 be동사 뒤 보어 자리에는 주어인 명사를 수식하는 형용사가 주로 들어간다.
   [어휘] computer 컴퓨터   skill 기술, 기량   necessarily 어쩔 수 없이   necessary 필수적인

4. Most errors are (**preventable** / prevention).   대부분의 오류는 예방할 수 있다.
   [해설] 괄호는 be동사 뒤 보어 자리이다. be동사 뒤 보어 자리에는 주어인 명사를 수식하는 형용사가 주로 들어가며, 문맥상으로도 '오류는 예방할 수 있다'로 preventable이 적합하다. 주어와 동격을 의미할 경우 보어 자리에 명사도 들어갈 수 있으나 prevention이 들어가면 '오류는 예방이다'가 되어 문맥상 적절하지 않다.
   [어휘] most 대부분의   error 실수, 오류   preventable 예방할 수 있는   prevention 예방

5. You should keep the lab equipment (**clean** / cleans). 여러분은 실험실 장비를 깨끗하게 유지해야 한다.

   [해설] 괄호는 5형식 동사 keep의 목적격 보어 자리이므로 형용사가 들어간다.

   [어휘] keep 유지하다 lab 실험실 equipment 장비 clean 깨끗한, 청소하다

3. 헷갈리는 형용사 교재 p.52
1. likely 2. timely 3. rewarding 4. considerate 5. favorable

1. Strong winds are (like / **likely**) to continue. 강한 바람이 지속될 것 같다.

   [해설] 괄호는 be동사 뒤 보어 자리로 주로 형용사가 들어간다. likely는 부사처럼 생겼지만 형용사이다. 'be likely to(~할 것 같다)'를 통으로 암기하면 편하다.

   [어휘] strong 강한 wind 바람 continue 지속되다

2. We should return phone calls in a (timing / **timely**) manner. 우리는 적시에 답신 전화를 해야 한다.

   [해설] 괄호는 명사 manner 앞에서 명사를 수식하는 형용사 자리이다. timely는 부사처럼 생겼지만 형용사이므로 주의한다.

   [어휘] return 돌아오다, 돌려주다 phone call 전화 timely 시기적절한 manner 방식, 태도

3. Volunteer work can be a very (**rewarding** / rewards) experience.
   자원봉사자 일은 매우 보람 있는 경험이 될 수 있다.

   [해설] 괄호는 명사 experience 앞에서 명사를 꾸며주는 형용사 자리이다.

   [어휘] volunteer 자원봉사자 work 일 rewarding 보람 있는 experience 경험

4. Please be (**considerate** / considerable) of others. 다른 사람들을 배려하세요.

   [해설] 괄호는 be동사 뒤 보어 자리로 주로 형용사가 들어간다. 보기 둘 다 형용사이므로 문맥상 잘 어울리는 뜻으로 고른다. 다른 사람들을 '배려하라'는 의미가 적절하므로 considerate가 정답이다.

   [어휘] considerate 친절한, 배려하는 considerable 상당한 others 다른 사람들

5. Nunez received a (favorite / **favorable**) evaluation. Nunez는 좋은 평가를 받았다.

   [해설] 괄호는 명사 evaluation 앞에서 명사를 꾸며주는 형용사 자리이다. 보기 둘 다 형용사이므로 문맥상 적합한 단어를 고른다. '좋은 평가를 받았다'는 의미가 적절하므로 정답은 favorable이다.

   [어휘] receive 받다 favorite 매우 좋아하는 favorable 좋은, 호의적인

4. 수량 형용사 교재 p.53
1. Many 2. another 3. All 4. much 5. no

1. (**Many** / Little) people are expected to attend the premiere. 많은 사람들이 초연에 참석할 것으로 예상된다.

   [해설] 괄호는 명사 people 앞 형용사 자리이다. many는 복수 명사 앞, little은 불가산 명사 앞에 쓴다. people은 복수 명사이므로 many가 정답이다.

   [어휘] many 많은 little 적은 people 사람들 be expected to ~할 것으로 예상되다 attend 참석하다 premiere 초연

2. We may have (many / **another**) option. 우리에게는 또 하나의 옵션이 있을 수도 있다.

   [해설] 괄호는 명사 option 앞 형용사 자리이다. many는 복수 명사 앞, another는 가산 단수 명사 앞에 쓴다. option은 가산 단수 명사이므로 답은 another이다.

   [어휘] another 또 하나의 option 선택 사항

3. (**All** / Every) files should be stored in our team folder.   모든 파일은 팀 폴더에 보관되어야 한다.

   [해설] 괄호는 명사 files 앞 형용사 자리이다. all은 복수 명사 혹은 불가산 명사 앞에, every는 가산 단수 명사 앞에 온다. files는 복수 명사이므로 all이 정답이다.

   [어휘] all 모든   every 모든   file 파일   store 보관하다   team 팀   folder 폴더

4. The film received (few / **much**) attention.   그 영화는 많은 주목을 받았다.

   [해설] 괄호는 명사 attention 앞 형용사 자리이다. few는 복수 명사 앞, much는 불가산 명사 앞에 온다. attention은 불가산 명사이므로 much가 정답이다.

   [어휘] film 영화   receive 받다   few 적은   much 많은   attention 주목

5. He had (**no** / several) intention of stepping down.   그는 사퇴할 의사가 없다.

   [해설] 괄호는 명사 intention 앞 형용사 자리이다. no는 문맥만 맞으면 명사 수에 상관없이 쓸 수 있고, several은 복수 명사 앞에 쓴다. intention은 불가산 명사이므로 several은 정답이 될 수 없다.

   [어휘] no 어떤 ~도 없는   intention 의사   step down 사퇴하다

PRACTICE
교재 p.54

STEP1   1. (B)   2. (A)   3. (A)   4. (A)   **STEP2**   5. (A)   6. (A)   7. (A)   8. (B)

1. Governor Eugene May played an **important** role in the construction of the community center.

   (A) importance   **(B) important**

   주지사 Eugene May는 지역 문화회관 건설에 중요한 역할을 했다.

   [해설] **형용사 자리_명사 수식** | 빈칸은 명사 role 앞에서 명사를 수식하는 형용사 자리이다. 따라서 정답은 (B) important이다.

   [어휘] governor 주지사   play a role 역할을 하다   role 역할   construction 건설   community center 지역 문화회관   importance 중요성   important 중요한

2. Strong winds from a coastal storm are **likely** to continue throughout the weekend.

   (A) likely   (B) liked

   연안의 폭풍으로 강한 바람이 주말 내내 지속될 듯하다.

   [해설] **-ly로 끝나는 형용사** | 빈칸은 be동사 뒤 보어 자리로 주로 형용사가 들어간다. likely는 부사처럼 생겼지만 형용사이고, 문맥상도 적절하다. 'be likely to(~할 것 같다)'는 관용 표현으로 암기하면 편하다. be동사 뒤에 과거 분사인 liked도 가능하지만, 해석상 '폭풍으로 인한 강한 바람이 선호된다'로 적절하지 않다.

   [어휘] strong 강한   wind 바람   coastal 연안의   storm 폭풍   continue 지속되다   throughout 내내   weekend 주말   likely ~할 것 같은   like 좋아하다

3. Those employees working at the construction site must wear the **protective** gear at all times.

   (A) protective   (B) protect

   건설 현장에서 일하고 있는 직원들은 항상 보호 장비를 착용해야 한다.

   [해설] **형용사 자리_명사 수식** | 빈칸은 명사 gear 앞에서 명사를 수식하는 형용사 자리이다. protect는 동사이므로 관사와 명사 사이에 들어갈 수 없다.

   [어휘] employee 직원   work 일하다   construction site 건설 현장   wear 입다   protective 보호하는   gear 장비   at all times 항상   protective 보호하는   protect 보호하다

4. All files related to the sales results should be stored in our team folder.

   (A) All   (B) Every

   판매 결과와 관련된 모든 파일은 팀 폴더에 보관되어야 한다.

   [해설] 수량 형용사_all | 빈칸은 명사 files 앞 형용사 자리이다. all은 복수 명사 혹은 불가산 명사 앞, every는 가산 단수 명사 앞에 온다. files는 복수 명사이므로 all이 정답이다.

   [어휘] file 파일 related to ~와 관련된 result 결과 store 보관하다 folder 폴더 all 모든 every 모든

5. Joshua Weinstein has been recognized for his **exceptional** performance this year.

   (A) exceptional   (B) exceptionally

   Joshua Weinstein은 올해 뛰어난 성과로 인정받았다.

   [해설] 형용사 자리_명사 수식 | 빈칸은 명사 performance 앞 형용사 자리이다. 부사는 명사 앞에서 명사를 수식할 수 없다.

   [어휘] be recognized for ~로 인정받다 performance 성과, 실적 exceptional 뛰어난 exceptionally 특별히

6. Although Carla's qualifications were **impressive**, the committee decided not to hire her.

   (A) impressive   (B) impressed

   Carla의 자격은 인상적이었지만, 위원회는 그녀를 고용하지 않기로 결정했다.

   [해설] 헷갈리는 형용사 | 빈칸은 be동사 뒤 보어 자리로 형용사가 주로 들어간다. impressive와 impressed 모두 가능하므로 해석으로 골라야 한다. '자격이 인상적이었다'라는 의미가 적절하므로 정답은 (A) impressive이다.

   [어휘] although 비록 ~하지만 qualification 자격 committee 위원회 decide 결정하다 hire 고용하다 impressive 인상적인 impressed 감명 받은

7. The weekly report should describe **any** problem you may have had.

   (A) any   (B) all

   주간 보고서는 당신이 갖고 있는 모든 문제를 설명해야 한다.

   [해설] 수량 형용사_any | 빈칸은 명사 problem 앞에서 명사를 수식하는 형용사 자리로 any와 all 모두 가능하다. any는 의미만 통하면 명사의 수와 상관없이 쓸 수 있고, 문맥상도 적절하다. all은 복수 명사 혹은 불가산 명사 앞에 쓰이므로 가산 단수 명사인 problem 앞에 올 수 없다.

   [어휘] weekly 주간의 report 보고서 describe 설명하다 problem 문제 any 어떤 ~이든 all 모든

8. We should develop the strategies to survive in a highly **competitive** market.

   (A) compete   **(B) competitive**

   우리는 매우 경쟁이 심한 시장에서 살아남기 위한 전략을 개발해야 한다.

   [해설] 형용사 자리_명사 수식 | 빈칸은 명사 market 앞에서 명사를 수식하는 형용사 자리이다. compete는 동사이므로 정답이 될 수 없다.

   [어휘] develop 개발하다 strategy 전략 survive 살아남다 highly 매우 compete 경쟁하다 competitive 경쟁하는, 경쟁력 있는

ACTUAL TEST

교재 p.55

1. (C) 2. (A) 3. (A) 4. (B) 5. (D) 6. (C) 7. (D) 8. (A) 9. (A) 10. (B)

1. The new NAS data collection system is **innovative** and provides easy access to frequently used files.

   (A) innovation   (B) innovatively   **(C) innovative**   (D) innovate

새로운 NAS 자료 수집 시스템은 혁신적이며 자주 사용되는 파일에 쉽게 접근할 수 있게 해 준다.

[해설] **형용사 자리_보어** | 빈칸은 be동사 뒤 보어 자리로 주로 형용사가 들어가므로 형용사인 innovative부터 넣어서 해석해 본다. 명사 innovation은 주어와 동격의 의미일 경우 답이 될 수 있으나 문맥상 적절하지 않고, 보어 자리에는 부사 (B) innovatively나 동사 (D) innovate가 들어갈 수 없으므로 (C) innovative가 정답이다.

[어휘] new 새로운   data 자료   collection 수집   system 시스템   provide 제공하다   easy 쉬운   access 접근   frequently 자주   used 사용된   innovation 혁신   innovatively 혁신적으로   innovative 혁신적인   innovate 혁신하다

2. Since print advertising is often too **expensive**, many small business owners choose online advertising.

(A) **expensive**   (B) expensively   (C) expense   (D) expenses

지면 광고는 종종 너무 비싸기 때문에, 많은 소규모 회사 사주들이 온라인 광고를 선택한다.

[해설] **형용사 자리_보어** | 부사 수식어인 /often too/를 빼면 빈칸은 be동사 뒤 보어 자리이다. 보어 자리에는 주로 형용사가 들어가므로 형용사인 expensive부터 넣어서 해석해 본다. 문맥상 적절하므로 정답이다. 명사 expense와 expenses는 주어와 동격의 의미일 경우 답이 될 수 있으나 문맥상 적절하지 않으므로 정답이 될 수 없다. 또한 빈칸은 주어인 명사 print advertising을 수식하는 자리이므로 부사인 (B) expensively는 들어갈 수 없다.

[어휘] since 때문에   print advertising 지면 광고   often 종종   too 너무   many 많은   small 작은   business 회사, 사업   owner 사주   choose 선택하다   online advertising 온라인 광고   expensive 비싼   expensively 비싸게   expense 비용

3. **Every** neighborhood resident is aware of the city's new recycling program.

(A) **Every**   (B) Much   (C) Many   (D) All

모든 이웃 주민은 시의 새로운 재활용 프로그램에 대해 알고 있다.

[해설] **수량 형용사_every** | 빈칸은 명사 resident 앞에서 명사를 수식하는 형용사 자리이다. 보기 모두 형용사이지만, resident는 단수 가산 명사이므로 every만 가능하다. much는 불가산 명사 앞에, many는 복수 가산 명사 앞에 쓰고, all은 복수 명사 혹은 불가산 명사 앞에 쓴다.

[어휘] neighborhood 이웃의, 근처의   resident 주민   be aware of ~을 알다   recycling program 재활용 프로그램

4. Expert International Solutions is a **leading** company in India that provides customized IT solutions.

(A) leader   (B) **leading**   (C) led   (D) leads

Expert International Solutions는 맞춤 제작된 IT 솔루션을 제공하는 인도의 선두 회사이다.

[해설] **형용사 자리_명사 수식** | 빈칸은 명사 company 앞에서 명사를 수식하는 형용사 자리이므로 형용사인 (B) leading이 정답이다.

[어휘] company 회사   India 인도   provide 제공하다   customized 맞춤 제작된   solution 해결책, 솔루션   leader 지도자, 대표   leading 선두의   lead 이끌다

5. The Buo Corporation plans to invest a **considerable** amount of money to upgrade its data center.

(A) considerate   (B) considerably   (C) considering   (D) **considerable**

Buo Corporation은 데이터 센터를 개선하기 위해 상당한 액수의 돈을 투자할 계획이다.

[해설] **헷갈리는 형용사** | 빈칸은 명사 amount 앞에서 명사를 수식하는 형용사 자리이고 내용상 '상당한'의 뜻인 (D) considerable이 정답이다. considerate도 형용사이지만 문맥상 적절하지 않다.

[어휘] plan 계획하다   invest 투자하다   amount 액수   money 돈   upgrade 개선하다   data 자료   center 센터   considerate 친절한, 배려하는   considerably 상당히   consider 여기다   considerable 상당한

6. Every tour package of the Grand Tour Company will be conducted by our highly **experienced** tour guides.

(A) experiencing   (B) experience   (C) **experienced**   (D) experiences

Grand Tour Company의 모든 패키지 여행 상품은 자사의 매우 경험이 많은 여행 가이드에 의해 진행된다.

[해설] **-ed로 끝나는 형용사** | 빈칸은 명사 tour guides 앞에서 명사를 수식하는 형용사 자리이므로 형용사인 (C) experienced가 정답이다.

[어휘] every 모든   tour 여행   package 패키지, 일괄 프로그램   conduct 하다, 안내(지휘)하다   highly 매우   guide 안내인
experience 경험, 경험하다   experienced 경험 많은

7. The board of directors turned down the proposal to move the head office because it would be too **costly**.

   (A) cost   (B) costs   (C) costed   **(D) costly**

   이사회가 비용이 너무 많이 들 것이라는 이유로 본사를 이전하자는 제안을 부결시켰다.

   [해설] **-ly로 끝나는 형용사** | 부사 수식어인 too를 빼면 빈칸은 be동사 뒤 보어 자리이므로 주로 형용사가 들어간다. costly는 부사가 아닌 형용사이다. costly를 넣었을 때 문맥상 적절하므로 정답이다. be동사 뒤는 과거 분사인 costed도 가능하지만, '본사 이전이 너무 비용이 산출된다'로 문맥상 부적절하다. 명사 cost도 주어와 동격의 의미로 쓰일 경우 보어 자리에 들어갈 수는 있지만 역시 문맥상 부적절하다.

   [어휘] board of directors 이사회   turn down 거절하다, 부결하다   proposal 제안(서)   move 옮기다   head office 본사
   because 때문에   too 너무   cost 비용, 비용이 들다   costly 비용이 많이 드는

8. We, at MED Supplies Ltd., strive to provide prompt and **reliable** services at all times.

   (A) reliable   (B) reliant   (C) rely   (D) reliance

   MED Supplies Ltd.는 항상 신속하고 믿을 수 있는 서비스를 제공하고자 노력한다.

   [해설] **헷갈리는 형용사** | 빈칸은 명사 services 앞에서 명사를 수식하는 형용사 자리이다. 형용사인 reliable과 reliant 중 문맥상 적절한 (A) reliable이 정답이다.

   [어휘] strive to ~하려고 애쓰다   provide 제공하다   prompt 신속한   service 서비스   at all times 항상
   reliable 믿을 수 있는   reliant 의존하는   rely 의존하다   reliance 의존

9. **Any** Borras Marketing employees wishing to share ideas for the upcoming event should e-mail Maria Lopez.

   (A) Any   (B) Each   (C) Every   (D) Much

   다가오는 행사에 대한 아이디어를 공유하고 싶은 Borras Marketing 직원들은 누구든지 Maria Lopez 씨에게 이메일을 보내야 한다.

   [해설] **수량 형용사_any** | 빈칸은 명사 Borras Marketing employees 앞에서 명사를 수식하는 형용사 자리이다. 빈칸 뒤 명사는 복수 명사이므로 의미만 통하면 명사의 수와 상관없이 쓸 수 있는 any가 정답이다. each와 every는 가산 단수 명사 앞, much는 불가산 명사 앞에 쓰므로 정답에서 제외된다.

   [어휘] employee 직원   wish 바라다   share 공유하다   idea 아이디어   upcoming 다가오는   event 행사
   e-mail 이메일을 보내다

10. In order to get a refund for your **defective** items, please return them to the store along with your original receipt.

    (A) defectively   **(B) defective**   (C) defect   (D) defects

    결함이 있는 제품에 대해 환불을 받으려면 원본 영수증과 함께 매장으로 반품해 주세요.

    [해설] **형용사 자리_명사 수식** | 빈칸은 명사 items 앞에서 명사를 수식하는 형용사 자리이므로 (B) defective가 정답이다.

    [어휘] in order to ~하기 위해서   refund 환불   item 제품   return 돌려주다   store 매장   along with ~와 함께
    original 원본의   receipt 영수증, 수령   defectively 불완전하게   defective 결함이 있는   defect 결함

day 06 부사   PART 5

📋 Check Up

1. 부사란?   교재 p.58
1. (C)   2. (B), (D)   3. very   4. Fortunately   5. yet

1. (A) care   (B) careful   **(C) carefully**   (D) careless

    해설 (A) care 돌봄, 조심(명사) (B) careful 조심하는(형용사) (C) carefully 조심스럽게(부사) (D) careless 조심성 없는(형용사). 따라서 정답은 (C) carefully이다.

2. (A) useful   **(B) well**   (C) recent   **(D) just**

    해설 (A) useful 유용한(형용사) (B) well 잘(부사) (C) recent 최근의(형용사) (D) just 막, 방금(부사). 따라서 정답은 (B) well, (D) just이다.

3. 매우 유명한 작가: a **very** famous author

    해설 부사 very가 형용사인 famous를 수식하고 있다.

    어휘 famous 유명한   author 작가, 저자

4. 다행히도, 너무 비싸진 않아요.: **Fortunately**, it is not too expensive.

    해설 부사 fortunately가 문장 맨 앞에서 문장 전체를 수식하고 있다.

    어휘 too 너무   expensive 비싼

5. 회의는 아직 시작되지 않았습니다.: The meeting has not started **yet**.

    해설 부정문에서 yet은 '아직'의 의미로 사용되며, 동사구인 has not started를 뒤에서 수식하고 있다.

    어휘 meeting 회의   start 시작하다, 시작되다

2. 부사 자리   교재 p.59
1. just   2. kindly   3. significantly   4. surprisingly   5. Regrettably

1. I have (**just** / justified) received an e-mail.   나는 방금 이메일을 받았다.

    해설 〈have+부사+p.p.〉의 형태로, 동사 have와 received 사이에서 동사를 수식하는 부사 자리이다. 따라서 정답은 just이다.

    어휘 just 방금   justified 당연한, 정당한   receive 받다

2. Dr. Parkinson (kind / **kindly**) answered the questions.   Parkinson 박사는 질문에 친절하게 대답했다.

    해설 동사 answered를 앞에서 수식하는 부사 자리이다. 따라서 정답은 kindly이다.

    어휘 Dr. 박사(Doctor의 약어)   kind 친절한   kindly 친절하게   answer 대답하다   question 질문

3. Sales dropped (significant / **significantly**).   매출이 현저하게 감소했다.

    해설 동사 dropped를 뒤에서 수식하는 부사 자리이다. 따라서 정답은 significantly이다.

    어휘 sale 판매   drop 하락하다, 감소하다   significant 중요한   significantly 상당히, 현저하게

4. The room was (surprised / **surprisingly**) spacious.   그 방은 뜻밖에도 넓었다.
   [해설] 형용사 spacious를 앞에서 수식하는 부사 자리이다. 따라서 정답은 surprisingly이다.
   [어휘] room 방   surprised 놀란   surprisingly 놀랍게도, 뜻밖에도   spacious 널찍한

5. (Regret / **Regrettably**), we will not be able to send your order.
   유감스럽게도 우리는 귀하의 주문품을 보낼 수 없을 겁니다.
   [해설] 문장 맨 앞에서 문장 전체를 수식하는 부사 자리이다. 따라서 정답은 Regrettably이다.
   [어휘] regret 후회하다   regrettably 유감스럽게도   be able to ~을 할 수 있다   send 보내다, 발송하다   order 주문품

3. 헷갈리는 부사   교재 p.60
1. highly   2. late   3. fast   4. nearly   5. hard

1. A prompt response is (high / **highly**) recommended.   즉각적인 응답이 매우 권장됩니다.
   [해설] 〈be+부사+p.p.〉의 형태로, 동사인 is와 recommended 사이에 동사를 수식하는 부사가 와야 한다. high는 부사로도 사용되는데 뜻은 '높게'이고 highly는 '매우'라는 뜻이다. 따라서 문맥상 highly가 적절하다.
   [어휘] prompt 즉각적인   response 응답   high 높은, 높게   highly 매우   recommend 권장하다

2. The guest speaker arrived (**late** / lately).   초청 연사가 늦게 도착했다.
   [해설] 동사 arrived를 뒤에서 수식하는 부사 자리이다. late는 부사로도 사용되는데 뜻은 '늦게'이고 lately는 '최근에'라는 뜻이다. 따라서 문맥상 late가 적절하다.
   [어휘] guest speaker 초청 연사   arrive 도착하다   late 늦은, 늦게   lately 최근에

3. The deadline is approaching (**fast** / fastly).   마감일이 빠르게 다가오고 있다.
   [해설] 동사 is approaching을 뒤에서 수식하는 부사가 와야 한다. fast는 형용사와 부사의 형태가 같으므로 주의한다. fast의 부사로 따로 fastly라는 단어는 존재하지 않는다.
   [어휘] deadline 마감일, 기한   approach 다가오다   fast 빠른, 빨리

4. The restaurant can accommodate (near / **nearly**) 60 guests.   그 식당은 약 60명의 손님을 수용할 수 있다.
   [해설] 형용사인 숫자 60을 앞에서 수식하는 부사 자리이다. near는 부사로도 사용되는데 뜻은 '가까이'이고 nearly는 '거의'라는 뜻이다. 따라서 문맥상 nearly가 적절하다.
   [어휘] restaurant 식당   accommodate 수용하다   near 가까운, 가까이   nearly 거의   guest 손님

5. The staff worked (**hard** / hardly).   직원들은 열심히 일했다.
   [해설] 동사 worked를 뒤에서 수식하는 부사가 와야 한다. hard는 부사로도 사용되는데 뜻은 '열심히'이고 hardly는 뜻이 '거의 ~이 아니다'이다. 따라서 문맥상 hard가 적절하다.
   [어휘] staff 직원   work 일하다   hard 열심히   hardly 거의 ~이 아니다

PRACTICE   교재 p.61

STEP 1   1. (A)   2. (B)   3. (B)   4. (B)   **STEP 2**   5. (B)   6. (B)   7. (A)   8. (B)

1. After the seminar, Dr. Parkinson **kindly** answered all questions about the new medication.

   (A) kindly   (B) kind

   세미나가 끝난 후 Parkinson 박사는 신약에 대한 모든 질문에 친절하게 대답했다.

   [해설] **부사 자리_동사 수식** | 빈칸은 동사 answered를 앞에서 수식하는 부사 자리이다. 따라서 (A) kindly가 정답이다.

   [어휘] after 후에   seminar 세미나   answer 대답하다   question 질문   new medication 신약
   kindly 친절하게   kind 친절한

2. The event venue was small, but its conference room was **surprisingly** spacious.

   (A) surprised   **(B) surprisingly**

   행사 장소는 좁았지만 회의실은 뜻밖에도 넓었다.

   [해설] **부사 자리_형용사 수식** | 빈칸은 형용사 spacious를 앞에서 수식하는 부사 자리이다. 따라서 (B) surprisingly가 정답이다.

   [어휘] event 행사   venue 장소   small 좁은   conference room 회의실   spacious 널찍한, 넓은   surprised 놀란
   surprisingly 놀랍게도, 뜻밖에도

3. The event will take place tomorrow, and your prompt response is **highly** recommended for attendance.

   (A) high   **(B) highly**

   행사가 내일 열리므로 참석에 대한 귀하의 즉각적인 응답이 매우 권장됩니다.

   [해설] **헷갈리는 부사** | 빈칸은 〈be+부사+p.p.〉의 형태로, 동사인 is와 recommended 사이에 동사를 수식하는 부사가 와야 한다. high는 부사로도 사용되는데 뜻은 '높게'이고 highly는 '매우'라는 뜻이다. 따라서 문맥상 highly가 적절하다.

   [어휘] event 행사   take place 개최되다   prompt 즉각적인   response 응답   recommend 권장하다
   attendance 참석   high 높은   highly 매우

4. Due to the heavy traffic congestion, the guest speaker arrived **late** for the conference.

   (A) lately   **(B) late**

   심한 교통 체증 때문에 초청 연사가 회의에 늦게 도착했다.

   [해설] **헷갈리는 부사** | 빈칸은 동사 arrived를 뒤에서 수식하는 부사 자리이다. late는 부사로도 사용되는데 뜻은 '늦게'이고 lately는 '최근에'라는 뜻이다. 따라서 문맥상 late가 적절하다.

   [어휘] due to ~때문에   heavy 심한, 무거운   traffic congestion 교통 체증   guest speaker 초청 연사   arrive 도착하다
   conference 회의   late 늦은, 늦게   lately 최근에

5. **Shortly** after graduating from Stanford University, Ms. Smith started her own company.

   (A) Short   **(B) Shortly**

   Smith 씨는 Stanford 대학을 졸업한 직후 자기 회사를 시작했다.

   [해설] **헷갈리는 부사** | 빈칸은 분사구문인 after graduating from Stanford University를 앞에서 수식할 수 있는 부사 자리이다. short는 부사로도 사용되는데 뜻은 '짧게'이고 shortly는 '곧'이라는 뜻이다. 따라서 문맥상 의미가 적절한 것은 shortly이다. shortly(곧)는 형용사 short(짧은)에 -ly가 붙어 부사가 되면서 뜻이 바뀌는 단어이므로 주의한다. 또한 shortly after(~한 직후에)라는 표현도 통으로 외워두자.

   [어휘] shortly after ~한 직후에   graduate from ~를 졸업하다   start 시작하다   own 자신의   company 회사   short 짧은

6. Millennium Institution is famous for its **culturally** diverse set of researchers.

   (A) cultural   **(B) culturally**

   Millennium Institution은 문화적으로 다양한 연구자들로 유명하다.

   [해설] **부사 자리_형용사 수식** | 빈칸은 형용사 diverse를 앞에서 수식하는 부사 자리이다. 따라서 정답은 (B) culturally이다.

   [어휘] institution 기관, 협회   famous for ~로 유명한   diverse 다양한   researcher 연구원   cultural 문화적인
   culturally 문화적으로

7. All customers should check for damage **immediately** upon receiving shipments.

   (A) immediately (B) immediate

   모든 고객은 배송품을 받는 즉시 파손 여부를 확인해야 한다.

   [해설] **부사 자리_동사 수식** | 빈칸은 동사 check을 뒤에서 수식하는 부사 자리이다. 따라서 (A) immediately가 정답이다. immediately upon(~하는 즉시)이라는 표현도 외워두자.

   [어휘] customer 고객, 손님 check 확인하다 damage 손상, 파손 upon -ing ~하자마자 곧 shipment 배송(품), 수송(품) immediately upon ~하는 즉시 immediate 즉각적인, 당면한, 직접적인

8. To stay competitive, Seta Electronics **occasionally** offers a discount on its digital devices.

   (A) occasion **(B) occasionally**

   경쟁력을 유지하기 위해 Seta Electronics는 가끔 디지털 장비에 대한 할인을 제공한다.

   [해설] **부사 자리_동사 수식** | 빈칸은 동사 offers를 앞에서 수식하는 부사 자리이다. 따라서 (B) occasionally가 정답이다.

   [어휘] stay 계속 그대로 있다 competitive 경쟁력 있는 electronics 전자 제품 offer 제공하다 discount on ~에 대한 할인 digital device 디지털 기기 occasion 때, 행사 occasionally 가끔, 때때로

ACTUAL TEST

교재 p.62

| 1. (A) | 2. (B) | 3. (B) | 4. (C) | 5. (D) | 6. (C) | 7. (B) | 8. (A) | 9. (D) | 10. (B) |

1. Faststream Banking has **successfully** introduced the new payment model for the European market.

   (A) successfully (B) success (C) succeed (D) successful

   Faststream Banking은 유럽 시장에 새로운 결제 모델을 성공적으로 도입했다.

   [해설] **부사 자리_동사 수식** | 빈칸은 〈have+부사+p.p.〉의 형태로, 동사 has와 introduced 사이에 동사를 수식하는 부사가 와야 한다. 따라서 정답은 (A) successfully이다.

   [어휘] introduce 도입하다 payment model 결제 모델 European market 유럽 시장 successfully 성공적으로 success 성공 succeed 성공하다 successful 성공적인

2. During the meeting, each department head will have a chance to speak for **approximately** 15 minutes.

   (A) approximate **(B) approximately** (C) approximation (D) approximated

   회의 중에 각 부서장은 약 15분 동안 발언할 기회를 가질 것이다.

   [해설] **부사 자리_형용사 수식** | 빈칸은 숫자(형용사) 15를 앞에서 수식하는 부사가 와야 한다. 따라서 정답은 (B) approximately이다.

   [어휘] during ~하는 동안 meeting 회의 each 각각 department head 부서 책임자 have a chance to ~할 기회를 갖다 minute 분 approximate 근사치인 approximately 약, 거의 approximation 근사치 approximated 근사치로 계산된

3. Costmo Retail attributes its recent sales increase **largely** to the new advertising campaign.

   (A) large **(B) largely** (C) larger (D) largest

   Costmo Retail은 최근의 매출 상승을 주로 새로운 광고 캠페인 덕으로 돌린다.

   [해설] **부사 자리_동사 수식** | 빈칸은 동사 attributes를 뒤에서 수식하는 부사 자리이다. 따라서 정답은 (B) largely이다. largely(주로)는 형용사 large(큰)에 -ly가 붙어 부사가 되면서 뜻이 바뀌는 단어이므로 주의한다.

   [어휘] attribute (~을 …의) 결과로[덕분으로] 보다 recent 최근 sales increase 매출 상승 advertising campaign 광고 캠페인 large 큰 largely 주로, 대체로 larger 더 큰 largest 가장 큰

4. Mr. Lenzi has informed us that the customer service staff has been quite busy **lately**.

    (A) lateness   (B) late   **(C) lately**   (D) latest

    Lenzi 씨는 최근에 고객 서비스 직원들이 아주 바쁘다는 것을 우리에게 알려 주었다.

    [해설] **헷갈리는 부사** | 빈칸은 문장 맨 뒤에서 문장을 수식하는 부사 자리이다. late와 lately가 부사로 사용되는데, late은 '늦게'라는 뜻이고 lately는 '최근에'라는 뜻이다. 따라서 문맥상 의미가 적절한 (C) lately가 정답이다.

    [어휘] inform 알려 주다, 정보를 주다   customer service 고객 서비스   staff 직원   lateness 늦음, 지연, 지각
    lately 최근에   latest (가장) 최신의

5. Profits from sales of property are **generally** recognized for tax purposes.

    (A) general   (B) generous   (C) generate   **(D) generally**

    자산 매각에서 나오는 수익은 대체로 세금 용도로 인식된다.

    [해설] **부사 자리_동사 수식** | 빈칸은 〈be+부사+p.p.〉 형태로, 동사 are와 recognized 사이에 동사를 수식하는 부사가 들어가야 한다. 따라서 정답은 (D) generally이다.

    [어휘] profit 수익   property 자산   recognize 인식하다   tax 세금   purpose 용도   general 일반적인
    generous 너그러운   generate 발생시키다   generally 일반적으로, 대체로

6. Ms. Ikino **usually** stays at the Akor hotel chain while she is on a business trip.

    (A) used   (B) usual   **(C) usually**   (D) unusual

    Ikino 씨는 출장 중에 보통 Akor 호텔 체인에 머무른다.

    [해설] **부사 자리_동사 수식** | 빈칸은 동사 stays를 앞에서 수식하는 부사 자리이다. 따라서 정답은 (C) usually이다.

    [어휘] stay at ~에 머무르다   chain (상점·호텔 등의) 체인   while ~하는 동안   on a business trip 출장 중인   used 중고의
    usual 보통의   usually 보통   unusual 특이한

7. Munang Airport is **finally** opening after a massive, two-year renovation.

    (A) finality   **(B) finally**   (C) finals   (D) final

    Munang 공항은 2년간의 대대적인 수리 끝에 마침내 문을 연다.

    [해설] **부사 자리_동사 수식** | 빈칸은 〈be+부사+-ing〉 형태로, 동사 is와 opening의 사이에서 동사를 수식하는 부사 자리이다. 따라서 정답은 (B) finally이다.

    [어휘] airport 공항   open 문을 열다   massive 대대적인   renovation 수리   finality 최종 상태   finally 마침내
    finals 결승전   final 최종적인

8. Amenture is an **extremely** well managed company that helps small businesses with technological support.

    (A) extremely   (B) extremes   (C) extremity   (D) extremist

    Amenture는 소기업들을 기술적으로 지원하는 아주 잘 경영되는 회사이다.

    [해설] **부사 자리_부사 수식** | 빈칸은 부사 well을 앞에서 수식하는 부사 자리이다. 따라서 정답은 (A) extremely이다.

    [어휘] well 잘   managed 경영되는   small business 소기업   technological 기술적인   support 지원
    extremely 대단히, 매우   extremes 극치   extremity 맨 끝, 극한   extremist 극단주의자

9. According to company policy, concierge service is available **exclusively** for our Premium Members.

    (A) exclusive   (B) exclude   (C) excluding   **(D) exclusively**

    회사 정책에 따르면 고객 서비스는 프리미엄 회원만 전용으로 이용할 수 있다.

    [해설] **부사 자리_형용사 수식** | 빈칸은 형용사 available을 뒤에서 수식하는 부사 자리이다. 따라서 정답은 (D) exclusively이다.

    [어휘] according to ~에 따르면   company policy 회사 정책   concierge service 고객 서비스
    available 이용할 수 있는   premium member 프리미엄 회원   exclusive 독점적인   exclude 제외하다
    excluding ~을 제외하고   exclusively 독점적으로

10. The whole team needs to work **closely** together to manage the conference work.
    (A) closest   **(B) closely**   (C) closed   (D) closeness
    회의를 운영하려면 전체 팀이 긴밀하게 협조해야 한다.

    [해설] **부사 자리_동사 수식** | 빈칸은 동사 work를 뒤에서 수식하는 부사 자리이다. 따라서 정답은 (B) closely이다.

    [어휘] whole 전체의   work together 협력하다   manage 운영하다   conference 회의   closest 가장 가까운   closely 긴밀하게   closed 문을 닫은   closeness 가까움, 친밀

day 07 전치사   PART 5

Check Up

1. 전치사란?   교재 p.66
1. with   2. to   3. him   4. recommendation   5. writing

1. I registered for a course **with** my colleagues.   나는 동료들과 함께 수강 신청을 했어요.

   [해설] 빈칸 뒤 my colleagues와 함께 '동료들과 함께'라는 의미를 나타내므로 정답은 전치사 with이다.

   [어휘] register for 신청하다, 등록하다   colleague 동료

2. Jane will be transferred **to** the Hong Kong office.   Jane은 홍콩 사무실로 발령될 거예요.

   [해설] 빈칸 뒤 the Hong Kong office와 함께 '홍콩 사무실로'라는 의미를 나타내므로 정답은 전치사 to이다.

   [어휘] transfer 부서를 옮기다, 갈아타다

3. The request was approved by (he / **him**).   그에 의해서 요청이 승인되었다.

   [해설] 괄호 안은 전치사 by의 목적어 자리이므로 목적격 인칭대명사가 들어가야 한다. 따라서 정답은 him이다.

   [어휘] request 요청, 요청하다   approve 승인하다

4. You should submit a letter of (**recommendation** / recommend).   당신은 추천서 한 부를 제출해야 합니다.

   [해설] 괄호 안은 전치사 of의 목적어 자리이므로 명사가 들어가야 한다. 따라서 정답은 명사 recommendation이다.

   [어휘] submit 제출하다   recommendation 추천   recommend 추천하다, 권하다

5. I am responsible for (write / **writing**) a technical manual.   저는 기술 교범 쓰는 일을 맡고 있어요.

   [해설] 괄호 안은 전치사 for의 목적어 자리이므로, 동명사가 들어가야 한다. 따라서 정답은 writing이다.

   [어휘] be responsible for ~을 맡고 있다, 책임이 있다   technical manual 기술 교범

2. 전치사구의 역할   교재 p.67
1. Ms. Yu   2. customers will receive our product update information   3. available
4. the firm's offer   5. be held

1. **Ms. Yu** is <u>on duty</u> now.   Yu 씨는 지금 근무 중이다.

   [해설] 전치사구 on duty는 형용사처럼 주어인 Ms. Yu를 꾸미고 있다.

[어휘] duty 의무, 직무 on duty 근무 중인

2. For example, **customers will receive our product update information**.
예를 들어 고객들은 저희 제품에 대한 최신 정보를 받게 됩니다.

[해설] 전치사구 For example은 부사처럼 쉼표 뒤의 문장 전체를 수식한다.

[어휘] for example 예를 들어 customer 고객 receive 받다, 수령하다 product 제품 update 최신판, 최신 정보를 주다 information 정보

3. This item is **available** for purchase. 이 상품은 구매할 수 있습니다.

[해설] 전치사구 for purchase가 부사처럼 앞의 형용사 available을 수식하고 있다.

[어휘] item 항목, 품목 available 이용할 수 있는, 만날 수 있는 purchase 구매(품), 구입하다

4. Mr. Wright accepted **the firm's offer** for employment. Wright 씨는 회사의 채용 제안을 수락했다.

[해설] 전치사구 for employment는 형용사처럼 앞의 명사 the firm's offer를 꾸미고 있다.

[어휘] accept 수락하다, 받아들이다 firm 회사, 견고한 offer 제안, 제공하다 employment 채용, 일

5. The workshop will **be held** on April 26. 워크숍은 4월 26일에 열릴 것이다.

[해설] 전치사구 on April 26는 부사처럼 앞의 동사 be held를 수식하고 있다.

[어휘] workshop 워크숍 hold 개최하다, 열다

3. 시간 전치사(시점)
교재 p.68
1. at   2. by   3. Since   4. until   5. in

1. The presentation will start (**at** / on) 2:00 P.M. 발표는 오후 2시에 시작될 것이다.

[해설] 괄호 뒤에 특정한 시간을 나타내는 명사가 있으므로 정답은 at이다.

[어휘] presentation 발표, 프레젠테이션

2. Please send your application form (**by** / until) Friday, May 15. 5월 15일 금요일까지 지원서를 보내주세요.

[해설] 괄호 뒤에 특정한 시점을 나타내는 Friday, May 15가 있으므로 by와 until 모두 가능하다. 문맥상 '5월 15일 금요일까지 보내라'는 완료의 의미를 나타내야 하므로 정답은 by이다.

[어휘] send 보내다 application form 지원서, 신청서

3. (**Since** / From) last October, our team has been working on this project.
지난 10월 이후로 우리 팀은 이 프로젝트를 진행하고 있다.

[해설] from, since 모두 '~부터'를 의미한다. 그런데 문장의 동사인 has been working은 현재완료 진행 시제로, 과거부터 현재까지 계속되는 의미를 나타낸다. 따라서 특정한 과거 시점(last October)부터 지금까지 이어지는 의미를 나타내는 전치사가 필요하므로 정답은 since이다.

[어휘] last 지난, 마지막 project 계획, 프로젝트

4. Our online service will be unavailable (since / **until**) midnight.
저희 온라인 서비스는 자정까지 이용할 수 없습니다.

[해설] '자정까지 이용할 수 없다'는 의미가 되어야 하므로 상태의 지속을 의미하는 전치사 until이 정답이다. since는 전치사일 때 미래 시제와 함께 쓸 수 없다.

[어휘] unavailable 이용할 수 없는, 만날 수 없는 midnight 자정, 한밤중

5. The new policy will become effective (on / **in**) March. 새로운 정책은 3월에 효력이 발생할 것이다.

　[해설] 괄호 뒤에 특정한 달을 나타내는 명사가 있으므로 정답은 in이다.

　[어휘] policy 정책 become 되다 effective 효력이 있는, 효과적인 become effective 효력이 발생하다, 시행되다

4. 시간 전치사(기간) 교재 p.69
1. throughout 2. for 3. Within 4. during 5. over

1. We hold various events (**throughout** / since) the year. 우리는 1년 내내 다양한 행사를 개최한다.

　[해설] 괄호 뒤에 기간을 나타내는 명사가 있으므로 정답은 throughout이다. 전치사 since 뒤에는 특정한 과거 시점을 나타내는 명사가 와야 한다.

　[어휘] hold 개최하다, 열다 various 다양한

2. The supervisor will be out of the office (**for** / from) 5 days. 감독관은 닷새 동안 사무실을 비울 것이다.

　[해설] 괄호 뒤에 기간을 나타내는 명사가 있으므로 정답은 for이다. 전치사 from은 뒤에 시작 시점을 나타내는 명사가 온다.

　[어휘] supervisor 감독관, 관리자 out of ~ 바깥에, ~의 밖으로

3. (During / **Within**) one week, we will review your résumé. 1주일 이내에 우리는 귀하의 이력서를 검토할 것입니다.

　[해설] '일주일 이내에'라는 의미를 나타내므로 정답은 Within이다. During은 숫자와 나란히 쓰지 않으므로 주의한다.

　[어휘] review 검토하다 résumé 이력서

4. The award will be presented (for / **during**) the ceremony. 식이 진행되는 동안 상이 수여될 것이다.

　[해설] 괄호 뒤에 특정한 행사를 나타내는 명사가 있으므로 정답은 during이다. for 뒤에는 숫자 기간이 온다.

　[어휘] award 상, 수여하다 present 주다 ceremony 식, 의식

5. MLC expects an increase in earnings (until / **over**) the next 3 years.
　MLC는 앞으로 3년 이상 수익 증가를 예상한다.

　[해설] 괄호 뒤에 기간을 나타내는 명사가 있으므로 정답은 over이다. until은 특정 시점을 나타내는 명사와 함께 쓰인다.

　[어휘] expect 예상하다, 기대하다 increase 증가, 증가하다 earnings 수익, 소득

5. 장소/방향 전치사 교재 p.70
1. in 2. among 3. throughout 4. on 5. near

1. BOD plans to open 10 outlets (**in** / at) several cities. BOD는 몇몇 도시에 판매 대리점 10개를 열 계획이다.

　[해설] 괄호 뒤에 도시를 나타내는 명사가 있으므로 정답은 in이다.

　[어휘] plan 계획하다, 계획 outlet 판매 대리점 several 몇몇의

2. The new policy is popular (**among** / toward) the employees. 새로운 정책은 직원들 사이에 인기가 있다.

　[해설] 괄호 뒤의 복수 명사 the employees와 함께 '직원들 사이에'라는 의미를 나타내므로 정답은 among이다. 참고로 전치사 toward는 주로 장소 명사와 함께 쓰인다.

　[어휘] policy 정책 popular 인기 있는 employee 직원

3. We have several branch offices (**throughout** / over) the country.
　우리는 전국 도처에 다수의 지사를 보유하고 있다.

해설 괄호 뒤의 명사 the country와 함께 '전국 도처에'라는 의미를 나타내므로 정답은 throughout이다.

어휘 several 몇몇의 branch 지점

4. The marketing department is (**on** / in) the third floor. 마케팅부는 3층에 있다.

해설 괄호 뒤에 층(floor)을 나타내는 명사가 있으므로 정답은 on이다.

어휘 department 부서, 부 floor 층, 바닥

5. The conference room is (**near** / next) the main entrance. 회의실은 정문 옆에 있다.

해설 괄호 안은 뒤의 명사를 목적어로 취할 수 있는 전치사 자리이므로 정답은 near이다. next는 to와 함께 전치사로 쓰인다.

어휘 conference 회의 main 주된, 주요한 entrance 입구, 입장 main entrance 정문

6. 그 밖의 전치사
교재 p.71
1. without   2. Due to   3. about   4. behalf   5. Despite

1. These files cannot be downloaded (**without** / regarding) permission.
이 파일들은 허락 없이는 다운로드할 수 없다.

해설 문맥상 '허락 없이'라는 의미가 적절하므로 정답은 without이다.

어휘 download 내려받다, 다운로드하다 regarding ~에 관하여

2. (**Due to** / According to) the bad weather, the tour has been canceled. 궂은 날씨 탓에 여행은 취소되었다.

해설 문맥상 '궂은 날씨 때문에'라는 의미가 적절하므로 정답은 Due to이다.

어휘 cancel 취소하다 according to ~에 따르면

3. You can check the details (**about** / to) shipping options.
배송 선택 사항에 관한 자세한 내용을 확인할 수 있습니다.

해설 문맥상 '배송 선택 사항에 관한'이라는 의미가 적절하므로 정답은 about이다.

어휘 check 확인하다 detail 세부 사항 shipping 배송 option 선택 사항

4. I made a hotel reservation on (**behalf** / regardless) of Ms. Artino. Artino 씨를 대신해 내가 호텔 예약을 했다.

해설 괄호 앞의 on, 뒤의 of와 함께 덩어리 전치사로 쓰이는 단어를 선택해야 한다. 따라서 정답은 behalf이다. regardless는 of와 함께 덩어리 전치사로 쓰인다.

어휘 reservation 예약 make a reservation 예약하다 regardless of ~에 상관없이

5. (**Despite** / Through) all their effort, they failed to meet the deadline.
온갖 노력에도 불구하고 그들은 마감일을 맞추지 못했다.

해설 문맥상 '온갖 노력에도 불구하고'라는 의미가 자연스러우므로 정답은 Despite이다.

어휘 effort 노력 fail to ~하지 못하다, 실패하다 meet 맞추다, 충족하다 deadline 마감일

PRACTICE
교재 p.72

STEP1 1. (A) 2. (B) 3. (B) 4. (A)   **STEP2** 5. (B) 6 (A) 7 (A) 8 (B)

1. We have several branch offices in major distribution regions **throughout** the country.

   (A) throughout   (B) over

   우리는 전국 도처에 있는 주요 유통 지역들에 다수의 지사를 보유하고 있다.

   해설 장소 전치사 | 빈칸은 뒤의 명사 the country와 함께 형용사처럼 앞의 명사 major distribution regions를 수식하는 전치사 자리이다. 문맥상 '전국 도처에 있는'이라는 의미가 자연스러우므로 정답은 (A) throughout이다.

   어휘 several 몇몇의   branch 지점   distribution 유통, 분배   region 지역

2. Our online service will be unavailable **until** midnight due to scheduled maintenance.

   (A) since   **(B) until**

   우리의 온라인 서비스는 예정된 정비 때문에 자정까지 이용할 수 없다.

   해설 시간 전치사_시점 | '자정까지 이용할 수 없다'는 의미가 되어야 하므로 상태의 지속을 의미하는 전치사 until이 정답이다. since는 전치사일 때 미래 시제와 함께 쓸 수 없으며 과거 시점을 나타내는 명사와 함께 현재완료 시제의 동사를 수식한다.

   어휘 unavailable 이용할 수 없는, 만날 수 없는   midnight 자정, 한밤중   due to ~ 때문에   scheduled 예정된   maintenance 정비, 유지

3. The Best Employee Award will be presented **during** the ceremony at the Grand Hotel.

   (A) for   **(B) during**

   최고 직원상은 Grand Hotel에서 개최되는 식 도중에 수여될 것이다.

   해설 시간 전치사_기간 | 빈칸 뒤에 특정한 행사의 기간을 나타내는 명사가 있으므로 정답은 (B) during이다. 전치사 for는 구체적인 숫자와 함께 쓰인다.

   어휘 award 상, 수여하다   best employee award 최고 직원상   present 주다, 제시하다   ceremony 식, 의식

4. Landenar Uniforms Ltd.'s Web site provides useful details **about** customization options.

   (A) about   (B) to

   Landenar Uniforms 사의 웹사이트에서는 주문 제작 선택안에 관한 유용한 세부 사항을 제공해 준다.

   해설 기타 전치사 | 빈칸은 뒤의 명사 customization options와 함께 형용사처럼 앞의 명사 details를 수식하는 전치사 자리이다. 문맥상 '주문 제작 선택안에 관한'이라는 의미가 자연스러우므로 정답은 (A) about이다.

   어휘 detail 세부사항   customization 주문 제작, 주문에 따라 만듦   option 선택사항

5. Federlite designs Web sites **for** clients in a number of different industries.

   (A) by   **(B) for**

   Federlite는 다양한 산업에 종사하는 고객들을 위한 웹사이트를 디자인한다.

   해설 기타 전치사 | 빈칸 뒤의 명사 clients와 함께 형용사처럼 앞의 명사 Web sites를 수식하는 전치사 자리이다. 문맥상 '고객들을 위한'이라는 의미가 자연스러우므로 정답은 (B) for이다.

   어휘 design 디자인하다, 만들다   client 고객   a number of 많은   different 다른, 다양한   industry 산업

6. Please make sure to turn off all the computers before **leaving** the office building.

   (A) leaving   (B) left

   사무실 건물을 나가기 전에 반드시 모든 컴퓨터 전원을 끄십시오.

   해설 전치사+동명사 | 빈칸은 뒤의 명사 the office building을 목적어로 취하면서 앞의 전치사 before의 목적어 역할을 하는 자리이다. 따라서 정답은 동명사인 (A) leaving이다. 동사 leave의 과거형인 left는 전치사의 목적어가 될 수 없다.

   어휘 make sure 확실히 하다, 반드시 하다   turn off 끄다   leave 나가다

7. I was not able to access the Internet **for** the last few days.

   (A) for   (B) since

   나는 지난 며칠 동안 인터넷에 접속할 수 없었다.

[해설] **시간 전치사_기간** | 빈칸 뒤에 기간을 나타내는 명사 the last few days가 있으므로 정답은 (A) for이다. 전치사 since는 과거 시점을 나타내는 명사와 함께 쓰인다.

[어휘] be able to ~할 수 있다   access 접속하다

8. Mr. Kwon reviewed the budget proposal **with** the accounting director.

   (A) along   **(B) with**

   Kwon 씨는 회계 이사와 함께 예산 제안서를 검토했다.

   [해설] **기타 전치사** | 빈칸 뒤에 명사 the accounting director와 함께 부사처럼 앞의 동사 reviewed를 수식하는 전치사 자리이다. 문맥상 '회계 이사와 함께'라는 의미가 자연스러우므로 정답은 (B) with이다. 참고로 전치사 along은 주로 긴 장소를 가리키는 명사와 함께 쓰인다.

   [어휘] review 검토하다   budget 예산   proposal 제안서   accounting 회계   director 이사

ACTUAL TEST
교재 p.73

1. (A) 2. (A) 3. (C) 4. (B) 5. (C) 6. (B) 7. (D) 8. (A) 9. (D) 10. (C)

1. **In** December, Milton Travel Agency sold more than 500 adventure tour packages.

   (A) In   (B) As   (C) On   (D) Among

   12월에 Milton Travel 여행사는 500개가 넘는 어드벤처 여행 패키지 상품을 판매했다.

   [해설] **시간 전치사_시점** | 빈칸 뒤에 특정한 달을 나타내는 명사 December가 있으므로 정답은 (A) In이다.

   [어휘] more than ~ 이상   adventure 모험, 어드벤처   tour 여행, 견학

2. If you need more information **about** our custom orders, don't hesitate to call us.

   (A) about   (B) out   (C) into   (D) around

   맞춤 주문에 관한 더 많은 정보가 필요하시면 주저 없이 전화하세요.

   [해설] **기타 전치사** | 빈칸 뒤의 명사 our custom orders와 함께 형용사처럼 앞의 명사 more information을 수식하는 전치사 자리이다. 문맥상 '맞춤 주문에 관한'이라는 의미가 자연스러우므로 정답은 (A) about이다.

   [어휘] information 정보   custom 맞춤의, 관습   order 주문, 주문하다   hesitate 주저하다, 망설이다

3. **In spite of** several minor problems, the conference on global leadership was highly successful.

   (A)) Especially   (B) Like   **(C) In spite of**   (D) Altogether

   몇 가지 사소한 문제들에도 불구하고 글로벌 지도력에 관한 회의는 아주 성공적이었다.

   [해설] **덩어리 전치사** | 빈칸 뒤의 명사 several minor problems와 함께 부사처럼 뒤의 문장을 수식하는 전치사 자리이다. 문맥상 '몇 가지 사소한 문제에도 불구하고'라는 의미가 적절하므로 정답은 (C) In spite of이다. 부사인 (A) Especially와 (D) Altogether는 품사상 적합하지 않다.

   [어휘] minor 사소한, 작은   conference 회의   global 세계적인   leadership 지도력, 리더십   highly 매우, 아주   successful 성공적인   especially 특히   like ~처럼, ~와 같은   in spite of ~에도 불구하고   altogether 전체적으로, 완전히, 모두 통틀어

4. Marshe has provided exceptional catering services for **over** twenty years.

   (A) during   **(B) over**   (C) since   (D) beside

   Marshe는 20년이 넘는 기간 동안 탁월한 출장요리 서비스를 제공하고 있다.

   [해설] **over+숫자** | 기간을 나타내는 숫자 앞에서 '~ 이상'이라는 의미로 쓸 수 있는 전치사는 (B) over이다. 전치사 (A) during

45

뒤에는 행사, 사건 등이 와야 한다.

[어휘] provide 제공하다   exceptional 이례적인, 탁월한   catering 출장요리   during ~ 동안   over ~ 이상   since ~ 이래로   beside ~ 옆에

5. Air Lumina's flight 17 bound for London has been delayed **due to** a technical problem.

   (A) because   (B) as to   **(C) due to**   (D) except

   Air Lumina의 런던행 17편 비행기는 기술적인 문제 때문에 지연되었다.

   [해설] 덩어리 전치사 | 빈칸은 명사 앞 전치사 자리로 문맥상 '기술적인 문제 때문에'라는 의미가 적절하므로 정답은 (C) due to이다. 접속사 (A) because 뒤에는 절(주어+동사)이 와야 하고, 전치사 (B) as to와 (D) except는 의미상 적합하지 않다.

   [어휘] bound for ~ 행의   delay 지연시키다, 지연   technical 기술적인   as to ~에 관하여   except ~ 제외하고

6. **According to** Mr. Dupont, Xesla Motors is planning to release a new energy-efficient electric car next week.

   (A) On behalf of   **(B) According to**   (C) Instead of   (D) Following

   Dupont 씨에 따르면 Xesla Motors는 다음 주 에너지 효율이 높은 새로운 전기차를 출시할 계획이다.

   [해설] 덩어리 전치사 | 빈칸은 명사 Mr. Dupont 앞 전치사 자리로 문맥상 'Dupont 씨에 따르면'이라는 의미가 자연스러우므로 정답은 (B) According to이다.

   [어휘] release 출시하다, 공개하다, 개봉하다   energy-efficient 에너지 효율이 높은   electric car 전기차   on behalf of ~을 대신[대표]해   according to ~에 따르면   instead of ~ 대신에   following ~ 이후에

7. Town Center can carry out an upgrade on its database without **affecting** operations.

   (A) affect   (B) affects   (C) affected   **(D) affecting**

   Town Center는 가동에 영향을 주지 않고 데이터베이스를 업그레이드할 수 있다.

   [해설] 전치사+동명사 | 빈칸은 앞의 전치사 without의 목적어 자리이므로 정답은 동명사인 (D) affecting이다.

   [어휘] carry out 수행하다   upgrade 향상, 업그레이드   affect 영향을 주다   operation 작동, 운영

8. Narum's Appliance is **among** the country's leading manufacturers of home appliances.

   (A) among   (B) around   (C) toward   (D) along

   Narum's Appliance는 전국에서 선도적인 가전기기 제조업체에 속한다.

   [해설] 위치 전치사 | 빈칸은 명사 the country's leading manufacturers 앞 전치사 자리로 문맥상 '전국에서 선도적인 제조업체에 속하는'이라는 의미가 자연스러우므로 정답은 (A) among이다.

   [어휘] leading 선도적인   manufacturer 제조업체   home appliance 가전기기

9. In addition to snacks, complimentary refreshments will be provided **during** the training session.

   (A) along   (B) about   (C) into   **(D) during**

   간식에 더하여 연수 과정에는 무료 다과가 제공될 것이다.

   [해설] 시간 전치사_기간 | 빈칸 뒤에 특정한 행사를 나타내는 명사 the training session이 있으므로, 정답은 (D) during이다.

   [어휘] in addition to ~에 더하여   complimentary 무료의, 칭찬의   refreshments 다과   provide 제공하다   training 연수   session 과정, 기간

10. **After** considering all the factors, the management decided not to renew the partnership with Lohan Networks.

    (A) In spite of   (B) Prior   **(C) After**   (D) Instead

    경영진은 모든 요소를 고려한 뒤 Lohan Networks와 파트너 계약을 갱신하지 않기로 결정했다.

    [해설] 기타 전치사 | 빈칸 뒤 동명사구 considering all the factors 앞 전치사 자리이다. 문맥상 '모든 요소를 고려한 뒤'라는

의미가 자연스러우므로, 정답은 (C) After이다. 전치사 (A) In spite of는 의미상 적합하지 않고, 형용사 (B) Prior와 부사 (D) Instead는 품사상 적합하지 않다.

[어휘] consider 고려하다 factor 요소, 요인 management 경영(진) decide 결정하다 renew 갱신하다 in spite of ~에도 불구하고 prior 이전의, 우선하는 instead 대신에

day 08 동사   PART 5

📋 Check Up

1. 동사란?   교재 p.76
1. (C)   2. (A), (C)   3. (A), (B)   4. will need   5. visited

1. (A) manager   (B) to manage   **(C) manage**   (D) management

   [해설] (A) manager – 명사(관리자, 매니저) (B) to manage – to부정사 (C) manage – 동사원형(관리하다, 경영하다) (D) management – 명사(관리, 경영). 따라서 정답은 (C) manage이다.

2. **(A) provide**   (B) provision   **(C) provides**   (D) provider

   [해설] (A) provide – 동사원형(제공하다) (B) provision – 명사(준비, 제공) (C) provides – 현재 동사 (D) provider – 명사(제공자). 따라서 정답은 (A) provide와 (C) provides이다.

3. **(A) ship**   **(B) shipped**   (C) shipping   (D) shipment

   [해설] (A) ship – 명사, 동사원형(배, 배송하다) (B) shipped – 과거 동사, 과거분사 (C) shipping – 명사, 현재분사, 동명사 (D) shipment – 명사(배송). 따라서 정답은 (A) ship과 (B) shipped이다.

4. My flight reservation **will need** to be rescheduled.   저의 비행기 예약이 조정될 필요가 있어요.

   [해설] 주어인 My flight reservation 뒤의 동사를 〈조동사+동사원형〉로 나타내고 있다. 따라서 동사는 will need이다.

   [어휘] flight 비행기 reservation 예약 reschedule 일정을 변경하다, 조정하다

5. I **visited** the service center to find out more information regarding my missing luggage.
   나는 분실한 짐에 대한 더 많은 정보를 알아보기 위해 서비스 센터를 방문했다.

   [해설] 주격 인칭대명사 I 뒤에 과거 시제 동사 visited가 있다. 따라서 동사는 visited이다.

   [어휘] visit 방문하다, 방문 baggage 수화물, 짐 find out 알아보다 regarding ~에 관하여 missing 잃어버린, 분실한

2. 동사의 생김새   교재 p.77
1. visited   2. be   3. gets   4. considering   5. known

1. The manager (**visited** / visiting) the factory last week.   매니저는 지난주 공장을 방문했다.

   [해설] 괄호 안은 주어인 The manager 뒤의 동사 자리이므로 정답은 visited이다.

   [어휘] factory 공장 visit 방문하다, 방문

2. The product should (**be** / was) shipped by air.   제품은 항공으로 배송되어야 한다.

47

[해설] 괄호 안은 조동사 should 뒤의 동사원형 자리이므로 정답은 be이다.
[어휘] product 제품   ship 배송하다   by air 항공으로, 비행기로

3. She (get / **gets**) 10 percent commission.   그녀는 10퍼센트 수수료를 받는다.
[해설] 괄호 안은 3인칭 단수 주어인 She 뒤의 동사 자리이므로 정답은 gets이다.
[어휘] commission 수수료, 위원회

4. He is (**considering** / considers) resignation.   그는 사직을 고려하고 있다.
[해설] 괄호 앞의 be동사 is 뒤에서 진행형을 나타내는 동사 형태는 현재분사이므로 정답은 considering이다.
[어휘] consider 고려하다, 간주하다   resignation 사임, 사직

5. Space-D is (knew / **known**) for its innovative designs.   Space-D는 혁신적인 디자인으로 유명하다.
[해설] 괄호 앞의 be동사 is 뒤에서 수동태를 나타내는 동사 형태는 과거분사이므로 정답은 known이다.
[어휘] innovative 혁신적인   known 알려진, 유명한

---

3. 동사의 종류 – 자동사
교재 p.78

1. arrived   2. as   3. register   4. specialize   5. with

1. The shipment has (**arrived** / delivered) promptly at 3 P.M.   배송품은 오후 3시 정각에 도착했다.
[해설] 괄호 안의 동사만으로 뜻이 완성되고 동사 뒤에 목적어가 필요 없으므로 정답은 자동사인 arrived이다.
[어휘] shipment 배송품, 탁송   arrive 도착하다   deliver 배달하다, 전달하다   promptly 정각에

2. Mr. Shin has served (to / **as**) an accountant.   Shin 씨는 회계사로 근무했다.
[해설] 괄호 앞의 자동사 serve가 an account를 목적어로 취하기 위해서 전치사가 필요하다. 문맥상 '회계사로서'라는 의미가 적절하므로 정답은 전치사 as이다. 참고로 serve는 자동사뿐만 아니라 타동사로도 쓰인다.
[어휘] serve 근무하다, 봉사하다   accountant 회계사

3. All employees need to (attend / **register**) for the training session.   전 직원은 연수 과정에 등록해야 한다.
[해설] 괄호 뒤의 전치사 for와 함께 목적어 the training session을 취할 수 있는 자동사 자리이다. 따라서 정답은 자동사 register이다. attend는 타동사로 전치사 없이 뒤에 바로 목적어가 온다.
[어휘] employee 직원   attend 참석하다   register for ~에 등록하다   training 연수

4. We (**specialize** / deal) in formal suits.   우리는 정장을 전문으로 한다.
[해설] 괄호 뒤의 전치사 in과 함께 쓰이는 자동사를 선택해야 한다. 따라서 정답은 자동사 specialize이다. 자동사 deal은 주로 전치사 with와 함께 쓰인다.
[어휘] specialize in ~을 전문으로 하다   deal with ~을 처리하다, 다루다   formal 공식적인, 격식을 차린   formal suit 정장

5. Visitors should comply (**with** / on) the museum rules.   방문객들은 박물관 규칙을 따라야 한다.
[해설] 괄호 앞의 자동사 comply와 함께 쓰이는 전치사를 선택해야 한다. 따라서 정답은 전치사 with이다.
[어휘] visitor 방문객   comply with ~을 준수하다   rule 규칙

---

4. 동사의 종류 – 타동사
교재 p.79

1. check   2. follow   3. attend   4. result   5. met

1. You should (**check** / refer) your e-mail regularly. 당신은 이메일을 정기적으로 확인해야 한다.

   [해설] 괄호 뒤의 your e-mail을 목적어로 취하는 타동사 자리이다. 따라서 정답은 타동사 check이다. 자동사 refer는 주로 전치사 to와 함께 쓰인다.

   [어휘] check 확인하다, 점검   refer to ~을 참고하다, 언급하다   regularly 정기적으로

2. Lab workers must (comply / **follow**) the safety regulations.   실험실 직원들은 안전 규정을 따라야 한다.

   [해설] 괄호 뒤의 the safety regulations를 목적어로 취할 수 있는 타동사 자리이다. 따라서 정답은 타동사 follow이다. 자동사 comply는 전치사 with와 함께 목적어를 취할 수 있다.

   [어휘] lab 실험실   comply with ~을 준수하다, 지키다   follow 따르다   safety 안전   regulation 규정, 규칙

3. The executives will (participate / **attend**) the meeting.   임원들은 회의에 참석할 것이다.

   [해설] 괄호 뒤의 the meeting을 목적어로 취할 수 있는 타동사 자리이므로 정답은 타동사 attend이다. 자동사 participate는 전치사 in과 함께 목적어를 취할 수 있다.

   [어휘] executive 임원, 이사   participate in ~에 참석하다   attend 참석하다

4. Buk's updated techniques will (**result** / complete) in a high quality product.
   Buk의 최신 기술들은 고품질 상품이라는 결과를 낳을 것이다.

   [해설] 괄호 뒤의 전치사 in과 함께 a high quality product를 목적어로 취하는 자동사 자리이므로, 정답은 자동사 result이다. 타동사 complete는 전치사 없이 목적어가 바로 나온다.

   [어휘] updated 최신의, 갱신된   technique 기술   quality 고품질의, 품질   result in ~ (결과를) 낳다   complete 완성하다

5. We (**met** / agreed) the sales goal for this year.   우리는 올해 매출 목표를 맞추었다.

   [해설] 괄호 뒤의 the sales goal을 목적어로 취하는 타동사 자리이다. 따라서 정답은 타동사 met이다. 자동사 agree는 주로 전치사 about 또는 with와 함께 목적어를 취할 수 있다.

   [어휘] agree about/with ~에 동의하다, 합의하다   sale 매출, 판매량   goal 목표   meet 맞추다, 충족하다

PRACTICE

교재 p.80

STEP1 1. (A) 2. (B) 3. (A) 4. (A)   **STEP2** 5. (A) 6. (B) 7. (A) 8. (A)

1. We **specialize** in well-made formal and business suits for both men and women.

   (A) specialize   (B) produce

   우리는 남성과 여성 모두를 위한 잘 만들어진 정장용 슈트와 비즈니스 슈트를 전문으로 한다.

   [해설] **자동사+전치사** | 빈칸 뒤의 전치사 in과 함께 well-made formal and business suits를 목적어로 취하는 자동사 자리이므로 정답은 자동사 (A) specialize이다. 타동사 (B) produce는 전치사 없이 바로 목적어를 취한다.

   [어휘] well-made 잘 만들어진   formal 공식적인, 격식을 차린   both A and B A와 B 둘 다   specialize in ~을 전문으로 하다   produce 생산하다

2. Ms. Hackett **gets** a commission of 10 percent on each sale of our products.

   (A) get   **(B) gets**

   Hackett 씨는 우리 상품을 판매할 때마다 10퍼센트 수수료를 받는다.

   [해설] **3인칭 단수 동사** | 빈칸은 3인칭 단수 주어인 Ms. Hackett 뒤의 단수 동사 자리이므로 정답은 (B) gets이다.

   [어휘] commission 수수료, 위원회   each 각각   product 상품   get 받다, 얻다

3. The product should **be shipped** by air so that it can arrive no later than next Monday.

   (A) be shipped (B) was shipped

   제품은 늦어도 다음 월요일까지 도착할 수 있도록 비행기로 배송되어야 한다.

   [해설] **조동사+동사원형** | 빈칸은 조동사 should 뒤의 동사원형 자리이므로, 정답은 (A) be shipped이다.

   [어휘] by air 항공으로, 비행기로 so that ~할 수 있도록 arrive 도착하다 no later than 늦어도 ~까지 ship 배송하다, 보내다

4. The company executives will **attend** the annual shareholder meeting on Tuesday.

   (A) attend (B) participate

   회사 임원들은 화요일에 연례 주주총회에 참석할 것이다.

   [해설] **타동사+목적어** | 빈칸 뒤 the annual shareholder meeting을 목적어로 바로 취할 수 있는 타동사 자리이므로 정답은 타동사 (A) attend이다. 자동사 participate는 전치사 in과 함께 목적어를 취할 수 있다.

   [어휘] executive 임원, 이사 annual 연례의, 해마다의 shareholder 주주 attend 참석하다 participate in ~에 참석하다

5. Most items **remain** in good condition after two years of use.

   (A) remain (B) show

   대다수 상품들은 2년 사용 후에도 좋은 상태를 유지한다.

   [해설] **자동사와 타동사의 구별** | 빈칸 뒤에 목적어가 없으므로 정답은 자동사 (A) remain이다. in good condition은 전치사구이므로 목적어로 착각하지 않도록 주의한다. 타동사 show는 전치사 없이 바로 목적어를 가진다.

   [어휘] most 대부분의 item 상품 condition 상태 use 사용 remain 남아 있다, ~채로 있다 show 보여주다

6. Please ensure that the operation costs don't **exceed** the amounts in the budget.

   (A) exceeding **(B) exceed**

   운영비가 예산 금액을 초과하지 않도록 하세요.

   [해설] **조동사+동사원형** | 빈칸은 조동사 don't 뒤의 동사원형 자리이다. 따라서 정답은 동사원형 (B) exceed이다.

   [어휘] ensure 확실히 하다 operation cost 운영비 amount 총액, 양 budget 예산 exceeding 초과하는 exceed 초과하다

7. Paige's Diner **has added** a selection of new meals to its updated menu.

   (A) has added (B) addition

   Paige's Diner는 최신 메뉴에 다양한 새 요리를 추가했다.

   [해설] **동사 자리** | 빈칸은 주어인 Paige's Diner 뒤의 동사 자리이므로 정답은 (A) has added이다. 명사 (B) addition은 동사 자리에 올 수 없다.

   [어휘] a selection of 다양한 meal 식사, 요리 updated 최신의, 갱신된 add 추가하다 addition 추가

8. All defects are **considered** unacceptable.

   (A) considered (B) consider

   모든 결함은 용인할 수 없는 것으로 간주된다.

   [해설] **수동태_be+p.p.** | 빈칸 앞의 be동사 are와 함께 수동태를 만드는 동사 형태는 과거분사이다. 따라서 정답은 과거분사 (A) considered이다. 동사원형 (B) consider는 be동사 뒤에 올 수 없다. 참고로 be동사는 현재분사와 함께 진행형을, 과거분사와 함께 수동태를 만든다.

   [어휘] defect 결함, 결점 unacceptable 용인할 수 없는 consider 간주하다

ACTUAL TEST

교재 p.81

1. (A) 2. (A) 3. (A) 4. (C) 5. (D) 6. (C) 7. (C) 8. (C) 9. (B) 10. (D)

1. All food processing companies must **comply** with the new health safety regulations.

    (A) comply (B) observe (C) follow (D) contribute

    모든 식품가공 업체들은 새로운 보건 안전 규정을 준수해야 한다.

    [해설] 자동사+전치사 | 빈칸 뒤의 전치사 with와 함께 목적어 the new health safety regulations를 취하는 자동사 자리이므로 정답은 자동사 (A) comply이다. 타동사 (B) observe와 (C) follow는 전치사 없이 바로 목적어를 취하고, (D) contribute가 자동사로 쓰일 때 주로 전치사 to와 함께 목적어를 취한다.

    [어휘] processing 가공, 처리 company 회사 health 건강, 보건 safety 안전 regulation 규정 comply with ~을 준수하다 observe 준수하다, 관찰하다 follow 따르다 contribute 기여하다

2. Over the next eight months, the Kasific Shipbuilding workers will **assemble** two new cargo ships.

    (A) assemble (B) assembly (C) assembles (D) assembled

    앞으로 8개월 동안 Kasific Shipbuilding 직원들은 2척의 새로운 화물선을 건조할 것이다.

    [해설] 조동사+동사원형 | 빈칸은 조동사 will 뒤의 동사원형 자리이므로 정답은 동사원형 (A) assemble이다. 명사 (B) assembly는 품사상 적합하지 않다.

    [어휘] over ~동안 cargo 화물 cargo ship 화물선 assemble 조립하다 assembly 조립, 의회

3. At the next staff meeting, Jake Hanson **will discuss** the new project under development.

    (A) will discuss (B) discussion (C) discussing (D) to discuss

    다음 직원회의에서 Jake Hanson은 개발 중인 새로운 프로젝트에 대해 논의할 것이다.

    [해설] 동사 자리 | 빈칸은 주어인 Jake Hanson 뒤의 동사 자리이므로 정답은 (A) will discuss이다. 명사 (B) discussion은 품사상 적합하지 않고, 동명사 또는 현재분사 (C) discussing과 to부정사 (D) to discuss는 동사 자리에 들어갈 수 없다.

    [어휘] staff 직원 development 개발, 발전 under development 개발 중인 discuss 논의하다 discussion 논의, 토론

4. All library users **are** expected to observe the posted rules for borrowing books.

    (A) is (B) being **(C) are** (D) been

    모든 도서관 사용자들은 게재된 도서 대출 규정을 지켜야 한다.

    [해설] 복수 주어+복수 동사 | 빈칸은 복수 주어인 All library users 뒤에 나오는 복수 동사 자리이므로, 정답은 (C) are이다. 단수 동사 (A) is는 주어와 수가 일치하지 않고, 동명사 또는 현재분사 (B) being과 과거분사 (D) been은 동사 자리에 올 수 없다.

    [어휘] observe (규칙)을 지키다, 준수하다 posted 게재된 borrow 빌리다, 대출하다

5. Any interested employees are welcome to apply **for** a transfer to the New York office.

    (A) in (B) since (C) among **(D) for**

    관심 있는 직원들은 누구나 뉴욕 사무실로 전근을 신청하십시오.

    [해설] 자동사+전치사 | 빈칸 앞의 자동사 apply와 함께 쓰이는 전치사를 선택해야 한다. 따라서 정답은 전치사 (D) for이다.

    [어휘] interested 관심이 있는 employee 직원 welcome 환영 받는, ~해도 좋은 apply for ~에 신청하다, 지원하다 transfer 전근 가다

6. According to our factory manager, errors **have decreased** after the installation of the new machines.

    (A) decreasing (B) been decreased **(C) have decreased** (D) to decrease

51

우리 공장 매니저에 따르면, 불량이 새 기계 설치 후에 줄어들었다고 한다.

[해설] **동사 자리** | 빈칸은 주어 errors 뒤의 동사 자리이므로 정답은 (C) have increased이다. 현재분사 (A) decreasing, 과거분사 (B) been decreased, to부정사 (D) to decrease는 동사 자리에 들어갈 수 없다.

[어휘] according to ~에 따르면   error 불량, 오류   installation 설치   decrease 줄다, 감소하다

7. Vatajan Cycles, Inc., is planning to **launch** a new line of racing bicycles.

   (A) result   (B) arrive   **(C) launch**   (D) remain

   Vatajan Cycles 사는 신제품 경주용 자전거를 출시할 계획이다.

   [해설] **자동사와 타동사의 구별** | 빈칸 뒤의 a new line of racing bicycles를 바로 목적어로 취하는 타동사 자리이므로, 정답은 타동사 (C) launch이다. 자동사 (A) result, (B) arrive, (D) remain은 뒤에 바로 목적어를 가질 수 없다.

   [어휘] plan to부정사 ~할 계획이다   line 상품, 제품군   racing bicycle 경주용 자전거   launch 출시하다

8. Robin Books **publishes** a monthly newsletter and promotional materials for bookstores.

   (A) publisher   (B) publishing   **(C) publishes**   (D) publishable

   Robin Books는 월간 소식지와 서점 홍보 자료를 발간한다.

   [해설] **동사 자리** | 빈칸은 주어 Robin Books 뒤에 나오는 동사 자리이므로 정답은 (C) publishes이다. 명사 (A) publisher와 형용사 (D) publishable은 품사상 적합하지 않고, 동명사 또는 현재분사 (B) publishing은 동사 자리에 올 수 없다.

   [어휘] monthly 매달의   newsletter 소식지   promotional 판촉의, 홍보의   material 자료   publisher 출판사   publish 출판하다   publishable 출판할 수 있는

9. The chocolate gifts by Chocovi **come** in a variety of colors and can be customized with your logo.

   (A) offer   **(B) come**   (C) sell   (D) buy

   Chocovi의 초콜릿 선물은 다양한 색상으로 나오고, 당신의 로고를 넣어 맞춤 제작할 수 있습니다.

   [해설] **자동사와 타동사의 구별** | 빈칸은 뒤의 전치사 in과 함께 a variety of colors를 목적어로 취하는 자동사 자리이므로 정답은 자동사 (B) come이다. 타동사 (A) offer, (C) sell, (D) buy는 전치사 없이 바로 목적어를 취한다.

   [어휘] a variety of 다양한   customize 맞춤 제작하다   offer 제안하다   sell 팔다   buy 사다

10. Carl Smith has **reviewed** the proposal submitted by Yasper Corporations.

    (A) agreed   (B) referred   (C) looked   **(D) reviewed**

    Carl Smith는 Yasper Corporations에서 제출한 제안서를 검토했다.

    [해설] **자동사와 타동사의 구별** | 빈칸은 뒤의 the proposal을 바로 목적어로 가지는 타동사 자리이므로 정답은 타동사 (D) reviewed이다. 자동사 (A) agreed는 주로 전치사 with 또는 about과, (B) referred는 전치사 to와, (C) looked는 주로 전치사 at, into, for와 함께 목적어를 취한다. 참고로 submitted ~는 앞의 명사 the proposal을 수식하고 있다.

    [어휘] proposal 제안서   submit 제출하다   agree 동의하다   refer 참고하다, 언급하다   look 보다   review 검토하다, 비평하다

day 09 수 일치 　　　　　　PART 5

Check Up

1. 수 일치 — 단수　　　　　　교재 p.84
1. is　2. needs　3. has　4. works　5. is

1. The supervisor (**is** / are) on a business trip now.　관리자는 지금 출장 중이다.
   [해설] The supervisor는 단수 명사이므로 단수 동사를 선택해야 한다. 따라서 정답은 is이다.
   [어휘] supervisor 관리자　on a business trip 출장 중인

2. Every employee (need / **needs**) to wear their ID badges.　모든 직원은 ID 배지를 착용해야 한다.
   [해설] 〈every+단수 명사(employee)〉는 단수 동사로 받아야 한다. 따라서 정답은 needs이다.
   [어휘] employee 직원　wear 착용하다　ID badge ID 배지

3. YD Electronics (have / **has**) reported growth in revenue.　YD 전자는 수익 증가를 보고했다.
   [해설] 회사 이름 YD Electronics는 ~s로 끝나도 단수 명사이므로 단수 동사로 받아야 한다. 따라서 정답은 has이다.
   [어휘] electronics 전자 기기　report 보고하다　growth 성장, 증가　revenue 수익

4. Mr. Rotack (work / **works**) for a shipping company.　Rotack 씨는 운송회사에서 일한다.
   [해설] Mr. Rotack은 단수 명사이므로 단수 동사를 써야 한다. 따라서 정답은 works이다.
   [어휘] shipping company 운송회사

5. An approval (**is** / are) required for admission.　입장에는 허가가 필요하다.
   [해설] approval은 단수 명사이므로 단수 동사로 받아야 한다. 따라서 정답은 is이다.
   [어휘] approval 허가　require 필요하다　admission 입장

2. 수 일치 — 복수　　　　　　교재 p.85
1. are　2. are　3. plan　4. are　5. offer

1. Our experts (is / **are**) available 24 hours a day.　저희 전문가들은 하루 24시간 서비스가 가능합니다.
   [해설] experts는 복수 명사이므로 복수 동사로 받아야 한다. 따라서 정답은 are이다.
   [어휘] expert 전문가　available 이용 가능한　24 hours a day 하루 24시간 동안

2. You (**are** / has) invited to attend the reception.　귀하를 환영 연회에 초대합니다.
   [해설] You는 복수 동사를 써야 한다. 따라서 정답은 are이다. has는 단수 동사이므로 You와 어울리지 않는다.
   [어휘] invite 초대하다　attend 참석하다　reception 환영 연회

3. World Inn and Hue Resorts (plans / **plan**) to merge.　World Inn과 Hue Resorts는 합병할 계획이다.
   [해설] World Inn and Hue Resorts는 복수 주어이므로 복수 동사를 써야 한다. 따라서 정답은 plan이다.
   [어휘] plan 계획하다　merge 합병하다

4. Both candidates (has / **are**) highly qualified.   두 후보자 모두 훌륭한 자질을 갖추었다.

   [해설] ⟨both+복수 명사(candidates)⟩는 복수 동사로 받아야 한다. 따라서 정답은 are이다.

   [어휘] both 둘 다   candidate 후보자   highly 매우   qualified 자질을 갖춘

5. We (**offer** / offers) a variety of courses.   저희는 다양한 강의를 제공합니다.

   [해설] We(우리)는 복수 대명사이므로 복수 동사를 써야 한다. 따라서 정답은 offer이다.

   [어휘] offer 제공하다   a variety of 다양한   course 강의

3. 수 일치가 필요 없는 경우   교재 p.86
1. Register   2. accept   3. released   4. respond   5. inspect

1. (**Register** / Registers) on our Web site.   저희 웹사이트에서 등록하세요.

   [해설] 주어 없는 명령문이므로 동사원형이 와야 한다. 따라서 정답은 Register이다.

   [어휘] register 등록하다   Web site 웹사이트

2. We don't (accepted / **accept**) cash payment.   저희는 현금 결제는 받지 않습니다.

   [해설] 조동사 don't 뒤에는 항상 동사원형을 써야 한다. 따라서 정답은 accept이다.

   [어휘] accept 받아들이다   cash 현금   payment 결제

3. Maurice Publishing (release / **released**) a new book.   Maurice Publishing은 신간을 출간했다.

   [해설] Maurice Publishing은 회사 이름으로 단수 명사이므로 현재 시제일 때는 3인칭 단수형(releases)을 써야 한다. 과거 시제일 때는 수 일치에 신경 쓸 필요가 없다. 따라서 정답은 released이다.

   [어휘] release 출간하다

4. You may (**respond** / responds) to this e-mail.   이 이메일에 답신하셔도 좋습니다.

   [해설] 조동사 뒤에는 항상 동사원형을 써야 한다. may가 조동사이므로 정답은 respond이다.

   [어휘] respond 응답하다

5. Please (**inspect** / inspecting) each package.   각각의 소포를 모두 검사하세요.

   [해설] 주어 없이 please로 시작하는 명령문이므로 동사원형을 써야 한다. 따라서 정답은 inspect이다.

   [어휘] inspect 검사하다   each 각각의   package 소포

4. 주의해야 할 수 일치   교재 p.87
1. have   2. visits   3. is   4. operates   5. complain

1. Some of the proposals (has / **have**) been rejected.   일부 제안들은 거절당했다.

   [해설] 일부를 나타내는 말은 of 뒤 명사의 수에 일치시켜야 한다. ⟨some+of the 복수 명사(proposals)⟩ 뒤에는 복수 동사를 써야 한다. 따라서 정답은 have이다.

   [어휘] some 일부   proposal 제안   reject 거절하다

2. Mr. Gilbert regularly (visit / **visits**) the overseas offices.   Gilbert 씨는 정기적으로 해외 사무실을 방문한다.

   [해설] regularly는 수 일치에 영향을 미치지 않는 수식어이므로 제외한다. Mr. Gilbert는 단수 명사이므로 단수 동사를 선택해야 한다. 따라서 정답은 visits이다.

   [어휘] regularly 정기적으로   visit 방문하다   overseas 해외   office 사무실

3. The display at the building entrances (**is** / are) made up of flowers.
   건물 입구의 진열품은 꽃들로 만들어졌다.

   해설 at the building entrances는 수식어구이므로 제외한다. display는 단수 명사이므로 단수 동사를 써야 한다. 따라서 정답은 is이다.

   어휘 display 진열품   entrance 입구   be made up of ~로 구성되어 있다

4. All of the new machinery (operate / **operates**) efficiently.   새 기계 전부는 효율적으로 작동한다.

   해설 일부 또는 전부를 나타내는 말은 of 뒤 명사의 수에 일치시켜야 한다. 〈all+of the 단수 명사(machinery)〉 뒤에는 단수 동사를 써야 한다. 따라서 정답은 operates이다.

   어휘 machinery 기계   operate 작동하다   efficiently 효율적으로

5. A number of customers (**complain** / complains) about the service.
   많은 고객들이 서비스에 대해 불만을 제기한다.

   해설 a number of는 many(많은)와 같은 뜻으로 〈a number of+복수 명사(customers)〉는 복수 동사로 받아야 한다. 따라서 정답은 complain이다.

   어휘 a number of 많은   customer 고객   complain 불평하다

PRACTICE
교재 p.88

STEP1 1. (B)   2. (A)   3. (A)   4. (B)   **STEP2** 5. (A)   6. (B)   7. (A)   8. (B)

1. Our experts **are** available 24 hours a day to address any technical issues.

   (A) is   **(B) are**

   저희 전문가들은 하루 24시간 서비스를 하며 어떤 기술적 문제도 처리합니다.

   해설 복수 주어+복수 동사 | experts는 복수 명사이므로 복수 동사를 골라야 한다. 따라서 정답은 (B) are이다.

   어휘 expert 전문가   available 활용 가능한   24 hours a day 하루 24시간 동안   address 처리하다
   technical 기술적인   issue 문제

2. To gain access, simply **register** on our Web site.

   (A) register   (B) registers

   접속하려면 저희 웹사이트에 등록만 하세요.

   해설 수 일치가 필요 없는 명령문 | 주어가 없는 명령문이다. 명령문의 동사는 수 일치와 상관없이 동사원형이 와야 한다. 따라서 정답은 (A) register이다.

   어휘 gain 얻다   access 접근   simply 단순히   Web site 웹사이트   register 등록하다

3. During the orientation period, every new employee **needs** to wear their ID badges.

   (A) needs   (B) need

   오리엔테이션 기간에 모든 신입사원은 ID 배지를 착용해야 한다.

   해설 〈every+단수 명사〉+단수 동사 | 〈every+단수 명사(employee)〉 뒤에는 단수 동사를 써야 한다. 따라서 정답은 (A) needs이다.

   어휘 during ~동안   orientation 오리엔테이션   period 기간   employee 직원   wear 착용하다   ID badge ID 배지

4. All of the new machinery **operates** quietly and efficiently thanks to the technical support from DMS Corp.

   (A) operate   (B) operates

   새로운 기계 전부는 DMS 사의 기술적 지원 덕분에 조용하고 효율적으로 작동한다.

   [해설] 〈all+of the 단수 명사〉+단수 동사 | 전부를 나타내는 말 〈all+of the 단수 명사(machinery)〉는 단수 동사로 받아야 한다. 따라서 정답은 (B) operates이다.

   [어휘] machinery 기계 quietly 조용히 efficiently 효율적으로 thanks to ~ 덕분에 technical 기술적인 support 지원 operate 작동하다

5. If you **experience** any problem, don't hesitate to call customer service at 09391-920573.

   (A) experience   (B) experiences

   문제가 생기면 주저 없이 고객 서비스부 09391-920573으로 전화하세요.

   [해설] 복수 주어+복수 동사 | You는 복수 동사를 써야 한다. 따라서 정답은 (A) experience이다.

   [어휘] problem 문제 hesitate 주저하다 customer service 고객 서비스부 experience 경험하다, 겪다

6. Larson Bakery's staff will **make** every effort to accommodate your request.

   (A) made   (B) make

   Larson Bakery 직원은 최선을 다해 귀하의 요청에 맞추겠습니다.

   [해설] 조동사+동사원형 | 조동사 will 뒤에는 수 일치와 관계없이 항상 동사원형을 써야 한다. 따라서 정답은 (B) make이다.

   [어휘] staff 직원 accommodate 맞추다, 수용하다 request 요청 make effort 노력하다

7. Nearly half of the employees at Pizeon Company **reside** in the suburban area.

   (A) reside   (B) resides

   Paco Company 직원의 절반가량이 교외 지역에 거주한다.

   [해설] 수식어가 있는 문장의 수 일치 | 먼저 at Paco Company는 수식어구이므로 제외한다. 일부를 나타내는 말 〈half+of the 복수 명사(employees)〉는 복수 동사로 받아야 하므로 정답은 (A) reside이다.

   [어휘] nearly 거의 half 절반 employee 직원 suburban area 교외 지역 reside 거주하다

8. The number of participants in the competition **has** increased.

   (A) have   (B) has

   경기 참가자 수가 늘었다.

   [해설] 수식어가 있는 문장의 수 일치 | 먼저 in the competition은 수식어구이므로 제외한다. 〈the number of+복수 명사(participants)〉는 단수 동사로 받아야 한다. 따라서 정답은 (B) has이다.

   [어휘] the number of ~의 수 participant 참가자 competition 경기 increase 증가하다

ACTUAL TEST

교재 p.89

1. (D) 2. (C) 3. (B) 4. (A) 5. (B) 6. (B) 7. (C) 8. (C) 9. (A) 10. (D)

1. Asia First Logistics will always **deliver** the shipment on time.

   (A) delivers   (B) has delivered   (C) delivery   (D) deliver

   Asia First Logistics는 언제나 배송품을 제시간에 배달할 것입니다.

[해설] **조동사+동사원형** | always는 수식어이므로 제외한다. 조동사 뒤에는 항상 동사원형을 써야 한다. will은 조동사이므로 정답은 (D) deliver이다.

[어휘] always 항상   shipment 수송(품)   on time 제시간에   deliver 배달하다

2. To get to the Kim & Park law office, please **use** the elevator near the main entrance.

   (A) used   (B) uses   **(C) use**   (D) using

   Kim & Park 법률 사무소로 오시려면 주 출입구 근처에 있는 엘리베이터를 이용하세요.

   [해설] **수 일치가 필요 없는 명령문** | 주어 없이 please로 시작하는 명령문이므로 동사원형을 써야 한다. 따라서 정답은 (C) use이다.

   [어휘] law office 법률 사무소   elevator 엘리베이터   near 근처   main 주요한   entrance 입구

3. At least five business days **are** required to complete the renovation work.

   (A) is   **(B) are**   (C) has   (D) has been

   수리 작업을 마치려면 최소한 영업일 기준 5일이 필요하다.

   [해설] **복수 주어+복수 동사** | five business days는 복수 명사이므로 복수 동사가 와야 한다. 따라서 정답은 (B) are이다.

   [어휘] at least 최소한   business days 영업일   be required to ~가 필요하다   complete 완성하다   renovation 수리

4. Visit our Web site and **enroll** today in EC's short-term multimedia workshop.

   (A) enroll   (B) enrollment   (C) enrolled   (D) enrolling

   저희 웹사이트를 방문해 EC의 단기 멀티미디어 워크숍에 오늘 등록하세요.

   [해설] **수 일치가 필요 없는 명령문** | 주어 없는 명령문이므로 동사원형이 와야 한다. 따라서 정답은 (A) enroll이다.

   [어휘] visit 방문하다   Web site 웹사이트   short-term 단기간의   multimedia 멀티미디어   workshop 워크숍   enroll in ~에 등록하다

5. All new recruits at DM Engineering must **attend** several training sessions on occupational safety.

   (A) attending   **(B) attend**   (C) attends   (D) attention

   DM Engineering의 모든 신입 사원들은 산업안전에 대한 몇 가지 교육 과정에 참석해야 한다.

   [해설] **조동사+동사원형** | 조동사 뒤에는 항상 동사원형을 써야 한다. must는 조동사이므로 정답은 (B) attend이다.

   [어휘] new recruit 신입 사원   several 몇몇의   training session 교육 과정   occupational 직업과 관련된   safety 안전   attend 참석하다

6. All flights departing from Heathrow **have been delayed** due to the severe weather conditions.

   (A) postpones   **(B) have been delayed**   (C) was postponed   (D) postponing

   히드로에서 출발하는 모든 비행기들은 심각한 기상 상태 때문에 지연되었다.

   [해설] **수식어가 있는 문장의 수 일치** | departing from Heathrow는 수식어구이므로 제외한다. flights는 복수 명사이므로 복수 동사가 와야 한다. 따라서 정답은 (B) have been delayed이다.

   [어휘] flight 항공기   depart 출발하다   due to ~때문에   severe 심각한   weather condition 기상 상태   delay 지연시키다

7. Most of the employees of Future Software **are** satisfied with the new system.

   (A) is   (B) is being   **(C) are**   (D) was

   Future Software 직원 대다수는 새로운 시스템에 만족한다.

   [해설] **〈most+of the 복수 명사〉+복수 동사** | 일부를 나타내는 말 〈most+of the 복수 명사(employees)〉는 복수 동사로 받아야 한다. 따라서 정답은 (C) are이다.

   [어휘] most 대부분   employee 직원   be satisfied with ~에 만족하다   system 시스템

8. The laboratory assistant must ensure that all of the scientific equipment **is functioning** properly.
   (A) functional   (B) have functioned   **(C) is functioning**   (D) to function

   연구실 조수는 반드시 모든 과학 장비가 제대로 작동하도록 해야 한다.

   [해설] **단수 주어+단수 동사** | 빈칸은 동사 자리이므로, have functioned와 is functioning이 둘 다 가능하다. equipment는 불가산 명사이므로 단수 동사를 써야 한다. 따라서 정답은 (C) is functioning이다.

   [어휘] laboratory 실험실, 연구실   assistant 조수, 비서   ensure 확실히 하다   equipment 장비, 기기   properly 제대로   functional 기능적인   function 작동하다

9. Mr. Cheung from Save Accounting **is using** conference room 2 on the third floor.
   (A) is using   (B) use   (C) usage   (D) usable

   Save Accounting의 Cheung 씨가 3층에 있는 2 회의실을 쓰고 있다.

   [해설] **수식어가 있는 문장의 수 일치** | from Save Accounting은 수식어구이므로 제외한다. Mr. Cheung은 단수 명사이므로 단수 동사가 와야 한다. 따라서 정답은 (A) is using이다.

   [어휘] conference room 회의실   third floor 3층

10. All workers at the construction sites **are** required to wear safety helmets.
    (A) is   (B) be   (C) has been   **(D) are**

    건설 현장의 모든 직원들은 안전모를 착용해야 한다.

    [해설] **수식어가 있는 문장의 수 일치** | at the construction sites는 수식어구이므로 제외한다. workers는 복수 명사이므로 복수 동사를 써야 한다. 따라서 정답은 (D) are이다.

    [어휘] worker 직원   construction site 건설 현장   be required to ~해야 한다   wear 착용하다   safety helmet 안전모

day 10 태   PART 5

📋 Check Up

1. 능동태 vs. 수동태
교재 p.92

1. 능동   2. 수동   3. 수동   4. was conducted   5. be paid

1. We are hiring temporary chefs for the event. (**능동**)   우리는 행사를 위해 임시직 요리사들을 고용할 것이다.

   [해설] 주어가 동사 행위를 직접하고 있다. 따라서 정답은 능동이다. 수동태는 ⟨be+p.p.⟩ 형태이다.

   [어휘] hire 고용하다   temporary 임시의   chef 요리사, 주방장   event 행사

2. The swimming pools are examined every month by the local officials. (**수동**)
   수영장들은 지역 공무원들에게 매달 조사를 받는다.

   [해설] ⟨are examined⟩는 ⟨be+p.p.⟩ 형태이므로 수동태이다. 해석을 하면 수영장은 '조사를 하는' 능동적인 주체가 아니라 '조사를 받는' 수동적 입장이다.

   [어휘] swimming pool 수영장   examine 조사하다   every month 매달   local 지역의   official 공무원

3. The results of the research have been released. (**수동**)   연구 결과가 발표되었다.

   [해설] ⟨have been released⟩로 현재완료 수동태이다. 해석을 하면 연구 결과는 '발표하는' 능동적인 주체가 아니라 '발표되는' 수동적 입장이다.

어휘 result 결과   research 연구   release 발표하다

4. 그 연구는 Woo 박사에 의해 진행되었다. The research **was conducted** by Dr. Woo.

해설 '진행되었다'는 과거 수동태이므로 〈was/were+p.p〉 형태가 되어야 한다. The research는 불가산 명사이므로 be동사 단수 과거인 was를 선택한다. 따라서 정답은 was conducted이다.

어휘 research 연구   conduct 진행하다

5. 비행기 요금은 미리 지불될 것이다. The cost of the flight will **be paid** in advance.

해설 '지불될 것이다'는 미래 수동태이므로 〈will be+p.p.〉 형태가 되어야 한다. 따라서 정답은 be paid이다. 조동사 will 뒤에는 동사원형이 온다는 점을 기억하자.

어휘 cost 요금   flight 비행(기)   pay 지불하다   in advance 미리

2. 수동태 만들기   교재 p.93
1. reach   2. be revised   3. depart   4. check   5. been reserved

1. We can (**reach** / be reached) the sales target this year.   우리는 올해 매출 목표에 도달할 수 있다.

해설 괄호 뒤에 목적어가 있고 '~하다'로 해석되므로 능동태이다. 따라서 정답은 reach이다.

어휘 reach 도달하다   sales 매출   target 목표   this year 올해

2. The policy will (revise / **be revised**).   정책은 개정될 것이다.

해설 괄호 뒤에 목적어가 없으므로 수동태이다. 따라서 정답은 be revised이다.

어휘 policy 정책   revise 개정하다

3. The flight will (**depart** / be departed) at 3 P.M.   비행기는 오후 3시에 출발할 것이다.

해설 depart(떠나다)는 자동사이므로 능동태로 써야 한다. 따라서 정답은 depart이다.

어휘 flight 비행(기)   depart 출발하다

4. They frequently (**check** / are checked) all the data.   그들은 모든 자료를 자주 점검한다.

해설 괄호 뒤에 목적어가 있고 '~하다'로 해석되므로 능동태이다. 따라서 정답은 check이다.

어휘 frequently 자주   check 점검하다

5. All seats have (**been reserved** / reserved).   모든 좌석이 예약되었다.

해설 괄호 뒤에 목적어가 없으므로 수동태이다. 따라서 정답은 been reserved이다.

어휘 seat 좌석   reserve 예약하다

3. 수동태 짝꿍 전치사   교재 p.94
1. interested   2. with   3. was informed   4. equipped   5. to

1. Ms. Agatep is (**interested** / interest) in the position.   Agatep 씨는 그 직책에 관심이 있다.

해설 interest는 수동태일 때 〈be interested in〉으로 쓴다. 따라서 정답은 interested이다.

어휘 position 자리, 직(job)

2. You are provided (**with** / to) the return envelope.   귀하에게 반송용 봉투가 제공됩니다.

[해설] provide는 수동태일 때 〈be provided with〉로 쓴다. 따라서 정답은 with이다.
[어휘] return envelope 반송용 봉투

3. Mr. Vitello (informs / **was informed**) of the store return policy.
   Vitello 씨는 매장 반품 정책에 대해 통보받았다.
   [해설] inform은 '~에 대해 알림을 받다'는 의미일 때 〈be informed of〉로 쓴다. 따라서 정답은 was informed이다.
   [어휘] store 매장 return policy 반품 정책

4. The rooms are (**equipped** / equipping) with kitchen appliances. 그 방들은 주방용품들이 구비되어 있다.
   [해설] '~을 갖추다'는 의미일 때 〈be equipped with〉로 쓴다. 따라서 정답은 equipped이다.
   [어휘] kitchen appliances 주방용품

5. We are committed (**to** / at) reducing pollution. 우리는 오염을 줄이는데 매진한다.
   [해설] '~에 전념(헌신)하다'라는 의미일 때 〈be committed to〉로 쓴다. 따라서 정답은 to이다.
   [어휘] reduce 줄이다 pollution 오염

PRACTICE

교재 p.95

STEP1 1. (B) 2. (B) 3. (A) 4. (A)   **STEP2** 5. (A) 6. (B) 7. (A) 8. (A)

1. The cancellation policy will **be revised** due to the large number of customer complaints.
   (A) revise   (B) **be revised**
   취소 정책은 고객 불만이 많아서 개정될 것이다.
   [해설] 능동태와 수동태의 구별 | 빈칸 뒤에 목적어가 없으므로 수동태이다. 해석해 봐도 정책은 개정하는 주체가 아니라 사람에 의해 '개정되는' 대상이므로 수동태가 적절하다. 따라서 정답은 be revised이다.
   [어휘] cancellation 취소 policy 정책 due to ~ 때문에 the large number of 많은 customer 고객 complaint 불만 revise 개정하다

2. Each room comes with air conditioning and is **equipped** with kitchen appliances.
   (A) equipping   (B) **equipped**
   각 방에는 에어컨이 있고 주방용품들이 구비되어 있다.
   [해설] 수동태 짝꿍 전치사 | '~을 갖추다'는 의미일 때 〈be equipped with〉로 쓴다. 따라서 정답은 equipped이다.
   [어휘] each 각각의 come with ~이 딸려 있다 air conditioning 에어컨 kitchen appliance 주방용품 equip 장비를 갖추다

3. The flight will **depart** for New York at 3 P.M. from gate number 12.
   (A) **depart**   (B) be departed
   비행기는 오후 3시 12번 게이트에서 뉴욕으로 출발한다.
   [해설] 능동태와 수동태의 구별 | depart는 자동사이므로 수동태를 만들 수 없다. 따라서 정답은 능동태인 depart이다. 참고로 '~를 떠나다'처럼 목적어를 취할 때는 전치사 from과 함께 'depart from'으로 쓴다.
   [어휘] flight 비행(기) gate 게이트 depart 출발하다

4. They always **check** all the data entered before completing a job.
   (A) **check**   (B) are checked

그들은 작업을 마치기 전 언제나 입력된 모든 데이터를 점검한다.

[해설] **능동태와 수동태의 구별** | 빈칸 뒤에 목적어가 있고 '~하다'로 해석되므로 능동태이다. 따라서 정답은 check이다.

[어휘] enter 입력하다   complete 마치다   job 작업   check 점검하다

5. Omaha Broadway's patrons will be satisfied **with** this season's line-up.

   (A) with   (B) for

   Omaha Broadway 관객들은 이번 시즌의 프로그램에 만족할 것이다.

   [해설] **수동태 짝꿍 전치사** | '~에 만족하다'는 의미일 때 〈be satisfied with〉로 쓴다. 따라서 정답은 with이다.

   [어휘] patron 후원자, 관객   season 시즌   line-up 목록(프로그램)

6. The confirmation number **is required** to exchange your order.

   (A) requires   **(B) is required**

   주문품 교환을 위해서는 예약 확인번호가 필요하다.

   [해설] **능동태와 수동태의 구별** | 빈칸 뒤에 목적어가 없으므로 수동태가 들어가야 한다. 따라서 정답은 (B) is required이다.

   [어휘] confirmation number 예약 확인번호   exchange 교환하다   order 주문

7. Inappropriate use of this machine can **cause** serious damage.

   (A) cause   (B) is caused

   이 기계를 잘못 사용하면 심각한 손상을 유발할 수 있다.

   [해설] **능동태와 수동태의 구별** | 빈칸 뒤에 목적어가 있고 '~하다'로 해석되므로 능동태이다. 따라서 정답은 (A) cause이다.

   [어휘] inappropriate 부적절한, 잘못된   machine 기계   serious 심각한   damage 손상   cause 유발하다

8. All of the seminars in October will **be held** in the Morrison Convention Center.

   (A) be held   (D) hold

   10월의 모든 세미나는 Morrison Convention Center에서 열릴 것이다.

   [해설] **능동태와 수동태의 구별** | 빈칸 뒤에 목적어가 없으므로 수동태이다. 따라서 정답은 (A) be held이다.

   [어휘] seminar 세미나   hold 열다, 개최하다

ACTUAL TEST

교재 p.96

1. (D)   2. (A)   3. (B)   4. (A)   5. (C)   6. (A)   7. (D)   8. (C)   9. (B)   10. (D)

1. Only the managerial staff can **access** confidential information due to security concerns.

   (A) accessed   (B) be accessed   (C) accessing   **(D) access**

   보안 우려 때문에 관리직 직원들만 기밀 정보에 접근할 수 있다.

   [해설] **능동태와 수동태의 구별** | 조동사 can 뒤에는 동사원형이 오므로 (A), (C)는 정답에서 먼저 제외된다. 정답 후보는 (B), (D)인데 빈칸 뒤에 목적어가 있고 '~하다'로 해석되므로 능동태이다. 따라서 정답은 (D) access이다.

   [어휘] managerial staff 관리직 직원   confidential 기밀   information 정보   due to ~ 때문에   security 보안   concern 우려, 걱정   access 접근하다

2. All of the seats for the football match on Saturday evening **have been sold** except for some box seats.

   (A) have been sold   (B) sale   (C) was sold   (D) selling

토요일 저녁 축구 경기의 모든 좌석은 칸막이 석 몇 개를 제외하고 매진되었다.

[해설] **수 일치/태 복합 문제** | 동사 자리이므로 명사인 (B) sale, 동명사인 (D) selling은 정답에서 제외된다. 빈칸 뒤에 목적어가 없으므로 수동태를 골라야 한다. 그런데 주어가 복수(All of the seats)이므로 단수 동사인 (C) was sold는 수 일치에 어긋나 정답이 될 수 없다. were sold라면 정답이 될 수 있다. 따라서 정답은 (A) have been sold이다.

[어휘] seat 좌석   football match 축구 경기   except for ~을 제외하고   box seat 칸막이 석   sell 팔다

3. Save Earth Society is **dedicated** to conserving the environment.

   (A) dedicating   **(B) dedicated**   (C) dedicate   (D) dedicates

   Save Earth Society는 환경을 보존하는데 헌신한다.

   [해설] '~에 헌신하다'는 의미일 때 〈be dedicated to〉로 쓴다. 따라서 정답은 (B) dedicated이다.

   [어휘] conserve 보존하다   environment 환경

4. The new menu for Salt Water Pub **includes** 32 oz. prime rib, filet mignon and unique pasta dishes.

   (A) includes   (B) include   (C) will be included   (D) inclusion

   Salt Water Pub의 새로운 메뉴는 32 온스 소갈비, 필레 미뇽과 독특한 파스타 요리를 포함한다.

   [해설] **수 일치/태 복합 문제** | 빈칸 뒤에 목적어가 있고 '~하다'로 해석되므로 능동태가 와야 한다. 따라서 수동태인 (C), 명사인 (D)는 정답에서 제외된다. 정답 후보는 (A), (B)인데 주어가 The new menu로 단수이므로 현재 시제일 때는 단수 동사가 와야 한다. 따라서 (A) includes가 정답이다.

   [어휘] oz. 온스   prime rib 소갈비   filet mignon 필레 미뇽(쇠고기 안심 요리)   unique 독특한   dish 요리   include 포함하다

5. Thanks to the recently updated bookkeeping system, our goals for work efficiency have been **met**.

   (A) meets   (B) meeting   **(C) met**   (D) meet

   최근 업데이트된 부기 시스템 덕분에 직무 효율성을 위한 우리의 목표가 달성되었다.

   [해설] **능동태와 수동태의 구별** | 빈칸 앞에 been이 있고 빈칸 뒤에 목적어가 없으므로 수동태이다. 현재완료 수동태의 형태는 〈have been p.p.〉이므로 정답은 meet의 과거분사인 (C) met이다.

   [어휘] thanks to ~ 덕분에   recently 최근에   updated 업데이트된   bookkeeping system 부기 시스템   goal 목표   efficiency 효율성   meet 충족시키다

6. Detroit Plumbing will be **acquired** by French company Dufont Automotive Parts Co.

   (A) acquired   (B) acquisition   (C) acquiring   (D) acquire

   Detroit Plumbing은 프랑스 회사 Dufont Automotive Parts 사에 의해 인수될 것이다.

   [해설] **능동태와 수동태의 구별** | 빈칸 앞에 be가 있고 빈칸 뒤에 목적어 없이 by가 있으므로 수동태이다. 미래 시제의 수동태는 〈will be + p.p.〉이므로 정답은 (A) acquired이다.

   [어휘] French 프랑스의   company 회사   acquire 인수하다

7. Diners are pleased **with** the delicious food and cozy atmosphere at Melting Sugar Restaurant.

   (A) between   (B) on   (C) to   **(D) with**

   식사 손님들은 Melting Sugar 식당의 맛있는 음식과 안락한 분위기에 기뻐한다.

   [해설] **수동태 짝꿍 전치사** | '~에 기뻐하다'는 의미일 때 〈be pleased with〉로 쓴다. 따라서 정답은 (D) with이다.

   [어휘] diner 식당 손님   delicious 맛있는   cozy 아늑한   atmosphere 분위기

8. You can **register** through our Web site at www.adconference.com before May 31 and get a 10 percent discount.

   (A) registered   (B) be registered   **(C) register**   (D) to register

   5월 31일 이전에 저희 웹사이트 www.adconference.com을 통해 등록하시면 10퍼센트 할인을 받을 수 있습니다.

   [해설] 조동사 can 뒤에는 동사원형이 와야 하므로 (A), (D)는 정답에서 제외된다. 정답 후보는 (B), (C)인데 해석을 하면 '등록하다'이므로 능동태가 와야 한다. 따라서 정답은 (C) register이다.

어휘 through ~을 통해 get a discount 할인을 받다 register 등록하다

9. All the marketing reports should be **submitted** by tomorrow, and no exceptions can be made.
   (A) submit   **(B) submitted**   (C) submits   (D) submitting

   모든 마케팅 보고서는 내일까지 제출되어야 하며 예외는 있을 수 없다.

   해설 **능동태와 수동태의 구별** | 빈칸 앞에 be가 있고 빈칸 뒤에 목적어가 없으므로 수동태 문장이다. 따라서 정답은 (B) submitted이다.

   어휘 marketing report 마케팅 보고서 exception 예외 submit 제출하다

10. Universal Electronics **operates** several scientific research facilities across the country.
    (A) is operated   (B) operating   (C) to operate   **(D) operates**

    Universal Electronics는 전국에 걸쳐 몇 개의 과학 연구 시설을 운영한다.

    해설 **능동태와 수동태의 구별** | 동사 자리이므로 (B) operating, (C) to operate는 정답에서 제외된다. 빈칸 뒤에 목적어(several scientific research facilities)가 있으므로 능동태이다. 따라서 정답은 (D) operates이다.

    어휘 several 몇몇의 scientific research 과학 연구 facility 시설 across the country 전국에 걸쳐 operate 운영하다

day 11 시제   PART 5

📋 Check Up

1. 시제란?
교재 p.100

1. have lived   2. will launch   3. were   4. are accepting   5. conducts

1. 현재완료: I **have lived** in Seoul for the last 10 years. 나는 지난 10년 동안 서울에서 살았다.

   해설 현재완료는 〈have/has+p.p.〉로 나타내므로 주어 I와 수 일치하여 빈칸에는 have lived가 들어가야 한다.

   어휘 live 살다   last 지난, 마지막

2. 미래: The company **will launch** a new facial cream. 그 회사는 새로운 얼굴 크림을 출시할 예정입니다.

   해설 미래는 〈will+동사원형〉으로 나타내므로 빈칸에는 will launch가 들어가야 한다.

   어휘 launch 출시하다, 착수하다, 출시 facial 얼굴의

3. 과거: Several new printers **were** installed last week. 새 인쇄기 몇 대가 지난주에 설치되었습니다.

   해설 be동사의 과거인 was와 were 중, 빈칸에는 복수 주어인 Several new printers와 수가 일치하는 were가 들어가야 한다.

   어휘 several 몇몇의   install 설치하다

4. 현재진행: We **are accepting** applications for membership. 우리는 입회 신청을 받는 중입니다.

   해설 현재진행은 〈am/is/are+-ing〉로 나타내므로 빈칸에는 주어 We와 수가 일치하는 are accepting이 들어가야 한다.

   어휘 accept 받아들이다, 수락하다   application 신청, 지원, 적용, 응용

5. 현재: The marketing team **conducts** a survey every year. 마케팅 팀은 매년 설문 조사를 합니다.

   해설 일반동사의 현재형인 conduct와 conducts 중, 빈칸에는 3인칭 단수 주어인 The marketing team과 수가 일치하는 conducts가 들어가야 한다.

어휘 marketing 홍보, 마케팅　conduct 수행하다, 실시하다, 지휘하다　survey 설문 조사

2. 단순 시제
교재 p.101
1. frequently　2. will be　3. started　4. will visit　5. opened

1. Xing Pharmaceutical (**frequently** / recently) offers incentives.　Xing 제약은 인센티브를 자주 제공한다.
   해설 괄호 뒤의 현재 동사 offers를 수식하는 부사 자리로, 정답은 반복의 의미를 나타내는 빈도부사 frequently이다. 부사 recently는 과거 또는 현재완료 동사를 수식한다.
   어휘 pharmaceutical 제약, 제약의　incentive 인센티브　frequently 자주, 빈번하게　recently 최근에

2. Dinner (**will be** / was) served shortly.　저녁식사가 곧 제공될 거예요.
   해설 shortly(곧)는 미래와 어울리는 부사이므로 정답은 미래 시제인 will be이다.
   어휘 serve 제공하다, 봉사하다　shortly 곧

3. Tom (starts / **started**) his own business 2 years ago.　Tom은 2년 전에 창업했다.
   해설 2 years ago(2년 전에)는 과거와 어울리는 부사이다. 따라서 정답은 과거 동사 started이다.
   어휘 own 자신의　ago 전에

4. The new director (**will visit** / visits) our branch next week.　신임 이사가 다음 주에 우리 지점을 방문할 것이다.
   해설 next week(다음 주)는 미래를 나타내는 부사로 미래 시제와 어울린다. 따라서 정답은 미래 동사 will visit이다.
   어휘 director 이사, 감독　visit 방문하다, 방문

5. The company (opens / **opened**) the liaison office in Shanghai last year.
   회사는 지난해 상하이에 연락 사무소를 열었다.
   해설 last year(지난해)는 과거를 나타내는 부사로 과거 시제와 어울린다. 따라서 정답은 과거 동사 opened이다.
   어휘 liaison 연락, 통신

3. 진행 시제
교재 p.102
1. will be leading　2. were　3. are waiting　4. will be giving　5. is

1. Ms. Pelt (was leading / **will be leading**) a tutorial tomorrow afternoon.
   Pelt 씨는 내일 오후 개별 지도 시간을 이끌 것이다.
   해설 tomorrow afternoon(내일 오후)은 미래를 나타내므로 미래 시제와 어울린다. 따라서 정답은 미래진행 동사 will be leading이다.
   어휘 lead 이끌다, 안내하다　tutorial 개별 지도, 지도서

2. Revenues (are / **were**) dropping rapidly last summer.　지난여름 수익이 급격하게 감속하고 있었다.
   해설 last summer(지난여름)는 과거 시제와 어울린다. 따라서 정답은 과거 동사 were이다.
   어휘 revenue 수익, 소득　drop 감소하다　rapidly 급격하게

3. Passengers (**are waiting** / waited) to check in their luggage now.
   승객들은 지금 짐을 부치기 위해 기다리고 있다.
   해설 now(지금)는 현재 시제와 어울린다. 따라서 정답은 현재진행 동사 are waiting이다.

어휘 passenger 승객   check in ~을 부치다, 탑승(투숙) 수속을 밟다   luggage 짐, 수화물

4. Sam Weaver (give / **will be giving**) a speech this Tuesday.
Sam Weaver는 이번 화요일에 연설을 하고 있을 것이다.

해설 this Tuesday(이번 화요일)은 미래를 나타내므로 미래 시제와 어울린다. 따라서 정답은 미래진행 동사 will be giving이다. 현재동사 give는 3인칭 단수 주어인 Sam Weaver와 수가 일치하지 않는다.

어휘 speech 연설, 강연   give a speech 연설하다

5. *Hike Monthly* (**is** / was) currently offering a 25 percent discount.
〈Hike Monthly〉는 현재 25퍼센트 할인을 제공하고 있다.

해설 currently(현재)는 현재를 나타내므로 정답은 현재 동사 is이다.

어휘 currently 현재, 지금   discount 할인

4. 완료 시제
교재 p.103
1. become   2. had departed   3. have remained   4. have worked   5. had completed

1. The prices of the mobile phones have (became / **become**) affordable.   휴대전화의 가격이 저렴해졌다.

해설 괄호 앞의 have와 함께 현재완료를 나타내는 과거분사가 필요하므로 정답은 과거분사 become이다.

어휘 price 가격   mobile phone 휴대전화   become ~가 되다   affordable 저렴한, 적당한

2. By the time he arrived at the airport, the plane (**had departed** / departs).
그가 공항에 도착했을 쯤에는 비행기가 이미 떠나고 없었다.

해설 'by the time+과거 시제'는 과거완료 시제의 주절과 어울려 '~할 때 즈음에는 이미 …했다'를 의미한다. 따라서 과거완료 동사 had departed가 정답이다.

어휘 by the time ~ 즈음에   arrive 도착하다   depart 떠나다, 출발하다

3. Blooming Credit service rates (**have remained** / remain) the same for the last 5 years.
Blooming Credit의 서비스 요금은 지난 5년 동안 계속 동일하다.

해설 과거부터 현재까지 계속의 의미를 나타내는 전치사구 for the last 5 years(지난 5년 동안)와 어울리는 시제는 현재완료이다. 따라서 정답은 현재완료 동사 have remained이다.

어휘 rate 요금, 비율   remain ~인 채로 있다, 남다

4. The two teams (**have worked** / are working) together since last February.
그 두 팀은 지난 2월부터 함께 일해왔다.

해설 과거부터 현재까지 계속의 의미를 나타내는 전치사구 since last February(지난 2월부터)와 어울리는 시제는 현재완료이다. 따라서 정답은 현재완료 동사 have worked이다.

어휘 together 함께   since ~ 이래로

5. Jessica (**had completed** / will complete) the design before she met the buyers.
Jessica는 바이어들을 만나기 전에 디자인을 완성했다.

해설 before 이하가 과거 시제(met)이므로 주절에는 과거보다 이전에 일어난 일, 즉 과거완료 시제가 와야 한다. 따라서 정답은 과거완료 동사 had completed이다.

어휘 complete 완성하다   buyer 구매자, 바이어

PRACTICE

교재 p.104

STEP1 1. (B) 2. (A) 3. (B) 4. (A)   **STEP2** 5. (A) 6. (A) 7. (B) 8. (A)

1. The two teams **have worked** collaboratively on the new marketing project since last February.

    (A) are working   **(B) have worked**

    그 두 팀은 지난 2월부터 새로운 마케팅 프로젝트에 대해 협력하여 일해왔다.

    [해설] **현재완료 시제** | 과거부터 현재까지 계속의 의미를 나타내는 전치사구 since last February와 어울리는 시제는 현재완료이다. 따라서 정답은 현재완료 동사 (B) have worked이다.

    [어휘] collaboratively 협력하여, 함께   marketing 마케팅, 홍보   since ~ 이래로

2. Revenues **were** dropping rapidly when Mr. Lee joined the company last summer.

    (A) were   (B) are

    지난여름 Lee 씨가 회사에 입사할 당시 수익은 급격히 감소하고 있었다.

    [해설] **과거 시제** | when 이하가 과거 시제이므로 주절에도 과거 또는 과거진행 시제가 어울린다. 따라서 정답은 과거 동사 (A) were이다.

    [어휘] revenue 수익, 소득   drop 감소하다, 하락하다   rapidly 급격하게   join 입사하다, 합류하다

3. Xing Pharmaceutical **frequently** offers incentives to its sales representatives including cash rewards.

    (A) recently   **(B) frequently**

    Xing 제약은 현금 보상을 포함해 영업 사원들에게 인센티브를 자주 제공한다.

    [해설] **현재 시제** | 빈칸 뒤의 현재동사 offers를 수식하는 부사 자리로 정답은 반복의 의미를 나타내는 빈도부사인 (B) frequently이다. 부사 recently는 과거 또는 현재완료 동사를 수식한다.

    [어휘] pharmaceutical 제약, 제약의   incentive 인센티브   representative 대표자, 대리인   sales representative 영업사원   including ~을 포함하여   cash 현금   reward 보상, 보상하다   recently 최근에   frequently 자주, 빈번하게

4. In an effort to expand into China, the company **will open** the liaison office in Shanghai next year.

    (A) will open   (B) opened

    중국으로 확장하고자 하는 노력의 일환으로 그 회사는 내년 상하이에 연락 사무소를 열 것이다.

    [해설] **미래 시제** | next year(내년)는 미래를 나타내는 부사로 미래 시제와 어울린다. 따라서 정답은 미래 동사 (A) will open이다.

    [어휘] in an effort to ~ 하려는 노력으로   expand 확장하다, 넓히다   liaison 연락, 통신

5. Last week, the team **was commended** for their efforts in organizing a wellness program.

    (A) was commended   (B) is commending

    지난주 그 팀은 건강 프로그램을 구성한 것에 대한 노고로 찬사를 받았다.

    [해설] **과거 시제** | 빈칸 앞에 과거를 나타내는 Last week(지난주)가 있으므로, 정답은 과거 동사 (A) was commended이다.

    [어휘] effort 노력, 노고   organize 준비하다, 구성하다   wellness 건강   commend 칭찬하다

6. At the next staff meeting, Matt Bower **will address** environmental issues.

    (A) will address   (B) had addressed

    다음 직원회의에서 Matt Bower는 환경 문제를 다룰 것이다.

    [해설] **미래 시제** | 빈칸 앞에 미래를 나타내는 전치사구 At the next staff meeting(다음 직원회의에서)이 있으므로 정답은 미래 동사 (A) will address이다.

66

어휘 staff meeting 직원회의 environmental 환경의 issue 문제, 사건 address 다루다, 연설하다

7. Before Ursula arrived the venue, the awards ceremony **had begun** with fireworks.

   (A) begins   **(B) had begun**

   Ursula가 행사장에 도착하기 전에 시상식의 불꽃놀이가 시작되었다.

   해설 과거완료 시제 | before 이하가 과거 시제(arrived)이므로 주절에는 과거보다 이전에 일어난 일, 즉 과거완료 시제가 와야 한다. 따라서 정답은 과거완료 동사 (B) had begun이다.

   어휘 arrive 도착하다 venue 장소, 행사장 awards ceremony 시상식 firework 불꽃놀이

8. Mr. Hoang **has contributed** to our success over the past five years.

   (A) has contributed   (B) is contributing

   Hoang 씨는 지난 5년 동안 우리의 성공에 기여해왔다.

   해설 현재완료 시제 | over the past five years(지난 5년 동안)는 과거부터 현재까지 쭉 지속된다는 의미로 현재완료 시제와 어울린다. 따라서 정답은 (A) has contributed이다.

   어휘 success 성공 past 지난, 과거의 contribute to ~에 기여하다

ACTUAL TEST 교재 p.105

1. (D) 2. (D) 3. (B) 4. (B) 5. (C) 6. (A) 7. (C) 8. (D) 9. (A) 10. (C)

1. According to Mr. Hale, the manufacturing plant **replaced** the outdated equipment last month.

   (A) replace   (B) is replacing   (C) will replace   **(D) replaced**

   Hale 씨에 따르면 제조 공장은 지난달 구식 장비를 교체했다.

   해설 과거 시제 | 과거를 나타내는 last month(지난달)가 있으므로 과거 시제가 어울린다. 따라서 정답은 과거 동사 (D) replaced이다.

   어휘 according to ~에 따르면 manufacturing 제조 plant 공장 outdated 구식의 equipment 장비 replace 교체하다

2. Starting next month, Barnett Airways **will be offering** special discounts to frequent flyers.

   (A) had offered   (B) offered   (C) will be offered   **(D) will be offering**

   다음 달부터 Barnett Airways는 비행기를 자주 이용하시는 분들에게 특별 할인을 제공할 것입니다.

   해설 태/시제 복합 문제 | 미래를 나타내는 Starting next month(다음 달부터)가 있으므로 미래 시제가 와야 한다. 따라서 정답 후보는 (C) will be offered, (D) will be offering이다. 빈칸 뒤에 목적어(special discounts)가 있고 주어 Barnett Airways와 동사 offer가 문맥상 능동의 관계이므로, 정답은 능동태 미래 동사 (D) will be offering이다.

   어휘 discount 할인 special discount 특별 할인 frequent 잦은, 빈번한 flyer 비행기 승객

3. Ken Murdo, the winner of the city's photography contest, **was awarded** a cash prize at last night's ceremony.

   (A) to be awarded   **(B) was awarded**   (C) is awarding   (D) award

   시의 사진 공모전 우승자인 Ken Murdo 씨는 지난밤 식에서 상금을 받았다.

   해설 과거 시제 | 빈칸은 Ken Murdo의 동사 자리이므로, (B) was awarded와 (C) is awarding이 정답 후보이다. 과거를 나타내는 전치사구 at last night's ceremony(지난밤 식에서)가 있으므로 정답은 과거 동사 (B) was awarded이다.

   어휘 cash prize 상금 ceremony 식, 의식 award (상을) 주다, 수여하다

4. Before Mr. Tang joined Muhada Corp., he **had worked** as a marketing director at Indiana Grocer.

   (A) is working   **(B) had worked**   (C) having worked   (D) work

   Tang 씨는 Muhada 사에 입사하기 전 Indiana Grocer에서 마케팅 이사로 일했다.

   [해설] **과거완료 시제** | before 이하가 과거 시제(joined)이므로 주절에는 과거보다 이전에 일어난 일, 즉 과거완료 시제가 와야 한다. 따라서 정답은 과거완료 동사 (B) had worked이다.

   [어휘] join 입사하다, 가입하다   as ~로서   marketing 마케팅   director 이사, 감독

5. Save Energy **has aspired** to be the top energy distributor in Asia since its foundation in 1990.

   (A) aspire   (B) is aspiring   **(C) has aspired**   (D) aspiring

   Save Energy는 1990년 창립한 이래 아시아에서 최고의 에너지 배급업자를 꿈꾸어왔다.

   [해설] **현재완료 시제** | 과거부터 현재까지 지속되는 의미를 나타내는 전치사구 since its foundation in 1990(1990년 창립 이래로)가 있으므로 현재완료 시제가 어울린다. 따라서 정답은 현재완료 동사 (C) has aspired이다.

   [어휘] distributor 배급업자, 총판   since ~ 이래로   foundation 창립, 재단   aspire 열망하다

6. Mr. Kaminsky **will finish** his report on the progress of business expansion next Thursday.

   (A) will finish   (B) to finish   (C) finishing   (D) finished

   Kaminsky 씨는 다음 목요일에 사업 확장의 진행에 관한 보고서를 마칠 것이다.

   [해설] **미래 시제** | 미래를 나타내는 next Thursday(다음 목요일)가 있으므로 미래 시제가 어울린다. 따라서 정답은 미래 동사 (A) will finish이다. to부정사 (B) to finish와 동명사 또는 현재분사인 (C) finishing은 동사 자리에 들어갈 수 없다.

   [어휘] report 보고서   progress 진행, 발전   expansion 확장

7. Stelminac Ltd. **released** its quarterly sales figures yesterday at a media conference.

   (A) is releasing   (B) releases   **(C) released**   (D) is to release

   Stelminac 사는 어제 언론 발표회에서 분기 매출액을 공개했다.

   [해설] **과거 시제** | yesterday(어제)가 있으므로 과거 시제가 어울린다. 따라서 정답은 과거 동사인 (C) released이다.

   [어휘] quarterly 분기의   sales figures 매출액   media 언론   conference 회의, 협의   release 공개하다, 발표하다

8. Management informed the work crews that our landscaping contract with Emtraz Associates **has been renewed** recently.

   (A) will have been renewed   (B) is being renewed   (C) will be renewed   **(D) has been renewed**

   경영진은 Emtraz Associates와의 조경 계약이 최근 갱신되었다고 작업조들에게 알렸다.

   [해설] **현재완료 시제** | recently는 현재완료 또는 과거 시제와 어울리므로 정답은 현재완료 시제인 (D) has been renewed이다.

   [어휘] management 경영(진)   inform 알리다   work crew 작업조   landscaping 조경   contract 계약   renew 갱신하다

9. Revive Corporation **has manufactured** water purification products for more than 30 years.

   (A) has manufactured   (B) manufacturing   (C) manufacture   (D) to manufacture

   Revive Corporation은 30년 이상 수질 정화 제품을 제조해왔다.

   [해설] **현재완료 시제** | 문장에 동사가 없으므로 빈칸은 동사 자리이다. 동명사 또는 현재분사인 (B) manufacturing과 to부정사 (D) to manufacture는 동사 자리에 들어갈 수 없으므로 정답이 될 수 없다. 과거부터 현재까지 계속의 의미를 나타내는 전치사구 for more than 30 years(30년 이상 동안)가 있으므로 현재완료 시제가 와야 한다. 따라서 정답은 (A) has manufactured이다. 주어가 3인칭 단수 주어인 Revive Corporation이므로 복수 동사 (B) manufacture는 주어와 수가 일치하지 않는다.

   [어휘] purification 정화   product 제품   more than ~ 이상   manufacture 제조하다, 만들다

10. By the time the proposal was finally approved, the government **had rejected** it several times.

68

(A) rejects   (B) will reject   **(C) had rejected**   (D) being rejected

그 제안서가 최종 승인을 받을 때까지 정부는 여러 차례 거절했다.

[해설] **과거완료 시제** | 'by the time + 과거 시제'는 과거완료 시제의 주절과 어울려 '~할 무렵에는 이미 …했다'를 의미한다. 따라서 과거완료 동사 (C) had rejected가 정답이다. 동명사 또는 현재분사인 (D) being rejected는 동사 자리에 들어갈 수 없다.

[어휘] **by the time** ~까지   **proposal** 제안서   **finally** 최종적으로, 마침내   **approve** 승인하다   **government** 정부   **several** 몇몇의   **time** 번, 차례   **reject** 거절하다, 거부하다

day 12 동명사   PART 5

Check Up

1. 동명사란?   교재 p.108
1. writing   2. making   3. giving   4. achieving   5. managing

1. 편지를 쓰다: write a letter → 편지 쓰기: **writing** a letter

   [해설] 동사원형 write의 동명사 형태는 writing이다. 동사가 e로 끝나는 경우에는 'e'를 빼고 ing를 붙인다.

   [어휘] write 쓰다

2. 예약하다: make a reservation → 예약하기: **making** a reservation

   [해설] 동사원형 make의 동명사 형태는 making이다.

   [어휘] reservation 예약   make a reservation 예약하다

3. 발표하다: give a presentation → 발표하기: **giving** a presentation

   [해설] 동사원형 give의 동명사 형태는 giving이다.

   [어휘] presentation 발표, 프레젠테이션   give a presentation 발표하다

4. 목표를 달성하다: achieve a goal → 목표 달성하기: **achieving** a goal

   [해설] 동사원형 achieve의 동명사 형태는 achieving이다.

   [어휘] achieve 달성하다, 성취하다   goal 목표

5. 팀을 관리하다: manage a team → 팀 관리하기: **managing** a team

   [해설] 동사원형 manage의 동명사 형태는 managing이다.

   [어휘] manage 관리하다, 경영하다

2. 동명사 자리   교재 p.109
1. Sending, 주어   2. making, 목적어   3. purchasing, 목적어   4. conducting, 보어   5. completing, 목적어

1. **Sending** invitations is important. (**주어**) 초청장을 보내는 것은 중요하다.

   [해설] 빈칸은 동사 is의 주어 역할을 하는 자리이므로, 빈칸에는 동명사 Sending이 들어가야 한다.

[어휘] send 보내다 invitation 초청장, 초대 important 중요한

2. Mr. Alvarez is active in **making** contact with his clients. (목적어)
   Alvarez 씨는 고객들과 연락을 주고받는 데 적극적이다.
   [해설] 빈칸은 전치사 in의 목적어 역할을 하는 자리이므로, 빈칸에는 동명사 making이 들어가야 한다.
   [어휘] active 적극적인, 활발한 contact 연락, 접촉 make contact 연락하다 client 고객

3. The manager suggested **purchasing** a new computer. (목적어) 매니저는 새 컴퓨터를 사자고 제안했다.
   [해설] 빈칸은 타동사 suggested의 목적어 역할을 하는 자리이므로, 빈칸에는 동명사 purchasing이 들어가야 한다.
   [어휘] suggest 제안하다 purchase 구매하다

4. Mr. Tao's job is **conducting** research. (보어) Tao 씨의 업무는 연구를 하는 것이다.
   [해설] 빈칸은 be동사 is의 보어 역할을 하는 자리이므로, 빈칸에는 동명사 conducting이 들어가야 한다.
   [어휘] conduct 행하다, 실시하다 research 연구, 조사

5. Ms. Yamamoto will be recognized for **completing** the project. (목적어)
   Yamamoto 씨는 프로젝트를 완수한 것으로 표창을 받을 것이다.
   [해설] 빈칸은 전치사 for의 목적어 역할을 하는 자리이므로, 빈칸에는 동명사 completing이 들어가야 한다.
   [어휘] recognize 표창하다, 인정하다 complete 완수하다

3. 동명사를 좋아하는 동사   교재 p.110
1. writing   2. hiring   3. visiting   4. paying   5. producing

1. Tina Wong has finished (write / **writing**) a report. Tina Wong 씨는 보고서 작성을 완료했다.
   [해설] 동사 finish는 동명사를 목적어로 취하므로, 정답은 동명사 writing이다.
   [어휘] finish 완료하다

2. MHC company is considering (to hire / **hiring**) workers. MHC 사는 직원을 고용하는 것을 고려하고 있다.
   [해설] 동사 consider는 동명사를 목적어로 취하므로, 정답은 동명사 hiring이다.
   [어휘] consider 고려하다 hire 고용하다

3. We recommend (to visit / **visiting**) our Web site at www.ybn.net.
   저희는 저희 웹사이트 www.ybn.net을 방문하시기를 권고합니다.
   [해설] 동사 recommend는 동명사를 목적어로 취하므로, 정답은 동명사 visiting이다.
   [어휘] recommend 권고하다, 추천하다

4. The tenant delayed (to pay / **paying**) the rent for this month.
   세입자는 이번 달 임대료를 지불하는 것을 미루었다.
   [해설] 동사 delay는 동명사를 목적어로 취하므로, 정답은 동명사 paying이다.
   [어휘] tenant 세입자 delay 미루다, 지연시키다 pay 지불하다 rent 임대료

5. We will discontinue (**producing** / produced) our Modak HD Player.
   우리는 Modak HD Player 생산을 중단할 것이다.
   [해설] 동사 discontinue는 동명사를 목적어로 취하므로, 정답은 동명사 producing이다.
   [어휘] discontinue 중단하다, 그만두다 produce 생산하다

4. 동명사 vs. 명사
교재 p.111

1. receipt   2. installing   3. establishment   4. notifying   5. promoting

1. Please acknowledge (**receipt** / receiving) of the payment. 대금 수령을 확인해 주세요.
   - [해설] 괄호 안은 타동사 acknowledge의 목적어 자리로 괄호 뒤에 전치사(of)가 있으므로 정답은 명사 receipt이다. 동명사인 receiving 뒤에 목적어가 올 경우에는 전치사 없이 바로 온다.
   - [어휘] acknowledge receipt 수령을 확인하다, 수령을 알리다   receive 받다, 수령하다   payment 대금, 지불

2. Before (**installing** / installation) the equipment, please read all the instructions.
   장비를 설치하기 전에 모든 설명서를 읽으세요.
   - [해설] 전치사 before의 목적어 자리이면서 괄호 뒤의 the equipment를 목적어로 취한다. 따라서 정답은 동명사 installing이다. 명사 installation은 뒤에 바로 목적어를 가질 수 없다.
   - [어휘] install 설치하다   installation 설치   equipment 장비   instructions 설명서, 지시(주로 복수형)

3. Vannoy's has been serving the best hamburgers in town since its (**establishment** / establishing).   Vannoy's는 설립 이래로 시에서 최고의 햄버거를 제공해왔다.
   - [해설] 전치사 since의 목적어 자리이다. 타동사 establish의 동명사 형태인 establishing 뒤에는 목적어가 나와야 하는데 뒤에 목적어가 없으므로 정답은 명사 establishment이다.
   - [어휘] serve 제공하다, 봉사하다   since ~ 이래로   establishment 설립   establish 설립하다

4. Blue Ribbon Air raised its rates without (notification / **notifying**) passengers.
   Blue Ribbon Air는 승객들에게 통보하지 않고 요금을 인상했다.
   - [해설] 전치사 without의 목적어 역할을 하는 동시에 괄호 뒤의 passengers를 목적어로 취한다. 따라서 정답은 동명사 notifying이다. 명사 notification은 뒤에 바로 목적어를 가질 수 없다.
   - [어휘] raise 올리다, 인상하다   rate 요금, 비율   notification 통지   notify 통지하다   passenger 승객

5. Mr. Wu is responsible for (**promoting** / promotion) our brand.
   Wu 씨는 우리 브랜드를 홍보하는 일을 맡고 있다.
   - [해설] 전치사 for의 목적어 자리이면서 괄호 뒤의 our brand를 목적어로 취한다. 따라서 정답은 동명사 promoting이다. 명사 promotion은 뒤에 바로 목적어를 가질 수 없다.
   - [어휘] responsible for ~을 맡고 있는, 담당하고 있는   promote 홍보하다   promotion 홍보

5. 동명사 표현
교재 p.112

1. meeting   2. dedicated   3. finding   4. receiving   5. giving

1. We look forward to (meet / **meeting**) you next month at the interview.
   다음 달 면접에서 만나 뵙기를 기대합니다.
   - [해설] look forward to의 to는 전치사이므로, 정답은 동명사 meeting이다. 〈look forward to -ing〉로 묶어서 기억하자.
   - [어휘] look forward to ~을 고대하다, 기대하다

2. We are (**dedicated** / attributed) to providing our customers with the best service possible.
   우리는 고객들에게 가능한 최상의 서비스를 제공하는 데 전념한다.
   - [해설] 문맥상 '최상의 서비스를 제공하는 것에 전념한다'라는 의미가 자연스러우므로, 정답은 dedicated이다. 참고로 be dedicated to의 to와 be attributed to의 to는 모두 전치사이다.

[어휘] be dedicated to -ing ~에 헌신하다, 전념하다 be attributed to ~ 때문이다, ~ 덕분이다 provide 제공하다 customer 고객 possible 가능한

3. The Human Resources Department is having difficulty (find / **finding**) a candidate.
   인사과는 후보자를 찾는 데 어려움을 겪고 있다.

   [해설] 괄호 앞의 have difficulty는 주로 동명사와 함께 쓰이므로, 정답은 동명사 finding이다. 〈have difficulty -ing〉로 묶어서 기억하자.

   [어휘] human resources department 인사과 have difficulty -ing ~하는 데 어려움을 겪다 candidate 후보자

4. Upon (receive / **receiving**) your payment, the goods will be shipped.
   대금을 받자마자 물건이 배송될 것이다.

   [해설] 괄호 안은 전치사 Upon의 목적어 자리이므로 정답은 동명사인 receiving이다. 동사인 receive는 전치사의 목적어 자리에 올 수 없다.

   [어휘] receive 받다 payment 대금, 지불 goods 물건, 상품 ship 배송하다

5. In addition to (give / **giving**) a presentation, Ms. Shim will answer questions.
   발표하는 것 외에도 Shim 씨는 질문에 대답할 것이다.

   [해설] In addition to의 to는 전치사이다. 따라서 전치사의 목적어 자리에 적합한 동명사 giving이 정답이다.

   [어휘] in addition to ~하는 것뿐 아니라 give a presentation 발표하다

PRACTICE
교재 p.113

STEP1 1. (A) 2. (B) 3. (A) 4. (A)   **STEP2** 5. (B) 6. (A) 7. (B) 8. (B)

1. Please confirm **receipt** of the package so that we can send you the invoice.
   (A) receipt   (B) receiving

   저희가 귀하에게 송장을 보낼 수 있도록 소포 수령을 확인해 주세요.

   [해설] 동명사와 명사의 구별 | 빈칸은 타동사 confirm의 목적어 자리로, 뒤에 전치사(of)가 있으므로 정답은 명사 (A) receipt이다. 타동사 receive의 동명사 형태인 (B) receiving은 전치사 없이 바로 목적어를 취한다.

   [어휘] confirm 확인하다 package 소포, 패키지 so that 주어 can 주어가 ~할 수 있도록 invoice 송장 receipt 수령, 영수증 receive 받다, 수령하다

2. BLC Company is considering **hiring** temporary workers in preparation for the peak season.
   (A) to hire   **(B) hiring**

   BLC 사는 성수기에 대비하여 임시직 직원들을 채용하는 것을 고려하고 있다.

   [해설] 동명사를 좋아하는 동사 | 빈칸은 동사 is considering의 목적어 역할을 하는 자리이다. consider는 동명사를 목적어로 취하는 동사이므로 정답은 (B) hiring이다.

   [어휘] consider 고려하다, 간주하다 temporary 임시의, 일시적인 preparation 준비 in preparation for ~에 대비하여 peak 절정, 꼭대기 peak season 성수기

3. Due to the rise in fuel prices, Blue Ribbon Air raised its international airfares without **notifying** passengers in advance.
   (A) notifying   (B) notification

   연료비 상승 때문에 Blue Ribbon Air는 미리 승객에게 통보하지 않고 국제 항공요금을 인상했다.

[해설] **동명사와 명사의 구별** | 빈칸은 전치사 without의 목적어 자리이면서 빈칸 뒤의 passengers를 목적어로 취한다. 따라서 정답은 동명사 (A) notifying이다. 명사 (B) notification은 뒤에 바로 목적어를 가질 수 없다.

[어휘] due to ~ 때문에   rise 상승   fuel 연료   raise 올리다, 인상하다   international 국제적인   airfare 항공 요금   passenger 승객   in advance 미리, 사전에   notify 통지하다, 알리다   notification 통지

4. Ms. Yamamoto will be recognized for successfully **managing** the project ahead of schedule.

   (A) managing   (B) manages

   Yamamoto 씨는 일정보다 빨리 프로젝트를 성공적으로 관리한 것으로 표창을 받을 것이다.

   [해설] **동명사 자리** | 빈칸은 전치사 for의 목적어 자리이면서 뒤의 the project를 목적어로 취한다. 따라서 정답은 동명사 (A) managing이다. 동사인 (B) manages는 전치사의 목적어가 될 수 없다.

   [어휘] recognize 표창하다, 인정하다   successfully 성공적으로   ahead of schedule 예정보다 빨리   manage 관리하다, 경영하다

5. Mr. Delgado was in charge of **finding** the perfect location for the Bremen Gallery.

   (A) find   **(B) finding**

   Delgado 씨는 Bremen Gallery를 짓기에 완벽한 장소를 물색하는 일을 맡았다.

   [해설] **동명사 자리** | 빈칸은 전치사 of의 목적어 자리이므로, 정답은 동명사 (B) finding이다. 동사 (A) find는 전치사의 목적어가 될 수 없다.

   [어휘] in charge of ~을 맡고 있는, 담당하는   location 장소, 위치

6. **Leading** the sales team is the most important part of Mr. Carter's job as the department head.

   (A) Leading   (B) Leader

   영업팀을 이끄는 것은 부서장으로서 Carter 씨의 직무 중 가장 중요한 부분이다.

   [해설] **동명사와 명사의 구별** | 빈칸은 be동사 is의 주어 자리이면서 빈칸 뒤에 온 the sales team을 목적어로 취한다. 따라서 정답은 목적어를 취할 수 있는 동명사 (A) Leading이다. 명사 (B) Leader는 뒤에 바로 목적어를 가질 수 없다.

   [어휘] sales team 영업부   department head 부서장, 부서 책임자   lead 이끌다

7. As a nurse, Ms. Lim enjoys **reading** articles about specific areas of medicine and nutrition.

   (A) reads   **(B) reading**

   간호사로서 Lim 씨는 의학과 영양의 특정 분야에 관한 논문을 읽는 것을 즐긴다.

   [해설] **동명사를 좋아하는 동사** | 빈칸은 동사 enjoys의 목적어 역할을 하는 자리이다. enjoy는 동명사를 목적어로 취하므로, 정답은 (B) reading이다. 참고로 동명사 reading도 목적어 articles를 취하고 있다.

   [어휘] as ~로서   article 기사   specific 특정한, 특수한   area 분야, 지역   medicine 의학   nutrition 영양

8. Head Chef Choi of Pho B Restaurant is renowned for skillfully **selecting** the freshest ingredients.

   (A) selection   **(B) selecting**

   Pho B Restaurant의 수석 요리사인 Choi 씨는 가장 신선한 재료들을 능숙하게 엄선하는 것으로 유명하다.

   [해설] **동명사와 명사의 구별** | 빈칸은 전치사 for의 목적어 자리이면서 빈칸 뒤에 온 the freshest ingredients를 목적어로 취한다. 또한 앞의 부사 skillfully의 수식을 받고 있으므로, 정답은 동명사 (B) selecting이다. 명사 (A) selection은 뒤에 바로 목적어를 가질 수 없고, 형용사의 수식을 받는다.

   [어휘] head 수석, 장   chef 요리사, 주방장   renowned 유명한   skillfully 능숙하게   ingredient 재료, 성분   selection 선택   select 고르다, 선택하다

ACTUAL TEST

교재 p.114

1. (A) 2. (C) 3. (C) 4. (B) 5. (C) 6. (B) 7. (B) 8. (A) 9. (D) 10. (A)

1. To ensure accurate billing, be sure to check all the product codes before **sending** an invoice.

   (A) sending   (B) sent   (C) send   (D) to send

   확실히 정확한 청구서를 작성하기 위해, 반드시 송장을 발송하기 전에 모든 제품 코드를 확인하세요.

   [해설] **동명사 자리** | 빈칸은 전치사 before의 목적어 자리로 뒤의 an invoice를 목적어로 취한다. 따라서 정답은 동명사 (A) sending이다. to부정사인 to send는 전치사의 목적어 역할을 할 수 없다.

   [어휘] ensure 확실히 하다   accurate 정확한   billing 청구서 작성[발송]   check 확인하다   product code 제품 코드   invoice 송장, 인보이스

2. For a more pleasant holiday, avoid **visiting** Mullagarch Beach during the summer rainy season.

   (A) visited   (B) visits   (C) visiting   (D) visitation

   더 즐거운 휴가를 위해, 여름 장마철에는 Mullagarch Beach를 방문하지 마세요.

   [해설] **동명사를 좋아하는 동사** | 빈칸은 앞의 동사 avoid의 목적어 역할을 하면서 뒤의 Mullagarch Beach를 목적어로 취한다. 타동사 avoid는 동명사를 목적어로 취하므로, 정답은 (C) visiting이다. 명사 (D) visitation은 뒤에 바로 목적어를 취할 수 없다.

   [어휘] avoid 피하다, ~하지 않다   rainy season 장마철, 우기

3. In an effort to protect customers' personal information, we are committed to **improving** our online security.

   (A) improve   (B) improved   (C) improving   (D) improves

   고객의 개인정보를 보호하기 위한 노력으로 저희는 온라인 보안을 개선하는 데 전념합니다.

   [해설] **동명사 표현** | 빈칸 앞 are committed to의 to는 전치사이다. 따라서 빈칸에는 전치사 to의 목적어 역할을 하면서 뒤의 our online security를 목적어로 취할 수 있는 동명사가 필요하므로 정답은 (C) improving이다.

   [어휘] in an effort to ~하려는 노력으로   protect 보호하다   customer 고객   personal 개인의, 사적인   personal information 개인 정보   be committed to -ing ~하는 것에 전념하다   security 보안

4. In addition to **supervising** the Finance Committee, Mr. Boone works as the company's senior accountant.

   (A) supervises   (B) supervising   (C) supervision   (D) supervised

   재정 위원회를 감독하는 것 외에도 Boone 씨는 회사의 선임 회계사로 근무한다.

   [해설] **동명사와 명사의 구별** | In addition to의 to는 전치사이다. 따라서 정답 후보는 전치사의 목적어 자리에 올 수 있는 동명사 (B) supervising과 명사 (C) supervision이다. 그런데 빈칸 뒤에 온 the Finance Committee를 목적어로 취할 수 있어야 하므로 정답은 동명사 (B) supervising이다. 명사 (C) supervision은 전치사 없이 바로 목적어를 취할 수 없다.

   [어휘] in addition to ~ 뿐만 아니라, ~에 더하여   finance 재정, 재무   committee 위원회   Finance Committee 재정 위원회   senior 선임의, 수석의   accountant 회계사   supervise 관리하다, 감독하다   supervision 감독, 관리

5. CEO Trout plans on **giving** a presentation on the company's expansion at the next board meeting.

   (A) give   (B) given   (C) giving   (D) giver

   최고 경영자인 Trout 씨는 다음 이사회의에서 회사의 확장에 관한 프레젠테이션을 할 계획이다.

   [해설] **동명사 자리** | 빈칸 뒤의 a presentation을 목적어로 취하면서, 앞의 전치사 on의 목적어 역할을 할 수 있는 동명사가 빈칸에 들어가야 한다. 따라서 정답은 동명사 (C) giving이다.

어휘 CEO 최고 경영자(= chief executive officer)   presentation 발표, 프레젠테이션   expansion 확장
board meeting 이사회 (회의)   giver 수여자

6. As finance director, Mr. Hearst will be responsible for **preparing** a budget proposal.

(A) prepare   **(B) preparing**   (C) preparation   (D) prepares

재무 담당 이사로서 Hearst 씨는 예산 제안서를 준비하는 일을 맡을 것이다.

해설 **동명사와 명사의 구별** | 빈칸은 전치사 for의 목적어 자리이면서 뒤의 a budget proposal을 목적어로 취한다. 따라서 정답은 동명사 (B) preparing이다. 명사 (C) preparation은 전치사 없이 바로 목적어를 취할 수 없다.

어휘 finance director 재무 담당 이사   be responsible for ~을 맡고 있다, 책임이 있다   preparation 준비
budget 예산   proposal 제안(서)   prepare 준비하다

7. ATX Chairman Shin Kwon-ho plans to spend more time **managing** its less profitable branches.

(A) manager   **(B) managing**   (C) managed   (D) manages

ATX 의장 Shin Kwon-ho 씨는 수익이 적은 지점들을 관리하는 데 더 많은 시간을 들일 계획이다.

해설 **동명사 표현** | 빈칸은 뒤의 its less profitable branches를 목적어로 취하면서, 앞의 spend more time과 관용적으로 함께 쓰이는 동명사를 선택해야 한다. 따라서 정답은 동명사 (B) managing이다. ⟨spend 시간/돈 -ing⟩로 묶어서 기억하자.

어휘 chairman 의장, 회장   spend 시간/돈 -ing ~하는 데 시간/돈을 쓰다   profitable 수익이 있는, 유리한
branch 지점, 지사

8. Eugene Smith, president of WCR Kitchenware, announced his decision about **building** a new plant.

(A) building   (B) to build   (C) builds   (D) build

WCR 주방용품의 Eugene Smith 회장은 새로운 공장을 짓겠다는 결정을 발표했다.

해설 **동명사 자리** | 빈칸은 전치사 about의 목적어 자리이면서 뒤의 a new plant를 목적어로 취한다. 따라서 정답은 동명사 (A) building이다.

어휘 president 회장, 사장   announce 발표하다   decision 결정, 결심   plant 공장   build 짓다

9. By **replacing** old machinery with more efficient equipment, Seico will be able to save on operating expenses.

(A) replaced   (B) replacement   (C) replaces   **(D) replacing**

낡은 기계를 더 효율적인 장비로 대체함으로써 Seico는 운영 경비를 절약할 수 있을 것이다.

해설 **동명사와 명사의 구별** | 빈칸은 전치사 By의 목적어 자리이면서 뒤의 old machinery를 목적어로 취한다. 따라서 정답은 동명사 (D) replacing이다. 명사 (B) replacement는 전치사 없이 뒤에 바로 목적어를 가질 수 없다.

어휘 by -ing ~함으로써   machinery 기계류   efficient 효율적인   equipment 장비   be able to ~할 수 있다
save 절약하다   expense 지출, 경비   operating expenses 운영 경비   replace 대체하다, 교체하다
replacement 대체(품), 교체(품)

10. Super Stores is considering **offering** a free gift to any customers who visit the store on its fifth anniversary.

(A) offering   (B) offer   (C) offered   (D) offers

Super Stores는 5주년에 매장을 방문하는 모든 고객들에게 사은품을 제공하는 것을 고려하고 있다.

해설 **동명사를 좋아하는 동사** | 빈칸은 동사 is considering의 목적어 자리이면서 뒤의 a free gift를 목적어로 취한다. consider는 동명사를 목적어로 취하므로, 정답은 동명사 (A) offering이다.

어휘 consider 고려하다, 간주하다   offer 제공하다   free 무료의   anniversary 주년, 기념일

day 13 to부정사

PART 5

📋 Check Up

1. to부정사란?
교재 p.118

1. to start, 명사   2. to focus, 형용사   3. to attend, 부사   4. to finish, 부사   5. to see, 명사

1. John wants **to start** his own business. (**명사**)   John은 그 자신의 사업을 시작하기를 원한다.
   [해설] to start가 앞의 타동사 wants의 목적어 역할을 한다. 따라서 명사 역할이다.
   [어휘] own 자신의   business 사업, 비즈니스

2. It is time **to focus** on the financial problem. (**형용사**)   재정 문제에 집중해야 할 때이다.
   [해설] to focus가 앞의 명사 time을 뒤에서 수식한다. 따라서 형용사 역할이다.
   [어휘] focus on ~에 집중하다   financial 재정의, 금융의

3. Ms. Finley visited Paris **to attend** the Trade Fair. (**부사**)
   Finley 씨는 무역박람회에 참석하기 위해 파리를 방문했다.
   [해설] to attend가 앞의 동사구인 visited Paris를 뒤에서 수식하고 있다. 따라서 부사 역할이다.
   [어휘] visit 방문하다   attend 참석하다   trade fair 무역 박람회

4. I worked overtime **to finish** the report. (**부사**)   나는 보고서를 완성하기 위해 초과근무를 했다.
   [해설] to finish가 앞의 동사구인 worked overtime을 뒤에서 수식하고 있다. 따라서 부사 역할이다.
   [어휘] overtime 초과근무   finish 완성하다   report 보고서

5. I hope **to see** you at the workshop. (**명사**)   나는 당신을 워크숍에서 뵙기를 희망합니다.
   [해설] to see가 앞의 타동사 hope의 목적어 역할을 한다. 따라서 명사 역할이다.
   [어휘] hope 바라다   workshop 워크숍

2. to부정사의 역할 — 명사
교재 p.119

1. to end   2. to retire   3. to keep   4. to buy   5. to reach

1. The manager decided (**to end** / ending) the contract.   매니저는 계약을 종료하기로 결정했다.
   [해설] 동사 decide는 뒤에 to부정사를 목적어로 취한다. 따라서 정답은 to end이다.
   [어휘] decide 결정하다, 결심하다   contract 계약(서)

2. Mr. Smith wishes (retire / **to retire**) at the end of this month.   Smith 씨는 이달 말에 은퇴하기를 원한다.
   [해설] 동사 wish는 to부정사를 목적어로 취한다. 따라서 정답은 to retire이다.
   [어휘] retire 은퇴하다   at the end of this month 이달 말에

3. Our aim is (keeps / **to keep**) customers satisfied.   우리의 목표는 고객들이 계속 만족하도록 하는 것이다.
   [해설] be동사 is의 보어 역할을 하는 자리이다. 따라서 정답은 명사와 같은 역할을 하는 to부정사인 to keep이다.
   [어휘] aim 목표   satisfied 만족한   keep ~인 상태를 유지하다

76

4. You will need (**to buy** / bought) the tickets in advance. 당신은 미리 표를 구매해야 할 것이다.

   [해설] 동사 need는 to부정사를 목적어로 취한다. 따라서 정답은 to buy이다.

   [어휘] ticket 표   in advance 미리, 사전에

5. The company has failed (**to reach** / reaching) sales goals. 그 회사는 매출 목표를 달성하지 못했다.

   [해설] 동사 fail은 to부정사를 목적어로 취하므로, 정답은 to reach이다.

   [어휘] fail ~하지 못하다, 실패하다   sales goal 매출 목표

3. to부정사의 역할 — 형용사   교재 p.120
1. to improve   2. to learn   3. to build   4. to ask   5. to close

1. The managers are discussing ways (improve / **to improve**) the service.
   매니저들은 서비스를 개선할 방법들을 논의하고 있다.

   [해설] 괄호 앞의 명사 ways를 수식하는 자리이므로 형용사 역할을 하는 to부정사가 와야 한다. 따라서 정답은 to improve이다.

   [어휘] discuss 논의하다   way 방법   improve 개선하다

2. The workshop will be an opportunity (learns / **to learn**) from each other.
   워크숍은 서로서로 배우는 기회가 될 것이다.

   [해설] 괄호 앞의 명사 opportunity를 수식하는 자리이므로 형용사 역할을 하는 to부정사가 와야 한다. 따라서 정답은 to learn이다.

   [어휘] opportunity 기회   each other 서로서로

3. The CEO has a plan (**to build** / building) a factory.   최고 경영자는 공장을 지을 계획을 가지고 있다.

   [해설] 괄호 앞의 명사 plan을 수식하는 자리이므로 형용사 역할을 하는 to부정사가 와야 한다. 따라서 정답은 to build이다.

   [어휘] plan 계획   build 짓다   factory 공장

4. Everyone will have a chance (**to ask** / asking) questions.   누구나 질문할 기회를 가질 것이다.

   [해설] 괄호 앞의 명사 chance를 수식하는 자리이므로 형용사 역할을 하는 to부정사가 와야 한다. 따라서 정답은 to ask이다.

   [어휘] chance 기회   ask 묻다   question 질문

5. The decision (closing / **to close**) the Tokyo office was announced.
   도쿄 사무실을 폐쇄한다는 결정이 발표되었다.

   [해설] 괄호 앞의 명사 decision을 수식하는 자리이므로 형용사 역할을 하는 to부정사가 와야 한다. 따라서 정답은 to close이다.

   [어휘] decision 결정, 결심   close 닫다   announce 발표하다

4. to부정사의 역할 — 부사   교재 p.121
1. To celebrate   2. to discuss   3. to promote   4. to cancel   5. To track

1. (**To celebrate** / Celebration) the final day, free refreshments will be provided.
   마지막 날을 축하하기 위해 무료 다과가 제공될 것이다.

   [해설] 뒤에 완전한 절 free refreshments will be provided가 있으므로 완전한 절을 수식하는 부사 자리이다. 따라서 '~하기 위해서'라는 의미로 부사 역할을 하는 To celebrate이 정답이다.

어휘 celebrate 축하하다, 기념하다   celebration 축하   final 마지막의   free 무료의   refreshments 다과(주로 복수형)   provide 제공하다

2. The director wrote a memo (discuss / **to discuss**) business trends.
   이사는 업계 동향을 논의하기 위해 메모를 적었다.
   해설 완전한 절 The director wrote a memo를 수식하는 자리이다. 따라서 '~하기 위해서'라는 의미로 부사 역할을 하는 to discuss가 정답이다.
   어휘 director 이사, 감독   discuss 논의하다   trend 동향

3. The committee posted an article (promotion / **to promote**) a sports event.
   위원회는 스포츠 행사를 홍보하기 위해 기사를 실었다.
   해설 앞의 완전한 절 The committee posted an article을 수식하는 자리이다. 따라서 '~하기 위해서'라는 의미로 부사 역할을 하는 to promote가 정답이다. 명사 promotion은 뒤에 바로 목적어를 취할 수 없고, 전치사 없이 혼자 부사 역할을 할 수 없다.
   어휘 committee 위원회   post 싣다, 게시하다   article 기사   promotion 홍보, 승진   promote 홍보하다, 승진시키다   event 행사

4. Mr. Tanaka made a call (**to cancel** / cancels) his order.   Tanaka 씨는 주문을 취소하기 위해 전화했다.
   해설 앞의 완전한 절 Mr. Tanaka made a call을 수식하는 자리이다. 따라서 '~하기 위해서'라는 의미로 부사 역할을 하는 to cancel이 정답이다.
   어휘 call 전화   make a call 전화하다   cancel 취소하다   order 주문

5. (**To track** / Tracked) luggage, Mac Airlines uses a computerized system.
   수화물을 추적하기 위해 Mac Airlines는 전산화된 시스템을 사용한다.
   해설 뒤의 완전한 절 Mac Airlines uses a computerized system을 수식하는 자리이다. 따라서 '~하기 위해서'라는 의미로 부사 역할을 하는 To track이 정답이다.
   어휘 track 추적하다   luggage 짐, 수화물   computerized 전산화된

5. 의미상 주어 & 가주어
교재 p.122
1. to satisfy   2. It   3. for   4. to vacate   5. for

1. It is important (**to satisfy** / satisfy) customers.   고객을 만족시키는 것은 중요하다.
   해설 괄호 안은 앞의 가주어 It의 진주어 자리이므로, 정답은 to satisfy이다.
   어휘 important 중요한   satisfy 만족시키다   customer 고객

2. (**It** / They) is impossible to complete the project on time.   그 프로젝트를 제시간에 완성하는 것은 불가능하다.
   해설 괄호 안은 뒤의 긴 진주어 to complete the project on time을 대신하는 가주어 자리이므로, 정답은 It이다.
   어휘 impossible 불가능한   complete 완성하다   on time 제시간에

3. Your personal trainer will develop a plan (**for** / to) you to follow.
   귀하의 개인 트레이너가 귀하가 지켜야 할 계획을 짤 것입니다.
   해설 괄호 안은 뒤의 you와 함께 뒤에 나오는 to follow의 의미상 주어 역할을 하므로, 정답은 for이다.
   어휘 personal 개인의   trainer 트레이너   develop 개발하다   follow 따르다, 지키다

4. It is necessary (vacate / **to vacate**) the building for a safety inspection.
   안전 점검을 위해 건물을 비우는 것이 필요하다.

[해설] 괄호 안은 앞의 가주어 It의 진주어 자리이므로, 정답은 to vacate이다.

[어휘] necessary 필요한, 필수적인 vacate 비우다 safety 안전 inspection 점검, 검사

5. Mr. Inga completed the report (as / **for**) you to review. Inga 씨는 당신이 검토하도록 보고서를 완성했다.

[해설] 괄호 안은 뒤의 you와 함께 뒤에 나오는 to review의 의미상 주어 역할을 하므로, 정답은 for이다.

[어휘] complete 완성하다 report 보고서 review 검토하다

6. to부정사 표현   교재 p.123
1. to provide   2. likely   3. to keep   4. to track   5. to express

1. We would be pleased (provide / **to provide**) you with information.
저희는 귀하에게 정보를 제공하게 되어 기쁩니다.

[해설] 괄호 앞의 be pleased와 함께 쓰여 '~하게 되어 기쁘다'라는 의미를 나타내는 것을 골라야 한다. 따라서 정답은 to provide이다.

[어휘] be pleased to부정사 ~하게 되어 기쁘다 provide 제공하다 information 정보

2. The firm is (likable / **likely**) to continue to grow. 그 회사는 계속 성장할 것 같다.

[해설] 괄호 앞의 be동사인 is, 뒤의 to continue와 함께 쓰여 '계속할 것 같다'라는 의미를 나타내는 형용사를 선택해야 한다. 따라서 정답은 likely이다.

[어휘] firm 회사 likable 마음에 드는, 호감이 가는 likely ~할 것 같은 be likely to부정사 ~할/일 것 같다 grow 성장하다, 자라다

3. The store advised Mr. Malone (**to keep** / keeping) all the receipts.
매장은 Malone 씨에게 모든 영수증을 보관하라고 충고했다.

[해설] advise는 목적어 뒤에 to부정사가 붙어 〈advise+목적어+to부정사〉 형태로 쓰인다. 의미는 '목적어가 to부정사 하도록 충고하다'이다. 따라서 정답은 to keep이다.

[어휘] advise 충고하다 keep 보관하다 receipt 영수증, 수령

4. The new software will enable us (track / **to track**) our expenses.
새로운 소프트웨어는 우리가 비용을 추적하는 것을 가능하게 해줄 것이다.

[해설] enable은 목적어 뒤에 to부정사가 붙어 〈enable+목적어+to부정사〉 형태로 쓰인다. 의미는 '목적어가 to부정사 하는 것을 가능하게 하다'이다. 따라서 정답은 to track이다.

[어휘] enable 가능하게 하다 track 추적하다 expense 경비, 비용

5. Elliot Cable would like (**to express** / expressing) its gratitude. Elliot Cable 씨는 감사를 표하고자 한다.

[해설] 괄호 앞의 would like와 함께 쓰여 '~하고 싶다'의 의미를 나타내는 것을 골라야 한다. 따라서 정답은 to express이다.

[어휘] would like to부정사 ~하고 싶다 express 표현하다 gratitude 감사

PRACTICE   교재 p.124

STEP 1   1. (B)   2. (A)   3. (A)   4 (B)   **STEP 2**   5. (B)   6. (A)   7. (A)   8. (A)

PART 5 정답 및 해설

1. Because you are our loyal customer, we would be pleased **to provide** you with more information.
   (A) provide   (B) **to provide**

   귀하는 저희 단골 고객이시니 저희가 귀하에게 더 많은 정보를 제공하게 되어 기쁩니다.

   [해설] **to부정사 표현** | 괄호 앞의 be pleased와 함께 쓰여 '~하게 되어 기쁘다'라는 의미를 나타내는 것을 골라야 한다. 따라서 정답은 (B) to provide이다. 〈be pleased to부정사〉로 묶어서 기억하자.

   [어휘] loyal 충성스러운 loyal customer 단골 고객 pleased 기쁜 information 정보

2. The manager has decided **to end** our contract with the shipping company, Jet Express.
   (A) **to end**   (B) ending

   매니저는 운송회사 Jet Express와 계약을 종료하기로 결정했다.

   [해설] **to부정사가 목적어로 오는 동사** | 동사 decide는 to부정사를 목적어로 취하므로, 정답은 to end이다.

   [어휘] decide 결정하다, 결심하다 contract 계약 shipping 배송, 운송 shipping company 운송회사, 택배회사

3. The organizing committee posted an article in the local newspaper **to promote** a sports event.
   (A) **to promote**   (B) promotion

   조직위원회는 스포츠 행사를 홍보하기 위해 지역 신문에 기사를 실었다.

   [해설] **to부정사의 역할_부사** | 빈칸은 앞의 완전한 절 The organizing committee posted an article in the local newspaper를 수식하는 자리이다. 따라서 '~하기 위해서'라는 의미로 부사 역할을 하는 (A) to promote가 정답이다. 명사 (B) promotion은 뒤에 바로 목적어를 취할 수 없고, 앞에 전치사 없이 부사 역할을 할 수 없다.

   [어휘] organize 조직하다, 준비하다 committee 위원회 organizing committee 조직위원회 post 싣다, 게시하다 article 기사 local 지역의 promote 홍보하다, 승진시키다 promotion 홍보, 승진

4. Due to the lack of equipment and experienced staff, it is impossible **to complete** the project on time.
   (A) complete   (B) **to complete**

   장비와 숙련된 직원이 부족하기 때문에 그 프로젝트를 제시간에 완성하는 것은 불가능하다.

   [해설] **가주어와 진주어** | 빈칸은 앞의 가주어 it의 진주어 자리이므로, 정답은 명사 역할을 하는 (B) to complete이다.

   [어휘] due to ~ 때문에 lack 부족 equipment 장비 experienced 숙련된 impossible 불가능한 on time 제시간에 complete 완성하다

5. Newmedic hired several researchers in an attempt **to develop** new medications.
   (A) develops   (B) **to develop**

   Newmedic은 신약을 개발하기 위한 시도로 몇몇 연구자들을 채용했다.

   [해설] **to부정사의 역할_형용사** | 빈칸은 앞의 명사 attempt를 수식하는 자리로, 정답은 형용사 역할을 하는 (B) to develop이다. 〈in an attempt to부정사〉로 묶어서 기억하자.

   [어휘] hire 채용하다 several 몇몇의 researcher 연구원 attempt 시도 medication 약물

6. Richard Westcot plans **to teach** some classes after his retirement.
   (A) **to teach**   (B) teaching

   Richard Westcot 씨는 은퇴 후에 몇 가지 강의를 계획하고 있다.

   [해설] **to부정사가 목적어로 오는 동사** | 동사 plan은 to부정사를 목적어로 취하므로, 정답은 (A) to teach이다.

   [어휘] plan 계획하다 class 강의 retirement 은퇴, 퇴직

7. All managerial staff are advised **to attend** at least one of the training sessions.
   (A) **to attend**   (B) attend

   모든 관리직 직원은 교육 과정 중 최소 하나에 참석하라는 충고를 받는다.

   [해설] **동사+목적어+to부정사** | 〈동사+목적어+to부정사〉의 능동태 문장을 수동태 문장으로 나타내고 있으므로, 수동태 동사

80

be advised 뒤에는 to부정사가 나와야 한다. 따라서 정답은 (A) to attend이다.

어휘 managerial 관리의, 경영의 advise 충고하다 at least 적어도 training 연수, 교육 session (특정 활동을 위한) 시간, 기간 attend 참석하다

8. It was a wise decision **for** Ms. Ryan to renovate her flower shop.

   (A) for   (B) on

   Ryan 씨가 꽃집을 수리하겠다는 것은 현명한 결정이었다.

   해설 **to부정사의 의미상 주어** | 빈칸은 뒤의 Ms. Ryan과 함께 뒤에 나오는 to renovate의 의미상 주어 역할을 하고 있으므로, 정답은 (A) for이다.

   어휘 wise 현명한 decision 결정, 결심 renovate 수리하다

ACTUAL TEST   교재 p.125

1. (A) 2. (C) 3. (D) 4. (B) 5. (A) 6. (B) 7. (A) 8. (C) 9. (C) 10. (D)

1. We at Herero Agency strive **to be** the best in terms of our customer relations.

   (A) to be   (B) being   (C) having been   (D) be

   저희 Herero Agency는 고객 관리의 관점에서 최고가 되고자 노력합니다.

   해설 **to부정사가 목적어로 오는 동사** | 동사 strive는 to부정사를 목적어로 취하므로, 정답은 (A) to be이다.

   어휘 strive 노력하다, 애쓰다 in terms of ~의 관점에서 customer relations 고객 관리

2. The employees are required to **give** at least one-month's notice before they leave the company.

   (A) giving   (B) given   **(C) give**   (D) gives

   직원들은 회사를 사직하기 전 최소 한 달 전에 통보할 것이 요구된다.

   해설 **동사+목적어+to부정사** | 〈require+목적어+to부정사〉의 수동태 구문이다. 빈칸 앞의 to가 to부정사의 to이므로, 정답은 동사원형 (C) give이다. 〈be required to부정사(~하도록 요구된다)〉로 묶어서 기억하자.

   어휘 employee 직원, 고용인 require 요구하다 at least 적어도 notice 통보 leave the company 사직하다, 퇴근하다

3. In an effort **to reduce** operating costs, employees are asked to avoid unnecessary photocopying.

   (A) reduces   (B) reduction   (C) reduce   **(D) to reduce**

   운영비를 줄이기 위한 노력으로 직원들은 불필요한 복사를 하지 말라는 요구를 받는다.

   해설 **to부정사의 역할_형용사** | 빈칸은 앞의 명사 effort를 수식하는 자리로, 정답은 형용사 역할을 하는 (D) to reduce이다. 〈in an effort to부정사〉로 묶어서 기억하자.

   어휘 effort 노력 operating cost 운영비 employee 직원 avoid 피하다, ~하지 않도록 하다 unnecessary 불필요한 photocopying 복사 reduce 줄이다 reduction 감소, 축소

4. We are truly sorry that we are not able **to accommodate** your request.

   (A) accommodates   **(B) to accommodate**   (C) accommodated   (D) accommodate

   귀하의 요청을 수용할 수 없어서 정말 죄송합니다.

   해설 **to부정사 표현** | able은 to부정사와 함께 〈be able to부정사〉의 형태로 '~할 수 있다'를 의미한다. 따라서 정답은 (B) to accommodate이다. 〈be able to부정사〉로 묶어서 기억하자.

   어휘 truly 정말, 진실로 request 요청 accommodate 수용하다

81

5. **To claim** reimbursement, you need to fill out an expense report form and submit it to the accounting department.

   (A) To claim　(B) Claim　(C) Claims　(D) Claimed

   상환을 요구하려면 경비보고서 양식을 작성해 회계과에 제출해야 한다.

   [해설] **to부정사의 역할_부사** | 빈칸은 쉼표 뒤의 완전한 절을 수식하는 자리이다. 따라서 정답은 '~하기 위해서'라는 의미로 부사 역할을 하는 (A) To claim이다.

   [어휘] reimbursement 상환, 변상　fill out ~을 작성하다　expense 경비　form 양식, 서식　submit 제출하다　accounting 회계　department 부서　claim 요구하다, 청구하다

6. Dr. Ortega, the leader of the Centennial Lab, plans **to submit** detailed reports to her supervisor every month.

   (A) submit　**(B) to submit**　(C) submitted　(D) will submit

   Centennial Lab의 소장인 Ortega 박사는 매달 상사에게 상세한 보고서를 제출할 계획이다.

   [해설] **to부정사가 목적어로 오는 동사** | 동사 plan은 to부정사를 목적어로 취하므로, 정답은 (B) to submit이다.

   [어휘] detailed 상세한, 자세한　supervisor 상관, 감독　submit 제출하다

7. We would gladly allow you **to get** a discount of up to 10 percent on regular purchases.

   (A) to get　(B) got　(C) getting　(D) have gotten

   저희는 귀하께 정기 구매에 대해 최대 10퍼센트 할인해 드리도록 하겠습니다.

   [해설] **동사＋목적어＋to부정사** | allow는 목적어 뒤에 to부정사가 와서 〈allow＋목적어＋to부정사〉 형태로 쓰인다. 의미는 '목적어가 to부정사 하도록 허락하다'이다. 따라서 정답은 (A) to get이다. 〈allow＋목적어＋to부정사〉로 묶어서 기억하자.

   [어휘] gladly 기꺼이　allow 허락하다　up to ~까지　regular 정기적인　purchase 구매

8. Marc Corp. and ENC Industry signed a joint venture agreement to **build** a residential complex.

   (A) builds　(B) being built　**(C) build**　(D) built

   Marc Corp.와 ENC Industry는 주택단지를 건설하기 위한 합작사업계약서에 서명했다.

   [해설] **to부정사의 역할_형용사** | 빈칸은 명사 agreement를 수식하는 자리이다. 따라서 형용사 역할을 하는 to부정사가 와야 하므로 정답은 동사원형 (C) build이다.

   [어휘] sign 서명하다　joint 합작의, 공동의　venture 신규사업　joint venture 합작투자사업　agreement 계약, 합의　residential 주택의, 거주의　complex 단지　build 건설하다, 짓다

9. The city plans to build more schools both for local and foreign students **to meet** rising demands.

   (A) met　(B) meeting　**(C) to meet**　(D) meet

   시는 증가하는 수요를 충족하기 위해 지역 및 외국인 학생들 모두를 위해 더 많은 학교를 짓고자 계획하고 있다.

   [해설] **to부정사의 역할_부사** | 빈칸은 앞의 동사구 plans to build more schools를 수식하는 자리이다. 따라서 정답은 '~하기 위해서'라는 의미로 부사 역할을 하는 (C) to meet이다.

   [어휘] local 지역의, 현지의　foreign 외국의　rising 증가하는　demand 수요, 요구　meet 충족하다

10. The marketing director has called a meeting unexpectedly **to address** an urgent matter.

    (A) addressed　(B) addresses　(C) address　**(D) to address**

    마케팅 이사는 긴급한 문제에 대처하기 위해 갑자기 회의를 소집했다.

    [해설] 빈칸은 앞의 동사구 has called a meeting unexpectedly를 수식하는 자리이다. 따라서 정답은 '~하기 위해서'라는 의미로 부사 역할을 하는 (D) to address이다.

    [어휘] director 이사　call 소집하다　call a meeting 회의를 소집하다　unexpectedly 갑작스럽게　urgent 긴급한　matter 문제　address 다루다, 대처하다

day 14 분사

PART 5

📋 Check Up

1. 분사란?
교재 p.128

1. attached   2. emerging   3. invited   4. remaining   5. growing

1. 일정표를 첨부하다: attach the schedule → 첨부된 일정표: the **attached** schedule

   [해설] 빈칸은 뒤의 schedule을 수식하는 형용사 자리이다. schedule(일정표)은 누군가에 의해 '첨부되는' 것이다. 즉 attach와 schedule은 의미상 수동의 관계이므로, 빈칸에는 과거분사 attached가 들어가야 한다.

   [어휘] attach 첨부하다, 붙이다   schedule 일정(표)

2. 시장이 떠오르다: The markets emerge → 떠오르는 시장: the **emerging** markets

   [해설] 빈칸은 뒤의 markets를 수식하는 형용사 자리이다. markets(시장)는 '떠오르는' 주체이다. 즉 emerge와 markets는 의미상 능동의 관계이므로, 빈칸에는 현재분사 emerging이 들어가야 한다.

   [어휘] emerge 떠오르다, 출현하다   emerging 떠오르는

3. 손님들을 초대하다: invite guests → 초대된 손님들: **invited** guests

   [해설] 빈칸은 뒤의 guests를 수식하는 형용사 자리이다. guests(손님들)는 '초대되는' 대상이다. 즉 invite와 guests는 의미상 수동의 관계이므로, 빈칸에는 과거분사 invited가 들어가야 한다.

   [어휘] invite 초대하다, 초청하다, 요청하다   invited 초대된, 초청된

4. 문제가 남아 있다: A problem remains → 남아 있는 문제: a **remaining** problem

   [해설] 빈칸은 뒤의 problem을 수식하는 형용사 자리이다. problem(문제)은 '남아 있는' 주체이다. 즉 remain과 problem은 의미상 능동의 관계이므로, 빈칸에는 현재분사 remaining이 들어가야 한다.

   [어휘] remain 남아 있다, ~ 상태로 있다   remaining 남아 있는

5. 사업이 빠르게 성장하다: A business grows rapidly → 빠르게 성장하는 사업: a rapidly **growing** business

   [해설] 빈칸은 뒤의 business를 수식하는 형용사 자리이다. business(사업)는 성장하는 주체이다. 즉 grow와 business는 의미상 능동의 관계이므로, 빈칸에는 현재분사 growing이 들어가야 한다.

   [어휘] grow 성장하다   rapidly 빠르게

2. 분사의 역할 — 형용사
교재 p.129

1. limited   2. existing   3. departing   4. created   5. rewarding

1. Seating is (limits / **limited**).   좌석은 제한되어 있다.

   [해설] 괄호 안은 be동사 is 뒤에서 주어인 Seating을 보충 설명하는 주격 보어 자리이다. 따라서 정답은 형용사와 같은 역할을 하는 과거분사 limited이다.

   [어휘] seating 좌석, 수용력   limit 한정하다, 제한하다   limited 한정된, 제한된

2. Preference will be given to the (exist / **existing**) employees.   우선권은 기존 직원들에게 돌아갈 것이다.

   [해설] 괄호 안은 뒤의 employees를 수식하는 형용사 자리이다. 따라서 정답은 형용사와 같은 역할을 하는 현재분사 existing이다.

83

3. All flights (departs / **departing**) from Mumbai will be delayed.
뭄바이에서 출발하는 모든 비행기는 지연될 것이다.

[해설] 괄호 안은 주어인 All flights를 뒤에서 수식하는 형용사 자리이다. 따라서 정답은 형용사와 같은 역할을 하는 현재분사 departing이다.

[어휘] flight 비행기   depart 출발하다   delay 지연시키다

4. Current employees can apply for the newly (create / **created**) position.
현재 직원들은 새로 만들어진 자리에 지원할 수 있다.

[해설] 괄호 안은 뒤의 position을 수식하는 형용사 자리이다. 따라서 정답은 형용사와 같은 역할을 하는 과거분사 created이다.

[어휘] current 현재의   apply for ~에 지원하다, ~을 신청하다   newly 새로   create 만들다   position 직책, 자리

5. Most nurses find their job (**rewarding** / to reward).   대다수 간호사들은 자신들의 직업이 보람 있다고 생각한다.

[해설] 괄호 안은 동사 find의 목적어인 their job을 보충 설명하는 목적격 보어 자리이다. 따라서 정답은 형용사와 같은 역할을 하는 현재분사 rewarding이다.

[어휘] rewarding 보람 있는, 가치가 있는   reward 보상하다

3. 현재분사(-ing) vs. 과거분사(-ed)   교재 p.130
1. revised   2. involved   3. finalized   4. attached   5. attending

1. The (revising / **revised**) schedule will be distributed.   수정된 일정이 배포될 것이다.

[해설] 괄호 안은 뒤의 명사 schedule을 수식하는 형용사 자리로, 문맥상 '수정된 일정'이라는 수동의 의미를 나타낸다. 따라서 정답은 과거분사 revised이다.

[어휘] revise 수정하다   distribute 배포하다, 나누어 주다

2. The president knows everyone (**involved** / involving) in the project.
회장은 프로젝트에 관련된 모든 사람을 알고 있다.

[해설] 괄호 안은 앞의 명사 everyone을 뒤에서 수식하는 형용사 자리로, 문맥상 '관련된 모든 사람'이라는 수동의 의미를 나타낸다. 따라서 정답은 과거분사 involved이다.

[어휘] president 회장   involve 관련시키다, 관여하다   project 프로젝트, 사업

3. The agenda should be (**finalized** / finalizing) by tomorrow.   의제는 내일까지 확정되어야 한다.

[해설] 괄호 안은 주어인 The agenda를 보충 설명하는 주격 보어 자리로, 문맥상 '의제가 확정되다'라는 수동의 의미를 나타낸다. 따라서 정답은 과거분사 finalized이다.

[어휘] agenda 의제, 안건   finalize 확정하다

4. Please find the file (attaching / **attached**) to this e-mail.   이 이메일에 첨부된 파일을 보세요.

[해설] 괄호 안은 앞의 the file을 뒤에서 수식하는 형용사 자리로, 문맥상 '첨부된 파일'이라는 수동의 의미를 나타낸다. 따라서 정답은 과거분사 attached이다.

[어휘] file 파일   attach 첨부하다, 붙이다

5. There will be 100 people (**attending** / attended) the event.   행사에는 100명이 참석할 것이다.

[해설] 괄호 안은 앞의 명사 people을 뒤에서 수식하는 자리이다. 문맥상 '참석하는 사람들'이라는 능동의 의미를 나타내며, 뒤에 the event라는 목적어가 있으므로 정답은 현재분사 attending이다.

[어휘] attend 참석하다   event 행사

4. 감정분사

교재 p.131

1. interesting 2. disappointed 3. fascinating 4. Interested 5. confusing

1. Johnson has an (**interesting** / interested) career.   Johnson은 흥미로운 경력을 갖고 있다.
   [해설] 괄호 안 분사의 수식을 받는 career는 감정을 일으키는 원인이므로, 정답은 현재분사 interesting이다.
   [어휘] interesting 흥미로운   career 경력, 직업

2. Ms. Sal was (disappointing / **disappointed**) with the results.   Sal 씨는 결과에 실망했다.
   [해설] 괄호 안은 be동사 was의 주어인 Ms. Sal을 보충 설명하는 주격 보어 자리로, Ms. Sal은 감정을 느끼는 쪽이다. 따라서 정답은 과거분사 disappointed이다.
   [어휘] disappoint 실망시키다, 좌절시키다   result 결과

3. Our set menu offers (**fascinating** / fascinated) dishes.   저희 세트 메뉴는 환상적인 요리를 제공합니다.
   [해설] 괄호 안 분사의 수식을 받는 dishes는 감정을 일으키는 원인이므로, 정답은 현재분사 fascinating이다.
   [어휘] fascinate 마음을 사로잡다, 매료시키다   dish 요리, 접시

4. (Interesting / **Interested**) applicants should submit their résumé.
   관심 있는 지원자들은 이력서를 제출해야 한다.
   [해설] 괄호 안 분사의 수식을 받는 applicants는 감정을 느끼는 쪽이므로, 정답은 과거분사 Interested이다.
   [어휘] interested 관심 있는   applicant 지원자, 신청자   submit 제출하다   résumé 이력서

5. This manual is (confused / **confusing**).   이 설명서는 헷갈린다.
   [해설] 괄호 안은 be동사 is의 주어인 This manual을 보충 설명하는 주격 보어 자리로, This manual은 감정을 일으키는 원인이다. 따라서 정답은 현재분사 confusing이다.
   [어휘] manual 설명서, 안내서   confusing 혼란스럽게 하는, 헷갈리는

PRACTICE

교재 p.132

STEP 1 1. (A) 2. (B) 3. (B) 4. (A)   **STEP 2** 5. (B) 6. (A) 7. (A) 8. (B)

1. The **revised** schedule will be distributed by the end of this Friday.
   (A) revised   (B) revising
   수정된 일정이 이번 금요일까지 배포될 것이다.
   [해설] 현재분사와 과거분사의 구별 | 빈칸은 뒤의 명사 schedule을 수식하는 형용사 자리이다. 과거분사인 (A) revised, 현재분사인 (B) revising 모두 형용사 역할을 할 수 있지만 문맥상 일정은 '사람에 의해 수정되는' 수동의 의미를 나타내므로 과거분사인 (A) revised가 정답이다.
   [어휘] revise 수정하다   schedule 일정   distribute 배포하다, 나누어 주다

2. The instruction manual for Lokia's new smart phone is very **confusing**.
   (A) confused   **(B) confusing**
   Lokia의 신형 스마트폰의 사용 설명서는 매우 헷갈린다.
   [해설] 감정분사 | 빈칸은 be동사 is의 주어인 The instruction manual을 보충 설명하는 주격 보어 자리로, The instruction

manual은 감정을 일으키는 원인이다. 따라서 정답은 현재분사 (B) confusing이다.

어휘 instruction 설명, 지시   manual 설명서   confused 혼란을 느낀   confusing 혼란스럽게 하는, 헷갈리는

3. Current part-time employees also can apply for the newly **created** position in the sales department.

   (A) creating   **(B) created**

   현재 시간제 근무 직원들은 영업부에 새로 만들어진 자리에 지원할 수 있다.

   해설 **현재분사와 과거분사의 구별** | 빈칸은 뒤의 position을 수식하는 형용사 자리로, 문맥상 '만들어진 자리'라는 수동의 의미를 나타내고 있다. 따라서 정답은 과거분사 (B) created이다.

   어휘 current 현재의   apply for ~에 지원하다, 신청하다   newly 새로   position 자리, 직책   sales department 영업부   create 만들다

4. There will be nearly 100 people **attending** Mr. Cox's retirement celebration.

   (A) attending   (B) attended

   Cox 씨의 은퇴 축하연에 참석하는 사람은 약 100명일 것이다.

   해설 **현재분사와 과거분사의 구별** | 빈칸은 뒤의 Mr. Cox's retirement celebration을 목적어로 취하면서, 앞의 people을 뒤에서 수식하는 자리로, 문맥상 '참석하는 사람들'이라는 능동의 의미를 나타낸다. 따라서 정답은 현재분사 (A) attending이다.

   어휘 nearly 거의   retirement 은퇴   celebration 축하, 식   attend 참석하다

5. Those candidates **possessing** experience in retail will be preferred.

   (A) possess   **(B) possessing**

   소매업 경력이 있는 지원자들이 우대될 것이다.

   해설 **분사의 역할_명사 수식** | 빈칸 뒤의 동사 will be preferred의 주어인 Those candidates를 뒤에서 수식하는 형용사 자리이다. 따라서 정답은 형용사 역할을 하는 현재분사 (B) possessing이다.

   어휘 candidate 지원자, 후보자   experience 경험, 경력   retail 소매(업)   prefer 우선권을 주다, 선호하다   possess 소유하다

6. We at DecoHome Store always keep our staff **updated** on the latest trend.

   (A) updated   (B) will update

   저희 DecoHome Store에서는 항상 직원들이 최신 경향에 관한 최신 정보를 알고 있도록 하겠습니다.

   해설 **분사의 역할_보어** | 빈칸은 앞의 동사 keep의 목적어인 our staff를 보충 설명하는 목적격 보어 자리이다. 따라서 정답은 형용사 역할을 하는 과거분사 (A) updated이다.

   어휘 keep 유지하다, 계속하다   latest 최신의   trend 경향, 추세   update 최신의 것으로 만들다, 갱신하다

7. The new owner was **impressed** by Ms. Jung's passion for work.

   (A) impressed   (B) impressively

   새로운 소유주는 Jung 씨의 일에 대한 열정에 감명 받았다.

   해설 **분사의 역할_보어** | 빈칸은 be동사 was 뒤의 주격 보어 자리이다. 따라서 정답은 형용사 역할을 하는 과거분사 (A) impressed이다.

   어휘 owner 소유주   passion 열정, 열의   impressed 감명 받은   impressively 감동적으로

8. All of the **invited** guests are required to confirm their attendance.

   (A) inviting   **(B) invited**

   초대된 손님들은 모두 참석을 확인하도록 요구된다.

   해설 **현재분사와 과거분사의 구별** | 빈칸은 뒤의 guests를 수식하는 형용사 자리로, 문맥상 '초대된 손님들'이라는 수동의 의미를 나타내고 있다. 따라서 정답은 과거분사 (B) invited이다.

어휘 require 요구하다   confirm 확인하다   attendance 참석, 출석

ACTUAL TEST

교재 p.133

1. (B)   2. (D)   3. (B)   4. (A)   5. (C)   6. (D)   7. (A)   8. (D)   9. (C)   10. (C)

1. Mr. Garcia said that he is **honored** to be part of such an important event.

   (A) honor   **(B) honored**   (C) honoring   (D) honors

   Garcia 씨는 그렇게 중요한 행사에 참여하게 되어 영광이라고 말했다.

   해설 현재분사와 과거분사의 구별 | 빈칸은 be동사 is 뒤에서 주어인 he를 보충 설명하는 주격 보어 자리이다. 따라서 정답 후보는 형용사 역할을 하는 분사 (B) honored와 (C) honoring이다. 문맥상 he는 '영광을 받는' 사람이라는 수동의 의미를 나타낸다. 따라서 정답은 과거분사 (B) honored이다.

   어휘 such 그렇게, 매우   honored 영예를 받는   honoring 영예를 주는

2. It is not easy to keep your listeners **focused** during the whole presentation.

   (A) focuses   (B) is focusing   (C) will focus   **(D) focused**

   프레젠테이션 내내 청중을 집중시키기는 쉽지 않다.

   해설 분사의 역할_보어 | 빈칸은 동사 keep의 목적어인 your listeners를 보충 설명하는 목적격 보어 자리이다. 따라서 정답은 형용사 역할을 하는 과거분사 (D) focused이다.

   어휘 keep 유지하다, 계속하다   whole 전부의   presentation 발표, 프레젠테이션   focus 집중시키다

3. The survey indicates that customers are not **satisfied** with the battery life of our TS 8 model.

   (A) satisfying   **(B) satisfied**   (C) satisfy   (D) satisfies

   설문조사는 고객들이 우리 TS 8 모델의 배터리 수명에 대해 만족하지 못한다는 것을 보여준다.

   해설 감정분사 | 빈칸은 be동사 are 뒤에서 주어인 customers를 보충 설명하는 주격 보어 자리로, 주어인 customers는 감정을 느끼는 쪽이다. 따라서 정답은 과거분사 (B) satisfied이다. 전치사 with와 함께 〈be satisfied with(~에 만족하다)〉로 묶어서 기억하자.

   어휘 survey 설문조사   indicate 보여주다   life 수명, 삶   satisfying 만족스러운, 만족시키는   satisfied 만족한   satisfy 만족시키다

4. New employees must wear their **assigned** uniforms and name tags throughout the training session.

   (A) assigned   (B) assign   (C) assigns   (D) assigning

   신입 직원들은 교육 기간 내내 지정된 유니폼과 이름표를 착용해야 한다.

   해설 현재분사와 과거분사의 구별 | 빈칸은 뒤의 uniforms and name tags를 수식하는 형용사 자리이다. 따라서 정답 후보는 형용사 역할을 하는 (A) assigned와 (D) assigning이다. uniforms and name tags(유니폼과 이름표)는 지정되는 대상이므로 수동의 관계이다. 따라서 정답은 과거분사 (A) assigned이다.

   어휘 name tag 이름표   throughout ~ 내내, 도처에   assign 지정하다, 배정하다   training session 교육 기간[시간]

5. Our Summer party package is available for a **limited** time only.

   (A) limiting   (B) limits   **(C) limited**   (D) limitation

   저희 여름 파티 패키지는 한정된 시간만 이용할 수 있습니다.

   해설 현재분사와 과거분사의 구별 | 빈칸 뒤의 time을 수식하는 형용사 자리이다. 따라서 정답 후보는 형용사 역할을 하는 (A) limiting과 (C) limited이다. 문맥상 '한정된 시간'이라는 수동의 의미를 나타내므로 정답은 과거분사 (C) limited이다.

87

어휘 available 이용할 수 있는, 만날 수 있는 | limit 한정하다 | limited 한정된, 제한된

6. The 10th anniversary celebration will be held at the Familia Hotel **known** for its unique interior.
(A) knowing   (B) knew   (C) know   **(D) known**

10주년 축하연은 독특한 실내장식으로 유명한 Familia 호텔에서 열릴 것이다.

해설 현재분사와 과거분사의 구별 | 빈칸은 앞의 the Familia Hotel을 뒤에서 수식하는 형용사 자리이다. 따라서 정답 후보는 (A) knowing과 (D) known이다. 문맥상 '알려진 Familia Hotel'이라는 수동의 의미를 나타내므로 정답은 과거분사 (D) known이다. 전치사 for와 함께 〈be known for(~로 유명하다)〉로 묶어서 기억하자.

어휘 anniversary 기념식   celebration 축하, 식   hold 열다, 개최하다   unique 독특한, 유일한   interior 실내장식   known 알려진, 유명한

7. Despite the **disappointing** sales performance, Ms. Clark is planning to expand her business.
(A) disappointing   (B) disappoint   (C) disappointment   (D) disappointed

실망스러운 영업 실적에도 불구하고 Clark 씨는 사업 확장을 계획하고 있다.

해설 감정분사 | 빈칸은 뒤의 sales performance를 수식하는 형용사 자리로, 수식을 받는 sales performance는 감정을 일으키는 원인이다. 따라서 정답은 현재분사 (A) disappointing이다.

어휘 despite ~에도 불구하고   performance 실적, 성과   sales performance 영업 실적   expand 확장하다   disappointing 실망스러운   disappoint 실망시키다, 좌절시키다   disappointment 실망, 낙담   disappointed 실망한

8. Upon request, we can provide the brochure **listing** a variety of services and new products.
(A) lists   (B) will list   (C) have listed   **(D) listing**

요청 시 저희는 다양한 서비스와 신제품을 수록한 소책자를 제공합니다.

해설 분사의 역할_명사 수식 | 빈칸은 앞의 the brochure를 수식하는 형용사 자리이다. 따라서 정답은 형용사 역할을 하는 현재분사 (D) listing이다. 동사 (A) lists, (B) will list, (C) have listed는 형용사 자리에 들어갈 수 없다.

어휘 request 요청   upon request 요청 시   provide 제공하다   a variety of 다양한   list 수록하다, 싣다

9. The budget report should be **submitted** by tomorrow morning for CFO Pat Duran's review.
(A) submit   (B) submits   **(C) submitted**   (D) submitting

예산 보고서는 재무 담당 최고 책임자인 Pat Duran 씨가 검토할 수 있도록 내일 아침까지 제출되어야 한다.

해설 현재분사와 과거분사의 구별 | 빈칸은 be동사 뒤에서 주어인 The budget report를 설명하는 보어 자리이다. 문맥상 주어인 The budget report는 제출되는 대상이므로, 정답은 수동의 의미를 나타내는 과거분사 (C) submitted이다.

어휘 budget report 예산 보고서   CFO 재무 담당 최고 책임자   review 검토, 비평   submit 제출하다

10. Hotel Libra is **located** in the center of the city and easily accessible from anywhere.
(A) locate   (B) locates   **(C) located**   (D) locating

Hotel Libra는 도심에 위치해 있어 어디서든 쉽게 접근할 수 있다.

해설 현재분사와 과거분사의 구별 | 빈칸은 be동사 is 뒤에서 주어인 Hotel Libra를 설명하는 보어 자리이다. 문맥상 주어인 Hotel Libra는 위치되는 대상이므로, 정답은 수동의 의미를 나타내는 과거분사 (C) located이다.

어휘 in center of ~의 중심에   easily 쉽게   accessible 접근할 수 있는, 이용할 수 있는   anywhere 어디서든, 어디든지   locate 위치시키다

day 15 접속사   PART 5

📋 Check Up

1. 접속사란?   교재 p.136
1. (A), (D) 2. (B), (D) 3. (B) 4. because 5. and

1. **(A) and** (B) not (C) under **(D) because**

   [해설] (A) and – 등위 접속사 (B) not – 부사 (C) under – 전치사 (D) because – 부사절 접속사

2. (A) between **(B) what** (C) this **(D) that**

   [해설] (A) between – 전치사 (B) what – 명사절 접속사 (C) this – 대명사, 형용사 (D) that – 대명사, 형용사, 명사절 접속사, 형용사절 접속사(관계사)

3. (A) also **(B) although** (C) too (D) for example

   [해설] (A) also – 부사 (B) although – 부사절 접속사 (C) too – 부사 (D) for example – (접속)부사

4. Soya Dining is very popular (**because** / whether) its food is excellent.
   음식이 아주 맛있기 때문에 Soya Dining은 인기가 많다.

   [해설] 괄호 안은 앞의 절 Soya Dining is very popular와 뒤에 나오는 완전한 절 its food is excellent를 연결하는 부사절 접속사 자리이다. 따라서 정답은 부사절 접속사 because이다.

   [어휘] popular 인기 있는 excellent 아주 좋은, 탁월한

5. Our wireless printer is affordable (**and** / or) easy to install   우리의 무선 프린터는 저렴하고 설치하기도 쉽다.

   [해설] 괄호 안은 앞에 있는 affordable과 뒤에 있는 easy to install을 연결하는 등위 접속사 자리이다. 문맥상 '저렴하고 쉬운'이라는 의미가 자연스러우므로, 정답은 등위 접속사 and이다.

   [어휘] wireless 무선의 affordable 저렴한, 적당한 install 설치하다

2. 등위 접속사   교재 p.137
1. and 2. but 3. or 4. and 5. so

1. HelloC drinks are made from a mix of yogurt (**and** / or) fruits.
   HelloC 음료는 요구르트와 과일을 혼합하여 제조된다.

   [해설] 괄호 안은 앞의 yogurt와 뒤의 fruits를 연결하는 등위 접속사 자리로, 문맥상 '요구르트와 과일을 혼합하여'라는 의미를 나타내고 있다. 따라서 정답은 등위 접속사 and이다.

   [어휘] drink 음료; 마시다 be made from ~로 제조되다 mix 혼합

2. Ms. Ikino can help you with the translation (so / **but**) she's on vacation now.
   Ikino 씨가 당신의 번역을 도와줄 수는 있지만, 그녀는 지금 휴가 중입니다.

   [해설] 괄호 안은 앞뒤의 절과 절을 연결하는 등위 접속사 자리로, '도와줄 수 있지만, 휴가 중'이라는 의미로 앞뒤가 대조의 의미를 나타내고 있다. 따라서 정답은 등위 접속사 but이다.

   [어휘] translation 번역 vacation 휴가, 방학 on vacation 휴가 중인

3. We will not charge you any shipping (**or** / also) delivery fees.
   저희는 귀하에게 어떤 운송비나 배송비를 청구하지 않을 것입니다.

   [해설] 괄호 안은 앞의 shipping과 뒤의 delivery를 연결하는 등위 접속사 자리로, 정답은 등위 접속사 or이다. 부사인 also는 단어와 단어를 연결할 수 없다.

   [어휘] charge 청구하다   shipping 운송, 배송   delivery 배달   fee 요금, 수수료

4. TrendLead Apparel will hold a banquet for staff (**and** / so) executives.
   TrendLead Apparel은 직원들과 임원들을 위해 연회를 열 예정이다.

   [해설] 괄호 안은 앞의 staff와 뒤의 executives를 연결하는 등위 접속사 자리로, 문맥상 '직원들과 임원들'이라는 의미를 나타내고 있다. 따라서 정답은 등위 접속사 and이다. 등위 접속사 so는 절과 절만 연결할 수 있다.

   [어휘] hold 열다, 개최하다   banquet 연회, 만찬   staff 직원   executive 임원

5. These numbers are not accurate (or / **so**) please correct the data.
   이 수치들은 정확하지 않으므로, 데이터를 정정해 주세요.

   [해설] 괄호 안은 앞뒤 절과 절을 연결하는 등위 접속사 자리로, 문맥상 '정확하지 않으므로, 수정하다'라는 원인과 결과의 의미를 나타내고 있다. 따라서 정답은 등위 접속사 so이다.

   [어휘] accurate 정확한   correct 정정하다, 바로 잡다   data 데이터, 자료

3. 상관 접속사
교재 p.138

1. not only   2. neither   3. or   4. Both   5. but

1. This machine is (**not only** / just as) expensive but also too complicated to use.
   이 기계는 비쌀 뿐만 아니라 사용하기에 너무 복잡하다.

   [해설] 괄호 뒤에 나오는 but also와 짝을 이루어, expensive와 too complicated to use를 연결하는 상관 접속사를 선택해야 한다. 따라서 정답은 not only이다.

   [어휘] machine 기계   expensive 비싼   complicated 복잡한

2. Sky Airway offers (either / **neither**) meals nor snacks.
   Sky Airway는 식사와 간식 모두 제공하지 않습니다.

   [해설] 괄호 뒤에 나오는 nor와 짝을 이루어, meals와 snacks를 연결하는 상관 접속사를 선택해야 한다. 따라서 정답은 neither이다. either는 or와 짝을 이루어 쓰인다.

   [어휘] offer 제공하다   meal 식사, 끼니   snack 간식

3. You can either call (but / **or**) visit the customer service center.
   고객 서비스 센터로 전화를 걸거나, 방문하실 수 있습니다.

   [해설] 괄호 안은 앞에 있는 either와 짝을 이루어 call과 visit을 연결하는 상관 접속사 자리이다. 따라서 정답은 or이다.

   [어휘] customer service center 고객 서비스 센터

4. (**Both** / Either) amateur and licensed tour guides can apply for the position.
   아마추어 관광 가이드와 자격증이 있는 관광 가이드 모두 그 자리에 지원할 수 있습니다.

   [해설] 괄호 뒤에 나오는 and와 짝을 이루어 amateur와 licensed를 연결하는 상관 접속사를 선택해야 한다. 따라서 정답은 Both이다. either는 or와 짝을 이루어 쓰인다.

   [어휘] amateur 아마추어의, 취미로 하는   licensed 자격증이 있는, 면허를 받은   apply for ~에 지원하다   position 자리, 직책

5. I know some staff members, (and / **but**) not many.   많지는 않지만 나는 직원 몇 명을 알고 있습니다.

[해설] 괄호 안은 뒤에 있는 not과 짝을 이루어 some staff members와 many를 연결하는 상관 접속사 자리이다. 따라서 정답은 but이다.

[어휘] staff member 직원

PRACTICE
교재 p.139

STEP1 1. (A) 2. (A) 3. (B) 4. (B)   **STEP2** 5. (A) 6. (B) 7. (A) 8. (A)

1. Soya Dining is very crowded **because** it always offers excellent food and service.
   (A) because   (B) whether

   Soya Dining은 항상 훌륭한 음식과 서비스를 제공하기 때문에 아주 붐빈다.

   [해설] 부사절 접속사 | 빈칸은 앞의 완전한 절 Soya Dining is very crowded와 뒤의 완전한 절 it always offers excellent food and service를 연결하는 부사절 접속사 자리이다. 따라서 정답은 부사절 접속사 (A) because이다.

   [어휘] crowded 복잡한, 붐비는   always 항상   excellent 아주 좋은, 우수한

2. On July 17, TrendLead Apparel will hold a special banquet for staff **and** executives.
   (A) and   (B) both

   TrendLead Apparel은 7월 17일에 직원들과 임원들을 위해 특별 연회를 열 예정이다.

   [해설] 등위 접속사 | 빈칸은 전치사 for의 목적어인 staff와 executives를 연결하는 등위 접속사 자리이다. 따라서 정답은 등위 접속사 (A) and이다. (B) both는 상관 접속사로 and와 짝을 이루어 쓰인다.

   [어휘] hold 열다, 개최하다   banquet 연회, 만찬   staff 직원   executive 임원

3. According to the new policy, Sky Airway will offer **neither** meals nor snacks on the flight.
   (A) either   **(B) neither**

   새로운 정책에 따라, Sky Airway는 기내에서 식사와 간식 모두 제공하지 않습니다.

   [해설] 상관 접속사 | 빈칸 뒤에 나오는 상관 접속사 nor와 짝을 이루어 meals와 snacks를 연결하는 상관 접속사를 선택해야 한다. 따라서 정답은 (B) neither이다. (A) either는 or와 짝을 이루어 쓰인다.

   [어휘] according to ~에 따라   policy 정책, 방침   meal 식사   snack 간식   on the flight 기내에서, 비행기에서

4. For more detailed information, you can **either** call or visit the customer service center.
   (A) not only   **(B) either**

   자세한 정보가 필요하시면, 고객 서비스 센터로 전화를 걸거나, 방문해 주세요.

   [해설] 상관 접속사 | 빈칸 뒤에 나오는 or와 짝을 이루어 call과 visit을 연결하는 상관 접속사를 선택해야 한다. 따라서 정답은 (B) either이다. (A) not only는 but (also)와 짝을 이루어 쓰인다.

   [어휘] detailed 자세한, 상세한   information 정보   visit 방문하다, 찾아가다   customer service center 고객 서비스 센터

5. Both Fin Street **and** Maine Lane will be closed for the next three days.
   (A) and   (B) or

   Fin Street과 Maine Lane 모두 앞으로 사흘 동안 통행이 금지될 예정이다.

   [해설] 상관 접속사 | 빈칸은 앞에 있는 Both와 짝을 이루어 Fin Street과 Maine Lane을 연결하는 상관 접속사 자리이므로, 정답은 (A) and이다.

   [어휘] lane 거리   close 폐쇄하다

91

6. L Tower is not only the newest **but also** the tallest building in Seoul.

   (A) in addition **(B) but also**

   L Tower는 서울에 있는 가장 최신 건축물일 뿐만 아니라 가장 높은 건축물이다.

   [해설] **상관 접속사** | 빈칸은 앞에 있는 not only와 짝을 이루어 the newest와 the tallest를 연결하는 상관 접속사 자리이다. 따라서 정답은 (B) but also이다. 부사 (A) in addition은 단어와 단어를 연결할 수 없다.

   [어휘] newest 가장 최신의 tallest 가장 높은 in addition 게다가, 덧붙여

7. You didn't provide any details **so** I am unable to process your order now.

   (A) so (B) either

   귀하가 자세한 정보를 알려주지 않아서, 저는 지금 귀하의 주문을 처리할 수 없습니다.

   [해설] **등위 접속사** | 빈칸은 앞뒤의 절과 절을 연결하는 접속사 자리로, 정답은 등위 접속사 (A) so이다. (B) either는 or와 짝을 이루어 상관 접속사로 쓰인다.

   [어휘] provide 제공하다 detail 세부사항, 자세한 정보 be unable to부정사 ~할 수 없다 process 처리하다, 가공하다 order 주문

8. If there are any questions **or** comments, please contact Ms. Veronica in Public Relations.

   (A) or (B) but

   질문이나 의견이 있으면, 홍보부 Veronica 씨에게 연락하세요.

   [해설] **등위 접속사** | 빈칸은 앞의 questions와 뒤의 comments를 연결하는 등위 접속사 자리이다. 문맥상 '질문이나 의견'이라는 선택의 의미가 자연스러우므로, 정답은 등위 접속사 (A) or이다. 등위 접속사 (B) but은 대조의 의미를 나타낸다.

   [어휘] comment 의견, 논평 contact 연락하다 public relations 홍보(부)

ACTUAL TEST

교재 p.140

1. (A) 2. (A) 3. (D) 4. (C) 5. (D) 6. (A) 7. (B) 8. (C) 9. (B) 10. (D)

1. Ms. Chu proved herself to be **not only** a successful businesswoman, but also a gifted writer.

   (A) not only (B) not (C) as well as (D) nor

   Chu 씨는 자신이 성공적인 여성 사업가일 뿐만 아니라 재능 있는 작가임을 입증했다.

   [해설] **상관 접속사** | 빈칸 뒤에 나오는 but also와 짝을 이루어 a successful businesswoman과 a gifted writer를 연결하는 상관 접속사를 선택해야 한다. 따라서 정답은 (A) not only이다. (B) not은 but과, (D) nor는 neither와 짝을 이루는 상관 접속사이다.

   [어휘] prove 입증하다 successful 성공적인 businesswoman 여성 사업가 gifted 재능 있는, 뛰어난 writer 작가

2. Sales staff must decide **either** to rent a car or to get bus tickets to the conference venue.

   (A) either (B) both (C) not only (D) so

   영업 사원은 회의 장소로 가기 위해 차를 빌릴지 버스표를 구할지 정해야 한다.

   [해설] **상관 접속사** | 빈칸 뒤에 나오는 or와 짝을 이루어 to rent a car와 to get bus tickets를 연결하는 상관 접속사를 선택해야 한다. 따라서 정답은 (A) either이다. (B) both는 and와 (C) not only 는 but (also)와 짝을 이루는 상관 접속사이다. (D) so는 등위 접속사이다.

   [어휘] sales staff 영업 사원 decide 결정하다 rent 빌리다, 임대하다 conference 회의 venue 장소, 행사장

92

3. David Larson will be in charge of the **development** and design of our new product.

   (A) develop   (B) develops   (C) developed   **(D) development**

   David Larson 씨는 신제품의 개발과 디자인을 담당할 것이다.

   해설 **등위 접속사** | 빈칸은 전치사 in charge of의 목적어 자리이다. 또한 뒤에 있는 등위 접속사 and가 명사 design과 빈칸을 연결하고 있으므로, 정답은 명사 (D) development이다.

   어휘 in charge of ~을 담당하는, 맡고 있는   new product 신제품   develop 개발하다   development 개발, 발전

4. We at Romin Solutions offer competitive salary and compensation packages **as well as** travel opportunities.

   (A) so   (B) while   **(C) as well as**   (D) because

   저희 Romin Solutions는 여행 기회뿐만 아니라 높은 봉급과 보수를 제공합니다.

   해설 **상관 접속사** | 빈칸은 앞의 competitive salary and compensation packages와 뒤의 travel opportunities를 연결하는 접속사 자리이다. 따라서 정답은 (C) as well as이다. 등위 접속사 (A) so는 절과 절을 연결하고, 부사절 접속사 (B) while과 (D) because는 주어와 동사로 이루어진 완전한 절을 이끈다.

   어휘 competitive 경쟁력이 있는, 경쟁적인   compensation 보상, 보수   compensation package (급여와 복리후생을 포함한) 보수   opportunity 기회   while ~ 동안, ~ 반면에   B as well as A A 뿐만 아니라 B도

5. Ms. Calloway will attend the trade conference in Nairobi **but** not the one in Buenos Aires.

   (A) as well   (B) or   (C) either   **(D) but**

   Calloway 씨는 Buenos Aires가 아니라 Nairobi에서 열리는 무역회의에 참석할 것이다.

   해설 **상관 접속사** | 빈칸은 뒤에 있는 not과 짝을 이루어 the trade conference in Nairobi와 the one in Buenos Aires를 연결하는 상관 접속사 자리이다. 따라서 정답은 (D) but이다. ⟨not the trade conference in Buenos Aires but the one in Nairobi⟩의 구조로도 쓰일 수 있다. 참고로 대명사 one은 앞에 있는 trade conference를 대신한다.

   어휘 attend 참석하다   trade conference 무역회의, 통상회의   B but not A(= not A but B) A가 아니라 B

6. Most of the staff members found the president's speech both informative **and** encouraging.

   (A) and   (B) not   (C) or   (D) neither

   직원들 대부분은 사장의 연설이 유익하면서도 고무적이라고 생각했다.

   해설 **상관 접속사** | 빈칸은 앞에 있는 both와 짝을 이루어 informative와 encouraging을 연결하는 상관 접속사 자리이다. 따라서 정답은 (A) and이다. (C) or는 either와, (D) neither는 nor와 짝을 이루어 쓰인다.

   어휘 find 생각하다, 찾아내다   president 사장   speech 연설   informative 유익한, 정보를 주는   encouraging 고무적인, 격려하는

7. Knives and cutting tools are prohibited from carry-on bags **but** may be carried in checked baggage.

   (A) nor   **(B) but**   (C) so   (D) either

   칼과 절단 도구들은 기내 휴대용 가방에는 수납할 수 없지만, 위탁 수하물 안에는 보관할 수 있다.

   해설 **등위 접속사** | 빈칸은 앞에 있는 are prohibited from carry-on bags와 뒤에 있는 may be carried in checked baggage를 연결하는 접속사 자리이므로, 정답은 등위 접속사 (B) but이다.

   어휘 cutting tool 절단 도구   prohibit 금지하다   carry-on (기내) 휴대용   checked baggage 위탁 수하물, 맡긴 짐

8. Neither cameras **nor** mobile phones are allowed in the concert hall during musical performances.

   (A) either   (B) but also   **(C) nor**   (D) in addition

   음악 공연이 진행되는 동안 콘서트홀에서 카메라와 휴대전화 모두 허용되지 않습니다.

   해설 **상관 접속사** | 빈칸은 앞에 있는 Neither와 짝을 이루어 cameras와 mobile phones를 연결하는 상관 접속사 자리이다. 따라서 정답은 (C) nor이다. 부사 (D) in addition은 단어와 단어를 연결할 수 없다.

   어휘 allow 허용하다   musical 음악의   performance 공연, 실적

93

9. Upon boarding, all passengers must present the tickets **and** keep them as proof of payment.

(A) both **(B) and** (C) as (D) so

탑승하자마자, 모든 승객들은 표를 보여주고, 지불의 증거로 표를 보관해야 합니다.

[해설] 등위 접속사 | 빈칸은 앞에 있는 present the tickets와 뒤에 있는 keep them as proof of payment를 연결하는 등위 접속사 자리로, 정답은 등위 접속사 (B) and이다. 부사절 접속사 (C) as는 주어와 동사로 이루어진 완전한 절을 이끌고, 등위 접속사 (D)so는 완전한 절과 절을 연결한다.

[어휘] upon -ing ~하자마자 board 탑승하다 passenger 승객 present 보여주다 keep 보관하다 proof 증거, 표시 payment 지불, 납부

10. Cater4u will help you to design your own banquet menu, **or** you can choose from our set menus.

(A) either (B) nor (C) not only **(D) or**

Cater4u는 귀하가 직접 연회 메뉴를 짜도록 도울 것입니다. 혹은 귀하가 저희의 세트메뉴 중에서 고를 수도 있습니다.

[해설] 등위 접속사 | 빈칸은 앞뒤의 절을 연결하는 등위 접속사 자리이므로, 정답은 선택의 의미를 나타내는 등위 접속사 (D) or이다. (A), (B), (C)는 상관 접속사로, (A) either는 or와, (B) nor는 neither와, (C) not only는 but (also)와 짝을 이루어 쓰인다.

[어휘] design 짜다, 설계하다 banquet 연회 choose 고르다, 선택하다

day 16 부사절 — PART 5

📋 Check Up

1. 부사절과 부사절 접속사 교재 p.144

1. (B)   2. (B)   3. (A)   4. The new bridge will benefit us although the construction may take time.
5. Ms. Dal declined the job offer because it required moving overseas.

1. Our new TV set is popular **because it is affordable**. 우리 신제품 TV 세트는 저렴하기 때문에 인기 있다.

   [해설] 부사절 접속사 because가 이끄는 절이 부사절이므로, 부사절은 (B)이다.

   [어휘] popular 인기 있는 affordable 가격이 알맞은, 저렴한

2. Please congratulate Joan **when you have a chance**. 기회가 있을 때 Joan을 축하해 주세요.

   [해설] 부사절 접속사 when이 이끄는 절이 부사절이므로, 부사절은 (B)이다.

   [어휘] congratulate 축하하다 chance 기회

3. **When the book *AJ's Spaceship* was released**, it was not successful.

   〈AJ의 우주선〉 책이 출간되었을 때, 성공적이지 못했다.

   [해설] 부사절 접속사 When이 이끌고, 뒤에 쉼표가 있으므로, 부사절은 (A)이다.

   [어휘] spaceship 우주선 release 출간하다, 출시하다 successful 성공적인

4. The new bridge will benefit us although the construction may take time.

   비록 건설하는 데 시간은 걸릴 수 있지만 새 다리는 우리에게 혜택을 줄 것이다.

   [해설] 문맥상, 대조적인 의미의 부사절이 연결되는 것이 자연스러우므로, 주절 The new bridge will benefit us와 부사절 although the construction may take time을 연결해야 한다.

[어휘] benefit 혜택을 주다, 이롭게 하다   although 비록 ~하지만, ~일지라도   construction 건설, 공사
take time 시간이 걸리다

5. Ms. Dal declined the job offer because it required moving overseas.
해외로 이주해야 했기 때문에 Dal 씨는 일자리 제안을 거절했다.

[해설] 문맥상, 이유를 나타내는 부사절이 연결되는 것이 자연스러우므로, 주절 Ms. Dal declined the job offer와 부사절 because it required moving overseas를 연결해야 한다.

[어휘] decline 거절하다   offer 제안   require 요구하다, 필요로 하다   move 이사하다   overseas 해외로

2. 부사절 접속사 vs. 전치사 vs. 접속부사   교재 p.145
1. when   2. Instead   3. If   4. However   5. because of

1. WSB provides a full refund (with / **when**) a shipment is damaged.
WSB는 배송품이 손상될 때 전액 환불을 제공한다.

[해설] 뒤에 나오는 절 a shipment is damaged를 이끌 수 있는 것은 부사절 접속사이다. 따라서 정답은 when이다.

[어휘] provide 제공하다   full 전액의, 전부의   refund 환불; 환불하다   shipment 배송품   damage 손상시키다

2. Refunds are not available. (**Instead** / Although), we can offer a replacement.
환불은 안 됩니다. 대신 저희는 교체품을 제공할 수 있습니다.

[해설] 괄호 앞에 문장의 끝을 의미하는 마침표가 있고, 뒤에는 새로운 문장이 나오고 있으므로, 정답은 접속부사 Instead이다.

[어휘] refund 환불   available 이용할 수 있는   instead 대신에   although 비록 ~ 하지만   replacement 교체품, 대체품

3. (**If** / Therefore) you have any questions, feel free to call me.   질문이 있으시면 언제든지 저에게 전화주세요.

[해설] 괄호와 쉼표 사이에 주어와 동사로 이루어진 완전한 절이 있으므로, 정답은 부사절 접속사 If이다. therefore는 접속부사로 문장의 끝인 마침표 뒤에 와야 한다.

[어휘] feel free to부정사 편하게 ~하다   call 전화하다, 부르다   therefore 그러므로

4. We recommend round tables. (**However** / Above), other types of tables can be arranged.
저희는 둥근 탁자를 추천합니다. 그러나 다른 유형의 탁자도 준비할 수 있습니다.

[해설] 괄호 앞에 문장의 끝을 의미하는 마침표가 있고, 뒤에는 새로운 문장이 나오고 있으므로, 정답은 접속부사 However이다. above는 전치사이므로 절을 이끌 수 없다.

[어휘] recommend 추천하다   round 둥근   however 그러나, 하지만   above ~ 위에   other 다른   type 유형, 형태   arrange 준비하다

5. Our store renovation will be successful (because / **because of**) your original design.
저희 매장 수리는 귀하의 독창적인 디자인 때문에 성공할 것입니다.

[해설] 괄호 뒤에 명사구 your original design이 있으므로 정답은 전치사 because of이다. because는 부사절 접속사로 뒤에 절이 와야 한다.

[어휘] renovation 수리   successful 성공적인   original 독창적인, 원래의

3. 부사절 접속사 종류 — 시간 & 조건   교재 p.146
1. once   2. When   3. Since   4. If   5. as soon as

1. Please call me (**once** / but) you get this message. 일단 이 메시지를 받으면 저에게 전화주세요.
   [해설] 괄호 안은 뒤에 나오는 절 you get this message를 이끌면서 앞의 주절(Please call me)과 연결하는 부사절 접속사 자리이다. 문맥상 '일단 이 메시지를 받으면'이라는 의미가 자연스러우므로, 정답은 조건의 부사절 접속사 once이다. 등위 접속사 but은 앞뒤의 대조적인 내용을 연결한다.
   [어휘] once 일단 ~하면   message 메시지

2. (**When** / Either) you place an order, please enter the promotional code. 주문할 때 할인 코드를 입력하세요.
   [해설] 괄호 안은 뒤에 나오는 절 you place an order를 이끌면서 뒤의 주절(please enter the promotional code)과 연결하는 부사절 접속사 자리이다. 따라서 정답은 시간의 부사절 접속사 When이다. 상관 접속사 either는 〈either A or B〉로 묶어서 기억하자.
   [어휘] order 주문   place an order 주문하다   enter 입력하다   promotional 홍보의, 판촉의
   promotional code 홍보 코드, 할인 코드

3. (**Since** / Unless) Mr. Lim joined our team last year, the sales have gone up.
   지난해 Lim 씨가 우리 팀에 합류한 이래로 매출이 올랐다.
   [해설] 괄호 안은 뒤에 나오는 절 Mr. Lim joined our team last year를 이끌면서 뒤의 주절(the sales have gone up)과 연결하는 부사절 접속사 자리이다. 문맥상 'Lim 씨가 우리 팀에 합류한 이래로'라는 의미가 자연스러우므로, 정답은 시간의 부사절 접속사 Since이다. since가 시간의 부사절 접속사로 쓰일 때, 〈since+주어+과거동사 ~, 주어+have p.p. ~〉의 구조로 쓰인다.
   [어휘] join 합류하다, 입사하다   sales 매출, 판매량   go up 오르다

4. (Until / **If**) you are interested in the position, please contact Mr. Watanabe.
   그 자리에 관심이 있으면 Watanabe 씨에게 연락하세요.
   [해설] 괄호 안은 뒤에 나오는 절 you are interested in the position을 이끌면서 뒤의 주절(please contact Mr. Watanabe)과 연결하는 부사절 접속사 자리이다. 문맥상 '관심이 있다면'이라는 의미가 자연스러우므로, 정답은 조건의 부사절 접속사 If이다.
   [어휘] be interested in ~에 관심이 있다   position 자리, 직책, 위치   contact 연락하다

5. Our staff will inform you (**as soon as** / not only) your furniture is shipped.
   귀하의 가구가 배송되자마자 저희 직원이 알려줄 것입니다.
   [해설] 괄호 안은 뒤에 나오는 절 your furniture is shipped를 이끌면서 앞의 주절과 연결하는 부사절 접속사 자리이다. 따라서 정답은 시간의 부사절 접속사 as soon as이다. 상관 접속사 not only 는 〈not only A but (also) B〉로 묶어서 기억하자.
   [어휘] inform 알리다, 통지하다   as soon as ~하자마자   furniture 가구   ship 배송하다
   not only A but (also) B A 뿐만 아니라 B도

4. 부사절 접속사 종류 — 이유 & 양보   교재 p.147
1. so that   2. as   3. While   4. that   5. even if

1. I will set up a projector (**so that** / in order to) you can present your slide show.
   저는 귀하가 슬라이드 쇼를 보여줄 수 있도록 프로젝터를 설치할 것입니다.
   [해설] 괄호 안은 뒤에 나오는 절 you can present your slide show를 이끌면서 앞의 주절(I will set up a projector)과 연결하는 부사절 접속사 자리이다. 따라서 정답은 목적의 부사절 접속사 so that이다. in order to의 to는 to부정사이므로 뒤에 동사원형이 나와야 한다.
   [어휘] set up 설치하다, 세우다   projector 영사기, 프로젝터   in order to부정사 ~하기 위해   present 보여주다, 발표하다

2. The item is not in stock (**as** / until) it is no longer manufactured.
   이 상품은 더 이상 생산되지 않으므로 재고가 없다.

   [해설] 괄호 안은 뒤에 나오는 절 it is no longer manufactured를 이끌면서 앞의 주절(The item is not in stock)과 연결하는 부사절 접속사 자리이다. 문맥상 '더 이상 생산되지 않으므로'라는 의미가 자연스러우므로, 정답은 이유의 부사절 접속사 as이다.

   [어휘] stock 재고, 주식   in stock 재고가 있는   no longer 더 이상 ~하지 않는   manufacture 생산하다, 제조하다

3. (Not only / **While**) the workshop was helpful, one day was not enough.
   워크숍은 유용했지만 하루는 충분하지 않았다.

   [해설] 괄호 안은 뒤에 나오는 절 the workshop was helpful을 이끌면서 뒤의 주절(one day was not enough)과 연결하는 부사절 접속사 자리이다. 따라서 정답은 대조의 부사절 접속사 While이다. 상관 접속사 not only는 〈not only A but (also) B〉로 묶어서 기억하자.

   [어휘] helpful 유용한   enough 충분한

4. Lisa is so busy (because / **that**) she doesn't have time to take a vacation.
   Lisa는 너무 바빠서 휴가를 갈 시간이 없다.

   [해설] 괄호 앞의 so와 함께 뒤에 나오는 절을 이끌 수 있는 접속사를 선택해야 한다. 따라서 정답은 that이다.

   [어휘] so 형용사/부사 that 주어 동사 ~ 매우 (형용사/부사)해서 ~하다   busy 바쁜   vacation 휴가
   take a vacation 휴가를 가다

5. Car inspections are necessary (**even if** / in fact) the car seems to work properly.
   비록 자동차가 제대로 작동하는 것처럼 보일지라도 자동차 점검은 필요하다.

   [해설] 괄호 안은 뒤에 나오는 절 the car seems to work properly를 이끌면서 앞의 주절(Car inspections are necessary)과 연결하는 부사절 접속사 자리이다. 따라서 정답은 양보의 부사절 접속사 even if이다. in fact는 접속부사이다.

   [어휘] inspection 점검, 검사   necessary 필요한   in fact 사실상   seem to부정사 ~인 것처럼 보이다   work 작동하다
   properly 제대로

PRACTICE
교재 p.148

STEP 1 1. (A) 2. (B) 3. (A) 4. (B)   **STEP 2** 5. (A) 6. (A) 7. (A) 8. (B)

1. Simply type in the code MTS 1450 in the promotion box **when** you place an order.
   (A) when   (B) either

   주문할 때 할인 상자에 코드 MTS 1450만 입력하세요.

   [해설] **부사절 접속사 자리** | 빈칸은 뒤에 나오는 절 you place an order를 이끌면서 앞의 주절 (Simply type in the code MTS 1450 in the promotion box)과 연결하는 부사절 접속사 자리이다. 따라서 정답은 시간의 부사절 접속사 (A) when이다. 상관접속사 either는 〈either A or B〉로 묶어서 기억하자.

   [어휘] type in ~을 입력하다   promotion 홍보, 판촉   promotion box 할인 상자   place an order 주문하다
   either 둘 중 어느 하나

2. **Since** Mr. Lim was transferred to our division last year, the sales have risen nearly 20 percent.
   (A) Unless   **(B) Since**

   지난해 Lim 씨가 우리 부서로 전근한 이래로 매출이 20퍼센트 가까이 올랐다.

[해설] **부사절 접속사_시간** | 빈칸은 뒤에 나오는 절 Mr. Lim was transferred to our division last year를 이끌면서 뒤의 주절(the sales have risen nearly 20 percent)과 연결하는 부사절 접속사 자리이다. 문맥상 '우리 부서로 전근한 이래로'라는 의미가 자연스러우므로, 정답은 시간의 부사절 접속사 (B) Since이다. since가 시간의 부사절 접속사로 쓰일 때, 〈since+주어+과거동사 ~, 주어+have p.p. ~〉의 구조로 쓰인다.

[어휘] transfer 전근 가다　division 부서　rise 오르다, 증가하다　nearly 거의　unless 만약 ~하지 않으면
since ~ 이래로, 때문에

3. I will install a projector in the meeting room **so that** you will be able to present your slide show.

   (A) so that　　(B) even if

   저는 귀하가 슬라이드 쇼를 보여줄 수 있도록 회의실에 프로젝터를 설치할 것입니다.

   [해설] **부사절 접속사_so that** | 빈칸은 뒤에 나오는 절 you will be able to present your slide show를 이끌면서 앞의 주절(I will install a projector in the meeting room)과 연결하는 부사절 접속사 자리이다. 문맥상 '슬라이드 쇼를 보여줄 수 있도록'이라는 의미가 자연스러우므로, 정답은 목적의 부사절 접속사 (A) so that이다.

   [어휘] install 설치하다　be able to부정사 ~할 수 있다　present 보여주다, 발표하다　so that ~할 수 있도록
   even if 비록 ~하지만

4. Refunds are not allowed for this item. **Instead**, we can send you a replacement.

   (A) Although　　**(B) Instead**

   이 상품은 환불이 되지 않습니다. 대신 저희는 귀하에게 교체품을 보내드릴 수 있습니다.

   [해설] **접속부사** | 빈칸은 앞에 문장의 끝을 나타내는 마침표가 있고, 뒤에 쉼표와 새로운 문장이 나오므로, 접속부사 자리이다. 따라서 정답은 접속부사 (B) Instead이다.

   [어휘] refund 환불　allow 허락하다　replacement 대체품, 교체품　although 비록 ~ 하지만　instead 대신에

5. **Once** TG Motors upgraded its assembly lines, productivity improved significantly.

   (A) Once　　(B) Unless

   일단 TG Motors가 조립 라인을 개선하고 보니 생산성이 현저하게 향상되었다.

   [해설] **부사절 접속사_조건** | 빈칸은 뒤에 나오는 절 TG Motors upgraded its assembly lines를 이끌면서 뒤의 주절(productivity improved significantly)과 연결하는 부사절 접속사 자리. 문맥상 '조립라인을 개선하고 보니'라는 의미가 자연스러우므로, 정답은 조건의 부사절 접속사 (A) Once이다.

   [어휘] upgrade 개선하다; 업그레이드　assembly 조립　assembly line 조립 라인　productivity 생산성
   improve 향상되다　significantly 현저하게, 상당히

6. Please be sure to inspect all items **before** they are sent to the warehouse.

   (A) before　　(B) without

   창고로 보내기 전에 반드시 모든 상품을 점검하세요.

   [해설] **부사절 접속사 자리** | 빈칸은 뒤에 나오는 절 they are sent to the warehouse를 이끌면서 앞의 주절(Please be sure to inspect all items)과 연결하는 부사절 접속사 자리이다. 따라서 정답은 부사절 접속사 (A) before이다. 전치사 (B) without 뒤에는 명사(구)가 나와야 한다. 참고로 before는 부사절 접속사뿐만 아니라 전치사로도 쓰인다.

   [어휘] be sure to부정사 ~하는 것을 확실히 하다　inspect 점검하다　warehouse 창고

7. The concert for tonight has been delayed **because** the storm is approaching.

   (A) because　　(B) therefore

   폭풍이 다가오고 있기 때문에 오늘밤 콘서트는 연기되었다.

   [해설] **부사절 접속사 자리** | 빈칸은 뒤에 나오는 절 the storm is approaching을 이끌면서 앞의 주절(The concert for tonight has been delayed)과 연결하는 부사절 접속사 자리이다. 따라서 정답은 이유의 부사절 접속사 (A) because이다. (B) therefore는 접속부사로, 절과 절을 연결하는 접속사 기능을 하지 못한다.

어휘 delay 지연시키다; 지연 storm 폭풍 approach 접근하다 therefore 그러므로

8. **Although** Kim's cooking class provides all the equipment and ingredients, you need to bring your own apron.

   (A) So that **(B) Although**

   비록 Kim의 요리 교실은 모든 장비와 재료를 제공하지만 앞치마는 가져와야 한다.

   해설 부사절 접속사_양보 | 빈칸은 뒤에 나오는 절 Kim's cooking class provides all the equipment and ingredients를 이끌면서 뒤의 주절(you need to bring your own apron)과 연결하는 부사절 접속사 자리이다. 문맥상 '모든 장비와 재료를 제공하지만'이라는 의미가 자연스러우므로, 정답은 양보의 부사절 접속사 (B) Although이다.

   어휘 provide 제공하다 equipment 장비 ingredient 재료, 성분 bring 가져오다 own 자신의 apron 앞치마
   so that ~할 수 있도록 although 비록 ~하지만

ACTUAL TEST

교재 p.149

1. (A) 2. (D) 3. (C) 4. (A) 5. (B) 6. (C) 7. (C) 8. (B) 9. (D) 10. (A)

1. Customers will receive an invoice via e-mail **when** they place an order online.

   (A) when (B) from (C) just (D) above

   고객들은 온라인으로 주문할 때 이메일을 통해 송장을 받을 것입니다.

   해설 부사절 접속사_시간 | 빈칸은 뒤에 나오는 절 they place an order online을 이끌면서 앞의 주절(Customers will receive an invoice via e-mail)과 연결하는 부사절 접속사 자리이다. 따라서 정답은 시간의 부사절 접속사 (A) when이다. 전치사 (B) from과 (D) above, 부사 또는 형용사인 (C) just는 주어와 동사로 이루어진 부사절을 이끌지 못하므로, 품사상 적합하지 않다.

   어휘 invoice 송장 via ~을 통해, ~을 경유하여 place an order 주문하다 just 단지, 정당한 above ~ 위에

2. We will use temporary employees **until** we receive approval to hire more permanent staff members.

   (A) still (B) by (C) without **(D) until**

   우리는 정규직 직원 채용을 승인 받을 때까지 임시 직원을 이용해야 할 것이다.

   해설 부사절 접속사_시간 | 빈칸은 뒤에 나오는 절 we receive approval to hire more permanent staff members를 이끌면서 앞의 주절(We will use temporary employees)과 연결하는 부사절 접속사 자리로, 정답은 시간의 부사절 접속사 (D) until이다. 부사 (A) still과 전치사 (B) by, (C) without은 주어와 동사로 이루어진 부사절을 이끌지 못하므로, 품사상 적합하지 않다. 참고로 until은 부사절 접속사뿐만 아니라 전치사로도 쓰인다.

   어휘 temporary 임시(직)의, 일시적인 temporary employee 임시 직원 approval 승인, 허가 hire 채용하다
   permanent 영구적인 permanent staff member 정규직 직원 still 여전히 despite ~에도 불구하고

3. Dr. Lanski will give an opening speech, **as long as** he is not delayed in traffic.

   (A) according to (B) as well **(C) as long as** (D) so that

   교통으로 지각하지만 않는다면 Lanski 박사가 개회사를 할 것이다.

   해설 부사절 접속사_조건 | 빈칸은 뒤에 나오는 절 he is not delayed in traffic을 이끌면서 앞의 주절(Dr. Lanski will give an opening speech)과 연결하는 부사절 접속사 자리이다. 문맥상 '지각하지 않는다면'이라는 의미가 자연스러우므로, 정답은 조건의 부사절 접속사 (C) as long as이다. 목적의 부사절 접속사 (D) so that은 의미상 적합하지 않고, 전치사 (A) according to와 부사 (B) as well은 부사절을 이끌 수 없으므로 품사상 빈칸에 들어갈 수 없다.

   어휘 opening 열기, 개점 speech 연설, 강연 opening speech 개회사 delay 지연시키다 traffic 교통(량)

99

according to ~에 따르면   as well 또한   as long as ~하는 한   so that ~할 수 있도록

4. **Before** Ms. Haines joined Oliver Wiseman, she served as a financial advisor for Fine Asset.
   (A) Before   (B) Immediately   (C) Not only   (D) Therefore

   Haines 씨는 Oliver Wiseman에 입사하기 전 Fine Asset의 재정 자문으로 일했다.

   [해설] **부사절 접속사_시간** | 빈칸은 뒤에 나오는 절 Ms. Haines joined Oliver Wiseman을 이끌면서 뒤의 주절(she served as a financial advisor for Fine Asset)과 연결하는 부사절 접속사 자리로, 정답은 시간의 부사절 접속사 (A) Before이다. 부사 (B) Immediately와 (D) Therefore는 품사상 적합하지 않고, 상관 접속사 (C) Not only는 〈not only A but (also) B〉로 쓰인다.

   [어휘] join 입사하다, 합류하다   serve 근무하다, 봉사하다   as ~로서   financial 재정의, 금융의   advisor 자문
   immediately 즉시   therefore 그러므로

5. The hotel receptionists were **so** helpful that they helped the guests find exciting attractions.
   (A) much   **(B) so**   (C) even   (D) yet

   호텔 접수 담당자들은 아주 잘 도와주어서 그들이 손님들이 흥미진진한 명소들을 찾도록 도왔다.

   [해설] **부사절 접속사_so ~ that** | 빈칸은 뒤에 나오는 접속사 that과 함께 부사절 접속사를 이루어 '매우 ~해서 …하다'라는 의미를 나타내는 자리이다. 따라서 정답은 (B) so이다.

   [어휘] receptionist 접수 담당자   helpful 도움이 되는, 유익한   exciting 흥미진진한   attraction 명소, 매력
   so 형용사/부사 that 주어 동사 ~ 매우 (형용사/부사)해서 ~하다

6. A recruiter will contact you by phone **if** you are selected for an interview.
   (A) however   (B) only   **(C) if**   (D) nor

   귀하가 면접자로 선발되면 채용담당자가 전화로 연락할 것입니다.

   [해설] **부사절 접속사_조건** | 빈칸은 뒤에 나오는 절 you are selected for an interview를 이끌면서 앞의 주절(A recruiter will contact you by phone)과 연결하는 부사절 접속사 자리로, 정답은 조건의 부사절 접속사 (C) if이다. (A) however는 접속부사로 쓰이며 상관접속사 (D) nor는 앞에 neither와 함께 〈neither A nor B〉로 쓰인다.

   [어휘] recruiter 채용담당자   contact 연락하다   by phone 전화로   select 선발하다, 고르다   however 그러나

7. **Since** we participated in the trade fair, visits to our Web site have increased by 30 percent.
   (A) Unless   (B) Already   **(C) Since**   (D) Yet

   우리가 무역박람회에 참가한 이래로 웹사이트 방문이 30퍼센트 증가했다.

   [해설] **부사절 접속사_시간** | 빈칸은 뒤에 나오는 절 we participated in the trade fair를 이끌면서 뒤의 주절(visits to our Web site have increased by 30 percent)과 연결하는 부사절 접속사 자리이다. 문맥상 '참가한 이래로'라는 의미가 자연스러우므로, 정답은 시간의 부사절 접속사 (C) Since이다. since가 시간의 부사절 접속사로 쓰일 때, 〈since 주어+과거동사 ~, 주어+have p.p. ~〉의 구조로 쓰인다.

   [어휘] participate 참가하다   fair 박람회   trade fair 무역 박람회   visit 방문; 방문하다   increase 증가하다
   unless 만약 ~하지 않으면   already 이미, 벌써   yet 아직, 그러나

8. **While** you wait to meet with one of our consultants, feel free to enjoy the complimentary coffee.
   (A) In addition   **(B) While**   (C) Moreover   (D) Within

   저희 컨설턴트와 만나려고 기다리시는 동안, 마음껏 무료 커피를 즐기세요.

   [해설] **부사절 접속사_시간** | 빈칸은 뒤에 나오는 절 you wait to meet with one of our consultants를 이끌면서 뒤의 주절(feel free to enjoy the complimentary coffee)과 연결하는 부사절 접속사 자리로, 정답은 시간의 부사절 접속사 (B) While이다. 부사 (A) In addition과 (C) Moreover, 전치사 (D) Within은 품사상 적합하지 않다.

   [어휘] consultant 컨설턴트, 고문   feel free to부정사 편하게 ~하다, 마음껏 ~하다   complimentary 무료의, 공짜의
   in addition 게다가, 덧붙여   while ~하는 동안에, ~ 반면에   moreover 더욱이, 게다가, 또한   within ~ 이내에

9. Ms. Ortega is MF Consulting's successful market researcher **whereas** Mr. Duran is a recognized economic analyst.

   (A) after   (B) because   (C) so   **(D) whereas**

   Duran 씨는 정평 있는 경제 분석가인 반면 Ortega 씨는 MF Consulting의 성공한 시장 조사자이다.

   [해설] **부사절 접속사_대조** | 빈칸은 뒤에 나오는 절 Mr. Duran is a recognized economic analyst를 이끌면서 앞의 주절(Ms. Ortega is MF Consulting's successful market researcher)과 연결하는 부사절 접속사 자리이다. 문맥상 '정평 있는 경제 분석가인 반면에'라는 의미가 자연스러우므로 정답은 대조의 부사절 접속사 (D) whereas이다.

   [어휘] successful 성공적인   researcher 조사자, 연구자   recognized 인정받는, 정평 있는   economic 경제의   analyst 분석가   whereas ~하는 반면에

10. **Even though** Y-mart's stock price has gone up slightly, its executives are still worried about slow sales.

    (A) Even though   (B) Due to   (C) Regarding   (D) Until

    비록 Y-mart의 주가는 약간 상승했지만 임원들은 아직 부진한 매출을 걱정하고 있다.

    [해설] **부사절 접속사_양보** | 빈칸은 뒤에 나오는 절 Y-mart's stock price has gone up slightly를 이끌면서 뒤의 주절(its executives are still worried about slow sales)과 연결하는 부사절 접속사 자리이다. 문맥상 '주가는 약간 상승했지만'이라는 의미가 자연스러우므로, 정답은 양보의 부사절 접속사 (A) Even though이다. 전치사 (B) Due to, (C) Regarding은 품사상 적합하지 않고, 전치사 또는 부사절 접속사 (D) Until은 의미상 어울리지 않는다.

    [어휘] stock 주식, 재고   stock price 주가, 주식 가격   go up 오르다   slightly 약간   executive 임원, 이사   be worried about ~에 대해 걱정하다   slow 더딘, 부진한   sales 판매, 매출   even though 비록 ~하지만, ~일지라도   due to ~ 때문에   regarding ~에 관하여

day 17 명사절   PART 5

Check Up

1. 명사절과 명사절 접속사   교재 p.152

1. where the event will be held   2. that the ticket is too expensive   3. whether   4. that   5. who

1. Mr. Hanson knows **where the event will be held**.   Hanson 씨는 행사가 어디서 열리는지 알고 있다.

   [해설] 명사절 접속사 where는 뒤에 나오는 완전한 절과 함께 앞에 있는 동사 knows의 목적어 역할을 하므로, 명사절은 where the event will be held이다.

   [어휘] event 행사   hold 열다, 개최하다

2. The problem is **that the ticket is too expensive**.   문제는 표가 너무 비싸다는 것이다.

   [해설] 명사절 접속사 that은 뒤에 나오는 완전한 절과 함께 앞에 있는 be동사 is의 주격 보어 역할을 하므로, 명사절은 that the ticket is too expensive이다.

   [어휘] problem 문제   ticket 표   too 너무   expensive 비싼

3. I am not sure (**whether** / of) I am eligible to receive a bonus.   제가 보너스를 받을 자격이 되는지 모르겠어요.

   [해설] 괄호 뒤에 완전한 절 I am eligible to receive a bonus가 있으므로, 정답은 명사절 접속사 whether이다. 전치사 of는 혼자서 절을 바로 목적어로 취할 수 없다.

101

4. We believe (**that** / despite) the new product will be successful.   우리는 신제품이 성공할 것이라고 확신합니다.

   [해설] 괄호 뒤에 완전한 절 the new product will be successful이 있으므로, 정답은 명사절 접속사 that이다. 전치사 despite는 혼자서 절을 바로 목적어로 취할 수 없다.

   [어휘] believe 확신하다, 믿다   despite ~에도 불구하고   product 제품   successful 성공적인

5. The director knows (what / **who**) will be promoted as Head Manager.
   그 이사는 누가 본부장으로 승진될지 알고 있다.

   [해설] 괄호 안은 뒤에 나오는 불완전한 절 will be promoted as Head Manager와 함께 동사 knows의 목적어 역할을 하는 명사절 접속사 자리이다. 문맥상 '누가 승진될지'라는 의미가 자연스러우므로, 정답은 who이다.

   [어휘] director 이사, 감독   promote 승진시키다, 홍보하다   Head Manager 본부장

2. 명사절 접속사 자리   교재 p.153
1. whether   2. that   3. that   4. if   5. How

1. Please advise me on (**whether** / as) I should attend the interview or not.
   제가 인터뷰에 참가해야 하는지 여부를 저에게 알려 주세요.

   [해설] 괄호 안은 뒤에 나오는 완전한 절 I should attend the interview or not을 이끌면서 앞에 있는 전치사 on의 목적어 역할을 하는 자리이다. 따라서 정답은 명사절 접속사 whether이다. as는 부사절 접속사이다.

   [어휘] advise 조언하다, 알리다   attend 참석하다   interview 인터뷰

2. The government officials announced (**that** / both) there will be a design competition.
   정부 관리는 디자인 대회가 열릴 것이라고 발표했다.

   [해설] 괄호 안은 뒤에 나오는 완전한 절 there will be a design competition을 이끌면서 앞에 있는 동사 announced의 목적어 역할을 하는 자리이다. 따라서 정답은 명사절 접속사 that이다. both는 and와 짝을 이루어 상관 접속사로 쓰인다.

   [어휘] government 정부   official 공무원; 공식적인   government official 정부 관리, 공무원   announce 발표하다   competition 대회

3. Maria's prediction is (each / **that**) the sales will rise shortly.   Maria의 예상은 매출이 곧 상승한다는 것이다.

   [해설] 괄호 안은 뒤에 나오는 완전한 절 the sales will rise shortly와 함께 앞에 있는 be동사 is의 주격 보어 역할을 하는 자리이다. 따라서 정답은 명사절 접속사 that이다. each는 대명사 또는 한정사이다.

   [어휘] prediction 예측, 예상   sales 매출, 판매량   rise 오르다, 상승하다   shortly 곧, 바로

4. Management has not yet decided (**if** / neither) the company will hire new staff.
   회사가 신규 직원을 채용할지 여부를 경영진은 아직 결정하지 못했다.

   [해설] 괄호 안은 뒤에 나오는 완전한 절 the company will hire new staff를 이끌면서 앞에 있는 동사 has not yet decided의 목적어 역할을 하는 자리이다. 따라서 정답은 명사절 접속사 if이다. neither는 nor와 짝을 이루어 상관 접속사로 쓰인다.

   [어휘] management 경영(진)   decide 결정하다   hire 채용하다   staff 직원

5. (**How** / Also) we can improve productivity will be discussed.   우리가 어떻게 생산성을 높일 지 논의될 것이다.

   [해설] 괄호 안은 뒤에 나오는 완전한 절 we can improve productivity를 이끌면서 동사 will be discussed의 주어 역할을 하는 자리이다. 따라서 정답은 명사절 접속사 How이다. 부사 Also는 절과 절을 연결할 수 없다.

3. 완전절을 이끄는 명사절 접속사   교재 p.154
1. that   2. why   3. Where   4. Whether   5. when

1. You will notice (**that** / about) our prices are affordable. 우리의 가격이 적당하다는 것을 알게 될 겁니다.
    > [해설] 괄호 안은 뒤에 나오는 완전한 절 our prices are affordable을 이끌면서 앞에 있는 동사 will notice의 목적어 역할을 하는 자리이다. 따라서 정답은 명사절 접속사 that이다. 전치사 about은 절을 이끌 수 없다.
    > [어휘] notice 알아차리다, 주목하다   price 가격   affordable 가격이 적당한, 저렴한

2. This data explains (**why** / in addition) we are one of the leading manufacturers.
    이 데이터는 우리가 왜 선두적인 제조업체들 중 하나인지를 보여준다.
    > [해설] 괄호 안은 뒤에 나오는 완전한 절 we are one of the leading manufacturers를 이끌면서 앞에 있는 동사 explains의 목적어 역할을 하는 자리이다. 따라서 정답은 명사절 접속사 why이다. 부사 in addition은 절과 절을 연결할 수 없다.
    > [어휘] data 데이터, 자료   explain 설명하다   leading 선두적인, 일류의   manufacturer 제조업체

3. (**Where** / Or) the conference will be held hasn't been decided. 회의가 어디에서 개최될지 결정되지 않았다.
    > [해설] 괄호 안은 뒤에 나오는 완전한 절 the conference will be held를 이끌면서 동사 hasn't been decided의 주어 역할을 하는 자리이다. 따라서 정답은 명사절 접속사 Where이다. 등위 접속사 Or는 연결하는 두 성분들 사이에 들어가야 한다.
    > [어휘] conference 회의, 회담   hold 개최하다   decide 결정하다, 결심하다

4. (**Whether** / If) the new mobile phone will succeed in China is uncertain.
    휴대전화 신제품이 중국에서 성공을 거둘지 어떨지는 확실하지 않다.
    > [해설] 괄호 안은 뒤에 나오는 완전한 절 the new mobile phone will succeed in China를 이끌면서 주절의 be동사 is의 주어 역할을 하는 자리이다. 따라서 정답은 명사절 접속사 Whether이다. If도 명사절 접속사로 쓰일 수 있으나, 주어 자리와 전치사의 목적어 자리에는 쓸 수 없다.
    > [어휘] mobile phone 휴대전화   succeed 성공하다   uncertain 확실하지 않은, 불확실한

5. You are advised to check (**when** / on) the Web site was updated.
    웹사이트가 언제 업데이트되었는지 확인할 것을 권해드립니다.
    > [해설] 괄호 안은 뒤에 나오는 완전한 절 the Web site was updated를 이끌면서 앞에 있는 to부정사 to check의 목적어 역할을 하는 자리이다. 따라서 정답은 명사절 접속사 when이다. 전치사 on은 절을 이끌 수 없다.
    > [어휘] advise 권하다, 조언하다   check 점검하다   update 업데이트하다

4. 불완전절을 이끄는 명사절 접속사   교재 p.155
1. what   2. who   3. what   4. What   5. who

1. Please let me know (**what** / where) you think. 어떻게 생각하는지 알려주세요.
    > [해설] 괄호 안은 뒤에 나오는 불완전한 절 you think(think의 목적어가 없음)를 이끌면서 앞에 있는 동사 know의 목적어 역할을 하는 자리이다. 따라서 정답은 명사절 접속사 what이다. 명사절 접속사 where는 완전한 절을 이끈다.
    > [어휘] let me know 알려 주세요

2. We need a description of (**who** / if) you are. 저희는 귀하가 어떤 사람인지에 대한 설명이 필요합니다.
    > [해설] 괄호 안은 뒤에 나오는 불완전한 절 you are(be동사 are의 보어가 없음)를 이끌면서 앞에 있는 전치사 of의 목적어 역할을

하는 자리이다. 따라서 정답은 명사절 접속사 who이다. if가 명사절 접속사로 쓰일 때, 전치사의 목적어 자리에는 올 수 없다.

[어휘] description 설명, 묘사

3. This office building is just (that / **what**) we're looking for.   이 사무실 건물이 바로 우리가 찾는 겁니다.

   [해설] 괄호 안은 뒤에 나오는 불완전한 절 we're looking for(전치사 for의 목적어가 없음)를 이끌면서 앞에 있는 be동사 is의 보어 역할을 하는 자리이다. 따라서 정답은 명사절 접속사 what이다. 명사절 접속사 that 뒤에는 완전한 절이 나와야 한다.

   [어휘] just 바로   look for ~을 찾다

4. (**What** / Why) we need is a clear marketing strategy.   우리에게 필요한 것은 명료한 마케팅 전략이다.

   [해설] 괄호 안은 불완전한 절 we need(동사 need의 목적어가 없음)를 이끌면서 be동사 is의 주어 역할을 하는 자리이다. 따라서 정답은 명사절 접속사 What이다. 명사절 접속사 Why는 완전한 절을 이끈다.

   [어휘] clear 명료한   marketing 마케팅   strategy 전략

5. The schedule includes (when / **who**) will deliver each speech.
   일정표는 각각의 연설을 누가 할지도 포함하고 있다.

   [해설] 괄호 안은 불완전한 절 will deliver each speech(will deliver의 주어가 없음)를 이끌면서 앞에 있는 동사 includes의 목적어 역할을 하는 자리이다. 따라서 정답은 명사절 접속사 who이다. 접속사 when 뒤에는 완전한 절이 나온다.

   [어휘] schedule 일정(표)   include 포함하다   deliver 배달하다   speech 연설, 강연   deliver a speech 연설하다

PRACTICE
교재 p.156

STEP1   1. (A)   2. (B)   3. (A)   4. (A)   **STEP2**   5. (A)   6. (A)   7. (B)   8. (B)

1. The hiring committee has not yet determined **if** the company will hire new sales representatives.

   (A) if   (B) neither

   회사가 신규 판매사원을 채용해야 할지 여부를 고용위원회는 아직 결정을 내리지 못했다.

   [해설] **명사절 접속사 자리** | 빈칸은 뒤에 나오는 완전한 절 the company will hire new sales representatives를 이끌면서 앞에 있는 동사 has not determined의 목적어 역할을 하는 자리이다. 따라서 정답은 명사절 접속사 (A) if이다. neither는 nor와 짝을 이루어 상관 접속사로 쓰인다.

   [어휘] hiring committee 고용 위원회   determine 결정하다, 결심하다   hire 채용하다   representative 대표자, 직원   sales representative 판매 사원

2. Customers will notice **that** our prices are more affordable than those of our rival brands.

   (A) what   **(B) that**

   고객은 우리의 가격이 경쟁 브랜드의 가격보다 더 저렴하다는 것을 알게 될 것이다.

   [해설] **완전절을 이끄는 명사절 접속사** | 빈칸은 뒤에 나오는 완전한 절 our prices are more affordable than those of our rival brands를 이끌면서 앞에 있는 동사 will notice의 목적어 역할을 하는 자리이다. 따라서 정답은 명사절 접속사 (B) that이다. 명사절 접속사 what 뒤에는 불완전한 절이 나온다. 참고로 than 뒤의 대명사 those는 앞에 있는 prices를 대신한다.

   [어휘] notice 알아차리다, 주목하다   affordable 저렴한, 가격이 적당한   rival 경쟁하는   brand 브랜드, 상표

3. All the documentation must include a detailed description of **who** you and your organization are.

   (A) who   (B) if

모든 증빙서류는 귀하와 귀하의 조직에 대한 자세한 설명을 포함해야 합니다.

[해설] **불완전절을 이끄는 명사절 접속사** | 빈칸은 뒤에 나오는 불완전한 절 you and your organization are(be동사 are의 보어가 없음)를 이끌면서 앞에 있는 전치사 of의 목적어 역할을 하는 자리이다. 따라서 정답은 명사절 접속사 (A) who이다. if가 명사절 접속사로 쓰일 때, 전치사의 목적어 자리에는 올 수 없다.

[어휘] documentation 증빙서류, 기록문서 include 포함하다 detailed 자세한 description 설명 organization 조직, 기구

4. Your efficient procedures explain **why** you are one of the leading manufacturers in Asia.

   (A) why   (B) although

   효율적인 절차들이 왜 귀사가 아시아의 선두적인 제조업체들 중 하나로 자리 잡고 있는지를 보여주네요.

   [해설] **완전절을 이끄는 명사절 접속사** | 빈칸은 뒤에 나오는 완전한 절 you are one of the leading manufacturers in Asia를 이끌면서 앞에 있는 동사 explain의 목적어 역할을 하는 자리이다. 따라서 정답은 명사절 접속사 (A) why이다. 부사절 접속사 although는 완전한 절과 함께 쓰이지만, 목적어 역할을 할 수 없다.

   [어휘] efficient 효율적인, 능률적인 procedure 절차 explain 설명하다 leading 선두적인, 일류의 manufacturer 제조업체

5. The committee will decide **who** will represent the company at the event.

   (A) who   (B) when

   위원회는 그 행사에서 누가 회사를 대표할지 결정할 것이다.

   [해설] **불완전절을 이끄는 명사절 접속사** | 빈칸은 뒤에 나오는 불완전한 절 will represent the company at the event (will represent의 주어가 없음)를 이끌면서 앞에 있는 동사 will decide의 목적어 역할을 하는 자리이다. 따라서 정답은 명사절 접속사 (A) who이다. 접속사 (B) when 뒤에는 완전한 절이 나온다.

   [어휘] committee 위원회 decide 결정하다, 결심하다 represent 대표하다, 대리하다

6. You should indicate **where** you will stay during the visit.

   (A) where   (B) nearby

   방문기간 동안 어디에 머무를지 명시해야 합니다.

   [해설] **명사절 접속사 자리** | 빈칸은 뒤에 나오는 완전한 절 you will stay during the visit을 이끌면서 앞에 있는 동사 should indicate의 목적어 역할을 하는 자리이다. 따라서 정답은 명사절 접속사 (A) where이다. (B) nearby는 형용사 또는 부사로 절을 이끌 수 없으므로 적합하지 않다.

   [어휘] indicate 명시하다, 나타내다 stay 머무르다 visit 방문; 방문하다 nearby 근처의; 가까이에

7. Management announced **that** the firm will implement a new technology education program.

   (A) who   **(B) that**

   경영진은 회사가 신기술 교육 프로그램을 실행할 것이라고 발표했다.

   [해설] **완전절을 이끄는 명사절 접속사** | 빈칸은 뒤에 나오는 완전한 절 the firm will implement a new technology education program을 이끌면서 앞에 있는 동사 announced의 목적어 역할을 하는 자리이다. 따라서 정답은 명사절 접속사 (B) that이다. 명사절 접속사 (A) who 뒤에는 불완전한 절이 나온다.

   [어휘] management 경영(진) announce 발표하다 firm 회사 implement 실행하다 technology 기술 education 교육

8. The manager requests **that** all workers submit their time sheets by 3 P.M. tomorrow.

   (A) or   **(B) that**

   매니저는 전 직원에게 내일 오후 3시까지 출퇴근 시간 기록용지를 제출하라고 요청한다.

   [해설] **명사절 접속사 자리** | 빈칸은 뒤에 나오는 완전한 절 all workers submit their time sheets by 3 P.M. tomorrow를 이끌면서 앞에 있는 동사 requests의 목적어 역할을 하는 자리이다. 따라서 정답은 명사절 접속사 (B) that이다. 등위 접속사 (A) or는 목적어 역할을 할 수 없다.

어휘 request 요청하다 submit 제출하다 time sheet 출퇴근 시간 기록용지

ACTUAL TEST

교재 p.157

1. (C) 2. (D) 3. (C) 4. (C) 5. (B) 6. (A) 7. (C) 8. (D) 9. (A) 10. (B)

1. Mr. Duran asked **if** he would be able to reschedule the appointment with Dr. Long.

   (A) while   (B) neither   **(C) if**   (D) like

   Duran 씨는 Long 박사와의 약속을 조정할 수 있는지 문의했다.

   해설 **명사절 접속사 자리** | 빈칸은 뒤에 나오는 완전한 절 he would be able to reschedule the appointment with Dr. Long을 이끌면서 동사 asked의 목적어 역할을 하는 자리이다. 따라서 정답은 명사절 접속사 (C) if이다. 부사절 접속사 (A) while은 완전한 절과 함께 부사 역할을 하고, (B) neither는 nor와 짝을 이루는 상관 접속사이다.

   어휘 be able to부정사 ~할 수 있다 appointment 약속 reschedule 일정을 조정하다

2. **Who** will receive additional compensation will be announced next week.

   (A) Someone   (B) Each   (C) Few   **(D) Who**

   누가 추가 보상을 받게 될지는 다음 주에 발표될 것이다.

   해설 **명사절 접속사 자리** | 빈칸은 바로 뒤의 불완전한 절 will receive additional compensation(will receive의 주어가 없음)을 이끌면서 동사 will be announced의 주어 역할을 하는 자리이다. 따라서 정답은 명사절 접속사 (D) Who이다. 대명사 (A) Someone, (B) Each, (C) Few는 절과 절을 연결하는 접속사 역할을 하지 못한다.

   어휘 additional 추가적인 compensation 보상 announce 발표하다

3. The Larrimont Theater announced **that** it will extend the performance schedules for some musicals.

   (A) what   (B) which   **(C) that**   (D) once

   Larrimont Theater에서는 일부 뮤지컬 공연 일정을 연장할 것이라고 발표했다.

   해설 **완전절을 이끄는 명사절 접속사** | 빈칸은 뒤에 나오는 완전한 절 it will extend the performance schedules for some musicals를 이끌면서 동사 announced의 목적어 역할을 하는 자리이다. 따라서 정답은 명사절 접속사 (C) that이다. (A) what과 (B) which 뒤에는 불완전한 절이 나온다. (D) once는 동사의 목적어 자리에 올 수 없다.

   어휘 announce 발표하다 extend (기한을) 연장하다 performance 공연

4. Mr. Williams, marketing director at Hello Fresh, will present **what** the company's plans are.

   (A) even   (B) about   **(C) what**   (D) how

   Hello Fresh의 마케팅 이사인 Williams 씨는 회사의 계획이 무엇인지 발표할 것이다.

   해설 **불완전절을 이끄는 명사절 접속사** | 빈칸은 뒤에 나오는 불완전한 절 the company's plans are(be동사 are의 보어가 없음)를 이끌면서 앞에 있는 동사 will present의 목적어 역할을 하는 자리이다. 따라서 정답은 명사절 접속사 (C) what이다. 명사절 접속사 (D) how 뒤에는 완전한 절이 나와야 한다.

   어휘 marketing 마케팅 director 이사, 임원 present 발표하다

5. **Whether** Monsoon opens a new store in Hong Kong depends on the market research findings.

   (A) In addition   **(B) Whether**   (C) Each   (D) Despite

   Monsoon이 홍콩에 신규 매장을 열지는 시장 조사 결과에 달려 있다.

   해설 **명사절 접속사 자리** | 빈칸은 뒤에 있는 완전한 절 Monsoon opens a new store in Hong Kong을 이끌면서 뒤에 나오는 동사 depends on의 주어 역할을 하는 자리이다. 따라서 정답은 명사절 접속사 (B) Whether이다. 부사 (A) In addition, 대명사 (C) Each, 전치사 (D) Despite은 모두 품사상 적합하지 않다.

어휘 depend on ~에 달려 있다, 의존하다   market research 시장 조사   findings 결과(물)

6. The study indicates **that** Save Energy LED lights last longer than outdated street lights.

   (A) that   (B) but   (C) what   (D) by

   Save Energy LED 조명이 낡은 가로등보다 더 오래간다는 것을 연구가 보여준다.

   해설 **완전절을 이끄는 명사절 접속사** | 빈칸은 뒤에 나오는 완전한 절 Save Energy LED lights last longer than outdated street lights를 이끌면서 앞에 있는 동사 indicates의 목적어 역할을 하는 자리이다. 따라서 정답은 명사절 접속사 (A) that이다. 명사절 접속사 (C) what 뒤에는 불완전한 절이 나온다.

   어휘 indicate 보여주다   light 빛, 조명   last 오래가다, 지속하다   outdated 낡은, 구식의   street light 가로등

7. We have not decided **whether** Mr. Lee's retirement party will be held at the restaurant or at the company cafeteria.

   (A) nearby   (B) about   **(C) whether**   (D) who

   우리는 Lee 씨의 은퇴 기념 파티를 레스토랑에서 할지, 회사 구내식당에서 할지 결정하지 못했다.

   해설 **완전절을 이끄는 명사절 접속사** | 빈칸은 뒤에 나오는 완전한 절 Mr. Lee's retirement party will be held at the restaurant or at the company cafeteria를 이끌면서 앞에 있는 동사 have not decided의 목적어 역할을 하는 자리이다. 따라서 정답은 명사절 접속사 (C) whether이다. 참고로 whether는 선택의 의미를 나타내는 or와 함께 쓰이기도 한다. 형용사 또는 부사 (A) nearby와 전치사 (B) about은 품사상 적합하지 않고, 명사절 접속사 (D) who 뒤에는 불완전한 절이 나온다.

   어휘 decide 결정하다   retirement 은퇴   hold 열다, 개최하다   cafeteria 구내식당   nearby 근처의; 근처에서

8. The employee handbook describes **how** an employee should report work-related accidents.

   (A) to   (B) with   (C) this   **(D) how**

   직원 편람은 직원이 업무 관련 사고를 어떻게 보고해야 하는지 설명하고 있다.

   해설 **명사절 접속사 자리** | 빈칸은 뒤에 나오는 완전한 절 an employee should report work-related accidents를 이끌면서 앞에 있는 동사 describes의 목적어 역할을 하는 자리이다. 따라서 정답은 명사절 접속사 (D) how이다. 전치사 (A) to와 (B) with, 대명사 (C) this는 품사상 적합하지 않다.

   어휘 employee 직원   handbook 편람, 안내서   describe 설명하다   work-related 직무 관련된   accident 사고

9. The revised timetable should indicate **when** each building will be inspected.

   (A) when   (B) so   (C) very   (D) as

   수정된 시간표는 각 건물이 언제 점검을 받게 될지를 표시해야 한다.

   해설 **명사절 접속사 자리** | 빈칸은 뒤에 나오는 완전한 절 each building will be inspected를 이끌면서 앞에 있는 동사 should indicate의 목적어 역할을 하는 자리이다. 따라서 정답은 명사절 접속사 (A) when이다. 등위 접속사 (B) so는 대등한 구조의 절과 절을 연결한다. 전치사 또는 부사절 접속사 (D) as는 동사의 목적어 자리에 올 수 없다.

   어휘 revised 수정된   timetable 시간표   indicate 표시하다   inspect 점검하다

10. The tour will give you an opportunity to see **what** the spaceship really looks like.

    (A) that   **(B) what**   (C) another   (D) if

    견학은 우주선이 실제로 어떻게 생겼는지에 대해 알 기회를 제공할 것이다.

    해설 **불완전절을 이끄는 명사절 접속사** | 빈칸은 뒤에 나오는 불완전한 절 the spaceship really looks like(전치사 like의 목적어가 없음)를 이끌면서 앞에 있는 to see의 목적어 역할을 하는 자리이다. 따라서 정답은 명사절 접속사 (B) what이다. 명사절 접속사 (A) that과 (D) if 뒤에는 완전한 절이 나온다.

    어휘 tour 견학, 관광   spaceship 우주선   look like ~처럼 보이다, 생기다

day 18 형용사절

Check Up

1. 형용사절과 관계대명사
교재 p.160

1. who wants to buy a used car 2. who helped me 3. who 4. which 5. that

1. I know a man **who wants to buy a used car**. 나는 중고차를 사고 싶어하는 남자를 알고 있어요.
   - [해설] 관계대명사 who가 이끄는 절이 앞에 있는 사람 명사 man을 형용사처럼 수식하고 있으므로, 형용사절은 who wants to buy a used car이다.
   - [어휘] used 중고의 used car 중고차

2. The store manager **who helped me** was very kind. 저를 도와주었던 매장 매니저는 아주 친절했어요.
   - [해설] 관계대명사 who가 이끄는 절이 앞에 있는 사람 명사 store manager를 형용사처럼 수식하고 있으므로, 형용사절은 who helped me이다.
   - [어휘] store 매장 help 돕다

3. We hired an applicant (**who** / which) has strong computer skills.
   우리는 우수한 컴퓨터 능력을 지닌 지원자를 고용했다.
   - [해설] 괄호 안은 뒤에 나오는 불완전한 절 has strong computer skills(has의 주어가 없음)를 이끌면서 형용사처럼 앞에 있는 사람 명사 applicant를 수식하는 형용사절 접속사 자리이다. 따라서 정답은 주격 관계대명사 who이다. 관계대명사 which는 사람 명사를 수식할 수 없다.
   - [어휘] hire 고용하다, 채용하다 applicant 지원자, 신청자 strong 우수한 skill 능력, 기술

4. Mr. Park moved to a new apartment (who / **which**) is close to work.
   Park 씨는 직장과 가까운 새 아파트로 이사했다.
   - [해설] 괄호 안은 뒤에 나오는 불완전한 절 is close to work(is의 주어가 없음)를 이끌면서 형용사처럼 앞에 있는 사물 명사 apartment를 수식하는 형용사절 접속사 자리이다. 따라서 정답은 주격 관계대명사 which이다. 관계대명사 who는 사람 명사를 수식한다.
   - [어휘] move 이사하다 close 가까운 work 직장, 일

5. The company awards employees (**that** / which) perform well. 회사는 실적이 좋은 직원들에게 보상을 준다.
   - [해설] 괄호 안은 뒤에 나오는 불완전한 절 perform well(perform의 주어가 없음)을 이끌면서 형용사처럼 사람 명사 employees를 수식하는 형용사절 접속사 자리이다. 따라서 정답은 주격 관계대명사 that이다. 관계대명사 that이 이끄는 절은 사람과 사물 명사 모두 수식할 수 있다. which는 사물 명사만 수식할 수 있으므로 정답이 될 수 없다.
   - [어휘] award 보상[사례]하다 employee 직원 perform (일 등을) 수행하다 well 잘, 제대로

2. 주격 관계대명사
교재 p.161

1. who 2. which 3. who 4. that 5. which

1. The company will reward employees (**who** / which) arranged the workshop.
   회사는 워크숍을 준비했던 직원들에게 보상을 할 것이다.
   - [해설] 괄호 안은 뒤에 나오는 불완전한 절 arranged the workshop(동사 arranged의 주어가 없음)을 이끌면서 형용사처럼

앞에 있는 사람 명사 employees를 수식하는 형용사절 접속사 자리이다. 따라서 정답은 주격 관계대명사 who이다. 관계대명사 which는 사람 명사를 수식할 수 없다.

어휘 reward 포상하다, 보상하다 employee 직원 arrange 준비하다 workshop 워크숍

2. MOL was the company (what / **which**) sponsored the event.   MOL은 행사를 후원한 업체였다.

해설 괄호 안은 뒤에 나오는 불완전한 절 sponsored the event(동사 sponsored의 주어가 없음)를 이끌면서 형용사처럼 앞에 있는 사물 명사 company를 수식하는 형용사절 접속사 자리이다. 따라서 정답은 주격 관계대명사 which이다. what은 명사절 접속사로 형용사절을 이끌 수 없다.

어휘 sponsor 후원하다, 주관하다; 후원자

3. Customers (**who** / which) sign up for a one-year subscription will get a discount.
1년 정기구독을 신청한 고객들은 할인을 받을 것이다.

해설 괄호 안은 뒤에 나오는 불완전한 절 sign up for a one-year subscription(동사 sign의 주어가 없음)을 이끌면서 형용사처럼 앞에 있는 사람 명사 Customers를 수식하는 형용사절 접속사 자리이다. 따라서 정답은 주격 관계대명사 who이다. 관계대명사 which는 사람을 수식할 수 없다.

어휘 sign up for ~을 신청하다, 가입하다 subscription 정기구독 discount 할인 get a discount 할인 받다

4. Items (who / **that**) are on sale are not eligible for free delivery.   할인 중인 제품들은 무료 배송을 받을 수 없다.

해설 괄호 안은 불완전한 절 are on sale(are의 주어가 없음)을 이끌면서 형용사처럼 앞에 있는 사물 명사 Items를 수식하는 형용사절 접속사 자리이다. 따라서 정답은 주격 관계대명사 that이다. 관계대명사 that은 사람과 사물 명사 모두를 수식할 수 있고, 관계대명사 who는 사람을 수식한다.

어휘 on sale 할인 중인 eligible 받을 수 있는, 자격이 있는 free 무료의 delivery 배송 free delivery 무료 배송

5. Mr. Adams and his team will conduct the research (**which** / whose) shows consumer confidence.
Adams 씨와 그의 팀은 소비자 신뢰도를 보여주는 조사를 실시할 것이다.

해설 괄호 안은 뒤에 나오는 불완전한 절 shows consumer confidence(shows의 주어가 없음)를 이끌면서 형용사처럼 앞에 있는 사물 명사 research를 수식하는 형용사절 접속사 자리이다. 따라서 정답은 주격 관계대명사 which이다. whose는 소유격 관계대명사이다.

어휘 conduct 수행하다, 실시하다 research 조사, 연구 consumer confidence 소비자 신뢰(도)

3. 목적격 관계대명사
교재 p.162
1. which   2. whom   3. that   4. whom   5. which

1. We invite you to the seminar (who / **which**) the SE Association will hold.
귀하를 SE Association에서 개최하는 세미나에 초대합니다.

해설 괄호 안은 뒤에 나오는 불완전한 절 the SE Association will hold(동사 will hold의 목적어가 없음)를 이끌면서 앞에 있는 사물 명사 seminar를 수식하는 형용사절 접속사 자리이다. 따라서 정답은 목적격 관계대명사 which이다.

어휘 invite 초대하다, 초청하다 hold 개최하다

2. Ms. Valtez received an e-mail from her mentor (**whom** / which) she met in Paris.
Valtez 씨는 그녀가 파리에서 만났던 멘토로부터 이메일을 받았다.

해설 괄호 안은 뒤에 나오는 불완전한 절 she met in Paris(동사 met의 목적어가 없음)를 이끌면서 형용사처럼 앞에 있는 사람 명사 mentor를 수식하는 형용사절 접속사 자리이다. 따라서 정답은 목적격 관계대명사 whom이다. which는 사람 명사를 수식할 수 없다.

어휘 receive 받다 mentor 멘토, 스승

3. This mail includes an application form (**that** / whom) you must return.
   이 우편물에는 귀하가 반송해야 하는 신청서가 포함되어 있습니다.

   [해설] 괄호 안은 뒤에 나오는 불완전한 절 you must return(return의 목적어가 없음)을 이끌면서 형용사처럼 앞에 있는 사물 명사 application form을 수식하는 형용사절 접속사 자리이다. 따라서 정답은 목적격 관계대명사 that이다. 관계대명사 that이 이끄는 형용사절은 사람과 사물 명사 모두를 수식할 수 있다. 목적격 관계대명사 whom은 사물 명사를 수식할 수 없다.

   [어휘] mail 우편물 include 포함하다 application form 신청서, 지원서 return 반송하다

4. I will call Mr. Bowman (**whom** / him) you need to meet.
   제가 귀하가 만나야 하는 Bowman 씨에게 연락하겠습니다.

   [해설] 괄호 안은 뒤에 나오는 불완전한 절 you need to meet(meet의 목적어가 없음)을 이끌면서 형용사처럼 앞에 있는 사람 명사 Mr. Bowman을 수식하는 형용사절 접속사 자리이다. 따라서 정답은 목적격 관계대명사 whom이다. 목적격 인칭대명사 him은 절을 이끌 수 없다.

   [어휘] call 연락하다, 전화하다

5. The products (who / **which**) I ordered last week haven't arrived yet.
   지난주에 주문했던 제품들이 아직 도착하지 않았다.

   [해설] 괄호 안은 뒤에 나오는 불완전한 절 I ordered last week(ordered의 목적어가 없음)을 이끌면서 형용사처럼 앞에 있는 사물 명사 The products를 수식하는 형용사절 접속사 자리이다. 따라서 정답은 목적격 관계대명사 which이다. who는 사물 명사를 수식할 수 없다.

   [어휘] order 주문하다 arrive 도착하다 yet 아직

4. 소유격 관계대명사
교재 p.163
1. whose   2. whose   3. whose   4. whose   5. whose

1. Thank you to Mr. Gibson (who / **whose**) presentation was educational.
   유익한 발표를 해주신 Gibson 씨에게 감사드립니다.

   [해설] 괄호 안은 뒤에 나오는 절 presentation was educational을 이끌면서 앞에 있는 사람 명사 Mr. Gibson을 수식하는 형용사절 접속사 자리이다. 이때, 괄호 앞의 Mr. Gibson과 뒤의 presentation이 'Gibson 씨의 발표'라는 소유 관계를 나타내므로, 정답은 소유격 관계대명사 whose이다. 주격 또는 목적격 관계대명사 who 뒤에는 주어 또는 목적어가 없는 불완전한 절이 온다.

   [어휘] presentation 발표, 제시 educational 교육적인, 유익한

2. Management decided to close the factory (it / **whose**) old equipment raised the production costs.
   경영진은 노후 장비로 생산비가 상승한 공장을 폐쇄하기로 결정했다.

   [해설] 괄호 안은 뒤에 나오는 절 old equipment raised the production costs를 이끌면서 앞에 있는 사물 명사 factory를 수식하는 형용사절 접속사 자리이다. 이때, 괄호 앞의 factory와 뒤의 old equipment가 '공장의 노후 장비'라는 소유 관계를 나타내므로, 정답은 소유격 관계대명사 whose이다.

   [어휘] management 경영(진) decide 결정하다 close 폐쇄하다, 닫다 factory 공장 equipment 장비 raise 상승시키다 production cost 생산비

3. B. S. Bowling, (**whose** / she) new novel is already on the best-seller list, will join the event.
   신작 소설이 벌써 베스트셀러 목록에 올라 있는 B. S. Bowling 씨가 행사에 참석할 예정입니다.

   [해설] 괄호 안은 뒤에 나오는 절 new novel is already on the best-seller list와 함께 앞에 있는 사람 명사 B. S. Bowling을 수식하는 형용사절 접속사 자리이다. 이때, 괄호 앞의 B. S. Bowling과 뒤의 new novel이 'B. S.

Bowling의 신작 소설'이라는 소유 관계를 나타내므로, 정답은 소유격 관계대명사 whose이다.

어휘 novel 소설 already 벌써 list 목록, 명부 join 함께하다, 참석하다

4. Applicants (**whose** / which) requests do not meet the requirements will be notified.
   지원자들의 요청사항들이 요구조건과 맞지 않는 경우에 통보를 받을 것이다.

   해설 괄호 안은 뒤에 나오는 절 requests do not meet the requirements를 이끌면서 앞에 있는 사람 명사 Applicants를 수식하는 형용사절 접속사 자리이다. 이때, 괄호 앞의 Applicants와 뒤의 requests가 '지원자의 요구사항'이라는 소유 관계를 나타내므로, 정답은 소유격 관계대명사 whose이다.

   어휘 applicant 지원자, 신청자 request 요청사항, 요구 meet 맞추다, 충족하다 requirement 요구 조건, 요건 notify 통보하다

5. We will collaborate with a consulting firm (that / **whose**) economists are globally recognized.
   우리는 세계적으로 인정받는 경제학자들이 속해 있는 컨설팅 회사와 협력할 것이다.

   해설 괄호 안은 뒤에 나오는 절 economists are globally recognized를 이끌면서 앞에 있는 사물 명사 consulting firm을 수식하는 형용사절 접속사 자리이다. 이때, 괄호 앞의 consulting firm과 뒤의 economists가 '컨설팅 회사의 경제학자'라는 소유 관계를 나타내므로, 정답은 소유격 관계대명사 whose이다.

   어휘 collaborate 협력하다 consulting firm 컨설팅 회사, 자문회사 economist 경제학자 globally 세계적으로 recognized 인정받는, 권위 있는

PRACTICE

교재 p.164

STEP1 1. (B) 2. (B) 3. (A) 4. (B) **STEP2** 5. (A) 6. (A) 7. (B) 8. (A)

1. MOL was among several companies **which** sponsored the event held last week.

   (A) whom   (B) which

   MOL은 지난주 열린 행사를 후원한 몇몇 업체들 중 하나이다.

   해설 주격 관계대명사 | 빈칸은 뒤에 나오는 불완전한 절 sponsored the event held last week(동사 sponsored의 주어가 없음)을 이끌면서 형용사처럼 앞에 있는 사물 명사 companies를 수식하는 형용사절 접속사 자리이다. 빈칸을 포함하는 절에 동사 sponsored의 주어가 없으므로 빈칸에는 주격 관계대명사가 들어가야 한다. 따라서 정답은 주격 관계대명사 (B) which이다.

   어휘 among ~ 중에 several 몇몇의 sponsor 후원하다, 주관하다 held 열린, 개최된 last week 지난주

2. We are pleased to invite you to the seminar **which** the SE Association will hold in New York.

   (A) who   (B) which

   귀하를 SE Association이 뉴욕에서 개최하는 세미나에 초청하게 되어 기쁩니다.

   해설 목적격 관계대명사 | 빈칸은 뒤에 나오는 불완전한 절 the SE Association will hold in New York(동사 will hold의 목적어가 없음)을 이끌면서 형용사처럼 앞의 사물 명사 seminar를 수식하는 형용사절 접속사 자리이다. 따라서 정답은 목적격 관계대명사 (B) which이다. 관계대명사 (A) who가 이끄는 형용사절은 앞에 있는 사람 명사를 수식한다.

   어휘 be pleased to부정사 ~해서 기쁘다, 기꺼이 ~하다 invite 초청하다 hold 개최하다

3. We appreciate Mr. Gibson **whose** presentation on international law was very educational.

   (A) whose   (B) who

   국제법에 관해 매우 유익한 발표를 해주신 Gibson 씨에게 감사드립니다.

   해설 소유격 관계대명사 | 빈칸은 뒤에 나오는 절 presentation on international law was very educational을

이끌면서 앞에 있는 사람 명사 Mr. Gibson을 수식하는 형용사절 접속사 자리이다. 이때, 빈칸 앞의 Mr. Gibson과 뒤의 presentation이 'Gibson 씨의 발표'라는 소유관계를 나타내므로, 정답은 소유격 관계대명사 (A) whose이다. 주격 또는 목적격 관계대명사 (B) who 뒤에는 주어 또는 목적어가 없는 불완전한 절이 나온다.

[어휘] appreciate 감사하다　presentation 발표　international law 국제법　educational 교육적인, 유익한

4. The company awards employees **who** perform well and have near-perfect attendance.

   (A) whose　　　　　(B) who

   회사는 실적이 좋고 근태가 완벽에 가까운 직원들에게 보상을 준다.

   [해설] **주격 관계대명사** | 빈칸은 뒤에 나오는 불완전한 절 perform well and have near-perfect attendance(perform과 have의 주어가 없음)를 이끌면서 형용사처럼 앞에 있는 사람 명사 employees를 수식하는 형용사절 접속사 자리이다. 따라서 정답은 주격 관계대명사 (B) who이다. 소유격 관계대명사 (A) whose 뒤에는 명사가 온다.

   [어휘] award 보상[사례]하다　perform (일 등을) 수행하다　near-perfect 완벽에 가까운　attendance 출석, 출근

5. We received your articles **which** we plan to publish in the October issue.

   (A) which　　　　　(B) who

   저희는 10월호에 실을 계획인 귀하의 기사를 받았습니다.

   [해설] **목적격 관계대명사** | 빈칸은 뒤에 나오는 불완전한 절 we plan to publish in the October issue(to publish의 목적어가 없음)를 이끌면서 형용사처럼 앞에 있는 사물 명사 articles를 수식하는 형용사절 접속사 자리이다. 따라서 정답은 목적격 관계대명사 (A) which이다. 관계대명사 (B) who가 이끄는 형용사절은 앞에 있는 사람 명사를 수식한다.

   [어휘] receive 받다, 수령하다　article 기사　publish 싣다, 출판하다　issue (출판물) 호, 발행

6. Only applicants **that** meet the requirements will be contacted.

   (A) that　　　　　(B) which

   자격요건을 충족하는 지원자들에게만 연락을 드릴 것입니다.

   [해설] **주격 관계대명사** | 빈칸은 뒤에 나오는 불완전한 절 meet the requirements(동사 meet의 주어가 없음)를 이끌면서 형용사처럼 앞에 있는 사람 명사 applicants를 수식하는 형용사절 접속사 자리이다. 따라서 정답은 주격 관계대명사 (A) that이다. 관계대명사 that이 이끄는 절은 앞에 있는 사람과 사물 명사 모두를 수식할 수 있지만, 관계대명사 which가 이끄는 절은 앞에 있는 사물 명사만 수식한다.

   [어휘] applicant 지원자, 신청자　meet 충족하다　requirement 자격요건, 요구사항　contact 연락하다

7. Employees **who** forget their passwords will have to create new IDs.

   (A) whose　　　　　(B) who

   패스워드를 잊어버린 직원들은 새로운 ID를 만들어야 한다.

   [해설] **주격 관계대명사** | 빈칸은 뒤에 나오는 불완전한 절 forget their passwords(동사 forget의 주어가 없음)를 이끌면서 형용사처럼 앞에 있는 사람 명사 Employees를 수식하는 형용사절 접속사 자리이다. 따라서 정답은 주격 관계대명사 (B) who이다. 소유격 관계대명사 (A) whose 뒤에는 명사가 온다.

   [어휘] password 패스워드, 암호　create 만들다　ID(identification) 아이디, 신분증명(서)

8. Safe Jet is offering a promotion **that** allows passengers to enjoy 50 percent off base fares.

   (A) that　　　　　(B) them

   Safe Jet는 승객들에게 기본요금의 50퍼센트를 할인해주는 판촉행사를 진행하고 있다.

   [해설] **주격 관계대명사** | 빈칸은 뒤에 나오는 불완전한 절 allows passengers to enjoy 50 percent off base fares(동사 allows의 주어가 없음)를 이끌면서 형용사처럼 앞에 있는 사물 명사 promotion을 수식하는 형용사절 접속사 자리이다. 따라서 정답은 주격 관계대명사 (A) that이다. 목적격 인칭대명사 (B) them은 절을 이끌 수 없다.

   [어휘] offer 제공하다　promotion 판촉(행사), 홍보　allow 허용하다　fare (교통) 요금, 운임　base fare 기본요금

ACTUAL TEST

교재 p.165

1. (A)　2. (C)　3. (D)　4. (D)　5. (A)　6. (C)　7. (D)　8. (B)　9. (B)　10. (C)

1. Customers **who** want express delivery will have to pay an extra fee of seven dollars.

   (A) who　(B) they　(C) them　(D) which

   특급 배송을 원하는 고객들은 7달러의 추가비용을 지불해야 한다.

   [해설] **주격 관계대명사** | 빈칸 뒤에 나오는 불완전한 절 want express delivery(동사 want의 주어가 없음)를 이끌면서 형용사처럼 앞에 있는 사람 명사 Customers를 수식하는 형용사절 접속사 자리이다. 따라서 정답은 주격 관계대명사 (A) who이다. 인칭대명사 (B) they와 (C) them은 절을 이끄는 접속사의 역할을 할 수 없고, 관계대명사 (D) which가 이끄는 형용사절은 사물 명사를 수식한다.

   [어휘] express 특급의, 급행의　express delivery 특급 배송　pay 지불하다　extra fee 추가 요금

2. The shopping center, **whose** construction will begin next month, will be located near the city hall.

   (A) it　(B) its　**(C) whose**　(D) who

   다음 달 공사를 시작하는 쇼핑센터는 시청 근처에 위치할 것이다.

   [해설] **소유격 관계대명사** | 빈칸은 뒤에 나오는 절 construction will begin next month를 이끌면서 앞에 있는 사물 명사 shopping center를 수식하는 형용사절 접속사 자리이다. 이때, 앞의 shopping center와 뒤의 construction은 '쇼핑센터의 공사'라는 소유 관계를 나타내므로, 정답은 소유격 관계대명사 (C) whose이다. 주격 또는 목적격 관계대명사 (D) who는 주어나 목적어가 없는 불완전한 절을 이끈다.

   [어휘] construction 공사, 건축　locate 위치시키다　city hall 시청

3. Please read the product brochure, **which** describes all the features and benefits.

   (A) additionally　(B) who　(C) so　**(D) which**

   모든 특징과 혜택에 대해 기술하고 있는 제품 설명서를 읽어 보세요.

   [해설] **주격 관계대명사** | 빈칸은 뒤에 나오는 불완전한 절 describes all the features and benefits(동사 describes의 주어가 없음)를 이끌면서 형용사처럼 앞에 있는 명사 product brochure를 수식하는 형용사절 접속사 자리이다. 따라서 정답은 주격 관계대명사 (D) which이다. 부사 (A) additionally는 품사상 적합하지 않고, 등위 접속사 (C) so는 완전한 절과 절을 연결한다.

   [어휘] brochure (안내) 소책자　product brochure 제품 설명서　describe 설명하다, 묘사하다　feature 특징, 특색　benefit 혜택

4. The printer **that** has recently been purchased for the administration department is being installed.

   (A) whose　(B) who　(C) each　**(D) that**

   관리 부서를 위해 최근에 구매한 프린터가 지금 설치되고 있다.

   [해설] **주격 관계대명사** | 빈칸은 뒤에 나오는 불완전한 절 has recently been purchased for the administration department(동사 has been purchased의 주어가 없음)를 이끌면서 형용사처럼 앞의 사물 명사 printer를 수식하는 형용사절 접속사 자리이다. 따라서 정답은 주격 관계대명사 (D) that이다. 관계대명사 (B) who가 이끄는 형용사절은 사람 명사를 수식한다.

   [어휘] recently 최근에　purchase 구매하다; 구매　administration 관리, 행정　administration department 관리부　install 설치하다

5. The city has begun the urban green project **that** will transform an old factory into a park.

   (A) that　(B) nor　(C) yet　(D) unless

   도시는 노후한 공장을 공원으로 바꾸는 도시 녹지 프로젝트를 시작했다.

해설 **주격 관계대명사** | 빈칸은 뒤에 나오는 불완전한 절 will transform an old factory into a park(동사 will transform의 주어가 없음)를 이끌면서 형용사처럼 앞에 있는 사물 명사 green project를 수식하는 형용사절 접속사 자리이다. 따라서 정답은 주격 관계대명사 (A) that이다. 부사절 접속사 (D) unless는 뒤에 완전한 절이 나온다.

어휘 urban 도시의 urban green project 도시 녹지 프로젝트 transform 바꾸다, 변형하다
transform A into B A를 B로 바꾸다

6. Ms. Jeffries, **who** is leaving our company after 30 years of service, will give a speech at the farewell banquet.

    (A) her   (B) where   **(C) who**   (D) she

    Jeffries 씨는 30년 근무 후에 우리 회사를 떠날 예정인데 송별회에서 연설을 할 것이다.

    해설 **주격 관계대명사** | 빈칸은 뒤에 나오는 불완전한 절 is leaving our company after 30 years of service(is leaving의 주어가 없음)를 이끌면서 형용사처럼 앞에 있는 사람 명사 Ms. Jeffries를 수식하는 형용사절 접속사 자리이다. 따라서 정답은 주격 관계대명사 (C) who이다. (B) where 뒤에는 완전한 절이 나온다.

    어휘 give a speech 연설하다 banquet 연회 farewell banquet 송별회

7. The sales report **that** Mr. Watanabe submitted to the finance director contains several errors.

    (A) who   (B) how   (C) by   **(D) that**

    Watanabe 씨가 재무이사에게 제출한 매출 보고서에는 몇 가지 오류가 있다.

    해설 **목적격 관계대명사** | 빈칸은 뒤에 나오는 불완전한 절 Mr. Watanabe submitted to the finance director(동사 submitted의 목적어가 없음)를 이끌면서 형용사처럼 앞에 있는 사물 명사 sales report를 수식하는 형용사절 접속사 자리이다. 따라서 정답은 목적격 관계대명사 (D) that이다. 주격 관계대명사 (A) who가 이끄는 형용사절은 사람 명사를 수식하며, 명사절 접속사 (B) how는 뒤에 완전한 절이 나오고, 전치사 (C) by는 품사상 적합하지 않다.

    어휘 sales 매출, 영업 submit 제출하다 finance 재무, 금융 finance director 재무이사 contain 포함하다 error 오류

8. Jossiman is an award-winning advertising agency **whose** clients include large food makers.

    (A) when   **(B) whose**   (C) which   (D) whom

    Jossiman은 수상 경력이 있는 광고 대행사로, 광고 대행사의 고객에는 대형 식품 제조 회사가 포함되어 있다.

    해설 **소유격 관계대명사** | 빈칸은 뒤에 나오는 절 clients include large food makers를 이끌면서 앞에 있는 사물 명사 advertising agency를 수식하는 형용사절 접속사 자리이다. 이때, 앞에 있는 advertising agency와 뒤의 clients는 '광고 대행사의 고객'이라는 소유 관계를 나타내므로, 정답은 소유격 관계대명사 (B) whose이다.

    어휘 award-winning 수상한, 상을 받은 advertising agency 광고 대행사 client 고객 food maker 식품 제조 회사

9. The plan **which** Mayor Claude implemented to attract more tourists was a great success.

    (A) who   **(B) which**   (C) recently   (D) from

    더 많은 관광객을 유치하기 위해 Claude 시장이 실시한 계획은 굉장히 성공적이었다.

    해설 **목적격 관계대명사** | 빈칸은 뒤에 나오는 불완전한 절 Mayor Claude implemented to attract more tourists(동사 implemented의 목적어가 없음)를 이끌면서 형용사처럼 앞에 있는 명사 plan을 수식하는 형용사절 접속사 자리이다. 따라서 정답은 목적격 관계대명사 (B) which이다. (A) who는 사람 명사를 수식하는 관계대명사이며, 부사 (C) recently와 전치사 (D) from은 품사상 적합하지 않다.

    어휘 mayor 시장 implement 실시하다 attract 끌어당기다, 유치하다 success 성공

10. The renovated Sports Center **which** will include a new swimming pool is scheduled to open next month.

    (A) where   (B) itself   **(C) which**   (D) this

    새 수영장을 갖춘 새로 단장한 스포츠 센터가 다음 달에 개장할 예정이다.

    해설 **주격 관계대명사** | 빈칸은 뒤에 나오는 불완전한 절 will include a new swimming pool(동사 will include의 주어가 없음)을 이끌면서 형용사처럼 앞에 있는 사물 명사 Sports Center를 수식하는 형용사절 접속사 자리이다. 따라서 정답은

주격 관계대명사 (C) which이다.

[어휘] renovate 개조하다, 수리하다   include 포함하다   be scheduled to부정사 ~할 예정이다

day 19 비교   PART 5

📋 Check Up

1. 비교 구문이란?   교재 p.168
1. easy – easier – easiest   2. difficult – more difficult – most difficult   3. well – better – best
4. cheaper   5. most popular

1. easy: 원급 **easy** – 비교급 **easier** – 최상급 **easiest**
   [해설] 형용사 easy는 〈자음+y〉로 끝나는 단어이므로, y를 i로 바꾼 후, 비교급은 er을, 최상급은 est를 뒤에 붙여야 한다.
   [어휘] easy 쉬운

2. difficult: 원급 **difficult** – 비교급 **more difficult** – 최상급 **most difficult**
   [해설] 형용사 difficult는 2음절 이상의 긴 단어이므로, 비교급은 more를, 최상급은 most를 단어 앞에 붙여야 한다.
   [어휘] difficult 어려운, 힘이 드는

3. well: 원급 **well** – 비교급 **better** – 최상급 **best**
   [해설] 부사 well은 불규칙한 변화를 하는 단어이므로, 묶어서 기억해야 한다. 원급은 well, 비교급은 better, 최상급은 best이다.

4. The rental rate in Tree Village is **cheaper** than other locations.
   Tree Village의 임대료는 다른 지역보다 더 저렴합니다.
   [해설] 빈칸은 뒤에 있는 than과 함께 '~보다 더 저렴한'이라는 의미를 나타내므로, 정답은 비교급 형용사 cheaper이다.
   [어휘] rental 임대   rate 요금, 비율   rental rate 임대료   cheap 저렴한   location 지역, 위치

5. Woogle.net is the **most popular** Web site in the world.
   Woogle.net은 세상에서 가장 인기 있는 웹사이트입니다.
   [해설] 빈칸은 앞에 있는 the, 뒤에 나오는 in the world와 함께 '세상에서 가장 인기 있는'이라는 의미를 나타내므로, 정답은 최상급 형용사 most popular이다.
   [어휘] popular 인기 있는

2. 원급   교재 p.169
1. as many   2. excellent   3. soon   4. as   5. possible

1. Mr. Song tried to answer (**as many** / so much) questions as possible.
   Song 씨는 가능한 많은 질문에 답하려고 노력했다.
   [해설] 괄호 안은 as possible과 짝을 이루면서 괄호 뒤 questions를 꾸며주는 자리이다. 따라서 정답은 as many이다. much는 복수 명사를 수식할 수 없다.
   [어휘] try to부정사 ~하려고 노력하다   answer 대답하다   as 원급 as possible 가능한 ~하게

2. The food at Marco's is as (**excellent** / excellence) as the service.   Marco's의 음식은 서비스만큼 우수하다.

   [해설] 괄호 안은 앞에 있는 be동사 is의 주어인 The food를 보충 설명하는 주격 보어 자리이다. 괄호 앞의 as와 뒤의 as 사이에는 형용사와 부사의 원급이 나올 수 있으므로, 정답은 형용사 excellent이다.

   [어휘] excellent 우수한, 탁월한

3. Please reply to the e-mail as (**soon** / sooner) as you can.   가능한 빨리 이메일에 답해 주세요.

   [해설] 괄호 앞의 as와 뒤의 as 사이에는 형용사나 부사의 원급이 들어가므로, 정답은 원급 부사 soon이다. 참고로 〈as soon as you can〉은 〈as soon as possible〉로 바꾸어 쓸 수 있다.

   [어휘] reply 답하다, 응답하다

4. The restaurant offers the same menu (**as** / than) last year.   그 레스토랑은 지난해와 동일한 메뉴를 제공하고 있다.

   [해설] 괄호 안은 앞에 있는 the same과 짝을 이루어 '~와 동일한 메뉴'라는 의미를 나타내므로, 정답은 as이다. 〈the same (명사) as ~〉를 묶어서 기억하자.

   [어휘] offer 제공하다   menu 메뉴   last year 지난해

5. We encourage as many employees as (**possible** / possibly) to carpool.
   우리는 가능하면 많은 직원들이 승용차 함께 타기를 하도록 장려한다.

   [해설] 괄호 안은 앞에 있는 as many employees as와 짝을 이루어 '가능하면 많은 직원들'이란 의미를 나타내므로, 정답은 possible이다. '가능한 ~하게'라는 의미로 〈as 원급 as possible〉을 묶어서 기억하자.

   [어휘] encourage 장려하다, 격려하다   carpool 카풀을 하다, 승용차 함께 타기를 하다

3. 비교급
교재 p.170

1. more   2. than   3. later   4. much   5. sooner

1. Coast Coffee has (many / **more**) customers than last year.
   Coast Coffee는 지난해보다 더 많은 고객들을 유치하고 있다.

   [해설] 괄호 안은 뒤에 있는 명사 customers를 수식하는 형용사 자리이다. 뒤에 비교급과 함께 쓰는 than이 있으므로, 정답은 형용사 many의 비교급 more이다.

   [어휘] customer 고객   last year 지난해

2. We require applicants to have more (**than** / as) 5 years of experience.
   저희는 지원자들에게 5년 이상의 경력 보유를 요구합니다.

   [해설] 괄호 안은 앞에 있는 비교급 more와 짝을 이루어 '~ 이상'의 의미를 나타내므로, 정답은 than이다. as는 주로 원급과 함께 쓰인다.

   [어휘] require 요구하다   applicant 지원자, 신청자   more than ~ 이상   experience 경력, 경험

3. The items must be delivered no (late / **later**) than 5:00 P.M.   상품들은 늦어도 오후 다섯 시까지는 도착해야 한다.

   [해설] 괄호 뒤에 비교급과 함께 쓰는 than이 있으므로, 정답은 비교급 later이다. 〈no later than (시간)〉을 묶어서 기억하자.

   [어휘] deliver 배송하다, 전달하다   no later than 늦어도 ~까지는

4. Organic food is (very / **much**) more nutritious than non-organic food.
   유기농 식품은 비유기농 식품보다 영양가가 훨씬 더 높다.

   [해설] 괄호 안은 뒤에 있는 more를 수식하는 부사 자리이므로, 정답은 비교급 강조 부사 much이다. 부사 very는 형용사나 부사의 원급을 수식한다.

   [어휘] organic 유기농법의, 유기농의   nutritious 영양가가 높은   non-organic 비유기농의

5. The (soon / **sooner**) we get ready, the better chance we have of succeeding.
    더 빨리 준비하면 할수록, 우리가 성공할 가능성은 더 높아진다.

    [해설] 괄호 앞에 있는 관사 The, 뒤에 나오는 절의 the better와 함께 〈the 비교급 ~, the 비교급 …〉 구문을 이루어 '더 빠를수록, 더 좋은'이라는 의미를 나타낸다. 따라서 정답은 비교급인 sooner이다. 〈the 비교급 ~, the 비교급 …〉 표현을 묶어서 기억하자.

    [어휘] soon 빨리   ready 준비된   chance 가능성, 기회   succeed 성공하다

---

4. 최상급
교재 p.171

1. most innovative   2. best   3. highest   4. among   5. largest

1. EZ Electronics releases the (**most innovative** / more innovative) software in the market.
    EZ Electronics에서는 시장에서 가장 혁신적인 소프트웨어를 출시한다.

    [해설] 괄호 앞의 관사 the, 뒤에 나오는 in the market과 함께 '시장에서 가장 혁신적인'이라는 의미를 나타내므로, 정답은 최상급 형용사 most innovative이다.

    [어휘] release 출시하다, 공개하다   innovative 혁신적인   software 소프트웨어   market 시장

2. HB Medical Center offers the (**best** / better) medical care in Orange County.
    HB Medical Center는 Orange County에서 가장 좋은 의료서비스를 제공한다.

    [해설] 괄호 앞의 관사 the, 뒤에 나오는 in Orange County와 함께 'Orange County에서 가장 좋은'이라는 의미를 나타내므로, 정답은 최상급 형용사 best이다.

    [어휘] medical care 의료서비스, 의료보호

3. SKFF donated $6 million, the (high / **highest**) amount ever paid in one year.
    SKFF는 한 해 동안 지불된 기부금액 중 가장 큰 액수인, 6백만 달러를 기부했다.

    [해설] 괄호 앞의 관사 the, 뒤에 나오는 ever paid in one year와 함께 '한 해 동안 지불된 가장 큰'이라는 의미를 나타내므로, 정답은 최상급 형용사 highest이다.

    [어휘] donate 기부하다, 기증하다   amount 액수   pay 지불하다

4. Sophia seems to be the most promising (**among** / at) all the candidates.
    Sophia가 전체 후보자들 중 가장 유망한 듯하다.

    [해설] 문맥상 '전체 후보자들 중 가장 유망한'이라는 의미가 자연스러우므로, 정답은 전치사 among이다.

    [어휘] seem to부정사 ~인 듯하다   promising 유망한   candidate 후보자, 지원자

5. Sacks Insurance is one of the (**largest** / largely) insurance providers in Asia.
    Sacks Insurance는 아시아에서 가장 큰 보험회사들 중 하나이다.

    [해설] 괄호 안은 뒤에 있는 명사 insurance providers를 수식하는 형용사 자리이다. 앞에 있는 one of the, 뒤에 나오는 in Asia와 함께 '아시아에서 가장 큰 보험회사들 중 하나'라는 의미를 나타내므로, 정답은 최상급 형용사 largest이다.

    [어휘] insurance 보험   insurance provider 보험회사

PRACTICE

교재 p.172

STEP1 1. (A) 2. (B) 3. (A) 4. (B)   **STEP2** 5. (B) 6. (A) 7. (A) 8. (B)

1. We encourage **as many** employees as possible to carpool to work during rush hours.

   (A) as many   (B) as much

   우리는 가능하면 많은 직원들이 혼잡 시간에 승용차 함께 타기를 하도록 장려한다.

   [해설] **as many+복수 명사+as possible** | 빈칸은 뒤에 있는 복수 명사 employees를 수식하면서, 뒤에 있는 as possible과 짝을 이루어 '가능하면 많은'이라는 의미를 나타내고 있다. 따라서 정답은 (A) as many이다. much는 복수 명사를 수식할 수 없다. '가능한 ~하게'라는 의미로 〈as 원급 as possible〉을 묶어서 기억하자.

   [어휘] encourage 장려하다, 격려하다, 용기를 북돋워 주다   carpool 자동차를 함께 타다, 합승하다   during ~동안   rush hour 러시아워, 혼잡 시간

2. The sooner we get ready for the product launch, the **better** chance we have of succeeding.

   (A) good   **(B) better**

   제품 출시를 더 빨리 준비하면 할수록, 우리가 성공할 가능성은 더 높아진다.

   [해설] **the 비교급 ~, the 비교급 …** | 앞에 있는 절의 The sooner, 빈칸 앞의 관사 the와 함께 '더 빠를수록, 더 좋은'이라는 의미를 나타내므로, 정답은 비교급 형용사 (B) better이다. '~할수록 더 …하다'는 의미로 〈the 비교급 ~, the 비교급 …〉을 묶어서 기억하자.

   [어휘] ready 준비된   launch 출시, 개시   product launch 제품 출시   chance 가능성, 기회   succeed 성공하다

3. HB Medical Center offers the **most affordable** medical care services in Orange County.

   (A) most affordable   (B) more affordable

   HB Medical Center는 Orange County에서 가장 저렴한 의료서비스를 제공한다.

   [해설] **the 최상급+in 장소** | 앞의 관사 the, 뒤에 나오는 in Orange County와 함께 'Orange County에서 가장 저렴한'이라는 의미를 나타내므로, 정답은 최상급 형용사 (A) most affordable이다.

   [어휘] medical care 의료서비스, 의료보호   affordable 저렴한, 가격이 적당한

4. We require all applicants to have **more** than 5 years of experience in managing a hotel.

   (A) many   **(B) more**

   저희는 모든 지원자들에게 호텔 경영 분야에서 5년 이상의 경력 보유를 요구합니다.

   [해설] **more than** | 빈칸은 뒤에 있는 than과 짝을 이루어 '~이상'의 의미를 나타내므로, 정답은 비교급 (B) more이다. 원급인 (A) many는 than과 함께 쓰이지 않는다.

   [어휘] require 요구하다   applicant 지원자   experience 경력, 경험   manage 경영하다, 관리하다

5. Green Credit always strives to give you the **fastest** service in town.

   (A) faster   **(B) fastest**

   Green Credit은 지역에서 가장 빠른 서비스를 제공하기 위해 항상 노력하고 있습니다.

   [해설] **the 최상급+in 장소** | 앞의 관사 the, 뒤에 나오는 in town과 함께 '지역에서 가장 빠른'이라는 의미를 나타내므로, 정답은 최상급 형용사 (B) fastest이다.

   [어휘] strive 노력하다   strive to부정사 ~하기 위해 노력하다

6. The Mini Pro battery lasts **far** longer than any other batteries.

   (A) far   (B) many

118

Mini Pro의 배터리는 어떤 다른 배터리보다 훨씬 더 오래 간다.

[해설] **비교급 강조 부사** | 빈칸은 뒤에 있는 비교급 부사 longer를 수식하는 부사 자리이므로, 정답은 비교급 강조 부사 (A) far이다. 비교급을 강조하는 부사로는 far 외에, much, still, even 등이 있다.

[어휘] battery 배터리   last 지속하다, 더 오래 가다

7. The new subway line travels **the same** route as CityBus 5B.

   (A) the same   (B) more

새 지하철은 CityBus 5B와 같은 노선을 운행한다.

[해설] **the same (명사) as ~** | 빈칸은 뒤에 나오는 as와 짝을 이루어 '~와 같은 노선'의 의미를 나타낸다. 따라서 정답은 (A) the same이다. '~와 똑같은'이라는 의미로 〈the same (명사) as ~〉를 묶어서 기억하자.

[어휘] subway 지하철   subway line 지하철 노선   travel 운행하다, 달리다   route 노선, 경로

8. Timing can be just as **important** as location for home sales.

   (A) importantly   **(B) important**

주택 매매에는 위치만큼이나 타이밍이 중요하다.

[해설] **as 형용사 원급 as** | 빈칸은 앞에 있는 동사 can be의 주어인 Timing을 보충 설명하는 주격 보어 자리이다. 빈칸 앞의 as와 뒤의 as 사이에는 형용사나 부사의 원급이 들어가므로, 정답은 원급 형용사 (B) important이다.

[어휘] timing 타이밍, 적당한 시기   location 위치, 지점

ACTUAL TEST

교재 p.173

1. (C) 2. (C) 3. (D) 4. (B) 5. (A) 6. (B) 7. (C) 8. (A) 9. (A) 10. (D)

1. The temperature setting within storage containers shouldn't be more **than** 15 degrees Celsius.

   (A) like   (B) down   **(C) than**   (D) in

저장 컨테이너 안의 온도 설정은 섭씨 15도를 넘지 않아야 한다.

[해설] **more than** | 빈칸은 앞에 있는 비교급 more와 짝을 이루어 '~이상'의 의미를 나타내므로, 정답은 (C) than이다.

[어휘] temperature 온도   setting 설정, 고정   storage 저장   container 컨테이너, 용기   Celsius 섭씨; 섭씨의

2. Interviewing **as many** applicants as possible can be difficult and time-consuming.

   (A) so many   (B) more   **(C) as many**   (D) as much

가능한 많은 지원자들을 면접하는 것은 힘들고 시간이 많이 걸릴 수 있다

[해설] **as many+복수 명사+as possible** | 빈칸은 뒤에 있는 복수 명사 applicants를 수식하면서, 뒤에 나오는 as possible과 짝을 이루어 '가능하면 많은'이라는 의미를 나타내고 있다. 따라서 정답은 (C) as many이다. (D) as much는 불가산 명사를 수식한다.

[어휘] interview 면접하다, 인터뷰하다   applicant 지원자, 신청자   difficult 힘든   time-consuming 시간이 많이 걸리는

3. The new laser printer prints out copies **more quickly** than the old printing machine did.

   (A) quickness   (B) quickly   (C) quick   **(D) more quickly**

새 레이저 프린터는 예전 인쇄기보다 더 빨리 인쇄한다.

[해설] **비교급+than** | 빈칸은 동사 prints out을 수식하는 부사 자리로, 뒤에 있는 than과 함께 '~ 보다 더 빨리'의 의미를 나타내고 있다. 따라서 정답은 비교급 부사 (D) more quickly이다. 명사 (A) quickness와 형용사 (C) quick은 품사상 적합하지 않다.

[어휘] print out 출력하다, 인쇄하다   printing machine 인쇄기

4. *Money Plus* became one of the **most widely** distributed financial publications in the northeastern area.

   (A) wide   **(B) most widely**   (C) wideness   (D) widen

   〈Money Plus〉는 북동 지역에서 가장 널리 배포되는 금융 관련 간행물 중 하나가 되었다.

   [해설] **one of the 최상급+복수 명사** | 빈칸은 뒤에 있는 과거분사 distributed를 수식하는 부사 자리이다. 앞에 있는 one of the, 뒤에 나오는 in the northeastern area와 함께 '북동 지역에서 가장 널리'라는 의미를 나타내고 있으므로, 정답은 최상급인 (B) most widely이다.

5. Prices at Jason Appliances are **significantly** lower than those at other appliance retailers.

   (A) significantly   (B) significant   (C) significance   (D) signify

   Jason Appliances의 가격은 다른 가전제품 소매점의 가격보다 훨씬 더 저렴하다.

   [해설] **비교급 형용사 수식_부사** | 빈칸은 뒤에 있는 비교급 형용사 lower를 수식하는 부사 자리이므로, 정답은 부사 (A) significantly이다. 형용사 (B) significant, 명사 (C) significance, 동사 (D) signify는 모두 품사상 적합하지 않다.

   [어휘] low 저렴한, 낮은   appliance 가전제품   retailer 소매업자, 소매점   significantly 훨씬, 상당히   significant 상당한, 중요한   significance 중요성   signify 의미하다, 중요하다

6. Kay Tech's newest software makes your decision-making as **easy** as possible.

   (A) easier   **(B) easy**   (C) easiest   (D) more easily

   Kay Tech의 최신 소프트웨어는 귀하의 의사 결정을 가능한 수월하게 만들어 줄 것입니다.

   [해설] **as 형용사 원급 as possible** | 빈칸은 앞에 있는 동사 makes의 목적어인 your decision-making을 보충 설명하는 목적격 보어자리이다. 빈칸 앞의 as와 뒤의 as possible 사이에는 형용사나 부사의 원급이 들어가야 하므로, 정답은 원급 형용사 (B) easy이다.

   [어휘] newest 최신의   decision-making 의사결정

7. Our air conditioners are **much** more efficient than those manufactured by our competitors.

   (A) many   (B) very   **(C) much**   (D) most

   저희 에어컨은 경쟁업체가 제조한 에어컨보다 훨씬 더 효율적입니다.

   [해설] **비교급 강조 부사** | 빈칸은 뒤에 있는 비교급 형용사 more efficient를 수식하는 부사 자리로, 정답은 비교급 강조 부사 (C) much이다. 부사 (B) very는 원급 형용사나 부사를 강조한다. 비교급을 강조하는 부사로는 much 외에, far, still, even, a lot 등이 있다.

   [어휘] air conditioner 에어컨   efficient 효율적인   manufacture 제조하다   competitor 경쟁업체, 경쟁자

8. Despite the fierce competition in the brewing industry, Gang remains the **most popular** brewery in the region.

   (A) most popular   (B) popularity   (C) most popularly   (D) popularize

   양조업계의 극심한 경쟁에도 불구하고, Gang은 그 지역에서 여전히 가장 인기 있는 맥주회사이다.

   [해설] **the 최상급+in 장소** | 빈칸은 뒤에 있는 명사 brewery를 수식하는 형용사 자리이다. 앞의 the, 뒤에 나오는 in the region과 함께 '그 지역에서 가장 인기 있는'이란 의미를 나타내므로, 정답은 최상급 형용사 (A) most popular이다. 명사 (B) popularity, 최상급 부사 (C) most popularly, 동사 (D) popularize는 모두 품사상 적합하지 않다.

   [어휘] despite ~에도 불구하고   fierce 극심한, 격렬한   competition 경쟁   brewing industry 양조업   remain 남아 있다, ~채로 있다   brewery 맥주회사, 양조장   region 지역

9. The most recent NaNo tournament drew **more** participants than last year's event.

   (A) more   (B) many   (C) every   (D) most

   가장 최근에 있은 NaNo 토너먼트는 지난해보다 더 많은 참가자를 유치했다.

   [해설] **비교급+than** | 빈칸은 뒤에 있는 명사 participants를 수식하는 형용사 자리이다. 뒤에 나오는 than과 함께 '~보다 더 많은'이란 의미를 나타내고 있으므로, 정답은 비교급 형용사 (A) more이다. 원급인 (B) many는 than과 어울리지 않고, 최상급인 (D) most 앞에는 관사 the가 필요하다. 한정사 (C) every 뒤에는 단수 명사가 나온다.

   [어휘] recent 최근의 tournament 토너먼트 draw 끌다, 유치하다 participant 참가자

10. Movie director Alex Gunn says that *Guardians Vol. 2* is the **most creative** film that he has ever made.

    (A) creatively   (B) more creative   (C) creative   **(D) most creative**

    영화감독 Alex Gunn은 〈Guardians Vol. 2〉가 자신이 여태까지 만들었던 영화들 중 가장 독창적인 영화라고 말한다.

    [해설] **the 최상급+that ~ ever** | 빈칸은 뒤에 있는 명사 film을 수식하는 형용사 자리이다. 앞에 있는 관사 the, 뒤에 나오는 형용사절 that he has ever made와 함께 '여태까지 만들었던 중 가장 독창적인 영화'라는 의미를 나타낸다. 따라서 정답은 최상급 형용사 (D) most creative이다.

    [어휘] movie director 영화감독 creative 독창적인, 창의적인

day 20　Part 6 알아보기

PRACTICE
교재 p.181

1. (B)　2. (D)　3. (C)

1.

I am writing to request an extension to the lease for my room. **My** new room will not be ready before the middle of June. Therefore, I would like to stay here until June 20.

제 방의 임대차 계약 연장을 요청하고자 편지드립니다. 저의 새 방은 6월 중순은 되어야 준비가 됩니다. 따라서 6월 20일까지 이곳에 머무르고 싶습니다.

(A) Many　**(B) My**　(C) Its　(D) Their

[해설] **인칭대명사_소유격** | 문맥상 new room의 소유자는 글쓴이인 I이므로 1인칭 소유격 인칭대명사인 (B) My가 정답이다.

2.

I recently purchased a jacket from your Web site. When I received the item last week, I tried it on. **However**, when I wore it for the first time this morning, I noticed slight damage on the collar.

저는 최근 귀사의 웹사이트에서 재킷을 구입했습니다. 지난주에 상품을 받아 입어보았습니다. 그런데 오늘 아침 처음 입었는데 깃에 약간 흠집이 있는 걸 알게 되었습니다.

(A) In addition　(B) For example　(C) Therefore　**(D) However**

[해설] **접속부사** | 앞에서는 지난주에 시험 착용해 보았다는 내용이 나오고, 빈칸 뒤에서는 오늘 아침에 옷에 흠집이 있음을 발견했다는 내용이 나온다. 시험 착용 시에는 문제가 없었는데, 오늘 아침에서야 문제가 있음을 알게 되었다는 서로 대조적인 내용이 이어진다. 따라서 대조되는 내용을 잇는 접속부사 (D) However가 정답이다.

[어휘] in addition 게다가　for example 예를 들어　therefore 그러므로

3.

The Rochester Business Institute is conducting job interview workshops for individuals. We will teach you the best way to answer questions about the most common topics. **These include career history, personal strengths, and future plans.** Our experienced instructors will improve your chances of getting the position.

Rochester Business Institute에서는 개인들을 위한 취업 면접 워크숍을 실시하고 있습니다. 저희는 여러분들에게 가장 흔한 주제에 관한 질문에 대답하는 최선의 방법을 가르쳐 드릴 것입니다. 여기에는 직장 경력, 개인의 장점과 향후 계획이 포함되어 있습니다. 저희의 능숙한 강사들이 여러분의 일자리를 얻을 기회를 늘려줄 것입니다.

(A) Each one was pleased with the results of the course.
(B) The trend is expected to continue in many sectors.

(A) 모든 사람들이 그 과정의 결과에 만족했습니다.
(B) 그 경향은 많은 분야에서 지속될 것으로 예상됩니다.

(C) These include career history, personal strengths, and future plans.

(D) Now you finally have the tools to start your own business.

(C) 여기에는 직장 경력, 개인의 장점과 향후 계획이 포함되어 있습니다.

(D) 이제 여러분은 마침내 여러분 자신의 사업을 시작할 수단을 갖추었습니다.

[해설] **문장 삽입** | 빈칸 앞에서 가장 흔한 주제에 관한 질문에 대답하는 최선의 방법을 가르쳐 줄 것이라고 했다. 따라서 가장 흔한 주제에 대해 구체적으로 언급하는 내용이 이어지는 것이 문맥상 자연스러우므로, 정답은 (C)이다.

[어휘] **be pleased with** ~에 만족하다, 기쁘게 생각하다 **result** 결과 **course** 과정, 과목 **trend** 경향, 추세 **sector** 부문 **include** 포함하다 **career** 경력, 이력, 직업 **personal** 개인적인 **strength** 장점 **finally** 결국, 마침내 **tool** 도구, 수단, 연장 **start one's own business** 자신의 사업을 시작하다

ACTUAL TEST

교재 p.182

1. (B) 2. (A) 3. (A) 4. (A) 5. (D) 6. (B) 7. (C) 8. (D) 9. (C) 10. (C) 11. (A) 12. (D)
13. (B) 14. (C) 15. (C) 16. (D)

Questions 1-4 메모

To: All Employees
From: Jamy Eason
Date: 17 March
Subject: Great News

Dear Employees,

Thank you for all your hard work and we have great news! Future Tools will be [1]**opening** our third shop in two months. This additional store [2]**will be located** in the Times Cube shopping mall between Sixth and Eighth Avenues in Devonshire.

We are looking for some cashiers with a positive attitude and exceptional customer service skills. Applications should be submitted [3]**by** March 31. Then, the Human Resources officer will review each applicant's résumé to determine which applicants will be invited to come for an interview. [4]**Spread this exciting news to interested friends.**

Best regards,

Jamy Eason, CEO
Future Tools

수신: 전 직원
발신: Jamy Eason
날짜: 3월 17일
제목: 좋은 소식

직원 여러분,

직원 여러분의 노고에 감사드리며, 아주 좋은 소식이 있습니다! 우리 Future Tools는 두 달 후, 세 번째 매장을 [1]개점할 예정입니다. 이 추가 매장은 데번셔의 6번 가와 8번 가 사이에 있는 Times Cube 쇼핑몰 안에 [2]들어설 것입니다.

우리는 긍정적인 태도와 우수한 고객 서비스 능력을 지닌 계산대 직원들을 찾고 있습니다. 지원서는 3월 31일[3]까지 제출해야 합니다. 그 다음에, 인사 담당자는 각 지원자의 이력서를 검토해 면접할 지원자를 결정할 것입니다. [4]이 신나는 소식을 관심 있는 지인들에게 알려 주세요.

Jamy Eason, CEO
Future Tools

[어휘] **hard work** 노고 **additional** 추가적인, 부가적인 **locate** 위치시키다, 위치를 찾다 **look for** ~을 찾다 **cashier** 계산대 직원, 출납원 **positive** 긍정적인, 적극적인 **attitude** 태도, 자세 **exceptional** 우수한, 이례적인 **skill** 능력, 기술 **application** 지원서, 신청서 **submit** 제출하다 **Human Resources** 인사부 **Human Resources officer** 인사 담당자 **review** 검토하다, 비평하다 **applicant** 지원자, 신청자 **résumé** 이력서 **determine** 결정하다, 결심하다

1. (A) closing   **(B) opening**   (C) decorating   (D) renovating

   [해설] 동사 어휘 | 빈칸 앞에 있는 we have great news를 통해 좋은 소식을 알리고자 함을 알 수 있다. 또한 뒤에 나오는 This additional store를 통해 신규 매장이라는 것도 알 수 있다. 따라서 빈칸 뒤에 있는 목적어 our third shop과 함께 '우리의 세 번째 매장을 개점할 것'이라는 의미가 문맥상 자연스러우므로, 정답은 (B) opening이다.

   [어휘] close 폐점하다, 닫다   decorate 장식하다, 꾸미다   renovate 개조하다, 수리하다

2. **(A) will be located**   (B) to locate   (C) will locate   (D) was located

   [해설] 태/시제 복합문제 | 빈칸은 동사 자리이므로 to부정사인 (B) to locate은 정답이 될 수 없다. 또한 주어가 This additional store이므로 능동태인 (C) 역시 정답이 될 수 없다. (A), (D)가 정답 후보인데 시제가 다르다. 앞 문장에서 '두 달 후 세 번째 매장을 연다'는 이야기가 있고 This additional store가 바로 이 세 번째 매장을 가리키므로 미래 시제인 (A) will be located가 정답이다.

   [어휘] locate 위치시키다   be located in ~에 위치하다

3. **(A) by**   (B) following   (C) for   (D) due to

   [해설] 시간 전치사_시점 | 빈칸은 뒤에 있는 시간 명사 March 31과 함께 앞에 있는 동사 should be submitted를 수식하는 전치사 자리이다. 문맥상 '3월 31일까지'라는 의미가 자연스러우므로, 정답은 시간 전치사 (A) by이다.

   [어휘] by ~까지   following ~ 이후에   for ~ 동안, ~을 위해   due to ~ 때문에

4. **(A) Spread this exciting news to interested friends.**
   (B) Make sure you have mailed all the forms.
   (C) Call Future Tools office to schedule an interview.
   (D) Parking will not be available.

   (A) 이 신나는 소식을 관심이 있는 지인들에게 알려 주세요.
   (B) 모든 서류를 다 보냈는지 확인하세요.
   (C) 면접 일정을 잡기 위해 Future Tools 사무실로 전화하세요.
   (D) 주차는 불가능합니다.

   [해설] 문장 삽입 | 빈칸 앞에서 계산대 직원 채용에 대한 세부사항을 언급하고 있다. 따라서 채용에 관심이 있는 지인들에게 소식을 전하는 내용이 이어지는 것이 문맥상 자연스러우므로, 정답은 (A)이다.

   [어휘] spread 퍼뜨리다, 유포하다   exciting 신나는   interested 관심이 있는   make sure 확실히 하다   mail (우편으로) 보내다, 부치다   schedule 일정을 잡다   parking 주차   available 이용할 수 있는, 만날 수 있는

Questions 5-8 공지

Notice to EBC Internet Customers:

EBC Internet has been [5]**acquired** by Sparks Communications. Under the agreement, customer contracts will remain the same. For the next three months, all [6]**payments** may still be made through the EBC Web site. For example, you may settle your bill by bank transfer or credit card. After the three-month period, you will be required to use the Sparks Communications site. [7]**You will be advised on how to do so later.** We know that having reliable access to the Internet is important. That's why we will strive to avoid [8]**interruptions** in service during this transition.

EBC Internet 고객들에게 알려 드립니다.

EBC Internet은 Sparks Communications에 의해 [5]인수되었습니다. 협정에 따라, 고객 계약은 그대로 유지될 것입니다. 향후 3개월 동안, 모든 [6]결제는 여전히 EBC 웹사이트를 통해 이루어집니다. 예를 들어, 은행 계좌 이체나 신용카드로 결제하실 수 있습니다. 3개월 이후에는, Sparks Communications 사이트를 이용하셔야 합니다. [7]저희가 나중에 어떻게 하셔야 하는지 알려 드리겠습니다. 저희는 안정적인 인터넷 접속이 중요하다는 것을 알고 있습니다. 그래서 저희는 이 이전을 하는 동안에 서비스가 [8]중단되지 않도록 노력할 것입니다.

[어휘] notice 공지, 안내   customer 고객, 손님   agreement 협정, 합의   contract 계약(서)   remain the same 변하지 않고

그대로 있다 settle one's bill 계산하다, 지불하다 transfer 계좌 이체 credit card 신용카드 reliable 신뢰할 수 있는 access 접속 strive 노력하다, 애쓰다 transition 이동, 이행

5. (A) developed   (B) honored   (C) influenced   **(D) acquired**

   [해설] **동사 어휘** | Under the agreement나 you will be required to use the Sparks Communications site 등을 통해 EBC Internet 사용자들에게 EBC Internet이 Sparks Communications에 인수되었다는 것을 알리는 공지문임을 알 수 있다. 따라서 정답은 '인수하다'라는 의미의 (D) acquired이다.

   [어휘] develop 개발하다   honor 경의를 표하다   influence 영향을 주다   acquire 인수하다, 매입하다

6. (A) concerns   **(B) payments**   (C) documents   (D) inquiries

   [해설] **명사 어휘** | 빈칸 뒤에 온 문장 For example, you may settle your bill by bank transfer or credit card.에서 은행 계좌 이체나 신용 카드를 통해 결제할 수 있다는 결제 방법에 대해 설명하고 있다. 따라서 EBC 웹사이트를 통해 '결제'를 할 수 있다는 의미가 문맥상 자연스러우므로, 정답은 (B) payments이다.

   [어휘] concern 걱정, 염려   payment 지불, 결제   document 문서, 서류   inquiry 문의, 질문

7. (A) Please inform us about which one you prefer.   (A) 선호하시는 것을 저희에게 알려 주세요.
   (B) There are many providers to choose from.   (B) 선택할 수 있는 공급업체들이 많습니다.
   (C) You will be advised on how to do so later.   **(C) 저희가 나중에 어떻게 하셔야 하는지 알려 드리겠습니다.**
   (D) Many of you have commented on its design.   (D) 많은 분들이 디자인에 대한 의견을 주셨습니다.

   [해설] **문장 삽입** | 빈칸 앞 문장 After the three-month period, you will be required to use the Sparks Communications site.에서 3개월 이후에는 Sparks Communications 사이트를 이용해야 한다는 내용이 언급되어 있다. 따라서 빈칸에는 이용법에 대한 내용이 이어지는 것이 자연스러우므로, 정답은 (C)이다.

   [어휘] provider 공급업체, 서비스 업자   comment 의견을 말하다, 평하다

8. (A) interrupt   (B) interrupted   (C) interrupts   **(D) interruptions**

   [해설] **명사 자리_동사의 목적어** | 빈칸은 to avoid의 목적어 역할을 하는 명사 자리이므로, 정답은 명사 (D) interruptions이다.

   [어휘] interrupt 중단하다, 방해하다   interruption 중단, 방해

Questions 9-12 정보문

Officeworks Online wants to make your online shopping experience as quick as possible. If you are concerned about the shipping status of your order, please ⁹**note** the following information.

We offer same-day delivery to Sydney for items that are ordered before 11:30 A.M. Orders placed after 11:30 A.M. will be delivered the following business day.

During the wet season, deliveries to certain areas may take ¹⁰**longer** than usual. In this event, we will contact you via the phone number listed in your contact details. ¹¹**Please make sure your contact details are up-to-date.** If you are not contacted by the ¹²**expected** delivery date, please call us.

Officeworks Online은 고객의 온라인 쇼핑이 최대한 신속히 처리되길 원합니다. 주문한 물건의 배송 상태가 궁금하시면, 다음 정보에 ⁹유의하세요.

저희는 오전 11시 30분 이전 주문품에 대해 시드니 시에 당일 배송을 제공합니다. 오전 11시 30분 이후의 주문은 다음 영업일에 배송됩니다.

장마철에는 일부 지역의 배송이 평소보다 ¹⁰더 오래 걸릴 수 있습니다. 이 경우, 저희는 연락 정보에 기재된 전화번호로 연락을 드립니다. ¹¹귀하의 연락처 정보가 최신인지 확인하세요. 만약 ¹²예정된 배송일까지 연락을 못 받으시면, 저희에게 전화하세요.

어휘 experience 경험, 체험   quick 빠른, 신속한   concerned about ~대해 걱정하는; ~에 관심이 있는   shipping status 배송 상태   following 다음의, ~ 뒤에   same-day delivery 당일 배송   deliver 배송하다   business day 영업일   wet season 장마철, 우기   delivery 배송, 배달   certain 특정한, 일부의   area 지역   usual 평소   via ~을 통해, ~을 경유하여   listed 기재된   contact 연락(처)

9. (A) report   (B) organize   **(C) note**   (D) lead

해설 동사 어휘 | 빈칸 앞 If you are concerned about the shipping status of your order를 통해 배송 상태가 궁금할 경우를 언급하고 있다. 또한 다음 단락에서는 배송 일정에 관한 자세한 내용이 이어진다. 따라서 빈칸에는 뒤에 있는 목적어 the following information과 함께 '다음 정보에 유의하라'라는 해결의 내용이 이어지는 것이 자연스러우므로, 정답은 (C) note이다.

어휘 report 보도하다   organize 조직하다   note 유의하다, 주의하다   lead 이끌다

10. (A) long   (B) longest   **(C) longer**   (D) length

해설 비교급+than | 빈칸 뒤에 있는 than과 함께 '더 오래 걸리다'라는 의미를 나타내고 있다. 따라서 정답은 비교급 부사 (C) longer이다. 원급인 (A) long, 최상급인 (B) longest는 than과 어울리지 않으며 빈칸은 앞에 있는 동사 take를 수식하는 부사 자리이므로, 명사 (D) length는 품사상 적합하지 않다.

어휘 long 긴, 오래   take long 오래 걸리다   length 길이, 기간

11. (A) Please make sure your contact details are up-to-date.   (A) 귀하의 연락처 정보가 최신인지 확인하세요.
(B) Feel free to contact us at any time.   (B) 언제든지 저희에게 연락하세요.
(C) A delivery date was calculated.   (C) 배송일이 계산되어 나왔어요.
(D) Check our Web site for more information.   (D) 자세한 정보는 저희 웹사이트를 확인하세요.

해설 문장 삽입 | 빈칸 앞에 있는 문장 Should this happen, we will contact you via the phone number listed in your contact details.에서 문제 발생 시 전화로 연락하겠다고 하고 있다. 따라서 빈칸에는 연락처가 정확한지 확인하라는 내용이 이어지는 것이 문맥상 자연스러우므로, 정답은 (A)이다.

어휘 make sure 확인하다, 확실히 하다   up-to-date 최신의, 최신 유행의   feel free to부정사 마음껏 ~하다   calculate 계산하다, 산출하다   check 확인하다

12. (A) late   (B) different   (C) recent   **(D) expected**

해설 형용사 어휘 | 빈칸은 delivery date를 수식하는 형용사 자리이다. 문맥상 '예정된 배송일까지'라는 의미가 자연스러우므로, 정답은 형용사 역할을 하는 과거분사 (D) expected이다.

어휘 late 늦은; 늦게   different 다른, 다양한   recent 최근의   expected 예정된, 예상된

Questions 13-16 광고

A trip to Lahara Island wouldn't be complete without a boat ride from Oceanway Tours. **¹³Our most popular activity is the Sunburst Cove Adventure.** It features a four-hour trip along the coast, which includes one hour of snorkeling. Participants may see rare fish **¹⁴protected** by the Aquatic Preservation Society. Tickets must be booked in advance on www.oceanwaytours.com. **¹⁵Following** a cancellation due to bad weather, you may rebook the tour or request a refund. Oceanway Tours has also arranged discount opportunities

Lahara Island 여행은 Oceanway Tours 유람선을 타지 않고서는 논할 수 없습니다. **¹³가장 인기 있는 활동은** Sunburst Cove Adventure입니다. 해안을 따라 4시간 동안 여행하는 것을 특징으로 하는데, 여기에는 한 시간의 스노클링도 포함되어 있습니다. 참가자들은 Aquatic Preservation Society의 **¹⁴보호를 받고 있는** 희귀한 물고기도 볼 수 있습니다. 티켓은 www.oceanwaytours.com에서 사전 예약하셔야 합니다. 악천후로 인해 취소를 한 **¹⁵후에는** 투어를 다시 예약하거나 환불을 요청하실 수도 있습니다. Oceanway Tours에서는 또한 협력업체의 할인도

with our partners. Simply show ¹⁶**your** ticket receipt from Oceanway Tours to receive a number of deals.

마련하고 있습니다. ¹⁶여러분의 Oceanway Tours 티켓 영수증을 제시하면 많은 혜택을 받으실 수 있습니다.

어휘 complete 완전한   feature ~의 특징을 이루다   snorkeling 스노클링   participant 참가자   rare 희귀한   book 예약하다
in advance 미리, 사전에   cancellation 취소   due to ~ 때문에, ~로 인해   rebook 다시 예약하다   refund 환불, 상환
arrange 준비하다, 마련하다   discount 할인   opportunity 기회   partner 협력업체   receipt 영수증   deal 거래, 대우

13. (A) We have certification from the Lahara Safety Commission.
(B) Our most popular activity is the Sunburst Cove Adventure.
(C) Each guide is an expert on the history of the area.
(D) The island is known worldwide for its natural beauty.

(A) 저희는 Lahara Safety Commission의 허가를 받았습니다.
(B) 가장 인기 있는 활동은 Sunburst Cove Adventure입니다.
(C) 가이드는 그 지역 역사에 대해 전문가입니다.
(D) 그 섬은 전 세계적으로 자연 경관으로 잘 알려져 있습니다.

해설 문장 삽입 | Oceanway Tours 유람선 관광에 대한 광고문으로, 빈칸 앞 문장 A trip to Lahara Island wouldn't be complete without a boat ride from Oceanway Tours.에서는 Oceanway Tours 유람선을 꼭 타보라고 권하는 내용이 언급되어 있으며, 빈칸 뒤 문장 It features a four-hour trip along the coast, which includes one hour of snorkeling.에서는 유람선 관광의 세부 특징을 언급하고 있다. 따라서 빈칸에는 가장 인기 있는 활동에 대한 내용이 오는 것이 문맥상 자연스러우므로, 정답은 (B)이다.

어휘 certification 증명(서), 인증   expert 전문가   worldwide 세계적으로

14. (A) protective   (B) protection   **(C) protected**   (D) protecting

해설 현재분사와 과거분사의 구별 | 빈칸은 앞의 rare fish를 수식하는 형용사 자리이다. 따라서 정답 후보는 명사 뒤에서 앞에 온 명사를 수식할 수 있는 분사인 (C) protected와 (D) protecting이다. rare fish(희귀한 물고기)는 Aquatic Preservation Society에 의해 보호되는 대상이므로 수동의 관계이다. 따라서 정답은 과거분사 (C) protected이다.

어휘 protective 보호하는   protection 보호

15. (A) Despite   (B) Provided that   **(C) Following**   (D) As well as

해설 기타 전치사 | 빈칸 뒤의 명사구 a cancellation due to bad weather와 함께 부사처럼 뒤의 문장을 수식하는 전치사 자리이다. 문맥상 '악천후로 인해 취소를 한 후에'라는 의미가 적절하므로, 정답은 (C) Following이다. 접속사인 (B) Provided that은 품사상 적합하지 않다.

어휘 despite ~에도 불구하고   provided that 만약 ~라면, ~라는 조건으로   following ~의 뒤에, ~의 결과로
as well as ~에 더하여, 게다가

16. (A) every   (B) their   (C) other   **(D) your**

해설 인칭대명사_소유격 | 빈칸은 명사 ticket receipt 앞이므로 소유격이 와야 한다. 따라서 their와 your가 정답 후보인데, 주어인 You가 생략된 명령문이므로 (D) your가 정답이다.

day 21 주제/목적

PART 7

PARAPHRASING 연습

교재 p.190

STEP 1 1. (B) 2. (A) 3. (A) 4. (A) 5. (B)   **STEP 2** 6. (A) 7. (B)

1. It's on sale 그것은 세일 중이다 = give a **discount** 할인해 주다
   (A) refund   **(B) discount**
   어휘 on sale 세일 중인   discount 할인

2. formal clothing 격식 차린 옷 = business **attire** 비즈니스 복장
   (A) attire   (B) textile
   어휘 formal 격식을 차린   clothing 옷   attire 의복, 복장   textile 직물, 옷감

3. advertising campaigns 광고 캠페인 = **promotional** activities 홍보 활동
   (A) promotional   (B) voluntary
   어휘 activity 활동, 운동   promotional 홍보의   voluntary 자발적인

4. our loyal customer 우리의 단골 고객 = our regular **patron** 단골손님
   (A) patron   (B) vendor
   어휘 loyal 충실한   regular (고객이) 단골인, 습관적인, 고정적으로 하는   patron 고객, 손님   vendor 판매상

5. your trip schedule 귀하의 여행 일정표 = your travel **itinerary** 귀하의 여행 일정표
   (A) expense   **(B) itinerary**
   어휘 expense 비용, 경비   itinerary 여행 일정표

6. All items may only be returned to stores within seven days of purchase.
   모든 물품은 구입한 지 7일 이내에만 반품 가능합니다.
   (A) Returns can be made within a week of the purchased date.
   반품은 구입일로부터 일주일 이내에 가능합니다.
   (B) A request for a refund on any items may take seven days.
   어떤 물품에 대해서든 환불 요청에는 7일이 소요될 수 있습니다.
   어휘 item 물품   return 되돌려주다, 반품하다; 반품   purchase 구입; 구입하다
   Paraphrasing All items may only be returned → Returns can be made
   within seven days of purchase → within a week of the purchased date

7. Please fill out the return form and send us a copy.
   반품 신청서를 작성하셔서 저희에게 한 부 보내주세요.
   (A) You are allowed to make a copy of the return sheet.
   귀하가 반품 신청서를 복사하는 것이 허용됩니다.
   (B) You are required to complete the form and send a duplicate.
   신청서를 작성해 복사본을 보내셔야 합니다.

어휘 **fill out** (서식을) 작성하다　**return form** 반품 신청서, 반품 양식　**make a copy** 복사하다　**duplicate** 복사본

Paraphrasing　fill out → complete
　　　　　　　copy → duplicate

PRACTICE 1

교재 p.191

1. (C)

공지

Jones Clothing

Notice to Customers

The holidays are just around the corner! Jones Clothing understands that it's difficult to find time to shop during the busy holiday season. ¹**That's why we're staying open one hour later than our usual time from November 20 to December 23.** We hope this will make it more convenient for you to check out our men's and women's department, along with the newly added children's section. With products ranging from everyday basics to cutting-edge trends, Jones Clothing has everything you need. Our friendly staff is looking forward to serving you.

Jones Clothing

고객님들께 알림

휴가철이 코앞에 다가오고 있습니다! Jones Clothing에서는 바쁜 휴가철에 쇼핑할 시간을 내기가 어렵다는 것을 알고 있습니다. ¹그래서 11월 20일부터 12월 23일까지 정규 영업시간보다 한 시간 더 늦게까지 연장 영업할 예정입니다. 이렇게 하는 것이 여러분이 새롭게 추가된 아동복 매장과 함께 남성복 매장과 여성복 매장을 둘러보기에 더 편리하시길 바랍니다. Jones Clothing은 기본적인 평상복에서 최첨단 유행에 이르기까지 여러분에게 필요한 모든 것을 갖추고 있습니다. 저희의 친절한 직원들은 여러분을 모실 수 있기를 고대합니다.

---

1. What is the main purpose of the notice?
(A) To advertise seasonal jobs
(B) To promote a holiday sale
(C) To announce extended hours
(D) To explain a return policy

공지의 목적은?
(A) 계절에 따른 일자리를 광고하기 위해
(B) 휴가철 세일을 홍보하기 위해
(C) 연장 영업시간을 알리기 위해
(D) 환불 정책에 대해 설명하기 위해

해설 **주제/목적** | 질문에 the purpose가 있으므로 주제/목적 문제이다. 주제/목적 문제는 제목이 있으면 제목부터 확인한다. Notice to Customers(고객들에게 공지)라는 제목에 이어, time to shop(쇼핑할 시간), staying open(열기), one hour later than usual time(평소보다 한 시간 더 늦게) 등에서 고객들에게 연장 영업시간을 알리기 위한 공지문임을 알 수 있다. 따라서 (C)가 정답이다.

어휘 **advertise** 광고하다　**seasonal** 계절적인, 계절에 따라 다른　**promote** 촉진하다, 홍보하다　**announce** 알리다, 발표하다　**extended** 연장된　**extended hours** 연장 영업[근무] 시간　**policy** 규정, 정책　**return policy** 환불 정책

PRACTICE 2

교재 p.192

2. (A)

이메일

To: Christian Young
From: Alfred Hayes
² Re: O'Brian issue
Date: July 4

Dear Christian,

² I have just received a call from Alex O'Brian, our loyal customer. According to him, three of the microscopes had missing parts and one had a defective knob. I have asked him to complete a return form and send us a copy with the items in their original packaging.

Please arrange for the replacement units. We should be able to send them immediately once we have received the returned items.

Thank you.

Alfred

수신: Christian Young
발신: Alfred Hayes
² 제목: O'Brian 씨 문제
날짜: 7월 4일

Christian 씨께,

² 방금 우리 단골 고객인 Alex O'Brian 씨로부터 전화를 받았습니다. 그의 말에 의하면, 현미경 중 석 대는 부품이 빠져 있고 한 대는 손잡이에 결함이 있다고 합니다. 그에게 반품 신청서를 작성해서 물품을 원래 포장에 담아 신청서와 함께 보내달라고 요청했습니다.

교체 물품을 준비하시기 바랍니다. 반품 물품을 받는 즉시 보낼 수 있어야 하니까요.

감사합니다.

Alfred

---

2. Why was the e-mail written?

(A) To report a problem
(B) To introduce a client
(C) To request a return form
(D) To arrange for a delivery

이메일을 쓴 이유는?

(A) 문제를 알리기 위해
(B) 고객을 소개하기 위해
(C) 반품 신청서를 요청하기 위해
(D) 배송을 준비하기 위해

[해설] **주제/목적** | 질문이 Why ~~ written?이므로 주제/목적 문제이다. 제목을 확인하면 Re: O'Brian issue(O'Brian 씨 문제)이다. 또한 대체로 전반부에 단서가 있으므로 전반부에 집중한다. 첫 단락에서 고객과의 통화 내용을 알리고 있는데, 고객이 받은 물품에 문제가 있어서 자신이 반품 조치를 취했다는 내용이다. 따라서 직장 동료에게 문제를 알리기 위한 목적임을 알 수 있으므로 (A)가 정답이다.

[어휘] report 알리다, 보고하다 client 고객 request 요청하다 return form 반품 신청서 arrange 준비하다 delivery 배송

Paraphrasing 지문의 missing parts, a defective knob → 보기의 problem

ACTUAL TEST

교재 p.193

1. (C)

이메일

To: Michelle Kim <mkim@laumon.com>
From: Sarah Rodriguez <srodriguez@raytour.com>
¹**Subject: Changes to Monday schedule**
Date: 4 January

Ms. Kim,

¹**I had to make a change to your itinerary.** Unfortunately, the exploration of Noryangjin Fish Market scheduled for Monday morning is not available. The fish market has been closed for renovation. Instead, I recommend the Gwangjang Market Tour. The Gwangjang Market is one of the oldest and largest traditional markets in Seoul. You will notice I have replaced the Noryangjin Fish Market Tour with the Gwangjang Market Tour. I hope that this switch is OK with you.

Sunday	Monday	Tuesday
Arrive	Lexman Hotel	Hanok House
Check into hotel	Breakfast at hotel	DMZ Trip
Hike Namsan Tower	Gwangjang Market Explore Hongdae	Check into Hanok Explore Bukchon Hanok Village

Regards,
Sarah

수신: Michelle Kim <mkim@laumon.com>
발신: Sarah Rodriguez <srodriguez@raytour.com>
¹제목: 월요일 일정 변경
날짜: 1월 4일

Kim 씨께,

¹귀하의 여행 일정표를 바꿀 수밖에 없게 되었습니다. 아쉽게도, 월요일 오전으로 예정된 노량진 수산 시장 투어는 할 수 없게 되어서요. 수산 시장이 보수공사 때문에 문을 닫았거든요. 대신에 광장 시장 투어를 추천 드려요. 광장 시장은 서울에서 가장 오래 되고 가장 규모가 큰 전통 시장 중 하나입니다. 제가 노량진 수산 시장 투어를 광장 시장 투어로 바꿔놓은 게 보이실 거예요. 이렇게 바꾼 것이 고객님께 괜찮았으면 합니다.

일요일	월요일	화요일
도착	렉스만 호텔	한옥
호텔 체크인	호텔에서 조식	DMZ 견학
남산 타워 하이킹	광장 시장 홍대 투어	한옥 체크인 북촌 한옥 마을 투어

Sarah

[어휘] itinerary 여행 일정표 unfortunately 안타깝게도, 아쉽게도 exploration 탐사, 답사 renovation 수리, 보수 traditional 전통적인 replace 대체하다 switch 전환, 변경

1. Why was the e-mail sent?
   (A) To correct an error in an advertisement
   (B) To reschedule an appointment
   (C) To provide an update on a travel itinerary
   (D) To discuss changes to a market renovation

   이메일을 보낸 이유는?
   (A) 광고의 오류를 바로잡기 위해
   (B) 약속을 다시 잡기 위해
   (C) 최신 여행 일정표를 제공하기 위해
   (D) 시장 보수공사 변경에 대해서 논의하기 위해

   [해설] 주제/목적 | 문제에 Why ~ sent?가 있으므로 주제/목적 문제이다. 주제/목적 문제의 단서인 제목부터 살펴보면 Subject: Changes to Monday schedule(제목: 월요일 일정 변경)이고 첫 문장 역시 여행 일정표 변경에 대해 언급하고 있다. 원래 예정된 일정 대신 새로 바뀐 일정표를 보내며 양해를 구하고 있으므로 (C)가 정답이다.

   [어휘] correct 바로잡다 error 오류 reschedule 일정을 조정하다 appointment 약속 provide 제공하다 itinerary 일정 renovation 보수공사

   Paraphrasing 지문의 make a change → 보기의 an update

day 22 세부사항 — PART 7

PARAPHRASING 연습

교재 p.196

STEP 1 1. (A) 2. (B) 3. (B) 4. (A) 5. (B)   **STEP 2** 6. (A) 7. (B)

1. **exhibit** paintings 그림을 전시하다 = **display** artwork 미술품을 전시하다
   (A) display   (B) illustrate
   [어휘] exhibit 전시하다 painting 그림 artwork 미술품 display 전시하다 illustrate 삽화를 그리다

2. a highly **praised** movie 매우 칭찬 받은 영화 = a widely **acclaimed** film 널리 호평 받은 영화
   (A) criticized   **(B) acclaimed**
   [어휘] highly 매우 praise 칭찬하다 widely 널리 criticize 비판하다, 비난하다 acclaim 호평하다

3. **introduce** new items 새로운 제품을 소개하다 = **launch** new products 새로운 제품을 출시하다
   (A) develop   **(B) launch**
   [어휘] introduce 소개하다 item 제품 develop 개발하다 launch 출시하다

4. **commence** at noon 정오에 시작하다 = **begin** at 12 P.M. 오후 12시에 시작하다
   (A) begin   (B) reschedule
   [어휘] commence 시작하다 noon 정오 reschedule 일정을 변경하다

5. **temporarily** closed 일시적으로 폐쇄된 = provisionally **shut down** 임시로 폐쇄된
   (A) moved   **(B) shut down**
   [어휘] temporarily 일시적으로, 임시로 provisionally 임시로 move 옮기다 shut down 폐쇄하다

6. We will place an ad in the classified section of the newspaper.
   신문 광고면에 광고를 낼 것입니다.
   (A) We will advertise our products in the print media.
     인쇄 매체에 우리 제품을 광고할 것입니다.
   (B) Newspaper advertising is suitable for our products.
     신문 광고가 우리 제품에 어울립니다.
   [어휘] place an ad 광고를 내다 classified section (신문 등의) 광고면 advertise 광고하다 print media 인쇄 매체 advertising 광고 suitable 적합한
   Paraphrasing place an ad → advertise
               newspaper → print media

7. You can choose to complete the assignment at home.
   집에서 업무를 끝마치도록 선택할 수 있습니다.
   (A) You may go home if you finish the assignment early.
     업무를 일찍 끝내면 집에 가도 좋습니다.
   (B) You can work from home.
     집에서 일하실 수 있습니다.

[어휘] choose 선택하다   complete 완료하다   assignment 과제, 업무
Paraphrasing complete the assignment at home → work from home

PRACTICE 1
교재 p.197

1. (C)   2. (D)

공지

NOTICE

Hilbert Museum to open a new exhibition

We are pleased to announce a new exhibition, "Ugly Art", which will be on display March 18 through May 23. This eagerly anticipated exhibit will feature 50 works by [1]**acclaimed international artists such as Obi de Sagazan, Sim Yong-min and Thomas Baker.** [2]**Newcomer Yayoi Weiwei's installation is especially noteworthy. It was described as "the most interesting debut of the year" by Marta Kuz**, world-renowned curator of The New Gallery in London. To learn more about the featured artists, please visit our Web site at www.hilbertmuseum.org, or download our museum app to stay up-to-date with the upcoming events.

공지

Hilbert 미술관에서 새로운 전시회를 열다

새로운 전시인 〈어글리 아트〉를 열게 됨을 알려 드리게 되어 기쁩니다. 이 전시는 3월 18일부터 5월 23일까지 전시됩니다. 매우 기대가 되는 이번 전시에는 [1]Obi de Sagazan, Sim Yong-min, Thomas Baker 씨 등 국제적으로 찬사를 받는 미술가들의 작품 50점이 선보이게 됩니다. [2]신예 Yayoi Weiwei 씨의 설치 미술품은 특히 주목할 만합니다. 그것은 런던 The New Gallery의 세계적 명성을 지닌 큐레이터인 Marta Kuz 씨가 "올해 가장 흥미로운 데뷔"라고 묘사한 바 있습니다. 참가하는 예술가에 대해서 더 자세한 정보를 알고 싶으시면, 저희 웹사이트인 www.hilbertmuseum.org를 방문하시거나 저희 미술관 앱을 다운받으셔서 다가오는 행사들의 최신 소식을 계속 받아보세요.

1. Who is Thomas Baker?
   (A) An architect
   (B) A museum curator
   (C) An artist
   (D) A journalist

   Thomas Baker 씨는 누구인가?
   (A) 건축가
   (B) 미술관 큐레이터
   (C) 미술가
   (D) 기자

   [해설] **세부사항** | 질문의 키워드가 사람 이름인 Thomas Baker이므로 지문을 빠르게 훑으며 대문자로 표기되는 곳을 찾는다. acclaimed international artists such as ~ and Thomas Baker에서 국제적으로 인정받는 미술가 중 한 명으로 Thomas Baker를 언급하고 있으므로 (C)가 정답이다.

   [어휘] architect 건축가   journalist 기자

2. Who was praised by Ms. Kuz?
   (A) Mr. De Sagazan
   (B) Mr. Sim
   (C) Mr. Baker
   (D) Ms. Weiwei

   Kuz 씨에게 칭찬 받은 사람은 누구인가?
   (A) De Sagazan 씨
   (B) Sim 씨
   (C) Baker 씨
   (D) Weiwei 씨

   [해설] **세부사항** | 질문의 키워드가 사람 이름인 Ms. Kuz이므로 대문자 위주로 재빨리 검색한다. Marta Kuz가 언급된 문장과 그 앞 문장을 통해 Kuz 씨가 칭찬한 설치 미술품을 만든 사람이 Yayoi Weiwei임을 알 수 있으므로 (D)가 정답이다.

   [어휘] praise 칭찬하다

PRACTICE 2

교재 p.198

3. (D) 4. (C)

편지

Mr. John Clarke, Purchasing Manager   June 5
Big Electronics Store
231 Sheridan Avenue
Chicago, IL 54250

Dear Mr. Clarke,

This summer, Line Electronics will introduce a new tablet line. Since last January, we have expanded our product line to include tablet computers and laptops. **³The company is preparing to launch a promotional campaign for the new tablets in July.**

⁴We decided to place our advertisements in a local newspaper, *Daily Chicago*, and several computer magazines. We gave up on the original plan for TV commercials because it would cost too much.

Please see the enclosed product brochure for your reference. If you need more information, please feel free to contact me.

Emma Workman, Product Manager
Line Electronics

ENCLOSURE

John Clarke 씨, 구매 담당자   6월 5일
Big Electronics 매장
Sheridan Avenue 231번지
일리노이 주 54250, 시카고

Clarke 씨께,

올 여름 Line Electronics 사에서는 새로운 태블릿 제품을 선보일 예정입니다. 지난 1월부터, 저희 회사는 태블릿 컴퓨터와 노트북까지 망라하도록 제품군을 확장해왔습니다. ³회사에서는 7월에 새로운 태블릿 제품을 위한 홍보를 시작하려고 준비하고 있습니다.

⁴저희는 지역 신문인 <데일리 시카고>와 몇몇 컴퓨터 잡지에 광고를 싣기로 결정했습니다. 비용이 너무 많이 든다는 이유로 애초 계획했던 TV 광고는 포기했습니다.

동봉한 제품 안내서를 참고하십시오. 더 자세한 정보가 필요하면, 언제든지 제게 연락하시기 바랍니다.

Emma Workman, 제품 담당자
Line Electronics

동봉

---

3. When will Line Electronics begin advertising the new product line?

   (A) In January
   (B) In May
   (C) In June
   (D) In July

Line Electronics 사는 언제 신제품 광고를 시작하는가?

   (A) 1월
   (B) 5월
   (C) 6월
   (D) 7월

해설 **세부사항** | 신제품 광고 시기를 묻는 질문이며 보기가 모두 '달'로 대문자이다. 대문자 위주로 재빨리 훑어본다. June이 먼저 나오지만, 편지를 작성한 달이며, January는 제품군 확대와 관련된 달이다. 두 번째 달로 July가 등장한다. The company is preparing to launch a promotional campaign for the new tablets in July.에서 7월에 신제품 홍보를 시작한다고 했으므로 (D)가 정답이다.

Paraphrasing 질문의 begin → 지문의 launch
질문의 advertising → 지문의 a promotional campaign

4. According to the letter, what type of advertising will Line Electronics use?

편지에 따르면, Line Electronics 사가 이용하게 될 광고 유형은 무엇인가?

(A) Text messages
(B) Radio
(C) **Print**
(D) Television

(A) 문자 메시지
(B) 라디오
(C) **인쇄물**
(D) 텔레비전

[해설] **세부사항** | 질문에서 what type of advertising, 즉 광고 유형을 묻고 있다. 'advertising'을 키워드로 잡고 지문에서 관련 내용을 검색한다. 키워드 'advertisements'가 있는 문장 We decided to place our advertisements in a local newspaper, *Daily Chicago*, and several computer magazines.에서 지역 신문에 광고를 싣기로 했다고 밝히고 있으므로 (C)가 정답이다. 비용 때문에 TV 광고는 포기했다고 했으므로 (D)는 오답이다.

[어휘] text message 문자 메시지   print 인쇄물, 간행물

Paraphrasing 지문의 a local newspaper → 보기의 Print

ACTUAL TEST

교재 p.199

1. (B)   2. (A)

이메일

To: Employees
From: Alex Jenkins, Head of operations
Date: August 19
Subject: Level 23 and 24 Closure

I am writing to inform you that [1] **the upper floors of the main office building will be temporarily closed for three days**. The air conditioning system in the building broke down, creating an unpleasant working environment. Maintenance workers will replace the entire system and fully restore the air conditioning system. [1] **The work will begin on Thursday, August 21**, and end on Saturday, August 23. In compliance with safety regulations, no one except work crews will be allowed in the area during this period.

All office rooms on the 23rd and 24th floor will be affected. [2] **Those employees in the relevant areas should choose to work either at home** or in any vacant meeting rooms in other parts of the building. Speak to Nima Suarez in administration for details about the rooms available for use. We apologize for any inconvenience this may cause.

수신: 직원들
발신: Alex Jenkins, 사업 본부장
날짜: 8월 19일
제목: 23층과 24층 폐쇄

[1] 본사 건물의 위층들이 사흘 동안 일시 폐쇄된다는 것을 알려드리고자 메일 드립니다. 건물의 에어컨 장치가 고장 나서 근무 환경이 쾌적하지 못합니다. 보수 작업자들이 이 장치 전체를 교체하여 에어컨 장치를 완전히 복구할 것입니다. [1] 작업은 8월 21일 목요일에 시작하여 8월 23일 토요일에 끝나게 됩니다. 안전 규정에 따라, 작업반을 제외한 누구도 이 기간 동안 이 구역 출입이 허용되지 않을 것입니다.

23층과 24층에 있는 모든 사무실이 해당됩니다. [2] 해당 구역 직원들은 재택근무를 하거나 건물의 다른 구역에 있는 빈 회의실에서 근무하는 것 중에서 선택해야 합니다. 사용 가능한 회의실에 대한 자세한 사항은 관리부의 Nima Suarez 씨에게 이야기하시기 바랍니다. 이 일로 불편을 끼쳐드리게 되어 사과드립니다.

[어휘] closure 폐쇄   inform 알리다   upper floor 위층   temporarily 일시적으로   break down 고장 나다   maintenance 유지, 관리   entire 전체의   restore 복구하다   in compliance with ~에 따라   safety regulations 안전 규정   except ~을 제외한   work crew 작업반   affect 영향을 미치다   relevant 관련된   vacant 비어 있는   administration 관리   available 이용할 수 있는   apologize for ~에 대해 사과하다   inconvenience 불편   cause 유발하다

1. When will the closure commence?　　　　　　　　폐쇄가 시작되는 때는 언제인가?
   (A) On August 19　　　　　　　　　　　　　　　(A) 8월 19일
   (B) On August 21　　　　　　　　　　　　　　**(B) 8월 21일**
   (C) On August 22　　　　　　　　　　　　　　　(C) 8월 22일
   (D) On August 23　　　　　　　　　　　　　　　(D) 8월 23일

   [해설] **세부사항** | 질문에서 closure commence, 즉 폐쇄 시작일을 묻고 있다. 보기가 모두 'August(8월)'이므로 'August'를 키워드로 잡고 지문을 재빨리 훑어 나간다. 첫 번째 문장에 건물이 사흘 간 폐쇄된다(will be ~ closed)는 이야기가 있고 작업 이유(에어컨 고장)에 대한 설명이 이어지다가 키워드인 August 21, August 23이 나온다. The work will begin on Thursday, August 21에서 작업이 8월 21일에 시작된다고 했다. 작업 시작 시점이 폐쇄 시작 시점이므로 정답은 (B)이다.

   Paraphrasing 지문의 begin → 문제의 commence

2. What are some employees asked to do?　　　　　　일부 직원들에게 요청하는 것은?
   (A) Bring their work home　　　　　　　　　　**(A) 집으로 일을 가져가기**
   (B) Contact an operations director　　　　　　　　(B) 사업 본부장에게 연락하기
   (C) Leave the office early　　　　　　　　　　　(C) 일찍 퇴근하기
   (D) Move to another building　　　　　　　　　　(D) 다른 건물로 옮기기

   [해설] **세부사항** | 요청 사항은 주로 지문 후반부에 언급된다. Those employees in the relevant areas should choose to work either at home or in any vacant meeting rooms in other parts of the building.에서 사무실이 폐쇄되는 직원들은 재택근무나 빈 회의실에서 근무해야 한다고 알리고 있다. 따라서 재택근무를 달리 표현한 (A)가 정답이다.

   [어휘] contact 연락하다　leave 떠나다

   Paraphrasing 지문의 work (either) at home → 보기의 Bring their work home

 day 23　NOT/TRUE　　　　　　　　　　　　　　　　　　　　　PART 7

PARAPHRASING 연습　　　　　　　　　　　　　　　　　　　　　교재 p.202

STEP 1　1. (B)　2. (A)　3. (A)　4. (A)　5. (B)　　　**STEP 2**　6. (A)　7. (B)

1. The room has a terrace 그 방에는 테라스가 있다 = a room with a **balcony** 발코니가 있는 방
   (A) window　　　　　　**(B) balcony**
   [어휘] terrace 테라스　balcony 발코니

2. an estate manager 부동산 매니저 = a **property** manager 부동산 매니저
   (A) property　　　　　(B) license
   [어휘] estate 부동산　property 부동산, 토지　license 면허증

3. register for our classes 우리 강의에 등록하다 = **sign up for** our courses 우리 강좌를 신청하다
   (A) sign up for　　　　(B) volunteer
   [어휘] register for ~에 등록하다　sign up for ~를 신청하다　volunteer 자원하다

4. overseas outlets 해외 직판점 = international **stores** 국제 매장

   (A) **stores**   (B) warehouses

   어휘 overseas 해외의 outlet 직판점, 할인점 warehouse 창고

5. tailored to your needs 귀하의 요구에 맞추어 제작된 = **customized** per your request 귀하의 요구에 따라 맞춘

   (A) dressed   (B) **customized**

   어휘 tailored 맞춤의 needs 요구 request 요구, 요청 dressed 옷을 입은 customized 개개인의 요구에 맞춘

6. We will have a brainstorming session tomorrow on sales.
   우리는 내일 판매에 대해 자유로운 의견 개진 시간을 가질 것입니다.

   (A) We need to think creatively and make some suggestions about sales.
       우리는 창의적으로 생각하여 판매와 관련된 제안들을 해야 합니다.

   (B) A major storm will move across the nation tomorrow.
       내일 대형 폭풍이 전국을 가로질러 이동하겠습니다.

   어휘 brainstorming 브레인스토밍(자유롭게 아이디어를 내놓는 회의방식) creatively 창의적으로 suggestion 제안
        major 주요한, 심각한 storm 폭풍

   Paraphrasing brainstorming session → think creatively and make some suggestions

7. The library has 7 sections in its three-story building.
   도서관은 3층짜리 건물 안에 7개의 구역이 있습니다.

   (A) The three buildings of the library are divided into 7 sections.
       세 개의 건물로 이루어진 도서관은 7개의 구역으로 나뉘어져 있습니다.

   (B) The library has three floors, with 7 sections.
       도서관은 3층으로 이루어져 있으며 7개의 구역이 있습니다.

   어휘 library 도서관 section 구역, 부문 story (건물의) 층 divide 나누다

   Paraphrasing three-story building → has three floors

PRACTICE 1
교재 p.203

1. (C)   2. (D)

이메일

To:	Alan Brown	수신: Alan Brown
From:	Gina Ekuno	발신: Gina Ekuno
Date:	15 September	날짜: 9월 15일
Subject:	Advertisements	제목: 광고

Dear Mr. Brown,

I want to share some information with you since you are preparing to advertise new properties in our region.

One apartment is nestled in the hills of a quiet village in Cornwall. It has 4 bedrooms, 2 bathrooms, and

Brown 씨께,

귀하께서 우리 지역의 새로운 부동산 광고를 준비하고 계시기에 정보를 공유하고자 합니다.

아파트 한 채는 Cornwall에 있는 조용한 마을 언덕에 자리하고 있습니다. 침실 4개와 화장실

spacious living and dining rooms. It has new furniture and ¹**the view from the balcony is wonderful**.

The other one is on Keswick Road in Grasmere. It is a ²**two-story house** with a car garage. It was ²**fully renovated 5 months ago** and furnished with ²**up-to-date appliances**. In addition, there is a ²**lovely backyard garden surrounded by a white picket fence**.

These houses must be posted on our Web site later this week.

Sincerely,
Gina Ekuno
Manager, Grasmere Estate Agency

2개, 널찍한 거실과 식당을 갖추고 있습니다. 가구는 새 것이고 ¹발코니 전경이 멋있습니다.

나머지 하나는 *Grasmere의 Keswick Road에 있습니다. 차고가 딸린 ²2층집입니다. ²다섯 달 전에 전면 개조되었으며 ²최신 가전제품들이 구비되어 있습니다. 또한, ²하얀 말뚝울타리로 둘러싸인 멋진 뒤뜰이 있습니다.

이 주택들은 이번 주말에 우리 웹사이트에 게시되어야 합니다.

Gina Ekuno
매니저, Grasmere Estate Agency

---

1. What is stated as a feature of the Cornwall apartment?

(A) Parking facilities
(B) A laundry room
(C) A terrace
(D) A private garden

Cornwall 아파트의 특징으로 언급된 것은?

(A) 주차 시설
(B) 세탁실
(C) 테라스
(D) 개인 정원

[해설] **NOT/TRUE** | 질문에 stated as ~가 있으므로 TRUE 문제이다. 질문의 as 뒤 'Cornwall apartment'를 키워드로 잡고 지문을 빠르게 검색한다. 두 번째 단락에서 Cornwall 소재 아파트가 등장하므로 주변 단서와 보기를 대조한다. 지문에 the view from the balcony is wonderful(발코니에서 보는 전경이 멋있다)이라는 언급이 있으므로 (C)가 정답이다.

[어휘] parking facility 주차 시설

Paraphrasing 지문의 balcony → 보기의 terrace

2. What is NOT mentioned about the property on Keswick Road?

(A) It has an enclosed yard.
(B) It consists of two floors.
(C) It has new home appliances.
(D) It was built five months ago.

Keswick Road에 있는 부동산에 대해 언급되지 않은 것은?

(A) 담으로 둘러싸인 마당이 있다.
(B) 2층으로 이루어져 있다.
(C) 새로운 가전제품들이 구비되어 있다.
(D) 다섯 달 전에 건축되었다.

[해설] **NOT/TRUE** | 질문에 NOT이 있으므로 NOT 문제이다. about 뒤 Keswick Road를 키워드로 잡고 지문을 빠르게 검색한다. 세 번째 단락에서 Keswick Road가 등장하므로 주변 단서와 보기를 대조한다. It was fully renovated 5 months ago에서 다섯 달 전에 개조되었다고 했으므로 (D)가 정답이다. backyard garden surrounded by a white picket fence(하얀 말뚝 울타리로 둘러싸인 뒤뜰)라고 했으므로 (A)는 언급된 내용이며, two-story house(2층집)라고 했으므로 (B) 역시 언급된 내용, up-to-date appliances(최신 가전제품들)이라고 했으므로 (C) 역시 언급되었다.

[어휘] enclosed 담으로 둘러싸인 floor 층 home appliances 가전제품

Paraphrasing 지문의 backyard garden surrounded by a white picket fence → 보기의 enclosed yard
지문의 two-story house → 보기의 two floors
지문의 up-to-date appliances → 보기의 new home appliances

PRACTICE 2

교재 p.204

3. (C)   4. (B)

광고

Tiera Housekeeping Service (THS)
Save time by leaving the cleaning to us!

Tiera Housekeeping Service (THS) is Stockton's most trusted cleaning service. We offer a wide variety of services for residential and commercial properties.

Regular Cleaning Package:
Offered daily, twice a week, or weekly / [3] **Two-person crew for an hourly rate of $50**

Deep Cleaning Package:
One-time deep cleaning for special occasions, preparation for house sale, etc. / [3] **Three-to five-person crew for an hourly rate of $75–$140**

Call (734) 555-0122 to book an appointment. [4] **Visit www.tierahousekeeping.com to download a brochure or browse customer testimonials.**

Tiera Housekeeping Service (THS) 청소는 저희에게 맡기시고 시간을 절약하세요!

Tiera Housekeeping Service (THS)는 스톡턴에서 가장 신뢰 받는 청소 서비스 업체입니다. 저희는 주거용이나 상업용 부동산을 위해 아주 폭넓은 서비스를 제공합니다.

Regular Cleaning Package:
매일, 1주일에 두 번, 또는 일주일에 한 번 / [3] 두 사람이 작업하며 시급 50달러

Deep Cleaning Package:
특별한 경우나 주택 매매 준비 등을 위한 1회 대청소 / [3] 3~5명이 작업하며 시급 75달러 – 140달러

약속 일정을 잡으시려면 (734) 555-0122로 전화 주세요. [4] www.tierahousekeeping.com을 방문하셔서 소책자를 다운로드하시거나 고객의 추천글을 살펴보세요.

---

3. According to the advertisement, what is true about THS?

(A) It provides a monthly service option.
(B) Its customers are all businesses.
(C) Its crew sizes vary.
(D) It serves several cities in the area.

광고에 따르면, THS에 대해서 사실인 것은?

(A) 월례 서비스를 제공한다.
(B) 고객들은 모두 사업체들이다.
(C) 작업반원 규모가 다양하다.
(D) 지역 내의 몇몇 도시에 서비스를 제공한다.

[해설] **NOT/TRUE** | 문제에 'true about'이 보이므로 TRUE 문제이다. about 뒤의 THS를 키워드로 잡고 검색한다. 지문 맨 위의 Tiera Housekeeping Service (THS)에서 THS는 청소 회사임을 알 수 있으며, 회사에서 제공하는 청소 서비스 관련 내용과 보기를 대조한다. Regular Cleaning Package의 Two-person crew for an hourly rate of $50와 Deep Cleaning Package의 Three- to five-person crew for an hourly rate of $75–$140에서 작업반원의 규모가 다양함을 알 수 있으므로 (C)가 정답이다.

[어휘] monthly 월례의, 매달의

4. What can customers do on the THS Web site?

(A) Book a consultation
(B) Read customers' opinions
(C) Request a mailed brochure
(D) Set up an appointment

고객들이 THS 웹사이트에서 할 수 있는 것은?

(A) 컨설팅을 예약한다.
(B) 고객들의 의견을 읽는다.
(C) 안내 책자 우송을 요청한다.
(D) 약속 시간을 잡는다.

[해설] **세부사항** | 웹사이트에서 할 수 있는 일을 묻고 있으므로, Web site가 키워드이다. 찾기 쉬운 웹사이트 주소 (www.tierahousekeeping.com)가 보이므로, 그 주변을 검색한다. 마지막 문장 Visit www.tierahousekeeping.com to download a brochure or browse customer testimonials.에서 웹사이트에서 소책자를 다운로드하거나 고객의 추천글을 볼 수 있다고 했으므로 (B)가 정답이다.

어휘 consultation 컨설팅, 상담   set up (시간을) 정하다
Paraphrasing 지문의 browse → 보기의 Read
지문의 testimonials → 보기의 opinions

ACTUAL TEST

교재 p.205

1. (B)   2. (C)

웹사이트

NetAsia   Products   Support & Security   Ways to Bank

¹**Thank you Mr. Lanski for registering for our online banking services.** You can now easily access and manage your online account any time any day with NetAsia Bank online services.

Please take some time to learn more about what we offer.

<What can I do with online banking?>

◆ **Check your balance**
   – Your balance shows you how much money you have in your account.

◆ ²**Check your bank statements**
   – Approximately 80% of our personal accounts are currently managed online.

◆ ²**Make payments or send money**
   – Send money securely to and from any account using our card reader.

◆ **Manage and track your savings**
   – Our Savings Target helps you to ²**set goals** and track your progress.

NetAsia 제품 지원 및 보안 은행 가는 길

¹저희 온라인 뱅킹 서비스에 등록해 주신 Lanski 씨에게 감사드립니다. 귀하는 이제 NetAsia 은행 온라인 서비스를 통해 언제 어느 때나 쉽게 귀하의 온라인 계좌에 접속하고 관리할 수 있습니다.

잠시 시간을 내어 저희가 제공하는 서비스에 대해 자세히 알아보시기 바랍니다.

〈온라인 뱅킹으로 무엇을 할 수 있는가?〉

◆ 잔고 확인
   – 잔고는 귀하의 계좌에 돈이 얼마나 있는지 보여줍니다.

◆ ²은행 거래내역서 확인
   – 저희 개인 계좌의 약 80%가 현재 온라인으로 관리되고 있습니다.

◆ ²납입 또는 송금
   – 저희 카드 판독기를 사용하여 어느 계좌로나 확실하게 송금하십시오.

◆ 예금 관리 및 추적
   – 저희 Savings Target이 ²목표를 설정하고 진행 상황을 추적하는 데 도움을 드립니다.

어휘 support 지원   security 보안, 안전   register for ~에 등록하다   access 접근하다   account 계좌, 계정   balance 잔고   bank statement 은행 거래내역서   approximately 약   personal 개인적인   currently 현재   payment 납입, 지불   send 보내다   securely 안전하게   card reader 카드 판독기   goal 목표   track 추적하다   progress 진척, 진행

1. Who is Mr. Lanski?
   (A) A bank teller
   (B) A bank customer
   (C) A financial planner
   (D) A Web site designer

Lanski 씨는 누구인가?
   (A) 은행 창구 직원
   (B) 은행 고객
   (C) 재무 설계사
   (D) 웹사이트 디자이너

해설 세부사항 | 첫 문장인 Thank you Mr. Lanski for registering for our online banking services.에서 온라인 뱅킹 서비스에 등록해준 데 대해 Lanski 씨에게 감사하는 것으로 보아, Mr. Lanski는 은행 고객임을 알 수 있다. 따라서 (B)가 정답이다.

어휘 (bank) teller (은행) 창구 직원 financial 재무의, 금융의 planner 설계사

2. What most likely would a customer NOT be able to do online?

(A) View statements
(B) Transfer money
(C) Apply for a loan
(D) Plan financial goals

고객이 온라인에서 할 수 있는 일이 아닌 것은?

(A) 내역서 보기
(B) 돈 이체하기
(C) 대출 신청하기
(D) 재무 목표 계획하기

해설 NOT/TRUE | 문제에 NOT이 있으므로 NOT 문제이다. 'do online'을 키워드로 잡고 지문에서 관련 내용을 찾는다. 지문 안 소제목인 〈What can I do with online banking?〉 뒤에서 항목별로 온라인 서비스를 나열하고 있으므로 이 부분과 보기를 대조한다. (A)는 Check your bank statements에서, (B)는 Make payments or send money에서, (D)는 Manage and track your savings 항목의 set goals에서 고객이 온라인에서 할 수 있는 일로 언급되고 있지만, (C)에 대한 언급은 없다. 따라서 (C)가 정답이다.

어휘 statement 내역서 transfer 이체하다 apply for ~을 신청하다 loan 대출, 융자 goal 목표

Paraphrasing 지문의 Check → 보기의 View
지문의 send money → 보기의 Transfer money
지문의 set goals → Plan financial goals

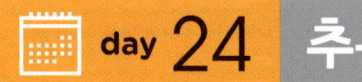

day 24 추론

PART 7

PARAPHRASING 연습

교재 p.208

STEP1 1. (A) 2. (A) 3. (B) 4. (A) 5. (B)   **STEP2** 6. (B) 7. (B)

1. lost baggage 분실된 짐 = **missing** luggage 분실된 짐

   (A) missing   (B) found

   어휘 baggage 짐, 수하물 missing 분실된 found 발견했다(find의 과거)

2. personal belongings 개인 소지품 = personal **possessions** 개인 소지품

   (A) possessions   (B) membership

   어휘 personal 개인의 belongings 소지품, 소유물(주로 복수형) membership 회원 (자격)

3. collect your bags 당신의 가방을 찾아가다 = **pick up** your baggage 당신의 짐을 찾다

   (A) assemble   **(B) pick up**

   어휘 assemble 조립하다 pick up 찾다, 찾아오다

4. submit a bill 청구서를 제출하다 = send an **invoice** 송장을 보내다

   (A) invoice   (B) contract

   어휘 submit 제출하다 bill 청구서 invoice 송장 contract 계약(서)

5. ask about the data 자료에 관해 묻다 = **inquire** about the information 정보에 관해 문의하다

(A) examine   **(B) inquire**

어휘 examine 조사하다   inquire 문의하다

6. The luggage allowance rules apply to our flights.
우리 비행편에는 수하물 허용규정이 적용됩니다.

(A) Laptops are banned as cabin baggage on flights.
노트북 컴퓨터는 기내 수하물로 금지됩니다.

(B) We place limitations on checked baggage and boxes.
우리는 부치는 짐이나 상자에 대해 제한을 두고 있습니다.

어휘 luggage allowance 수하물 허용규정   apply to ~에 적용되다   ban 금지하다   cabin baggage 기내 수하물
place a limitation on ~에 제한을 가하다   checked baggage (비행기에서) 따로 부치는 수하물

Paraphrasing luggage → baggage and boxes
The luggage allowance rules apply to → place limitations on

7. We would appreciate your feedback on our service.
저희 서비스에 대해 평가해 주시면 감사하겠습니다.

(A) We thank you for your choice to use our services.
저희 서비스를 이용해주셔서 감사합니다.

(B) We would be grateful for a survey response about our service.
저희 서비스에 대한 설문조사에 응해 주시면 감사하겠습니다.

어휘 appreciate 감사히 여기다   feedback 피드백, 평가   choice 선택   grateful 고마워하는   survey 설문조사

Paraphrasing appreciate → be grateful
feedback → survey response

PRACTICE 1   교재 p.209

1. (A)   2. (B)

이메일

From: info@tsalostandfound.com
To: dgilbert@gigumail.com
Date: October 27
Subject: Lost luggage

Dear Mr. Gilbert,

Thank you for contacting Transportation Lost and Found. ²**We received your inquiry about the missing luggage.** On the form, you mentioned that you left your large black suitcase at the security check point. However, we collected so many similar suitcases that we cannot identify yours. We recommend you to visit our lost and found center and pick up the luggage yourself.

발신: info@tsalostandfound.com
수신: dgilbert@gigumail.com
날짜: 10월 27일
제목: 분실된 짐

Gilbert 씨께,

교통 분실물 보관소에 연락 주셔서 감사합니다. ²분실된 가방과 관련된 귀하의 문의사항을 접수했습니다. 신청서에서, 보안 검색대에 커다란 검정색 여행가방을 두었다고 하셨더군요. 그런데 저희가 너무나 많은 비슷한 여행가방들을 수거했기에 귀하의 가방을 식별할 수가 없습니다. 저희 분실물 보관소에 오셔서 직접 가방을 가져가시길 권합니다.

Please note that you will be asked to present a valid form of identification. ¹**You also need to bring your flight ticket as a proof of travel.**

We are open from 8 A.M. to 7 P.M. seven days a week. If you have any questions, please call us at 555-0173.

Regards,

Pat Louis
Transportation Lost and Found

유효한 형태의 신분증을 제시하라는 요구를 받게 된다는 점 유의하시기 바랍니다. ¹여행 증빙용으로 비행기표도 가져오셔야 합니다.

저희는 일주일 내내 오전 8시부터 오후 7시까지 문을 엽니다. 문의사항이 있으시면, 555-0173번으로 연락하십시오.

Pat Louis
교통 분실물 보관소

---

1. Where does Ms. Louis most likely work?

(A) **At an airport**
(B) At a customs office
(C) At a shipping agency
(D) At a travel agency

Louis 씨는 어디에서 근무하겠는가?

(A) **공항**
(B) 세관
(C) 배송업체
(D) 여행사

[해설] 추론 | 질문에 most likely가 있으므로 추론 문제이다. Ms. Louis + where ~ work?로 보낸 사람의 직장을 묻고 있다. 지문 두 번째 단락의 You also need to bring your flight ticket as a proof of travel.에서 비행기표를 가져오라는 말에서 Ms. Louis가 일하는 분실물 보관소가 공항 안에 있음을 짐작할 수 있으므로 (A)가 정답이다.

[어휘] customs office 세관 shipping agency 배송업체 travel agency 여행사

2. What did Mr. Gilbert most likely ask about?

(A) Cancellation policy
(B) **Lost belongings**
(C) Baggage allowance
(D) Travel itinerary

Gilbert 씨는 무엇에 관해 문의했겠는가?

(A) 취소 규정
(B) **분실한 소지품**
(C) 수하물 허용 규정
(D) 여행 일정표

[해설] 추론 | 질문에 most likely가 있으므로 추론 문제이다. Mr. Gilbert + ask(받는 사람이 물어본 것)로 구체적 행위를 묻는 추론 문제이다. 지문 첫 번째 단락의 We received your inquiry about the missing luggage.에서 Gilbert 씨가 분실한 여행가방에 대해서 문의했음을 짐작할 수 있으므로 (B)가 정답이다.

[어휘] cancellation 취소 policy 규정, 정책 belongings 소지품(주로 복수형) allowance 허용 규정 itinerary 일정표

Paraphrasing 지문의 missing luggage → 보기의 Lost belongings

PRACTICE 2

교재 p.210

3. (D) 4. (C)

송장

From: Clean Car Center
625 Wissahickon Drive
Baltimore, Maryland 20053

Invoice Number: 02947
Date Issued: 12 December
Billed to: Mr. Staten

발신: Clean Car Center
Wissahickon Drive 625번지
볼티모어, 메릴랜드 주 20053

송장 번호: 02947
발행일: 12월 12일
발행 대상: Staten 씨

Item	Description	Quantity	Cost
³Car Washing Service	3 hour power washing	1	$65.00
³Maintenance Service	³,⁴New tire installation	3	$195.00
Car Service	³Routine oil change	1	$30.00
Repair Service	Window Repair	2	$160.00
Thank you for choosing Clean Car Center. Visit us again!		Total	$450.00

품목	내역	수량	비용
³세차 서비스	3시간 파워 세차	1	65달러
³정비 서비스	³,⁴새 타이어 장착	3	195달러
차량 점검	³정기 엔진오일 교환	1	30달러
수리 서비스	차창 수리	2	160달러
Clean Car Center를 이용해 주셔서 감사합니다. 또 찾아주십시오!		총액	450달러

3. What most likely is the Clean Car Center?

(A) A cleaning service
(B) A car rental business
(C) A shipping company
(D) An auto mechanic shop

Clean Car Center는 무엇이겠는가?

(A) 청소 업체
(B) 렌터카 업체
(C) 운송회사
(D) 자동차 정비소

[해설] 추론 | 질문에 most likely가 있으므로 추론 문제이다. 질문에서 Clean Car Center 즉 송장을 보낸 업체의 정체를 묻고 있다. 지문의 Item과 Description에서 Car Washing, Maintenance Service, Repair Service, tire installation, oil change 등의 작업으로 보아 자동차 정비소임을 짐작할 수 있으므로 (D)가 정답이다.

[어휘] car rental 렌터카 (사업), 자동차 대여 auto mechanic (shop) 자동차 정비소

4. What is implied about Mr. Staten?

(A) A part he requested is out of stock.
(B) He received a service discount.
(C) He had car tires replaced.
(D) His car model has been discontinued.

Staten 씨에 대해 암시된 것은?

(A) 그가 요청한 부품이 재고가 없다.
(B) 그는 서비스 할인을 받았다.
(C) 타이어를 교체했다.
(D) 그의 차 모델은 단종되었다.

[해설] 추론 | 질문에 implied about이 있으므로 추론 문제이다. about 뒤 Mr. Staten이 있으므로 송장을 받는 사람에 관한 문제이다. 지문에서 New tire installation(새 타이어 장착)을 통해 타이어를 교체했음을 알 수 있으므로 (C)가 정답이다.

[어휘] out of stock 재고가 없는 receive 받다 discount 할인 replace 교체하다 discontinue 중단하다

Paraphrasing 지문의 New tire installation → 보기의 had car tires replaced

ACTUAL TEST

교재 p.211

1. (B) 2. (D)

양식

Guest Feedback Form

We would like to thank you for staying at the Milton International Hotel. We value your compliments, suggestions or complaints in order to improve our services. **¹Please fill out the form below and leave it at the reception desk when you check out.**

고객 평가서

Milton International Hotel을 이용해 주셔서 감사합니다. 저희는 서비스 향상을 위해 귀하의 칭찬이나 의견, 불만사항을 소중히 여깁니다. **¹아래 서식을 작성해 퇴실 시 접수대에 남겨 주시기 바랍니다.**

	Excellent	Good	Fair	Poor
Front Office Staff	✓			
Restaurant Food			✓	
Housekeeping		✓		
Cleanliness	✓			
Business Center	✓			

²**Would you recommend our hotel to others?**
No   Maybe   (Yes)

Any other comments?
Overall, I had a wonderful time staying at your hotel. The room was small but very clean and cozy. Thanks to the state-of-the-art equipment at the business center, I was able to get my job done easily and quickly. The food at the restaurant was not bad but the price was a bit high.

Room No. A807
Name Amelia Ryan

	우수	양호	보통	미흡
프런트 직원	✓			
식당 음식			✓	
객실 관리		✓		
청결	✓			
비즈니스 센터	✓			

²저희 호텔을 타인에게 추천하시겠습니까?
아뇨   그럴지도   (네)

다른 의견 있으십니까?
전반적으로, 귀사의 호텔에 머물면서 즐겁게 보냈습니다. 객실은 좁았지만 매우 깨끗하고 아늑했습니다. 비즈니스 센터의 최첨단 장비 덕분에, 제 업무를 쉽고 신속하게 끝낼 수 있었습니다. 식당의 음식은 나쁘지는 않았지만 가격이 다소 비쌌습니다.

객실 번호 A807
성명 Amelia Ryan

[어휘] feedback 피드백, 의견   form 양식, 서식   value 귀하게 여기다   compliment 칭찬   suggestion 제안
complaint 불만, 항의   fill out (서식에) 기입하다, 작성하다   check out 퇴실하다   housekeeping 객실 관리
cleanliness 청결   overall 전반적으로   cozy 아늑한   state-of-the-art 최첨단의   equipment 장비

1. What are guests asked to do?

(A) Leave their keys at the front desk
(B) Return a completed form
(C) Book the next stay in advance
(D) Write a restaurant review

고객들은 무엇을 하라고 요청 받는가?

(A) 프런트 데스크에 열쇠 두기
(B) 작성한 서식 반납하기
(C) 미리 다음 숙박 예약하기
(D) 식당 후기 작성하기

[해설] 세부사항 | 첫 단락 마지막 Please fill out the form below and leave it at the reception desk when you check out.에서 서식을 작성해서 퇴실할 때 접수대에 두라고 요청하고 있으므로 (B)가 정답이다.

[어휘] completed 완성된, 작성된   book 예약하다   in advance 미리   review 평가, 후기

Paraphrasing 지문의 fill out the form → 보기의 a completed form
지문의 leave it at the reception desk → 보기의 Return

2. What is suggested about Ms. Ryan?

(A) She is a renowned chef.
(B) She is looking for a job in the hotel industry.
(C) She stayed at the hotel for her vacation.
(D) She would recommend the hotel to her colleagues.

Ryan 씨에 대해 암시된 것은?

(A) 유명한 요리사이다.
(B) 호텔업계에서 일자리를 구하고 있다.
(C) 휴가 차 이 호텔에 묵었다.
(D) 동료들에게 이 호텔을 추천할 것이다.

[해설] 추론 | 질문에 suggested가 있으므로 추론 문제이다. 질문에서 about 뒤 Ms. Ryan이 있으므로 고객 평가서를 받는 (작성한) 사람에 관한 문제이다. 평가서 지문에서 Would you recommend our hotel to others?라는 질문에 Yes라고 답했으므로 (D)가 정답이다.

[어휘] renowned 유명한   chef 요리사   look for ~을 찾다   vacation 휴가   colleague 동료

Paraphrasing 지문의 others → 보기의 her colleagues

145

day 25 기타 유형

PART 7

동의어 찾기_예제

교재 p.212

Berry Media Services Agreement

These terms create a contract between you and Berry. Please read the Agreement carefully.

A. Berry ID
Using our services requires a Berry ID. You are responsible for maintaining its security and confidentiality.

B. Privacy
Your use of our services is subject to Berry's Privacy Policy. It is available at http://www.berry.com/legal/privacy/.

Berry Media 서비스 약정서

다음 조건에 따라 귀하와 Berry 사간의 계약이 성립됩니다. 약정서를 신중하게 읽으시기 바랍니다.

A. Berry ID
당사 서비스를 이용하려면 Berry ID가 필요합니다. 귀하에게는 보안 및 비밀 유지 책임이 있습니다.

B. 개인정보 보호
귀하의 당사 서비스 이용은 Berry 사 개인정보 보호 규정의 적용을 받습니다. 규정은 http://www.berry.com/legal/privacy/에서 볼 수 있습니다.

[어휘] agreement 동의, 계약, 약정(서)　terms (계약 등의) 조건　carefully 신중하게　be responsible for ~의 책임이 있다　maintain 유지하다　security 안전, 보안　confidentiality 기밀, 비밀　privacy policy 개인정보 보호 규정　available 이용할 수 있는

의도 파악(문자/채팅)_예제

교재 p.213

Sam Adams [10:39 A.M.]
Hi Katy, are you off today?

Katy Larson [10:41 A.M.]
I'm working at home. What's up?

Sam Adams [10:42 A.M.]
I need to make some copies right now, but I can't find my printer card. Can I borrow yours?

Katy Larson [10:44 A.M.]
Absolutely! It's in the top drawer of my desk.

Sam Adams [10:45 A.M.]
Thanks! I will put it back.

Sam Adams [오전 10:39]
안녕하세요, Katy, 오늘 쉬는 날이에요?

Katy Larson [오전 10:41]
집에서 일하고 있어요. 무슨 일이에요?

Sam Adams [오전 10:42]
당장 복사를 좀 해야 하는데, 제 프린터 카드를 찾을 수가 없어서요. 당신 카드 좀 빌릴 수 있을까요?

Katy Larson [오전 10:44]
물론이죠! 제 책상 서랍 맨 위 칸에 있어요.

Sam Adams [오전 10:45]
고마워요! 다시 갖다 놓을게요.

[어휘] off (근무를) 쉬는　borrow 빌리다　drawer 서랍　put back 다시 갖다 놓다, 되돌려 주다

문장 삽입_예제

교재 p.214

Thank you for your inquiry about the Business Management Conference at the Vics Hotel on March 1. – [1] – The conference features over 20 sessions and workshops. The deadline for the pre-registration is

3월 1일 Vics Hotel에서 열리는 경영 관리 총회에 대한 귀하의 문의에 감사드립니다. – [1] – 총회는 20개 이상의 강좌 및 워크숍으로 이루어집니다. 예비 등록 마감일은 2월 10일

February 10. – [2] – The regular registration fee is $105, but we offer a discounted rate of $80 for pre-registration. – [3] – You can also sign up in advance for a lunch buffet. The registration forms can be downloaded from our Web site. – [4] – If you need more information, please call us at 555-0177.

입니다. – [2] – 정식 등록비는 105달러이지만, 예비 등록 시 80달러의 할인 요금을 제공합니다. – [3] – 점심 뷔페를 미리 신청할 수 있습니다. 등록 신청서는 저희 웹사이트에서 다운 받으실 수 있습니다. – [4] – 더 자세한 정보가 필요하시면, 555-0177번으로 전화하십시오.

[어휘] inquiry 문의   conference 총회, 회의   feature 특별히 포함하다, 특징을 이루다   pre-registration 사전 등록
regular 정식의, 정상적인   registration fee 등록비   discounted rate 할인 요금   sign up for ~을 신청하다
in advance 미리, 사전에   registration form 등록 신청서

연계 문제_예제 | 이중 지문 [광고 & 이메일]   교재 p.216

Everyday Gym

Select the right membership for you!
Whether you select the Everyday Card or STAR Card membership, belonging to Everyday Gym has its benefits.

Membership Type Benefits	Everyday Card ($20 per month)	STAR Card ($29.99 per month)
Unlimited access to home club	✓	✓
Unlimited use of massage chairs		✓
1/2 price cooler drinks	✓	✓

Please note that the registration fee of $36 (First time registration only and no fee for renewals) is non-refundable when you choose to cancel the membership.

Everyday Gym

고객님께 적합한 회원권을 선택하세요!
Everyday Card 회원권을 선택하든, STAR Card 회원권을 선택하든, Everyday Gym에 등록하면 혜택이 있습니다.

멤버십 종류 혜택	Everyday Card (월 20달러)	STAR Card (월 29.99달러)
홈 클럽 무제한 출입	✓	✓
마사지 의자 무제한 사용		✓
청량음료 반값	✓	✓

회원권 해지를 선택할 시 등록비 36달러(첫 회 등록에 한하며 기간 연장 시 비용 없음)는 환불되지 않습니다.

[어휘] select 선택하다   belong to ~에 소속되다   benefit 혜택, 이득   unlimited 무제한의   privilege 특권   location 장소, 지점
registration fee 등록비   renewal 갱신, 기한 연장   non-refundable 환불이 안 되는

From: ahowe@everydaygym.com
To: Jnorton@gworld.com
Subject: Thank you
Date: February 20

Dear Mr. Norton,

Thank you for renewing your membership to Everyday Gym. As a token of our appreciation, we would like to offer you some free personal training sessions. One of our certified trainers will tailor an exercise plan for you.

By the way, you left your STAR Card when you made a payment. Please pick it up at the reception desk.

Best regards,
Alex Howe

발신: ahowe@everydaygym.com
수신: Jnorton@gworld.com
제목: 감사합니다
날짜: 2월 20일

Norton 씨께,

Everyday Gym 회원권을 연장해 주셔서 감사합니다. 감사의 표시로, 무료 개인 트레이닝 강습을 제공해 드리고자 합니다. 자격을 갖춘 저희 트레이너 중 한 명이 고객님을 위해 맞춤 운동 계획을 세워드릴 것입니다.

그런데, 결제하실 때 귀하의 STAR Card를 놓고 가셨더군요. 접수대에서 찾아가시기 바랍니다.

Alex Howe

어휘 recent 최근의   as a token of ~의 표시로   appreciation 감사   certified 면허증을 가진, 공인된
tailor (특정한 사람·목적 등에) 맞추다   make a payment 지불하다   pick up 찾아가다, 가져가다

연계 문제_예제 | 삼중 지문 [웹페이지 & 강좌 목록 & 전화 메시지]   교재 p.217

Museum of Fine Arts (MFA) studio art classes and workshops offer easy access to a rich and diverse art collection and personal instruction by professional artists. The adult program classes are offered yearlong and meet once a week for 4, 6, 8, or 10 weeks.
The MFA provides courses for all experience levels. If you are unsure of what level to take or have specific questions, call the studio art staff at 555-0095.

Museum of Fine Arts (MFA) 스튜디오 미술 강좌 및 워크숍에서는 풍부하고 다양한 예술작품들을 쉽게 접할 수 있으며 전문 예술인들의 개인 지도를 제공합니다. 성인 프로그램 강좌는 1년에 걸쳐 제공되며 4주나 6주, 8주, 10주 동안 일주일에 한 번 열립니다.
MFA는 모든 수준의 강좌를 마련하고 있습니다. 어떤 수준을 신청해야 할지 확신이 없거나 특별한 문의사항이 있으면, 555-0095번으로 스튜디오 아트 직원에게 전화하시면 됩니다.

어휘 diverse 다양한   instruction 지도   professional 전문적인, 전문가의   yearlong 1년에 걸쳐   specific 구체적인, 특정한

Studio Art Classes

Class	Time	Materials
Life Drawing	Mondays 1:30 – 4:00 P.M.	Sketch Pad 11x14″, 3B Pencils, Eraser
Pen and Ink	Tuesdays 10:15 A.M. – 12:45 P.M.	Watercolor Pads, 9x12″, Black & White Permanent Ink
Painting	Tuesdays 1:30 – 4:00 P.M.	Starter set of Acrylic Paints, Acrylic Brushes size #8

If your class is not listed here, supplies will be provided on the first day and the instructor will review supplies to bring for the following classes.

스튜디오 미술 강좌

강좌	시간	재료
실물 사생화	월요일 오후 1:30-4:00	11x14인치 스케치북, 3B 연필, 지우개
펜화	화요일 오전 10:15-오후 12:45	9x12인치 수채화 전용 스케치북, 내구성 검정, 흰색 잉크
회화	화요일 오후 1:30-4:00	아크릴 물감과 8호 사이즈의 아크릴 붓이 있는 입문자용 세트

여러분의 강좌가 여기에 나와 있지 않은 경우, 첫날은 준비물이 제공되며 강사가 다음 강좌를 위해 가져올 준비물을 확인해 줄 것입니다.

어휘 material 재료, 자료   sketch pad 스케치북   watercolor 수채화   watercolor pad 수채화 전용 스케치북
permanent 영구적인   starter set 초보자용 세트   acrylic paint 아크릴 물감   supplies 비품, 용품   instructor 강사

FOR: Daniel Valtez
TIME: Saturday, 10:20 A.M.

✓ Telephone   __ Fax   __ Office Visit

MESSAGE:
Andrew Timmins called. He is taking Tuesday classes. He has his own watercolor pad, 11x14″, and he is not sure if its size would be okay to use for the class. I told him that you would call him back to discuss the matter. His phone number is 555-0019.

전달 대상: Daniel Valtez 씨
일시: 토요일 오전 10시 20분

✓ 전화   __ 팩스   __ 사무실 방문

메시지:
Andrew Timmins 씨가 전화했습니다. 그는 화요일 강좌를 수강 중입니다. 그는 11×14인치 수채화 전용 스케치북을 가지고 있는데, 이 크기가 강좌에 사용하기에 괜찮을지 잘 모르겠다고 합니다. 당신이 그에게 전화해서 그 문제에 대해 의논할 거라고 말했습니다. 그의 전화번호는 555-0019번입니다.

어휘 take a class 수강하다   sure 확신하는   discuss 의논하다   matter 문제

ACTUAL TEST

교재 p.218

1. (A)   2. (D)   3. (A)   4. (D)   5. (C)   6. (C)   7. (A)   8. (C)   9. (B)   10. (D)   11. (A)   12. (B)
13. (B)   14. (C)   15. (B)

Questions 1-2 문자 메시지

Jenny Chu 1:24 P.M.
¹Ibrahim, I'm waiting for you at Smithfield Bank. Are you on your way?

Ibrahim Omo 1:25 P.M.
¹I'm already here. I'm in the lobby.

Jenny Chu 1:26 P.M.
At the Ruby Mall branch?

Ibrahim Omo 1:28 P.M.
Oh, no. I'm at their main office. I must have made a mistake.

Jenny Chu 1:28 P.M.
Then hurry over here, please. Roger McCutty is waiting for us to discuss this business loan.

Ibrahim Omo 1:29 P.M.
Please apologize to him for me. I'll be there in twenty minutes. ²I already have the presentation loaded up on my laptop, so we can begin as soon as I get there.

Jenny Chu 오후 1:24
¹Ibrahim, Smithfield 은행에서 당신을 기다리고 있어요. 오는 길이에요?

Ibrahim Omo 오후 1:25
¹벌써 왔어요. 로비에 있어요.

Jenny Chu 오후 1:26
Ruby Mall 지점이요?

Ibrahim Omo 오후 1:28
아, 아뇨. 본점에 있어요. 제가 착각했나 봐요.

Jenny Chu 오후 1:28
그럼 어서 이리로 오세요. Roger McCutty 씨가 기업 대출에 대해 의논하려고 우리를 기다리고 있어요.

Ibrahim Omo 오후 1:29
저 대신 사과해 주세요. 20분 후에 도착할 거예요. ²제 노트북에 프레젠테이션 자료는 이미 올려두었으니, 제가 도착하는 대로 바로 시작할 수 있어요.

[어휘] be on one's way 가는[오는] 중이다   main office 본점, 본사   make a mistake 실수하다, 착각하다   business loan 기업 대출   load up 싣다, (프로그램을) 올리다   laptop (computer) 노트북 (컴퓨터)   as soon as ~하자마자

1. At 1:26 P.M., what does Ms. Chu mean when she writes, "At the Ruby Mall branch"?

    (A) She thinks Mr. Omo is at the wrong location.
    (B) She wants to know where she should go.
    (C) She needs to reserve a luncheon spot.
    (D) She does not recall meeting a client.

    오후 1시 26분에, Chu 씨가 "Ruby Mall 지점이요?"라고 쓴 의도는 무엇인가?

    (A) Omo 씨가 엉뚱한 장소에 있다고 생각한다.
    (B) 어디로 가야 할지 알고 싶어한다.
    (C) 오찬 장소를 예약해야 한다.
    (D) 고객과 만난 것을 기억하지 못한다.

    [해설] 의도 파악 | 첫 번째 메시지와 다음 메시지에서 Jenny Chu와 Ibrahim Omo 두 사람 모두 도착해서 상대를 기다리는 상황임을 알 수 있다. 그런데 Jenny Chu가 "At the Ruby Mall branch?"라고 약속 장소를 언급하며 반문하고 있다. 즉 Jenny Chu는 Ibrahim Omo 씨가 약속 장소가 아닌 엉뚱한 곳에 있을 수도 있다는 생각에서 확인하는 것이라고 볼 수 있으므로 (A)가 정답이다. 바로 뒤 Ibrahim Omo가 착각했다는 말에서도 서로 길이 엇갈렸음을 확인할 수 있다.

    [어휘] location 장소   reserve 예약하다   spot 장소   recall 기억하다

2. What is Mr. Omo bringing with him?

    (A) A loan application
    (B) An office map
    (C) A product catalog
    (D) A laptop computer

    Omo 씨가 가지고 오는 것은?

    (A) 대출 신청서
    (B) 사무실 약도
    (C) 제품 카탈로그
    (D) 노트북 컴퓨터

해설 | Ibrahim Omo 씨의 마지막 메시지의 노트북에 프레젠테이션 자료를 올려 두었다(I already have the presentation loaded up on my laptop)는 말에서 노트북을 가져올 것임을 알 수 있으므로 (D)가 정답이다.

Questions 3-5 이메일

FROM: joemalone@testawholesale.com
TO: reikanakano@testawholesale.com
SUBJECT: Another favor
DATE: August 12

Hi Ms. Nakano,

— [1] —. I know you've been putting in a lot of extra hours the past few weeks, but I have to ask you to adjust your schedule one more time. — [2] —. We have a shipment of coffee beans coming in tomorrow from Santa Monica Roasters. ³**As you know, that truck always arrives early, sometimes as early as 4 A.M.** — [3] —. ⁵**Could you be here to receive it?** You can either keep your normal shift and earn overtime pay, or leave work early.

I want you to know that I myself and the rest of management see you working hard. — [4] —. When ⁴**promotion** season comes around, we'll certainly keep you in mind.

Best,
Joe Malone
Testa Wholesale

발신: joemalone@testawholesale.com
수신: reikanakano@testawholesale.com
제목: 추가 요청
날짜: 8월 12일

안녕하세요, Nakano 씨,

— [1] —. 지난 몇 주간 초과 근무를 많이 하고 계시다는 걸 알지만, 한 번 더 근무 일정을 조정해 주십사 부탁 드려야겠어요. — [2] —. 내일 Santa Monica Roasters에서 커피 원두가 배송됩니다. ³아시다시피, 그 트럭은 항상 이른 시간에 도착하는데, 가끔 새벽 4시에 오기도 합니다. — [3] —. ⁵여기 나오셔서 그걸 받아주시겠어요? 정상적으로 교대 근무를 하고 초과 근무 수당을 받아도 되고, 일찍 퇴근해도 좋습니다.

저를 비롯한 경영진 모두 당신이 성실히 근무하신다는 것을 잘 알고 있다는 점 아셨으면 합니다. — [4] —. ⁴승진 기간이 되면, 꼭 당신을 기억하겠습니다.

Joe Malone
Testa Wholesale

어휘 put in extra hours 초과 근무하다 adjust 조정하다 shipment 수송(품) coffee bean 커피 원두 normal 정상적인 shift 교대 근무 overtime pay 초과 근무 수당 management 경영(진) promotion 승진 come around (날짜, 행사 등이) 돌아오다 keep ~ in mind ~을 명심하다, 기억하다

---

3. What is the purpose of the e-mail?

(A) **To ask a worker to come in early**
(B) To give directions to a truck driver
(C) To place an order with a distributor
(D) To notify a worker about a job opening

이메일을 보낸 목적은?

(A) 직원에게 일찍 출근하라고 부탁하기 위해
(B) 트럭 운전사에게 길을 알려주기 위해
(C) 유통업체에 주문하기 위해
(D) 직원에게 일자리 공석에 대해서 알리기 위해

해설 주제/목적 | 첫 문장에서 요청 사항이 있음을 밝히고 나서, Could you be here to receive it?에서 배송품을 수령하기 위해 일찍 출근해 달라고 구체적으로 요청하고 있다. 따라서 (A)가 정답이다.

어휘 give directions 길을 알려주다 place an order 주문하다 distributor 유통업체 notify 알리다 job opening 일자리 공석

---

4. The word "promotion" in paragraph 2, line 2, is closest in meaning to

(A) advertising
(B) discount
(C) training
(D) **advancement**

2번째 단락 2번째 줄의 단어 "promotion"과 의미상 가장 가까운 것은?

(A) 광고
(B) 할인
(C) 교육
(D) 승진

150

[해설] **동의어** | promotion은 주로 '홍보, 판촉 활동'이라는 뜻과 '승진'이라는 뜻으로 쓰인다. 이 문장에서는 '승진'이라는 뜻으로 쓰였으므로 (D)가 정답이다.

[어휘] advertising 광고   discount 할인   training 트레이닝, 훈련   advancement 승진, 발전

5. In which of the positions marked [1], [2], [3], and [4] does the following sentence best belong?

"Usually, Regina is here to meet the driver, but she's out of town."

(A) [1]
(B) [2]
(C) [3]
(D) [4]

[1], [2], [3], [4] 중 다음 문장이 들어가기에 가장 적절한 곳은?

"보통은 Regina가 나와서 운전사를 맞는데, 그녀가 출장 중입니다."

(A) [1]
(B) [2]
(C) [3]
(D) [4]

[해설] **문장 삽입** | 주어진 문장의 the driver를 키워드로 잡고 지문을 훑는다. [3] 앞 문장에서 truck이 언급되므로 이 주변을 살핀다. 평소에 배송품 수령을 담당하는 직원이 출장 중이라는 문장 다음에 Nakano 씨에게 그 일을 대신 요청하는 문장이 이어지는 것이 자연스러우므로 (C)가 정답이다.

Questions 6-10 광고 & 양식

Visit Silver Springs Cave!

Take a refreshing hike inside a scenic cave and learn more about the history and nature of Silver Springs. **⁷Our tours are available to both individuals and groups.** All tours are conducted on foot unless noted below. Click on any tour name to reserve your spot in advance. **⁶We fill up faster during summer, so act soon!**

Tour	Description
Silver Springs History	Take a one-hour stroll and learn about the first inhabitants of Silver Springs. The tour ends with interactive demonstrations of tool- and basket-making.
Adventurer's Delight	Gear up and experience a true caving adventure. This is the best way to get to know our cave. Sorry, no kids!
Cave Boating	Ride into the cave on our specially designed boats. **⁸Due to the small size of the boats, groups are limited to ten people.**
Biology Underground	The biology enthusiasts among you will love this one! See how the life forms in our cave have adapted to their unique environment.

Silver Springs Cave로 오세요!

경치 좋은 동굴 안에서 기분이 상쾌해지는 하이킹을 하시고 Silver Springs의 역사와 자연에 대해서 알아보세요.⁷투어는 개인 및 단체 모두가 이용할 수 있습니다. 모든 투어는 아래에 따로 명시되어 있지 않는 한 도보로 진행됩니다. 투어명을 클릭하셔서 미리 자리를 예약하세요. ⁶여름철에는 자리가 빨리 마감되니, 서두르세요!

투어	개요
Silver Springs 역사	한 시간 동안 둘러보면서 Silver Springs의 최초 거주민에 대해 알아보세요. 이 여행은 도구와 바구니 만들기 쌍방향 시연으로 마지막을 장식합니다.
모험가의 기쁨	복장을 갖추고 진정한 동굴 탐험을 경험해보세요. 이 동굴에 대해 알아보는 가장 좋은 방법입니다. 죄송하지만, 아이들은 안됩니다!
동굴 보트타기	특별 제작된 보트를 타고 동굴 속으로 들어가 보세요. ⁸보트 크기가 작기 때문에 단체는 10명으로 인원이 제한됩니다.
지하 생물	생물학에 열광하는 분들이 좋아하실 만한 투어입니다! 동굴에서 지하 생물들이 어떻게 독특한 환경에 적응하게 되었는지 알아보세요.

[어휘] refreshing 상쾌한   scenic 경치가 좋은   available 이용 가능한   conduct 수행하다, 실시하다   reserve 예약하다   spot 자리   in advance 미리   fill up 가득 차다   take a stroll 거닐다, 산책하다   inhabitant 거주민   interactive 쌍방향의   demonstration 시범 설명, 시연   gear up 준비를 갖추다   biology 생물학   enthusiast 열광적인 팬   adapt to ~에 적응하다

151

URL	www.silverspringscave.com/reservation		URL	www.silverspringscave.com/reservation

Silver Springs Cave Reservation Form

Group coordinator	[9] Michelle Nguyen
Contact number	(267) 555-0199
Number in group	18
Name of Organization	[9] Siena Nature Club
Notes	[8] I saw the limit for this tour was ten people, but I thought we could maybe divide our group into two and take the tour that way. Would that be possible?
Payment method	☐ Credit card ☐ Bank transfer [10] ☑ Cash on arrival (A valid credit card will be required to hold the reservation)

Submit Reservation　　**Cancel**

Silver Springs Cave 예약 신청서

단체 담당자	[9] Michelle Nguyen
연락처	(267) 555-0199
인원	18명
단체명	[9] Siena Nature Club
메시지	[8] 이 투어의 제한 인원이 10명이라고 보았는데, 우리 단체를 두 그룹으로 나누어서 투어를 진행할 수 있지 않을까 합니다. 그게 가능할까요?
지불 방법	☐ 신용카드 ☐ 계좌 이체 [10] ☑ 도착 시 현금(예약을 유지하기 위해서 유효한 신용카드가 필요함)

예약 제출　　취소

어휘 form 양식, 서식　coordinator 조정자, 진행자　divide A into B A를 B로 나누다　bank transfer 송금, 이체　valid 유효한　reservation 예약

6. What is suggested about Silver Springs Cave?

(A) It was discovered ten years ago.
(B) It was studied by a university.
(C) It is busier in the summer.
(D) It is free to enter.

Silver Springs Cave에 대해서 암시된 것은?

(A) 10년 전에 발견되었다.
(B) 한 대학에서 연구했다.
(C) 여름이 성수기이다.
(D) 입장료가 무료이다.

해설 추론 | about 뒤의 Silver Springs Cave가 키워드로, 동굴 투어에 관한 것을 묻고 있으므로 투어 광고인 첫 번째 지문을 검색한다. 여름에는 자리가 빨리 마감된다(We fill up fast during summer)는 말에서 여름이 성수기임을 알 수 있으므로 (C)가 정답이다.

어휘 discover 발견하다　university 대학　enter 입장하다

7. What is indicated about the cave tours?

(A) They are all open to groups.
(B) They are all walking tours.
(C) They are all open to children.
(D) They are all led by a biologist.

동굴 투어에 대해 명시된 것은?

(A) 모두 단체가 이용할 수 있다.
(B) 모두 도보 여행이다.
(C) 모두 어린이가 이용할 수 있다.
(D) 모두 생물학자가 안내한다.

해설 NOT/TRUE | 동굴 투어에 관한 문제이므로 첫 번째 광고 지문을 빠르게 검색한다. 지문 초반에 Our tours are available to both individuals and groups.에서 모든 투어가 단체로 이용 가능하다는 것을 알 수 있으므로 (A)가 정답이다. 동굴 보트 타기가 있으므로 (B)는 오답이며, '모험가의 기쁨' 투어는 어린이가 이용할 수 없으므로 (C) 역시 오답이며 생물학자가 투어를 안내한다는 이야기는 없으므로 (D)도 오답이다.

어휘 walking tour 도보 여행　biologist 생물학자

152

8. What tour does Ms. Nguyen want to take?
   (A) Silver Springs History
   (B) Adventurer's Delight
   (C) Cave Boating
   (D) Biology Underground

   Nguyen 씨가 하기 원하는 투어는?
   (A) Silver Springs 역사
   (B) 모험가의 기쁨
   (C) 동굴 보트 타기
   (D) 지하 생물

   [해설] 연계 | Nguyen 씨의 예약 신청서에서 투어 제한 인원이 10명(I saw the limit for this tour was ten people)이라는 언급이 있는데, 투어 목록에서 이에 해당하는 것은 동굴 보트 타기이므로 (C)가 정답이다.

9. What most likely is true about Ms. Nguyen?
   (A) She will request a one-hour tour.
   (B) She belongs to a nature club.
   (C) She registered too late for a tour.
   (D) She has toured Silver Springs Cave before.

   Nguyen 씨에 대해 사실일 만한 것은?
   (A) 1시간 투어를 요청할 것이다.
   (B) 자연 동호회 소속이다.
   (C) 투어에 너무 늦게 등록했다.
   (D) 전에 Silver Springs Cave 투어를 한 적이 있다.

   [해설] 추론 | about 뒤의 키워드인 Ms. Nguyen은 예약 신청자이므로 예약 신청서인 두 번째 지문을 빠르게 검색한다. 담당자 이름인 Michelle Nguyen 아래 소속 단체명이 Siena Nature Club이므로 (B)가 정답이다. Nguyen 씨가 신청을 원하는 투어는 동굴 보트타기인데 1시간 투어는 Silver Springs 역사이므로 (A)는 오답이다. (C), (D)는 지문에 없는 내용이다.

   [어휘] belong to ~ 소속이다, 회원이다 register 등록하다 late 늦게; 늦은

10. What will Silver Springs Cave most likely ask Ms. Nguyen for?
    (A) An e-mail address
    (B) A security deposit
    (C) A list of attendees
    (D) A credit card number

    Silver Springs Cave에서 Nguyen 씨에게 무엇을 요청하겠는가?
    (A) 이메일 주소
    (B) 보증금
    (C) 참가자 명단
    (D) 신용카드 번호

    [해설] 추론 | Nguyen 씨는 도착해서 현금으로 지불하는 방법을 선택했는데, 예약을 유지하려면 신용카드가 필요하다(A valid credit card will be required to hold the reservation)고 했으므로 (D)가 정답이다.

    [어휘] security deposit 보증금 attendee 참가자

Questions 11-15 기사 & 이메일 & 평면도

Farmer's Market Opening

The Blake County Farmer's Market will reopen this Saturday, April 2, at the Blake County Fairground. **12 This year, the Farmer's Market will begin selling two more types of products** as well as the usual fruits and vegetables. Vendors producing jams and other canned 11 **goods will be in the West Annex**, while 12 **farmers selling dairy products will be on the opposite side, at the East Annex**. The market will be open every Saturday and Sunday from 9 A.M. until 2 P.M. If you are interested in selling your products at the Farmer's Market, send an e-mail to the coordinator, Hank Krenshaw at krenshaw@bcfairground.com. 13 **Payment, by check or credit card, must be received by April 1.**

Farmer's Market 개장

Blake County Farmer's Market이 4월 2일 이번 주 토요일, Blake County Fairground에서 다시 문을 엽니다. 12 올해, Farmer's Market에서는 평소의 과일 및 채소만 아니라 두 종류의 상품을 더 판매하기 시작합니다. 잼을 비롯한 기타 통조림 11 제품을 생산하는 판매상들은 서관에, 12 유제품을 판매하는 농부들은 맞은편인 동관에 자리하게 됩니다. 마켓은 매주 토요일과 일요일 오전 9시부터 오후 2시까지 열립니다. 여러분의 상품을 Farmer's Market에서 판매하고 싶으시면, 담당자인 Hank Krenshaw에게 krenshaw@bcfairground.com으로 이메일을 보내 주세요. 13 수표 또는 신용카드로 4월 1일까지 결제하셔야 합니다.

어휘 usual 평상시의, 보통의   vendor 판매상   canned goods 통조림 제품   annex 부속 건물   dairy product 유제품
on the opposite side 맞은편에   coordinator 조정자, 담당자

From:	toby@mortleyfarm.com
To:	krenshaw@bcfairground.com
Subject:	Stall for the opening
Date:	March 12

Hello Mr. Krenshaw,

My name is Toby Mortley. I am a Blake County farmer, and ¹⁴**I am thrilled to hear about your expansion of the Farmer's Market. I can finally sell my merchandise at the Market.**

I would like to apply to rent a stall in the West Annex. ¹⁵**I need approximately 15 square-feet of table space.** ¹³**I will pay you on the day before the reopening in cash.**

Regards,

Toby Mortley

발신:	toby@mortleyfarm.com
수신:	krenshaw@bcfairground.com
제목:	마켓 개장을 위한 판매대
날짜:	3월 12일

안녕하세요, Krenshaw 씨,

저는 Toby Mortley라고 합니다. Blake County의 농부인데, ¹⁴Farmer's Market 확장 소식을 듣고 흥분을 감출 수 없군요. 저도 드디어 마켓에서 제 상품을 판매할 수 있겠어요.

West Annex에 판매대 대여를 신청하고 싶습니다. ¹⁵대략 15평방피트 정도의 판매대를 놓을 공간이 필요합니다. ¹³재개장 전 날 현금으로 지불하겠습니다.

Toby Mortley

어휘 stall (시장의) 판매대, 좌판   thrilled 매우 흥분한   expansion 확장, 확대   merchandise 상품   approximately 대략
in cash 현금으로

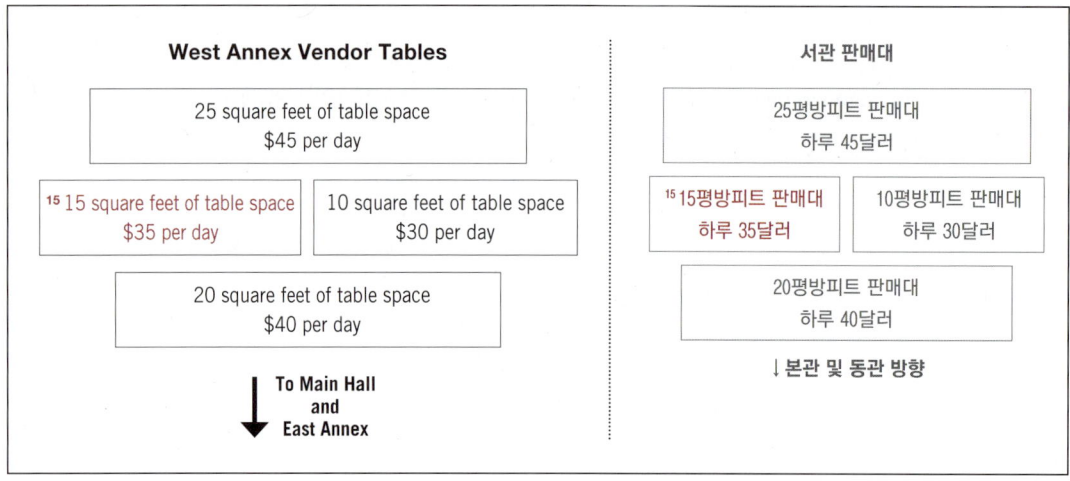

11. In the article, the word "goods" in line 4 is closest in meaning to

(A) products
(B) devices
(C) funds
(D) decorations

기사에서, 4번째 줄의 단어 "goods"와 의미상 가장 가까운 것은?

(A) 제품
(B) 장치
(C) 기금
(D) 장식

해설 동의어 | 본문에서 canned goods는 통조림 제품을 뜻하므로 goods는 '상품, 제품'이라는 뜻으로 (A)가 정답이다.
참고로 sports goods(스포츠 제품), leather goods(가죽 제품)처럼 '상품'이라는 의미로 쓰일 때는 항상 복수형을 쓴다.

어휘 device 장치 fund 기금 decoration 장식

12. What is suggested about the Farmer's Market?
    (A) It was previously closed for one year.
    (B) It previously did not offer dairy products.
    (C) It will soon expand to other countries.
    (D) It requires an entry fee for shoppers.

    Farmer's Market에 대하여 암시된 것은?
    (A) 이전에 1년 동안 문을 닫았다.
    (B) 이전에 유제품을 팔지 않았다.
    (C) 곧 외국까지 확장할 것이다.
    (D) 쇼핑객들에게 입장료를 요구한다.

    해설 추론 | about 뒤의 Farmer's Market이 키워드이므로 Farmer's Market 개장에 관한 기사인 첫 번째 지문을 빠르게 검색한다. 기사 두 번째 줄에서 This year, the Farmer's Market will begin selling two more types of products(올해는 두 가지 유형의 제품을 더 판매할 것이다)라는 내용과 함께 통조림 제품은 서관에서, 유제품은 동관에서 판매한다고 했으므로 과거에는 유제품을 팔지 않았음을 알 수 있다. 따라서 (B)가 정답이다.

    어휘 entry fee 입장료

    Paraphrasing 지문의 selling → 보기의 offer

13. What might cause a problem with Mr. Mortley's rental?
    (A) A late payment
    (B) An incorrect payment method
    (C) The items he sells
    (D) The dates he requested

    Mortley 씨의 대여에 어떤 문제가 생길 수 있겠는가?
    (A) 늦은 입금
    (B) 잘못된 결제 방식
    (C) 그가 판매하는 상품
    (D) 그가 요청한 날짜

    해설 연계 | 첫 번째 지문의 마지막 문장에서 결제는 수표나 신용카드로 4월 1일까지 해야 한다고 했다. 수표나 신용카드로 결제해야 한다고 했는데 두 번째 지문에서 Mortley 씨는 현금으로 지불하겠다고 했으므로 결제 방식에 문제가 생길 수 있다. 따라서 정답은 (B)이다. 개장일이 4월 2일이므로 하루 전날인 4월 1일에 지불하는 것은 문제가 없다.

14. In the e-mail, what is indicated about Mr. Mortley?
    (A) He wants the Farmer's Market to move locations.
    (B) He cannot attend the Farmer's Market's opening day.
    (C) He is happy the Farmer's Market will sell more kinds of items.
    (D) He thinks it is too expensive to rent a stall at the Farmer's Market.

    이메일에서, Mortley 씨에 대해 명시된 것은?
    (A) Farmer's Market이 이전하기를 원한다.
    (B) Farmer's Market의 개장일에 참석할 수 없다
    (C) Farmer's Market에서 더 많은 종류의 제품을 판매하게 되어 기뻐한다.
    (D) Farmer's Market에서 판매대를 대여하는 비용이 너무 비싸다고 생각한다.

    해설 NOT/TRUE | Mortley 씨는 Farmer's Market 확장 소식에 흥분을 감출 수 없다(I am thrilled to hear about your expansion of the Farmer's Market.)고 한 뒤 드디어 자신의 제품도 판매할 수 있게 되었다(I can finally sell my merchandise at the Market.)고 했다. 따라서 더 많은 종류의 제품을 판매하게 되어 기쁘다는 말이므로 (C)가 정답이다.

    Paraphrasing 지문의 merchandise → 보기의 items

15. How much will Mr. Mortley most likely pay per day to rent a stall?
    (A) $30
    (B) $35
    (C) $40
    (D) $45

    Mr. Mortley는 판매대를 대여하기 위해 하루에 얼마를 지불하겠는가?
    (A) 30달러
    (B) 35달러
    (C) 40달러
    (D) 45달러

    해설 연계 | Mortley 씨는 15평방피트 크기의 판매대가 필요하다(I need approximately 15 square-feet of table space)고 했는데, 판매대 평면도를 보면 15평방피트짜리 판매대의 하루 대여 가격이 35달러이므로 (B)가 정답이다.

FINAL TEST

교재 p.226

101. (A)	102. (C)	103. (D)	104. (C)	105. (B)	106. (B)	107. (D)	108. (B)	109. (C)	110. (A)
111. (A)	112. (D)	113. (C)	114. (C)	115. (D)	116. (B)	117. (A)	118. (A)	119. (B)	120. (A)
121. (C)	122. (C)	123. (A)	124. (C)	125. (A)	126. (A)	127. (B)	128. (A)	129. (B)	130. (B)
131. (C)	132. (A)	133. (C)	134. (B)	135. (D)	136. (B)	137. (C)	138. (A)	139. (D)	140. (C)
141. (C)	142. (B)	143. (B)	144. (C)	145. (B)	146. (B)	147. (B)	148. (D)	149. (C)	150. (D)
151. (C)	152. (C)	153. (A)	154. (B)	155. (A)	156. (B)	157. (C)	158. (D)	159. (A)	160. (C)
161. (A)	162. (D)	163. (B)	164. (B)	165. (C)	166. (B)	167. (B)	168. (B)	169. (C)	170. (D)
171. (A)	172. (B)	173. (A)	174. (D)	175. (D)	176. (C)	177. (D)	178. (C)	179. (D)	180. (D)
181. (B)	182. (C)	183. (B)	184. (A)	185. (C)	186. (C)	187. (C)	188. (D)	189. (B)	190. (D)
191. (B)	192. (A)	193. (D)	194. (A)	195. (C)	196. (D)	197. (B)	198. (B)	199. (C)	200. (C)

101. 명사 어휘

Mr. Davis plans to spend more time with his family after his **retirement** from the company.

(A) retirement (B) cancellation (C) expiration (D) ceremony

Davis 씨는 회사에서 은퇴한 후에 가족과 더 많은 시간을 보낼 계획이다.

[해설] 빈칸 뒤의 from the company와 의미상 자연스럽게 연결되는 것은 '은퇴'라는 뜻의 (A)이다. '회사에서 은퇴 후에'라는 내용은 빈칸 앞의 내용 '가족과 더 많은 시간을 보낼 계획이다'와도 문맥상 잘 어울린다.

[어휘] retirement 은퇴 cancellation 취소 expiration 만료 ceremony 의식

102. 인칭대명사_주격

Mr. Larsen showed the staff some photos that **he** took for the company Web site.

(A) his (B) him **(C) he** (D) himself

Larsen 씨는 회사 웹사이트 용으로 자신이 찍은 사진을 직원에게 보여주었다.

[해설] some photos 이하 문장 구조를 보면 '선행사(some photos)+목적격 관계대명사(that)+주어(___)+타동사(took)'의 구조에서 주어가 빈칸 처리된 것이므로 정답은 주격 대명사인 (C) he이다. 나머지 선택지들은 모두 took의 주어가 될 수 없으므로 오답이다.

[어휘] staff 직원 take a photo 사진을 찍다

103. 부사절 접속사

The building's lobby will be closed next week **so that** its space can be renovated.

(A) not only (B) other than (C) such as **(D) so that**

건물 로비는 그 공간이 보수될 수 있도록 다음 주에 폐쇄될 것이다.

[해설] 빈칸 좌우에 두 개의 절이 연결되어 있다. 따라서 두 절을 연결할 부사절 접속사 자리임을 알 수 있다. 보기 중 부사절 접속사는 (D) so that(~하도록 ~하다)이고 의미도 적절하므로 정답은 (D)이다. (A) not only는 not only A but also B(A뿐 아니라 B도)라는 상관접속사이다. (B) other than(~외에)과 (C) such as(~와 같은)는 절을 연결할 수 없다.

[어휘] be closed 폐쇄되다 space 공간 renovate 보수[개조]하다 so that ~하기 위하여

104. 동사 어휘

The city's annual music festival is expected to **attract** visitors from across the region.

(A) expand (B) outsource **(C) attract** (D) practice

시에서 하는 연례 음악 축제는 전 지역에서 방문객들을 끌어들일 것으로 예상된다.

[해설] 문맥상 '방문객들을 끌어들이다'라는 뜻이 되어야 자연스러우므로 (C) attract가 정답이다.

어휘 annual 연례의   region 지역   expand 확장하다   outsource (일을) 외부에 위탁하다   attract 끌어들이다   practice 연습하다

105. 인칭대명사_소유격

Please be sure to arrive at 8:40 A.M. next Monday to begin **your** orientation.

(A) you   **(B) your**   (C) yours   (D) yourself

여러분의 오리엔테이션을 시작하기 위해 다음 주 월요일 오전 8시 40분까지 반드시 도착하십시오.

해설 명사 앞에 올 수 있는 대명사는 소유격이므로 정답은 (B) your이다.

어휘 be sure to부정사 반드시 ~하다   orientation 오리엔테이션

106. 부사 자리_동사 수식

Sales of Jumaria brand coffee drinks have risen **sharply** during the past year.

(A) sharper   **(B) sharply**   (C) sharpness   (D) sharpened

지난해 Jumaria 브랜드 커피 음료의 매출이 급격히 증가했다.

해설 빈칸은 완료형 동사 have risen(증가했다)을 수식하는 부사 자리이다. 보기 중 부사는 (B) sharply(급격히)이다. 나머지 보기는 품사상 적절하지 않다.

어휘 sales 매출   brand 상표, 브랜드   drinks 음료   rise 오르다   during the past year 지난해   sharply 급격히

107. 현재분사와 과거분사의 구별

Although the company is unlikely to construct any new research labs, it does plan to renovate its **existing** facilities.

(A) exists   (B) existence   (C) existed   **(D) existing**

회사가 새로운 연구소를 건축할 가능성은 희박하지만 기존 시설을 수리하려고 계획하고 있다.

해설 빈칸은 명사 facilities를 수식하는 형용사 자리이다. 보기 중 형용사 역할을 할 수 있는 것은 과거분사인 (C) existed, 현재분사인 (D) existing이다. exist는 '존재하다, 있다'는 의미의 자동사로 수동태로 쓸 수 없다. 따라서 정답은 현재분사인 (D) existing이다.

어휘 be unlikely to부정사 ~할 가능성이 희박하다   construct 짓다, 건축하다   research lab 연구소   plan to부정사 ~할 계획이다   existing 기존의   facility 시설

108. 비교급 + than

The product reviews confirm that the AX-5 laptop starts up **more quickly** than most competing laptops.

(A) quickest   **(B) more quickly**   (C) quickly   (D) quicken

제품 평가는 AX-5 노트북이 대부분의 경쟁사 노트북보다 더 빨리 가동한다는 것을 확인해 준다.

해설 빈칸 뒤에 than이 있고 빈칸 앞에 동사 starts up이 있으므로 동사를 수식하는 부사의 비교급이 들어갈 자리이다. 보기 중 비교급은 (B) more quickly뿐이다. (A) quickest, (C) quickly 역시 부사이지만 (A)는 최상급, (C)는 원급이므로 정답이 될 수 없다.

어휘 review 평가, 검토   confirm 확인하다   laptop 노트북 컴퓨터   start up ~을 시작하다   competing 경쟁하는

109. 명사 어휘

The client was offered a 10%-off coupon as **compensation** for the inconvenience caused by the delivery delay.

(A) courier   (B) mortgage   **(C) compensation**   (D) revenue

배송 지연에 따른 불편에 대한 보상으로 고객은 10% 할인 쿠폰을 받았다.

해설 고객이 할인 쿠폰을 제공 받은 이유는 불편을 끼친 데 대한 '보상'이라고 해야 자연스러우므로 (C) compensation이 정답이다.

어휘 inconvenience 불편 delivery 배송 delay 지연 courier 택배 회사 mortgage 담보 대출 compensation 보상 revenue 수익

110. 현재완료 시제

Ms. Danforth **has contributed** her expertise to our Research and Development section over the last ten years.

(A) has contributed   (B) is contributing   (C) will contribute   (D) to have contributed

Danforth 씨는 지난 10년 동안 우리 제품개발 부서에서 자신의 전문지식을 발휘해왔다.

해설 과거부터 현재까지 계속의 의미를 나타내는 전치사구 over the last ten years(지난 10년 동안)와 어울리는 시제는 현재완료이다. 따라서 정답은 현재완료 동사 (A) has contributed이다.

어휘 expertise 전문지식, 전문기술 development 개발, 발전 section 구역, 부서 over the last+ 기간 지난 ~ 동안 contribute 기여하다, (지식, 노력 등을) 바치다

111. 동명사 표현

All staff working in the data center must show their employee ID cards to security personnel **upon** entering the building.

(A) upon   (B) from   (C) across   (D) along

데이터 센터에서 근무하는 모든 직원은 건물에 들어오는 즉시 보안 요원에게 직원 신분증을 보여주어야 한다.

해설 건물에 '들어오자마자' 보안요원에게 신분증을 보여주라는 의미를 나타낼 수 있는 표현을 고르는 문제이다. 동명사 앞에서 '~하자마자'라는 의미를 가진 전치사 (A) upon이 정답이다.

어휘 staff (전체) 직원 employee ID card 직원 신분증 security personnel 보안 요원 upon[on] -ing ~하자마자

112. 형용사 어휘

The newly-introduced Guitar Playing Basics course is **ideal** for beginners of all ages and musical interests.

(A) fragile   (B) willing   (C) capable   **(D) ideal**

새로 도입된 〈기타 연주 기초반〉 과정은 모든 연령과 음악적 취향의 초보자들에게 적합하다.

해설 문맥상 기초 과정이 초보자들에게 '가장 알맞다'라는 뜻이 되어야 어울리므로 (D) ideal이 정답이다. (B) willing은 뒤에 to부정사와 함께 '기꺼이 ~하다'라는 뜻으로 쓰이고, capable은 'be capable of -ing' 형태로 '~할 수 있다'라는 뜻으로 쓰인다.

어휘 newly 새로이, 최근 introduce 도입하다 basic 기초, 기본 beginner 초보자 fragile 취약한 willing 기꺼이 ~하는 capable 할 수 있는 ideal 가장 알맞은

113. 동명사 자리_전치사의 목적어

To save energy, Bentravia Snacks Ltd. has simplified its process of **mixing** dry food ingredients together.

(A) mixes   (B) mixable   **(C) mixing**   (D) to mix

에너지 절약을 위해, Bentravia Snacks 사는 건조식품 성분을 함께 혼합하는 공정을 간소화했다.

해설 빈칸 앞에 전치사(of)가 있으므로 빈칸에는 명사나 동명사가 와야 한다. 빈칸 뒤에 명사구(dry food ingredients)가 있으므로 빈칸에 명사는 못 오고 목적어를 취할 수 있는 동명사가 와야 한다. 따라서 정답은 동명사인 (C) mixing이다.

어휘 save 절약하다 simplify 간소화하다 process 공정 dry food 건조식품 ingredient 성분 mix 혼합하다

114. 부사절 접속사 자리

Visitors are not permitted to enter the manufacturing area **unless** they are part of a guided factory tour.

(A) whether   (B) among   **(C) unless**   (D) without

가이드가 있는 공장 견학의 일부가 아니면 방문자들은 제조 구역에 들어가는 것이 허락되지 않는다.

[해설] 빈칸 앞뒤로 두 개의 절이 연결되어 있으므로 빈칸에는 절과 절을 연결할 수 있는 부사절 접속사가 들어가야 한다. (B) among과 (D) without은 전치사이므로 정답에서 제외되며, (A) whether는 의미상 알맞지 않으므로 정답은 (C) unless이다.

[어휘] visitor 방문객 be permitted to ~하도록 허락되다 manufacturing area 제조 구역 part 일부 guided factory tour 가이드가 딸린 공장 견학 unless 만약 ~ 안 하면

115. 형용사 자리_명사 수식

Orascad, Inc.'s lightbulbs have a round shape and are sold in **various** sizes.

(A) vary　(B) varies　(C) variously　**(D) various**

Orascad 사의 원형 전구는 다양한 크기로 판매된다.

[해설] 빈칸 뒤에 명사가 있으므로, 빈칸에는 명사를 수식하는 형용사가 들어가야 한다. are sold in sizes는 '크기로 판매된다'라는 의미로, 여기서는 빈칸에 형용사 (D) various(다양한)가 들어가면 '다양한 크기로 판매된다'라는 말이 된다. 따라서 정답은 (D) various이다.

[어휘] lightbulb 전구 round shape 원형 be sold 판매되다 various 다양한

116. 부사절 접속사 자리

Even though Mr. Li was pleased about the offer to transfer to the company's Boston office at first, he ultimately decided against relocating.

(A) Despite　**(B) Even though**　(C) Only if　(D) Regardless

Li 씨는 처음에는 회사의 보스턴 사무실로 전근하는 제안에 대해 기뻐했지만 결국은 옮기지 않기로 결정했다.

[해설] 이 문장은 맨 앞 빈칸이고, 중간에 콤마(,)로 연결된 두 개의 절임을 알 수 있다. 따라서 두 절을 연결할 부사절 접속사 자리임을 알 수 있다. (A) Despite와 (D) Regardless는 전치사이므로 정답에서 제외되며, (C) Only if는 의미상 적절하지 않으므로 정답은 (B) Even though(비록 ~일지라도)이다.

[어휘] be pleased about ~에 대하여 기뻐하다 offer 제안 transfer 전근가다; 전근 ultimately 결국 decide 결정하다 against ~에 반대하여 relocate 이전하다, 옮기다 even though 비록 ~일지라도

117. 명사 자리_형용사 뒤

The 200-year-old Eastmor Building has been carefully restored to its original **appearance**.

(A) appearance　(B) appeared　(C) appears　(D) appearing

200년 된 Eastmor 빌딩은 심혈을 기울여 원래 모습으로 복원되었다.

[해설] 빈칸이 original이라는 형용사 뒤에 있으므로 빈칸에는 명사가 들어가야 한다. 따라서 정답은 (A) appearance이다. (D) appearing은 동명사로 명사 역할도 하지만 빈칸에는 의미상 적절하지 않다. (B) appeared와 (C) appears는 명사가 아니므로 품사 면에서 부적절하다.

[어휘] carefully 조심스럽게 restore 복원하다 original appearance 원래 모습

118. 동사 어휘

Users of the public library may **borrow** up to five books at a time for a period of two weeks.

(A) borrow　(B) contact　(C) recruit　(D) increase

공공 도서관 이용자들은 2주 동안 한 번에 최대 다섯 권의 책을 빌릴 수 있다.

[해설] 도서관에서 이용자들이 할 수 있는 것은 '책을 빌리는' 것이므로 (A) borrow가 정답이다.

[어휘] up to 최대 ~까지 at a time 한 번에 borrow 빌리다 contact 연락하다 recruit 모집하다 increase 늘리다, 늘다

119. 전치사

Several rooms in the Snowpark Resort Hotel have balconies directly **above** the skiing area.

(A) apart　**(B) above**　(C) away　(D) as of

Snowpark Resort 호텔의 몇몇 객실은 스키 타는 곳 바로 위에 발코니가 있다.

159

[해설] 의미상 balconies directly ___ the skiing area는 '스키 타는 곳 바로 위에 있는 발코니'라는 뜻이 되어야 한다. '~ 위에 있는'이라는 뜻의 전치사가 필요하므로 정답은 (B) above이다. (A) apart(떨어져)와 (C) away(떨어져)는 부사이므로 품사 면에서 오답이다. 그리고 (D) as of(~부터)는 의미상 부적절하다.

[어휘] several 몇몇의   balcony 발코니   directly 바로   skiing area 스키 타는 곳   above ~보다 위에

120. 부사 자리_동사 수식

The new model of smartphone has been **widely** praised by technology writers for its ease of use.

(A) widely   (B) wide   (C) width   (D) widened

스마트폰 신 모델은 사용의 간편함으로 기술 분야 전문 저술가들에게 널리 칭찬 받아 왔다.

[해설] 빈칸은 has been과 praised 사이에서 동사를 수식하는 부사 자리이다. 따라서 정답은 부사인 (A) widely이다.

[어휘] praise 칭찬하다   technology writer 기술 분야 전문 저술가   ease 간편함   use 사용   widely 널리, 광범위하게   wide 넓은   width 너비, 폭   widen 넓히다

121. 수량 형용사_every

Every new employee will be assigned a mentor for guidance during the orientation period.

(A) All   (B) Most   **(C) Every**   (D) Those

오리엔테이션 기간 동안 모든 신입사원에게 지도를 위한 멘토가 배정된다.

[해설] new employee(신입사원)이라는 가산 단수 명사 앞에 올 수 있는 어휘 문제이다. 보기 중 employee라는 가산 단수 명사를 수식할 수 있는 형용사는 (C) Every이다. (A) All(모든), (B) Most(대부분의) 뒤에는 복수 명사나 불가산 명사가 와야 하며 (D) Those(저) 뒤에는 복수 명사가 와야 한다.

[어휘] new employee 신입사원   be assigned 배정되다   mentor 멘토   guidance 지도, 안내   orientation period 오리엔테이션 기간

122. 명사 자리_주어

Fashion **preferences** of younger consumers will be the topic of our next market research study.

(A) preferential   (B) preferred   **(C) preferences**   (D) preferring

젊은 고객들의 패션 선호도는 다음 시장 조사 연구의 주제가 될 것이다.

[해설] 빈칸은 동사 will be 앞의 주어 자리이다. of younger consumers는 주어를 수식하는 수식어구이므로 빈칸에는 주어 자리에 들어갈 수 있는 명사가 들어가야 한다. 따라서 정답은 (C) preferences이다.

[어휘] younger consumer 젊은 고객   topic 주제   market research study 시장 조사 연구   preferential 우선의   preferred 우선의, 바람직한   preference 선호도   prefer 선호하다, 좋아하다

123. to부정사가 목적어로 오는 동사

The Sales Floor Supervisor often needs **to manage** several sales and customer service teams at the same time.

(A) to manage   (B) be managed   (C) managing   (D) being managed

Sales Floor Supervisor는 종종 다수의 영업 팀과 고객 서비스 팀을 동시에 관리해야 한다.

[해설] 빈칸은 동사 needs 뒤 목적어 자리이다. need는 to부정사가 목적어로 오는 동사이므로 정답은 (A) to manage이다.

[어휘] supervisor 관리자, 감독   need to부정사 ~하는 것이 필요하다, ~해야 한다   several 몇 개의, 다수의   customer service 고객 서비스   at the same time 동시에, 한번에

124. 부사절 접속사 자리

Gondatta Hotel no longer uses door locks **because** its guest rooms are now secured by digital keypad systems.

(A) behind   (B) unless   **(C) because**   (D) despite

Gondatta 호텔의 객실은 디지털 키패드 시스템으로 잠겨 있기 때문에 출입문 잠금장치를 더 이상 사용하지 않는다.

[해설] 빈칸 좌우로 두 개의 절이 연결되어 있다. 따라서 빈칸은 절과 절을 연결할 수 있는 부사절 접속사 자리이다. (A) behind는 전치사 또는 부사, (D) despite는 전치사이므로 정답에서 제외되며, 부사절 접속사인 (B) unless(~하지 않는 한)는 의미상 알맞지 않으므로 정답은 (C) because(~ 때문에)이다.

[어휘] no longer 더 이상 ~ 아닌   door lock 출입문 잠금장치   guest room 객실   secure (문 등을) 단단히 잠그다
digital keypad 디지털 키패드

125. 부사 자리_형용사 수식

The Maurus M9 motorcycle has received **extremely** positive feedback from customers.

(A) extremely   (B) extreme   (C) extremity   (D) extremes

Maurus M9 오토바이는 고객들로부터 지극히 긍정적인 반응을 얻어 왔다.

[해설] 빈칸은 빈칸 뒤 형용사 positive를 수식하는 부사 자리이다. 따라서 정답은 (A) extremely이다.

[어휘] motorcycle 오토바이   receive 받다   positive 긍정적인   feedback 반응, 피드백   customer 고객

126. 능동태와 수동태의 구별

Larned Supply, Inc. will be **acquired** by the French company Delisle Automotive Parts Co. next month.

(A) acquired   (B) acquisition   (C) acquiring   (D) acquire

Larned Supply 사는 프랑스 회사인 Delisle Automotive Parts 사에 의해 다음 달에 인수될 것이다.

[해설] 빈칸 앞에 be가 있고 빈칸 뒤에 목적어가 없으므로 수동태 문장이다. 따라서 정답은 (A) acquired이다.

[어휘] supply 공급; 공급하다   acquire 인수하다, 취득하다   acquisition 취득

127. 현재분사와 과거분사의 구별

All Itaric Ltd. machine tools conform to nationally **recognized** standards for precision.

(A) recognize   **(B) recognized**   (C) recognizing   (D) recognition

Itaric 사의 모든 전동 공구는 국내에서 인정된 정밀도 기준을 따른다.

[해설] 부사와 명사 사이가 빈칸이므로 명사를 수식하는 형용사가 들어갈 자리이다. 그러나 선택지에 형용사는 없고, 대신 형용사와 같은 역할을 하는 과거분사 (B) recognized와 현재분사 (C) recognizing이 있다. 빈칸 뒤 명사 standards와 분사의 관계는 '국내에서 인정된 정밀도 기준'이라는 수동의 의미가 자연스러우므로 정답은 (B) recognized(인정된)이다.

[어휘] machine tool 전동 공구   conform to ~에 따르다   nationally 국내에서   recognized standards 인정된 기준
precision 정밀도

128. 명사 자리_동사의 목적어

The Web designer has a busy schedule, so he may request an **extension** on the site testing deadline.

(A) extension   (B) extended   (C) extends   (D) extensionally

웹 디자이너는 바쁜 일정 때문에 사이트 테스트 마감일 연장을 요청할 수도 있다.

[해설] 빈칸은 동사 request의 목적어 자리이다. 따라서 정답은 명사 (A) extension(연장)이다. 나머지 보기는 품사상 적합하지 않다.

[어휘] request 요청하다   site testing 사이트 테스트   deadline 마감일   extension 연장   extended 길어진
extend 연장하다   extensionally 확장으로

129. 부사 어휘

When a customer submits an order via our online store, we begin processing it **immediately** for shipment.

(A) permanently   **(B) immediately**   (C) extremely   (D) approximately

고객이 저희 온라인 매장을 통해 주문서를 제출하면, 우리는 배송을 위해 즉시 처리하기 시작합니다.

[해설] 고객이 주문서를 제출하면 '즉시, 바로' 주문서를 처리한다는 내용이 자연스러우므로 (B) immediately(즉시)가 정답이다.

[어휘] submit 제출하다   via ~을 통해   process 처리하다   shipment 배송   permanently 영구히   immediately 즉시
extremely 극도로   approximately 대략

130. 형용사 어휘

The features on the DX-8 digital camera are **comparable** to those found on higher-priced professional models.

(A) effective (B) comparable (C) qualified (D) impressive

DX-8 디지털 카메라의 기능은 더 고가의 전문가용 모델들에서 보이는 기능들과 맞먹는다.

[해설] 빈칸 뒤의 전치사 to와 호응할 수 있는 어휘가 들어가야 한다. comparable to가 '~에 맞먹는, 필적하는'이란 뜻으로 쓰이므로 (B) comparable이 정답이다.

[어휘] feature 특징, 기능   high-priced 고가의   professional 전문적인, 전문가의   effective 효과적인
comparable 필적하는, 맞먹는   qualified 자격 있는   impressive 인상적인

131-134 사보 기사

Alarex Ltd., a leading **131 manufacturer** of lighted, high-visibility safety signs, is proud to announce the appointment of Matt Donahoe as its CEO. Effective immediately, Mr. Donahoe **132 replaces** David Linder, who will retire after 12 years of service in the executive post. Mr. Donahoe most recently **133 served** as a regional manager and supervised the opening of the company's Bradlow City factory. Prior to that, he managed the company's warehouse operations. **134 This record of leadership made him the obvious choice for the top position.** "We expect that the company will continue to move forward under his direction," said Ellen Penarth, a member of the board of directors.

조명이 들어오는 가시성이 높은 안전 표지판의 선두적인 **131 제조사**인 Alarex 사는 Matt Donahoe 씨의 최고 경영자 임명을 발표하게 되어 자랑스럽게 생각합니다. 지금부터 즉시 Donahoe 씨는 지난 12년간의 최고 경영자 임기를 마치고 은퇴를 앞둔 David Linder 씨를 **132 대신합니다**. Donahoe 씨는 최근까지 지부장으로 **133 근무하며** 자사 Bradlow City 공장의 개설을 감독했습니다. 그 이전에는 자사 창고 운용을 관리했습니다. **134 이러한 Donahoe 씨의 리더십 경력이 그를 최고 직위에 명백한 적임자로 만들었습니다.** "Donahoe 씨의 지휘 하에 우리 회사가 계속해서 앞으로 전진하리라 기대합니다." 이사회 임원인 Ellen Penarth 씨가 말했습니다.

[어휘] lighted 조명이 들어오는   visibility 가시성   safety sign 안전 표지판   proud 자랑스러운   announce 발표하다, 알리다
appointment 임명, 지명   effective 시행되는, 발효되는   immediately 즉시   retire 은퇴하다   post 직책, 자리
regional manager 지부장   factory 공장   prior to ~ 이전에   warehouse 창고   operation 운용
the board of directors 이사회

131. 명사 어휘

(A) writer (B) purchaser **(C) manufacturer** (D) inspector

[해설] '안전 표지판의 선두적인 제조사'인 Alarex 사라는 의미가 가장 자연스럽다. 따라서 정답은 (C) manufacturer(제조사)이다.

[어휘] writer 작가   purchaser 구매처   manufacturer 제조사   inspector 감독관

132. 동사 자리/시제 복합 문제

(A) replaces (B) be replaced (C) to be replaced (D) was replacing

[해설] 빈칸이 있는 문장에서 who 이하는 형용사절로 수식어구이다. 따라서 주어인 명사 Mr. Donahoe, 빈칸 뒤 명사 David Linder 사이 빈칸은 동사 자리이다. 따라서 동사 자리에 올 수 없는 (B), (C)는 정답에서 제외된다. (A), (D)는 시제가 다르므로 시제를 따져야 한다. Effective immediately는 '지금부터 즉시'라는 의미로 현재 또는 미래 시제와 어울린다. 따라서 정답은 (A) replaces이다.

[어휘] replace 대신하다

133. 동사 어휘

(A) included (B) obtained **(C) served** (D) expressed

해설 빈칸 앞 주어가 Mr. Donahoe이고 빈칸 뒤에 as a regional manager(지부장으로)가 있으므로 'Donahoe 씨는 지부장으로 근무했다'는 의미가 가장 자연스러우므로 정답은 (C) served이다. 동사 serve는 '(음식 등을) 제공하다'는 의미와 함께 '근무하다'의 의미가 있다는 점에 유의하자.

어휘 include 포함하다 obtain 얻다 serve 근무하다 express 표현하다

134. 문맥에 맞는 문장 고르기

(A) The headquarters relocation project should be complete by then.

(B) This record of leadership made him the obvious choice for the top position.

(C) Mr. Linder oversaw an important acquisition deal in his final year of service.

(D) Recruiters have begun interviewing candidates for those positions.

(A) 본사의 이전 프로젝트가 그때까지 마무리돼야 합니다.

(B) 이러한 Donahoe 씨의 리더십 경력이 그를 최고 직위에 명백한 적임자로 만들었습니다.

(C) Linder 씨는 임기 마지막 해에 중요한 인수 거래를 감독했습니다.

(D) 채용담당자들이 이 자리 후보자들의 면접을 시작했습니다.

해설 빈칸 바로 앞 문장에서 'Donahoe 씨는 최근까지 지부장으로 근무하며 자사 Bradlow City 공장의 개설을 감독했습니다. 그 이전에는 자사 창고 운용을 관리했습니다.(Mr. Donahoe most recently served as a regional manager and supervised the opening of the company's Bradlow City factory. Prior to that, he managed the company's warehouse operations.)'라고 말하고 있다. 이는 새로운 최고 경영자 Donahoe 씨의 경력에 대한 설명이므로 빈칸에는 이러한 경력이 최고 경영자 직에 적합하다는 말이 가장 자연스럽다. 따라서 정답은 (B)이다.

어휘 headquarters 본사 relocation 이전 obvious 분명한, 명백한 position 직위 oversee 감독하다 acquisition 인수 candidate 후보자, 지원자

135-138 웹페이지

Delsey Hotel   Banquet room rentals

Whether it is a retirement party, awards banquet, or professional seminar, Delsey Hotel is the perfect venue for your next corporate ¹³⁵**gathering**. We have banquet rooms that ¹³⁶**accommodate** parties from 5 to 300 guests. And we can provide your group with more than just the space. ¹³⁷**Extra services, such as on-site catering, are also available.** We do everything needed to make your event a success. ¹³⁸**If** you would like to find out more about what we offer, please contact our banquet manager at 555-0087.

Delsey Hotel   연회장 대여

은퇴기념 파티, 시상식 연회, 전문 세미나 등 Delsey Hotel은 귀사의 다음 기업 ¹³⁵모임에 완벽한 장소입니다. 저희 호텔은 5명에서 300명까지의 손님을 ¹³⁶수용하는 연회장을 갖추고 있습니다. Delsey Hotel은 귀 단체에 장소 외에 다른 것도 제공합니다. ¹³⁷출장 연회 같은 추가 서비스도 이용 가능합니다. Delsey Hotel은 귀하의 행사를 성공으로 이끄는데 필요한 모든 것을 제공합니다. ¹³⁸만일 Delsey Hotel이 제공하는 서비스에 대해 더 자세히 알고 ¹³⁸싶으시다면, 555-0087로 저희 연회 담당 매니저에게 연락하십시오.

어휘 retirement party 은퇴기념 파티 awards banquet 시상식 연회 seminar 세미나 venue (콘서트·스포츠 경기·회담 등의) 장소 corporate 회사의, 기업의, 법인의 banquet room 연회장 party 단체 find out 알아내다 offer 제공하다 contact 연락하다

135. 명사 어휘

(A) remodeling (B) acquisition (C) management **(D) gathering**

163

[해설] 호텔 연회장 대여에 관해 설명한 웹사이트 지문이다. 은퇴기념 파티, 시상식 연회, 전문 세미나 등 Delsey Hotel은 기업 '모임'에 완벽한 장소라는 말이 가장 자연스럽다. 따라서 정답은 (D) gathering(모임)이다.

[어휘] remodeling 수리, 개조 acquisition 인수, 취득 management 경영, 관리 gathering 모임

136. 동사 자리/태 복합문제

(A) accommodating **(B) accommodate** (C) are accommodated (D) accommodates

[해설] 이 문제는 '선행사(banquet rooms)+주격 관계대명사(that)+타동사(___)+목적어(parties)'의 구조에서 타동사 자리가 빈칸 처리된 것이므로 정답은 (B) accommodate(수용하다)이다. (D) accommodates는 선행사가 단수일 때 사용 가능한 형태이다. (A) accommodating은 동사 자리에 올 수 없으며, (C) are accommodated는 수동태이므로 답이 될 수 없다.

[어휘] accommodate 수용하다

137. 문맥에 맞는 문장 고르기

(A) An event planner can offer valuable tips on these matters.
(B) We hope to expand into other regions in the coming months.
(C) Extra services, such as on-site catering, are also available.
(D) We recommend booking ahead to avoid last-minute difficulties.

(A) 행사 기획자가 이런 문제들에 관해 중요한 조언을 제공할 수 있습니다.
(B) 향후 수개월 내에 타 지역으로 확장하기를 희망합니다.
(C) 출장 연회 같은 추가 서비스도 이용 가능합니다.
(D) 막바지에 발생하는 어려운 점들을 피하기 위해 사전 예약을 추천합니다.

[해설] 빈칸 바로 앞 문장에서 '장소 외에 다른 것도 제공합니다(we can provide your group with more than just the space)'라는 말이 나오기 때문에 그 뒤에 이어질 문장은 그 내용을 바로 받을 수 있는 연관된 문장이 나와야 한다. 그러므로 장소 대여 외의 다른 서비스를 언급하고 있는 문장이 가장 적절하다. 따라서 정답은 (C)이다.

[어휘] planner 기획자 valuable 소중한 expand into ~으로 확장하다 region 지역 extra 추가의 on-site 현장의 on-site catering 출장 연회 available 이용할 수 있는 recommend 추천하다 booking 예약 ahead 앞서, 미리 avoid 피하다 last-minute 막바지의 difficulty 어려움, 곤란

138. 부사절 접속사 자리

(A) If (B) Even (C) Not only (D) Regardless

[해설] 이 문장은 문장 맨 앞이 빈칸이고, 중간에 콤마(,)로 연결된 두 개의 절임을 알 수 있다. 따라서 두 절을 연결할 부사절 접속사 자리이다. (B) Even(심지어)과 (D) Regardless(상관없이)는 형용사나 부사 역할밖에 하지 못하므로 정답에서 제외되며, (C) Not only는 but also와 짝을 이루는 상관접속사로 부사절을 이끌지 못하므로 정답은 (A) If(만약 ~라면)이다.

139-142 공고

Wawona City's "Big Day of Running Races" is scheduled for April 15. The races take place at Hillside Park, and they are designed for athletes of all ages and ¹³⁹**abilities**. Ready for a challenge? Compete ¹⁴⁰**with** some of the region's top runners in the experts' 10-kilometer race. ¹⁴¹**Its route includes steep hills and some rough trails.** New to running? Sign up for the 3-kilometer race—it follows an ¹⁴²**easy** course over mostly flat ground. Registration for all events is free. For more details, visit www.wawona-cityraces.org.

Wawona 시의 "Big Day of Running Races"가 4월 15일 개최 예정입니다. 경기는 Hillside Park에서 열리며, 모든 연령과 ¹³⁹능력의 운동선수들을 위해 계획되었습니다. 도전할 준비가 되었습니까? 10킬로미터 전문가 경주에서 지역 최고 선수들¹⁴⁰과 겨루어 보십시오. ¹⁴¹경주 코스에는 가파른 언덕과 험한 등산로가 포함됩니다. 달리기 경주는 처음이십니까? 대부분 평지로 이루어진 ¹⁴²쉬운 코스인 3킬로미터 경주를 신청하십시오. 모든 행사에 등록은 무료입니다. 더 자세한 사항은 www.wawona-cityraces.org를 방문하십시오.

어휘 Big Day 중요한 날 Running Race 달리기 경주 be scheduled for ~로 예정되다 take place 개최되다, 일어나다 be designed for ~을 위해 고안되다 athlete 운동선수 of all ages 모든 연령의 sign up for ~를 신청하다 flat 평평한 registration for ~에 대한 등록 detail 세부 사항

139. 명사 어휘

(A) incomes   (B) markets   (C) locations   **(D) abilities**

해설 이 지문은 달리기 경기를 홍보하는 글이다. 경기는 '연령과 '능력'을 불문하여 모든 운동선수들을 위해 계획되었다'라는 의미가 가장 자연스러우므로 정답은 (D) abilities(능력)이다.

어휘 income 소득   market 시장   location 장소   ability 능력

140. 전치사

(A) since   (B) during   **(C) with**   (D) but

해설 빈칸 앞에 겨루다(Compete)라는 동사가 나오고 빈칸 뒤에는 지역의 최고 선수들(some of the region's top runners)이 나오므로 지역의 최고 선수들과 겨룬다는 의미가 가장 자연스럽다. 따라서 정답은 (C) with(~와 함께)이다.

어휘 since ~ 이래로   during ~ 동안   but ~을 제외하고는; 그러나

141. 문맥에 맞는 문장 고르기

(A) The best personal trainers try to motivate their clients.
(B) Running improves your health in many other ways too.
(C) Its route includes steep hills and some rough trails.
(D) The prizes were handed out at the end of the day.

(A) 최고의 개인 트레이너는 고객에게 동기를 부여하려고 노력합니다.
(B) 달리기는 또한 다양한 측면에서 여러분의 건강을 증진시킵니다.
(C) 경주 코스에는 가파른 언덕과 험한 등산로가 포함됩니다.
(D) 당일 마지막에 상이 전달됩니다.

해설 빈칸 앞 문장에서 10킬로미터 전문가 경주에서 겨루어 보라는 이야기가 나오기 때문에 이어지는 문장에는 전문가 코스를 구체적으로 설명하는 문장이 가장 적합하다. 따라서 정답은 (C)이다.

어휘 personal 개인적인   motivate 동기를 부여하다   improve 증진시키다, 향상시키다   include 포함하다   hill 언덕   rough 험한   trail 오솔길, 등산로   prize 상   hand out 주다

142. 형용사 자리_명사 수식

(A) ease   **(B) easy**   (C) easily   (D) easiest

해설 빈칸 앞에는 관사(an)가 빈칸 뒤에는 명사(course)가 있으므로 빈칸에는 명사를 수식할 수 있는 형용사나 분사가 들어가야 한다. 따라서 형용사 (B) easy가 정답이다. (D) easiest는 최상급으로 빈칸에는 적절하지 않다. 나머지 보기는 품사상 정답이 될 수 없다.

143-146 이메일

To: Kate Valerio <kate-artist@mail.com>
From: Kenji Takata <kenji-takata@gallery.com>
Date: May 9
Subject: Art Exhibition

Dear Ms. Valerio,

I am pleased to inform you that our art gallery's owner, Nichole Meyer, has accepted both of your paintings for ¹⁴³ **inclusion** in our annual art show focusing on oil

수신: Kate Valerio <kate-artist@mail.com>
발신: Kenji Takata <kenji-takata@gallery.com>
날짜: 5월 9일
제목: 미술 전시회

Valerio 씨께,

저희 미술관 소유주인 Nichole Meyer 씨가 유화를 주제로 한 연례 미술 전시회에 귀하의 그림 두 점을 ¹⁴³ **포함**하는 것을 수락했다는 점을

paintings. The originality and artistic quality of your work were important ¹⁴⁴**factors** in selecting your works for display. ¹⁴⁵**In addition**, your paintings' vivid color patterns make them ideal works for displaying in our online gallery. Congratulations on the acceptance! I am also happy to report that this year's show will bring together the most diverse group of painters we have ever assembled. ¹⁴⁶**The participating artists represent more than 20 countries.** We hope you will be able to attend in person.

Sincerely yours,

Kenji Takata, Exhibit Coordinator
Canevatz Art Gallery

알리게 되어 기쁩니다. 귀하의 작품을 전시하기로 선택한 데에는 작품의 독창성과 예술성이 중요한 ¹⁴⁴요소였습니다. ¹⁴⁵게다가 그림의 생생한 색채 패턴 덕분에 귀하의 작품은 저희 온라인 미술관에 전시하기에 이상적인 작품입니다. 전시를 축하드립니다! 또한 올해의 전시회가 그 어느 때보다 다양한 화가가 한자리에 모인다는 점을 알리게 되어 기쁩니다. ¹⁴⁶20개국이 넘는 나라를 대표하는 화가들이 참석합니다. 귀하도 직접 참석할 수 있기를 바랍니다.

Canevatz 미술관
전시회 코디네이터 Kenji Takata

[어휘] owner 소유주 accept 수락하다 oil painting 유화 originality 독창성 artistic quality 예술성 work 작품 display 전시 vivid color pattern 생생한 색채 패턴 ideal 이상적인, 완벽한 bring together 화합하게 하다 diverse 다양한 painter 화가 assemble 모으다, 집합시키다 attend 참석하다 in person 직접

143. 명사 자리_전치사의 목적어

(A) included   **(B) inclusion**   (C) includes   (D) include

[해설] 빈칸 앞에 전치사(for)가 있으므로 빈칸에는 명사나 동명사가 들어가야 한다. 따라서 정답은 명사형인 (B) inclusion(포함)이다. 나머지 보기는 품사상 정답이 될 수 없다.

144. 명사 어휘

(A) tasks   (B) judges   **(C) factors**   (D) expenses

[해설] 작품을 전시하기로 선택한 데에는 작품의 독창성과 예술성이 중요한 '요소'였다는 말이 가장 적절하다. 따라서 정답은 (C) factors(요소)이다.

[어휘] task 과제 judge 심사위원 factor 요소, 요인 expense 비용

145. 접속부사

(A) If so   **(B) In addition**   (C) In spite of this   (D) Rather than

[해설] 빈칸 앞 문장에서 작품을 전시하기로 선택한 데에는 작품의 독창성과 예술성이 중요한 요소였다고 했고, 빈칸 뒤 문장에서는 그림의 생생한 색채 패턴 덕분에 Valerio 씨의 작품이 온라인 미술관에 전시하기에 이상적이라고 했다. 따라서 비슷한 내용을 연결할 수 있는 접속부사인 (B) In addition이 가장 자연스럽다.

[어휘] if so 만약 그렇다면 in spite of ~에도 불구하고 rather than ~보다

146. 문맥에 맞는 문장 고르기

(A) It was a big success, thanks to the volunteers' hard work.

(B) The participating artists represent more than 20 countries.

(C) The pricing of these artworks depends on their popularity.

(D) We will ship the paintings back to you in early September.

(A) 자원봉사자들의 노고 덕분에 큰 성공을 거두었습니다.

(B) 20개국이 넘는 나라를 대표하는 화가들이 참석합니다.

(C) 미술품들의 가격은 해당 작품의 인기에 좌우됩니다.

(D) 9월 초에 그림들을 다시 되돌려 드리겠습니다.

[해설] 빈칸 바로 앞 문장에서 어느 때보다 다양한 화가 집단들에 대한 언급이 나오므로 그 뒤에 이어지는 문장에는 다양한 집단들을 구체적으로 설명하는 문장이 가장 적절하다. 따라서 정답은 (B)이다.

[어휘] thanks to ~ 덕분에   volunteer 자원봉사자   participate 참가하다   represent 대표하다   pricing 가격 책정   depend on ~에 의해 좌우되다

147-148 초대장

Conway Business Supply
818 Queen Street E
Toronto, Ontario M4L 1H3
(808) 555-0067
www.con-way.ca

We invite you to join us for a special in-store event.
Saturday, April 19
11:00 A.M. to 7:00 P.M.

Looking to upgrade your office equipment? [147] **Join us this Saturday when we will give hands-on demonstrations of the latest photocopiers, printers, and scanners. You will get the chance to try out these new products, and choose the best ones for your needs.**

There is more. [148] **On Saturday only, we will take 25% off the price of any of our computer desks, executive chairs, and filing cabinets.** Request a printing service from us on that day, and you will get 20% off.

Conway Business Supply
The region's top office supply shop—serving the area for more than 15 years!

Conway Business Supply
토론토, 온타리오 M4L 1H3
Queen Street E 818
(808) 555-0067
www.con-way.ca

매장 내 특별 행사에 여러분을 초대합니다.
4월 19일 토요일
오전 11시 ~ 저녁 7시

사무용 집기 개선을 고려 중이십니까? [147] 이번 주 토요일 행사에 참여하시면 최신 복사기에서 프린터, 스캐너까지 직접 시연해드립니다. 이 신제품들을 사용해 볼 수 있는 기회도 얻고 필요에 맞는 최적의 제품을 선택하십시오.

여기서 끝이 아닙니다. [148] 토요일에 한하여, 컴퓨터 책상, 고급 의자 및 파일 캐비닛 품목 모두 25% 할인해 드립니다. 행사 당일 인쇄 서비스를 요청하시면 20% 할인을 받을 수 있습니다.

Conway Business Supply
이 지역 최고의 사무용품점-15년 이상 이 지역에서 서비스를 제공하고 있습니다!

[어휘] look to ~을 고려해 보다   equipment 장비, 집기, 용품   hands-on 직접 해 보는   demonstration 시연   latest 최신의   photocopier 복사기   executive 고급의   filing cabinet 파일[서류] 캐비닛   request 요청하다   office supply 사무용품

147. 주제/목적

Why most likely was the invitation sent?

(A) To advertise a new online store
(B) To announce interactive demonstrations
(C) To give details about a recycling program
(D) To celebrate a business anniversary

초대장은 왜 발송되었겠는가?

(A) 신규 온라인 매장을 광고하기 위해
(B) 쌍방향 시연을 알리기 위해
(C) 재활용 프로그램에 대한 세부사항을 전달하기 위해
(D) 회사 기념일을 축하하기 위해

[해설] 첫 번째 단락에 '이번 주 토요일 행사에 참여하시면 최신 복사기에서 프린터, 스캐너까지 직접 시연해드립니다. 이 신제품들을 사용해 볼 수 있는 기회도 얻고 필요에 맞는 최적의 제품을 선택하십시오(Join us this Saturday when we'll give hands-on demonstrations of the latest photocopiers, printers, and scanners. You'll get the chance to try out these new products, and choose the best ones for your needs.)'라고 했다. 시연도 보고 직접 사용해 볼 수도 있는 기회이므로 정답은 (B)이다.

[어휘] invitation 초대, 초대장   advertise 광고하다   interactive demonstration 쌍방향 시연   detail 세부 사항   recycling 재활용   celebrate 기념하다, 축하하다   anniversary 주년, 기념일

Paraphrasing 지문의 hands-on demonstrations → 보기의 interactive demonstrations

148. 세부사항

What will be sold at reduced prices on April 19?

(A) Laptop computers
(B) Business software programs
(C) Stationery supplies
(D) Office furniture

4월 19일에 할인가에 판매되는 것은 무엇인가?

(A) 노트북 컴퓨터
(B) 비즈니스 소프트웨어 프로그램
(C) 사무용품
(D) 사무용 가구

[해설] 세 번째 단락 첫 번째 줄에 '토요일에 한하여, 컴퓨터 책상, 고급 의자 및 파일 캐비닛 품목 모두 25% 할인해 드립니다(On Saturday only, we'll take 25% off the price of any of our computer desks, executive chairs, and filing cabinets.)'라고 했으므로 정답은 (D)이다.

[어휘] reduce 낮추다, 할인하다 laptop computer 노트북 컴퓨터 stationery supply 사무용품 office furniture 사무용 가구

Paraphrasing 지문의 computer desks, executive chairs, and filing cabinets → 보기의 Office furniture

149-150

Karen, 9:43 A.M. Hi, I'm working from our Teldar Heights sales office this morning. Can you help me? ¹⁴⁹I need the entry code for the model home I'm showing to the prospective buyer this afternoon. It's on my desk.

Bob, 9:48 A.M. It's 77287. And I just spoke to Brad, the sales manager. He's wondering about your sales report.

Karen, 9:53 A.M. ¹⁵⁰I'll get that to him first thing tomorrow. It almost slipped my mind.

Bob, 9:55 A.M. Sure. See you then.

Karen, 오전 9:43 안녕하세요, 오늘 아침에는 제가 Teldar Heights 영업 사무소에 나와 있어요. 좀 도와주시겠어요? ¹⁴⁹오늘 오후 예상 구매자에게 보여줄 모델 하우스 출입 코드가 필요해요. 제 책상에 있어요.

Bob, 오전 9:48 코드 번호는 77287이에요. 좀 전에 Brad 영업 부장님과 얘기했는데 당신의 판매 보고서에 대해 궁금해 했어요.

Karen, 오전 9:53 ¹⁵⁰내일 출근하자마자 부장님에게 전달할게요. 깜박할 뻔 했네요.

Bob, 오전 9:55 예. 그럼 그때 봐요.

[어휘] entry code 출입 코드 prospective buyer 예상 구매자 sales manager 영업 매니저, 영업 부장 wonder 궁금해 하다 sales report 판매 보고서 slip one's mind 깜박 잊다, 잊어버리다

149. 추론

What most likely is Karen's job?

(A) Manager of a building supply store
(B) Fashion designer
(C) Real estate agent
(D) Construction equipment salesperson

Karen의 직업은 무엇이겠는가?

(A) 건축 자재 매장 매니저
(B) 패션 디자이너
(C) 부동산 중개인
(D) 건설 장비 판매원

[해설] 첫 번째 대화 '오늘 오후 예상 구매자에게 보여줄 모델 하우스 출입 코드가 필요하다(I need the entry code for the model home I'm showing to the prospective buyer this afternoon.)'라는 말을 통해 정답이 (C)임을 알 수 있다.

[어휘] building supply 건축 자재 real estate agent 부동산 중개인 construction equipment 건설 장비

150. 의도 파악

At 9:48 A.M., what does Bob most likely mean when he writes, "He's wondering about your sales report"?

(A) Brad will be traveling on business.

오전 9시 48분에 Bob이 "당신의 판매 보고서에 대해 궁금해 했어요"라고 쓴 의도는 무엇이겠는가?

(A) Brad가 출장을 갈 것이다.

168

(B) Sales were surprisingly good.
(C) A document is hard to read.
(D) A document is due.

(B) 판매 실적이 굉장히 우수했다.
(C) 문서가 읽기 힘들다.
(D) 문서를 제출해야 한다.

[해설] 바로 뒤 문장에서 '내일 출근하자마자 부장님에게 전달할게요. 깜박할 뻔 했네요.(I'll get that to him first thing tomorrow. It almost slipped my mind.)'라고 했으므로 문서 전달을 잊고 있었다는 것을 알 수 있다. 따라서 정답은 (D)이다.

[어휘] mean 의미하다   sales report 판매 보고서   travel on business 출장 가다   surprisingly 대단히   document 문서, 서류   due ~하기로 되어 있는, 예정된

151-152 공지

Office Tek Building — Notice of Upgrades

Please excuse the inconvenience as we renovate this building's first floor. **151 We are currently enlarging the client lounge for the comfort of our visitors.** All delivery drivers should sign in at the second-floor reception desk and use this updated directory for reference.

First Floor
Temporarily closed for upgrades

Second Floor
Dextarr Plastics, Inc.   Suite 220
Zensby Technology   Suite 240

Third Floor
152 Rutter Legal Services   Suite 330
Patcad Real Estate Sales   Suite 360

Fourth Floor
Fredec Interior Design   Suite 410
Shivasa Textiles, Inc.   Suite 440

Office Tek 빌딩 – 개조 공지

본 건물 1층의 개조 공사로 인해 불편을 끼치게 된 점 양해 부탁드립니다. 151 방문객들의 편의를 위해 현재 고객 라운지를 확장하고 있습니다. 모든 배송 기사들은 2층 접수처에서 서명하고 변경된 위치 안내를 참고하십시오.

1층
개조로 임시 폐쇄합니다.

2층
Dextarr Plastics 사   220호
Zensby Technology   240호

3층
152 Rutter 법률 서비스   330호
Patcad 부동산   360호

4층
Fredec 인테리어 디자인   410호
Shivasa Textiles 사   440호

[어휘] inconvenience 불편   renovate 개조하다, 보수하다   enlarge 확장하다   comfort 편의, 안락함   sign in 방명록에 서명하다   reception desk 접수처   directory (건물의) 입주자 표지판, 건물 안내판   reference 참고   temporarily 일시적으로, 임시로

151. 세부 사항

Why is the building being renovated?
(A) To construct additional entrances
(B) To upgrade its elevators
(C) To expand a rest area
(D) To build a new mailroom

빌딩은 왜 개조 공사 중인가?
(A) 추가 출입구를 만들기 위해
(B) 엘리베이터를 개선하기 위해
(C) 휴게 공간을 확장하기 위해
(D) 새로운 우편실을 짓기 위해

[해설] 첫 번째 단락 두 번째 줄에 '방문객들의 편의를 위해 현재 고객 라운지를 확장하고 있습니다(We are currently enlarging the client lounge for the comfort of our visitors.)'라고 했으므로 정답은 (C)이다.

[어휘] renovate 개조하다, 보수하다   construct 건설하다, 설치하다   additional 추가의   entrance 출입구   expand 확장하다   rest area 휴게소   mailroom 우편실

Paraphrasing 지문의 enlarging the client lounge → 보기의 expand a rest area

152. 추론

Where most likely would a law office be found?

(A) On the first floor
(B) On the second floor
(C) On the third floor
(D) On the fourth floor

법률 사무소는 어디에서 찾을 수 있겠는가?

(A) 1층
(B) 2층
(C) 3층
(D) 4층

[해설] 층별 안내를 보면 3층에서 Rutter 법률 서비스(Rutter Legal Services)를 확인할 수 있다. 따라서 정답은 (C)이다.

[어휘] law office 법률 사무소

Paraphrasing 지문의 Legal Services → 질문의 law office

153-154 전단

Zorelli's Pizzeria
17 Pine Street, Easton, PA 17331
Phone: 555-0143
zorellis-pizzeria.com

Hours: Monday to Friday 11 A.M. to 10 P.M.
        Saturday and Sunday 3 P.M. to 11 P.M.

All of our pizzas are baked using homemade recipes. ¹⁵³**Get them whole or by the slice.**

Order your pizza online or by phone for fast, free delivery. Holding a special event? ¹⁵⁴**We have banquet rooms that can hold up to 30 guests, and we are conveniently located just steps from Easton University.**

Daily special — get a large one-topping pizza
(6 pieces) for just $12

Visit our Web site for a complete menu.

Zorelli's Pizzeria
Pine Street 17, Easton, PA 17331
전화: 555-0143
zorellis-pizzeria.com

영업시간: 월~금 오전 11시 ~ 오후 10시
         토~일 오후 3시 ~ 오후 11시

저희 매장의 모든 피자는 가정식 조리법으로 굽습니다. ¹⁵³피자 한 판 또는 조각 피자로 구매하십시오.

온라인 또는 전화로 피자를 주문하면 빠르게 무료로 배달해 드립니다. 특별한 행사가 있습니까? ¹⁵⁴저희는 최대 30명의 손님을 수용할 수 있는 연회장을 갖추고 있으며 Easton 대학과도 가까워서 편리합니다.

일일 특선 – 한 가지 토핑의 라지 피자 한 판(6조각)을 12달러에 구매하십시오.

가게 웹사이트를 방문하셔서 전체 메뉴를 보십시오.

[어휘] pizzeria 피자 가게 homemade 집에서 만든, 홈메이드의 recipe 요리법 whole 전체의 slice 조각 delivery 배달 banquet room 연회장 up to 최대 conveniently 편리하게 locate 위치하다 a step from ~에서 한걸음 떨어진, 아주 가까운 complete 온전한, 완전한

153. NOT/TRUE

What is mentioned about the pizzas?

(A) They are available by the slice.
(B) They are sold in six different sizes.
(C) They are not all listed on the Web site.
(D) They take 30 minutes to prepare.

피자에 대해 언급된 것은?

(A) 조각으로도 구입할 수 있다.
(B) 6가지 다른 크기로 판매된다.
(C) 모든 피자가 웹사이트에 열거되어 있지는 않다.
(D) 준비하는 데 30분이 소요된다.

[해설] 첫 번째 단락에 '피자 한 판 또는 조각 피자로 구매하십시오(Get them whole or by the slice.)'라고 했으므로 정답은 (A)이다.

[어휘] mention 말하다, 언급하다 available 구매할 수 있는, 이용할 수 있는 list 열거하다, 리스트에 언급하다 take (얼마의 시간이) 걸리다 prepare 준비하다

154. 추론

What is suggested about Zorelli's Pizzeria?

(A) It charges a fee for delivery.
(B) It is located near a university.
(C) It has extended hours on Fridays.
(D) It is owned by a catering firm.

Zorelli's Pizzeria에 대해 암시된 것은?

(A) 배달 수수료를 청구한다.
(B) 대학 근처에 위치해 있다.
(C) 금요일에는 연장 영업을 한다.
(D) 출장 연회 서비스 업체가 소유하고 있다.

[해설] 두 번째 단락 두 번째 줄에 '저희는 최대 30명의 손님을 수용할 수 있는 연회장을 갖추고 있으며 Easton 대학과도 가까워서 편리합니다(We have banquet rooms that can hold up to 30 guests, and we're conveniently located just steps from Easton University.)'라고 했으므로 정답은 (B)이다.

[어휘] **suggest** 암시하다, 제안하다 **charge a fee** 수수료를 청구하다, 요금을 받다 **extend** 연장하다 **own** 소유하다

Paraphrasing 지문의 just steps from Easton University → 보기의 near a university

---

155-157 웹페이지

Artecxx Ltd. news and updates — we have reopened in a larger space!

☛ Artecxx Ltd. is pleased to announce the grand reopening of our store at its new location, 173 Robb Street. Our larger floor space now gives us the chance to showcase more of our inventory. **155 We offer the area's widest selection of cooking tools and kitchen gadgets for both home and professional chefs.** And that is not all. **156 We have launched a "preferred customer" card program that offers great members-only benefits.** To sign up for membership, go to the "Register" page of this Web site.

We would also like to know how we are doing. **157 Fill out our in-store feedback survey, and we will give you a coupon booklet valued at $50.**

Artecxx 사 뉴스 및 업데이트 – 더 넓은 공간에서 재개장했습니다!

Artecxx 사는 새로운 위치인 Robb 가 173번지에 가게를 재개장하게 되었음을 발표하게 되어 기쁩니다. 더 넓어진 공간 덕분에 더 많은 품목을 보여드릴 기회가 생겼습니다. 155 저희는 이 지역에서 가장 많은 종류의 가정용 및 전문 요리 사용 조리 도구와 주방 기구를 제공합니다. 이뿐만이 아닙니다. 156 많은 회원 전용 혜택을 제공하는 '우대 고객' 카드 프로그램을 시작했습니다. 회원 가입을 원하시면, 본 웹사이트의 '등록' 페이지로 가십시오.

저희는 또한 고객의 의견을 듣고 싶습니다. 157 매장 내 의견 설문지를 작성하시면, 50달러 상당의 쿠폰 소책자를 드립니다.

[어휘] **be pleased to** ~하게 되어 기쁘다 **announce** 발표하다 **grand reopening** 재개장 **floor space** 매장 면적 **showcase** 소개하다 **inventory** 재고 **cooking tool** 조리 도구 **kitchen gadget** 주방 기구 **launch** 시작하다 **preferred customer** 우대 고객 **benefit** 혜택 **sign up for** ~을 신청하다 **register** 등록; 등록하다 **in-store** 매장 내 **feedback** 의견, 피드백 **survey** 설문 조사 **booklet** 작은 책자, 소책자 **value** (가치, 가격을) 평가하다

155. 추론

What type of business most likely is Artecxx Ltd.?

(A) A kitchen supply store
(B) A building cleaning service
(C) A seller of trade show displays
(D) An organic food store

Artecxx 사의 업종은 무엇이겠는가?

(A) 주방 용품 가게
(B) 건물 청소 서비스 업체
(C) 무역 박람회 전시품 판매 업체
(D) 유기농 식품 가게

[해설] 첫 번째 단락 세 번째 줄에 '저희는 이 지역에서 가장 많은 종류의 가정용 및 전문 요리사용 조리 도구와 주방 기구를 제공합니다(We offer the area's widest selection of cooking tools and kitchen gadgets for both home and professional chefs.)'라고 했다. 이것을 토대로 정답이 (A)라는 것을 알 수 있다.

[어휘] **type of business** 업종 **kitchen supply** 주방 용품 **cleaning** 청소 **trade show** 무역 박람회 **display** 전시품 **organic** 유기농법의

Paraphrasing 지문의 cooking tools and kitchen gadgets → 보기의 kitchen supply

156. NOT/TRUE

According to the Web page, what is true about Artecxx Ltd.?

(A) It plans to open more locations.
(B) It has started a loyalty card program.
(C) It recently upgraded its Web site.
(D) Its store is open only by appointment.

웹페이지에 따르면, Artecxx 사에 관해 사실인 것은?

(A) 더 많은 장소에 매장을 열 계획이다.
(B) 고객 카드 프로그램을 시작했다.
(C) 최근 웹사이트를 개선했다.
(D) 그 가게는 예약이 있을 때만 문을 연다.

[해설] 첫 번째 단락 다섯 번째 줄에 많은 회원 전용 혜택을 제공하는 "우대 고객" 카드 프로그램을 시작했습니다(We have launched a "preferred customer" card program that offers you great members-only benefits.)'라고 했다. 따라서 정답은 (B)이다.

[어휘] location 장소, 위치 loyalty card 고객 (포인트 적립) 카드 recently 최근에 open 이용할 수 있는 appointment 예약

Paraphrasing 지문의 have launched a "preferred customer" card program → 보기의 has started a loyalty card program

157. 세부사항

What do customers receive for completing a survey?

(A) An extended warranty
(B) A free consultation
(C) A book of coupons
(D) A cash payment of $50

설문을 작성한 고객들이 받는 것은?

(A) 보증 기간 연장
(B) 무료 상담
(C) 쿠폰 책자
(D) 50달러 현금 지급

[해설] 두 번째 단락 첫 번째 줄에 '매장 내 의견 설문지를 작성하시면, 50달러 상당의 쿠폰 소책자를 드립니다(Fill out our in-store feedback survey, and we'll give you a coupon booklet valued at $50.)'라고 했으므로 정답은 (C)이다.

[어휘] customer 고객 receive 받다 complete a survey 설문을 작성하다 warranty 보증, 보증 기간 consultation 상담 payment 지급

Paraphrasing 지문의 a coupon booklet → 보기의 A book of coupons

158-160 메모

To: All Depley Uniform Supply staff
From: Sally Cho
Re: Staff outing
Date: March 17

[158] Jeff, our regional manager, has decided to hold our staff outing later than originally planned due to our workflow. [159] Thanks to the success of our corporate referral program, we have picked up Alara's Café as a new client. We will start supplying them with uniforms starting April 10. That will make it necessary for some employees to work longer hours in the coming weeks. To allow everyone to attend, the event date is now set for May 9.

수신: Depley Uniform Supply 전 직원
발신: Sally Cho
제목: 직원 야유회
날짜: 3월 17일

[158] Jeff 지부장님이 작업 흐름을 고려하여 직원 야유회를 원래 계획보다 늦추기로 결정했습니다. [159] 우리 기업 추천 프로그램의 성공 덕분에, Alara's Café를 새 고객으로 맞이했습니다. 우리는 4월 10일부터 Alara's Café에 유니폼 공급을 시작합니다. 그러면 일부 직원들은 향후 몇 주간 연장 근무를 해야 합니다. 모두가 참석할 수 있도록, 행사 날짜를 5월 9일로 정했습니다.

160 **Also, Gina Allen in Employee Relations still needs a hand with putting together the event's transportation options. Please contact her if you would like to help.** For our venue, she has already booked the barbecue area at Plumfeld City Park.

160 또한, 인사부의 Gina Allen은 여전히 야유회 교통편 준비에 도움이 필요합니다. 도움을 줄 의향이 있는 직원은 Gina Allen에게 연락하십시오. 야유회 장소로, Gina Allen은 이미 Plumfeld City Park의 바비큐 코너를 예약했습니다.

[어휘] outing 야유회 workflow 일의 흐름, 작업 흐름 referral 소개, 추천 pick up 획득하다 allow 허락하다
set 정하다, 결정하다 hand 도움 put together 준비하다 transportation 교통편, 차편
venue (행사·스포츠 경기 등의) 장소 book 예약하다

158. 추론

Why most likely was the memo posted?
(A) To review points from a training program
(B) To outline the company's overtime policy
(C) To announce a store's expansion
(D) To explain a change in scheduling

메모가 게시된 이유는 무엇이겠는가?
(A) 교육 프로그램에서 받은 점수를 검토하기 위해
(B) 회사의 초과근무 정책의 개요를 서술하기 위해
(C) 가게의 확장을 발표하기 위해
(D) 일정 변경을 설명하기 위해

[해설] 첫 번째 단락 첫 번째 줄에 'Jeff 지부장님이 작업 흐름을 고려하여 직원 야유회를 원래 계획보다 늦추기로 결정했습니다 (Jeff, our regional manager, has decided to hold our staff outing later than originally planned due to our workflow.)'라고 했다. 따라서 정답은 (D)이다.

[어휘] post 게시하다 review 검토하다 outline 개요를 서술하다 overtime policy 초과근무 정책 expansion 확장
explain 설명하다

Paraphrasing 지문의 hold our staff outing later than originally planned → 보기의 a change in scheduling

159. 세부사항

What will probably happen in April?
(A) A new client will use the company's services.
(B) A department will hold a logo contest.
(C) A new manager will be hired.
(D) A staff picnic will be held.

4월에는 어떤 일이 있겠는가?
(A) 신규 고객이 회사의 서비스를 이용할 것이다.
(B) 한 부서에서 로고 경연을 개최할 것이다.
(C) 새로운 부장이 고용될 것이다.
(D) 직원 야유회가 열릴 것이다.

[해설] 첫 번째 단락 두 번째 줄에 '우리 기업 추천 프로그램의 성공 덕분에, Alara's Café를 새 고객으로 맞이했습니다. 우리는 4월 10일부터 Alara's Café에 유니폼 공급을 시작합니다.(Thanks to the success of our corporate referral program, we have picked up Alara's Café as a new client. We will start supplying them with uniforms starting April 10.)'라고 했으므로 정답은 (A)이다.

[어휘] probably 아마도 happen 일어나다, 발생하다 client 고객 department 부서 hold a contest 경연을 개최하다
hire 고용하다 staff picnic 직원 야유회 be held 열리다

Paraphrasing 지문의 We will start supplying them with uniforms → 보기의 A new client will use the company's services.

160. 세부사항

Why are employees instructed to contact Ms. Allen?
(A) To give updates on a renovation project
(B) To schedule a job interview
(C) To help arrange transportation
(D) To select a location for a trade show

직원들이 Allen 씨에게 연락하도록 지시 받는 이유는?
(A) 개조 공사에 대한 업데이트를 알리기 위해
(B) 취업 면접 일정을 잡기 위해
(C) 교통편 마련을 돕기 위해
(D) 무역 박람회 장소를 선정하기 위해

해설 두 번째 단락 초반부에 '또한, 인사부의 Gina Allen은 여전히 야유회 교통편 준비에 도움이 필요합니다. 도움을 줄 의향이 있는 직원은 Gina Allen에게 연락하십시오.(Also, Gina Allen in Employee Relations still needs a hand with putting together the event's transportation options. Please contact her if you would like to help.)'라고 했다. 따라서 정답은 (C)이다.

어휘 instruct 지시하다   contact 연락하다   renovation 개조, 보수   job interview 취업 면접   arrange 마련하다   trade show 무역 박람회

Paraphrasing 지문의 putting together the event's transportation options → 보기의 arrange transportation

161-163 양식

Savar Career Workshops
Feedback form

¹⁶²**Workshop title:** *Leading Staff Meetings*   Workshop number: *3*

¹⁶¹ **Planning to attend the next workshop in the series?**
Yes [　]   No [✓]

Attendee name (optional): *Diane Lopez*

Why did you attend this workshop? (Select up to 3 reasons.)
The instructor was well-known.   [　]
The cost was affordable.   [✓]
The topic was important to me.   [✓]
The length was appropriate.   [✓]
Other _____   [　]

Do you agree with the following statements?

	Yes	No
The instructors had good presentation skills.	[✓]	[　]
The instructors presented helpful information.	[✓]	[　]
The instructors encouraged interaction among participants.	[　]	[✓]

Additional comments:
The Ambalat Hotel was a good choice for the venue. ¹⁶²*The topic was relevant to my duties at work, so I am glad I attended.* ¹⁶³*I am noting, though, that the workshop's enrollment of 20 people did not allow for much individual attention.*

Savar Career Workshops
의견 서식

¹⁶²워크숍 주제: *직원회의 주재하기*
워크숍 번호: *3*

¹⁶¹ 이 시리즈의 다음 워크숍에 참석할 계획입니까? 예 [　]   아니오 [✓]

참석자 이름 (선택사항): *Diane Lopez*

이 워크숍에 참석한 이유는 무엇입니까?
(최대 3가지 이유를 선택하십시오.)
강사가 유명했다.   [　]
비용이 저렴했다.   [✓]
주제가 나에게 중요했다.   [✓]
길이가 적절했다.   [✓]
기타 _____   [　]

다음 진술에 동의하십니까?
　　　　　　　　　　　예　아니오
강사의 프레젠테이션 기술이 훌륭했다.
　　　　　　　　　　[✓]　[　]
강사는 유용한 정보를 제공했다.
　　　　　　　　　　[✓]　[　]
강사는 참가자들 간의 상호작용을 장려했다.
　　　　　　　　　　[　]　[✓]

추가 의견:
*Ambalat Hotel*은 워크숍 장소로 좋은 선택이었습니다. ¹⁶²주제가 직장 업무와 관련이 있었기 때문에 참석하게 되어 기쁩니다. ¹⁶³하지만 등록 인원이 20명이라 개개인에게 관심을 돌릴 수 없었다는 점은 짚고 넘어가겠습니다.

어휘 form 양식   lead 이끌다, 주재하다   staff 직원   meeting 회의   attend 참석하다   attendee 참석자   optional 선택의   reason 이유   instructor 강사   well-known 유명한   affordable 저렴한   length 길이   appropriate 적당한   following 다음의   statement 진술   skill 기술   encourage 장려하다   interaction 상호작용   participant 참석자   additional 추가적인   comment 비평   venue 개최장소   relevant 관련 있는   duty 의무   note 언급하다, 주목하다   enrollment 등록   allow for ~을 가능하게 하다   individual 개인적인   attention 관심

161. 추론

What most likely is true about the workshop?

(A) **It was part of a series.**
(B) It was discounted for corporate clients.
(C) It was postponed previously.
(D) It was held in an office building.

워크숍에 대해 무엇이 사실이겠는가?

(A) 시리즈의 일부였다.
(B) 기업 고객에게는 할인되었다.
(C) 앞서 연기되었다.
(D) 업무용 건물에서 개최되었다.

[해설] 지문 두 번째 줄에 '이 시리즈의 다음 워크숍에 참석할 계획입니까(Planning to attend the next workshop in the series)?'라고 했으므로 정답은 (A)이다.

[어휘] corporate client 기업 고객 postpone 연기하다 previously 이전에 be held 개최되다

Paraphrasing 지문의 the next workshop in the series → 보기의 part of a series

162. 추론

What is suggested about Ms. Lopez?

(A) She used to design professional workshops.
(B) She registered for a workshop in person.
(C) She is a colleague of one of the instructors.
(D) **She is required to lead meetings at her job.**

Lopez 씨에 대해 암시된 것은?

(A) 한때 전문적인 워크숍을 기획했다.
(B) 직접 워크숍에 등록했다.
(C) 강사 중 한 명과 동료이다.
(D) 직장에서 회의를 주재해야 한다.

[해설] 지문 첫 번째 줄에서 워크숍 주제가 직원회의 주재하기임을 확인할 수 있고 마지막 단락 두 번째 줄에 '주제가 직장 업무와 관련이 있었기 때문에 참석하게 되어 기쁩니다(The topic was relevant to my duties at work, so I'm glad I attended.)'라고 했다. 이를 토대로 정답이 (D)라는 것을 알 수 있다.

[어휘] design 기획하다 professional 전문적인 register 등록하다 in person 직접 colleague 동료

163. 추론

What most likely was Ms. Lopez the least satisfied with?

(A) The choice of venue
(B) **The workshop's size**
(C) The instructor's knowledge of a topic
(D) The instructor's presentation skills

Lopez 씨가 가장 만족하지 못했던 것은 무엇이 겠는가?

(A) 워크숍 장소
(B) 워크숍 규모
(C) 주제에 대한 강사의 지식
(D) 강사의 프레젠테이션 기술

[해설] 마지막 단락 세 번째 줄에 '하지만 등록 인원이 20명이라 개개인에게 관심을 돌릴 수 없었다는 점은 짚고 넘어가겠습니다. (I am noting, though, that the workshop's enrollment of 20 people did not allow for much individual attention.)'라고 했다. 따라서 인원수에 불만이 있었으므로 정답은 (B)이다.

[어휘] be satisfied with ~에 만족하다 knowledge 지식

164-167 공지

To: All Staff
From: Daisy Conners, Office Manager
Date: July 2
Re: Updates

¹⁶⁵**Nancy Park, our administrative assistant, will be on leave from July 7 to July 28.** —[1]—. ¹⁶⁷**A freelance professional, Mike Freiberg, will work in her place during this time.** —[2]—. ¹⁶⁴**In Ms. Park's absence, he will be helping our entire staff of accountants and financial planners with their clerical tasks, and he will also greet clients at the reception desk.** His payroll will be handled not by us but by Temporaries Plus, according to their standard procedure. —[3]—.

There is still time to register for our in-house seminar *Better Accounting Services for Small Businesses*, scheduled for July 21. ¹⁶⁶**To sign up, please speak to me in person no later than July 14.** —[4]—. Note that Mr. Freiberg will not be involved with this event, as he will be busy with Ms. Park's duties.

If you have any immediate questions or concerns, please contact me or Ms. Park.

수신: 전 직원
발신: Daisy Conners, 사무장
날짜: 7월 2일
제목: 최신 정보

¹⁶⁵Nancy Park 업무 비서는 7월 7일부터 7월 28일까지 휴가를 떠납니다. —[1]—. ¹⁶⁷프리랜서 전문직인 Mike Freiberg가 이 기간 동안 그녀를 대신하여 일할 예정입니다. —[2]—. ¹⁶⁴Park 씨 부재 시, 그는 회계사 및 재무 기획자 전 직원의 사무 업무를 돕고 접수처에서 고객을 맞이하는 일도 할 것입니다. 그의 임금은 우리가 아니라 Temporaries Plus가 표준 절차에 따라 처리할 것입니다. —[3]—.

7월 21일로 예정된 사내 세미나 '중소기업을 위한 더 나은 회계 서비스'에 등록할 수 있는 시간이 아직 있습니다. ¹⁶⁶등록하려면 늦어도 7월 14일까지 직접 저에게 알려주십시오. —[4]—. Freiberg 씨는 Park 씨의 업무로 바쁠 것이기 때문에 이 행사에는 관여하지 않을 것입니다.

질문이나 우려 사항이 있으면 언제든지 저나 Park 씨에게 연락하십시오.

어휘 staff 직원 administrative assistant 업무 비서 leave 휴가 professional 전문인 absence 부재 entire 전체의 accountant 회계사 financial planner 재무 기획자 clerical 사무직의 task 직무 greet 인사하다 client 고객 reception desk 접수처 payroll 임금 handle 처리하다 standard 표준 procedure 절차 register for ~에 등록하다 in-house 사내의 sign up 등록하다 in person 직접 no later than 늦어도 ~까지는 involve 포함하다 immediate 즉각적인 concern 우려

164. 추론

Where most likely was the notice posted?

(A) At a job recruitment center
(B) At an accounting firm
(C) At a travel agency
(D) At a medical clinic

공지는 어디에 게시되었겠는가?

(A) 직업소개소
(B) 회계법인
(C) 여행사
(D) 병원

해설 첫 번째 단락 세 번째 줄에 'Park 씨 부재 시, 그는 회계사 및 재무 기획자 전 직원을 돕고 접수처에서 고객을 맞이하는 일도 할 것입니다.(In Ms. Park's absence, he will be helping our entire staff of accountants and financial planners with their clerical tasks, and he will also greet clients at the reception desk.)'라고 했다. 따라서 정답은 (B)이다.

어휘 job recruitment 직업 알선 travel agency 여행사 medical clinic 진료소

165. NOT/TRUE

What is indicated about Ms. Park?

(A) She spoke at a previous staff workshop.
(B) She recently found a new job.
(C) She will take some time off from work.
(D) She will be promoted to a managerial position.

Park 씨에 대해 명시된 것은?

(A) 이전 직원 워크숍에서 강연했다.
(B) 최근에 새로운 직장에 취직했다.
(C) 직장에서 휴가를 가질 것이다.
(D) 관리직으로 승진할 것이다.

[해설] 첫 번째 단락 첫 번째 줄에 'Nancy Park 업무 비서는 7월 7일부터 7월 28일까지 휴가를 떠납니다.(Nancy Park, our administrative assistant, will be on leave from July 7 to July 28.)'라고 했으므로 정답은 (C)이다.

[어휘] previous 이전의   recently 최근에   take some time off 쉬다   promote 승진시키다   managerial position 관리직
Paraphrasing 지문의 be on leave → 보기의 take some time off from work

166. 세부사항

According to the notice, what is the registration deadline for a seminar?

(A) July 7
(B) July 14
(C) July 21
(D) July 28

공지에 의하면, 세미나 등록 마감일은 언제인가?

(A) 7월 7일
(B) 7월 14일
(C) 7월 21일
(D) 7월 28일

[해설] 두 번째 단락 두 번째 줄에 '등록하려면 늦어도 7월 14일까지 직접 저에게 알려주십시오.(To sign up, please speak to me in person no later than July 14.)'라고 했으므로 정답은 (B)이다.

[어휘] deadline 마감일

167. 문장 삽입

In which of the positions marked [1], [2], [3], and [4] does the following sentence best belong?

"He was placed with us through Temporaries Plus, a local staffing agency."

(A) [1]
(B) [2]
(C) [3]
(D) [4]

[1], [2], [3], [4]로 표시된 곳 중에서 다음 문장이 들어가기에 가장 적합한 곳은?

"그는 지역 인력 파견 업체인 Temporaries Plus를 통해 우리 회사로 파견되었습니다."

(A) [1]
(B) [2]
(C) [3]
(D) [4]

[해설] 해당 문장 앞에는 '그'와 '우리 회사로 파견된 이유'가 언급되어야 한다. [2]번 앞 문장을 살펴보면 '그'는 프리랜서 전문직인 Mike Freiberg(A freelance professional, Mike Freiberg)로, '우리 회사로 파견된 이유'는 Park 업무 비서 휴가 기간에 대신 일할 것(will work in her place during this time)이라는 점을 언급하고 있기 때문에 [2]번에 위치하는 것이 가장 적절하다. 따라서 정답은 (B)이다

[어휘] place (사람에게 집, 직장 등을) 찾아주다   local 지역의   staffing agency 인력 파견 업체

168-171 온라인 채팅

Mathers, Jeff 10:57 A.M.	**168 I'd like to try out that new Chinese restaurant for lunch. Anyone want to come along?**
Bootzin, Laura 10:59 A.M.	That'll work.
Wu, Harvey 11:01 A.M.	Count me in also.
Bigsby, Gretchen 11:03 A.M.	I have to eat at my desk. I'm preparing a presentation for our afternoon meeting.
Mathers, Jeff 11:05 A.M.	No problem, Gretchen. What is your presentation about?
Bigsby, Gretchen 11:06 A.M.	I'll review the features of our new software program for taking customer orders.
Wu, Harvey 11:08 A.M.	How are the preparations going?
Bigsby, Gretchen 11:09 A.M.	Actually, I need some help. **169 My customer service team wants me to give a demonstration while they take notes. 170 I will play the role of a customer, but I need a volunteer to take the part of a customer service representative.** The volunteer should be new to the software.
Wu, Harvey 11:10 A.M.	Oh, I tested out the program when it was first installed.
Bootzin, Laura 11:11 A.M.	How about asking someone in the operations department?
Pham, Sara 11:13 A.M.	**171 I haven't used it. You could use me as a volunteer.**
Bigsby, Gretchen 11:14 A.M.	Perfect. The meeting starts at 3 o'clock sharp.

Jeff Mathers 오전10:57	**168 새로 생긴 중식 식당에서 점심을 먹어 보려고 해요. 같이 가고 싶은 사람?**
Laura Bootzin 오전 10:59	그거 괜찮겠네요.
Harvey Wu 오전 11:01	저도 갈게요.
Gretchen Bigsby 오전11:03	전 제 자리에서 먹어야 해요. 오후 회의 프레젠테이션을 준비하고 있거든요.
Jeff Mathers 오전 11:05	괜찮아요, Gretchen. 무엇에 관한 프레젠테이션이죠?
Gretchen Bigsby 오전11:06	고객 주문을 받는 새 소프트웨어 프로그램의 기능을 살펴보는 거예요.
Harvey Wu 오전 11:08	준비는 어떻게 되어가고 있나요?
Gretchen Bigsby 오전 11:09	사실, 도움이 좀 필요해요. **169 우리 고객서비스 팀은 제가 시연을 하는 동안 메모를 하려고 해요. 170 제가 고객 역할을 할 때, 고객 서비스 담당자 역할을 해 줄 지원자가 필요해요.** 그 지원자는 소프트웨어에 대해서 몰라야 해요.
Harvey Wu 오전 11:10	오, 그 소프트웨어가 처음 설치될 때 제가 그 프로그램을 테스트했어요.
Laura Bootzin 오전 11:11	운영 부서 직원에게 부탁하는 게 어떨까요?
Sara Pham 오전 11:13	**171 전 아직 사용해 본 적이 없어요. 저를 지원자로 써보세요.**
Gretchen Bigsby 오전 11:14	딱 좋네요. 회의는 3시 정각에 시작해요.

[어휘] try out 시험해 보다　count somebody in ~를 포함시키다　prepare 준비하다　meeting 회의　review 검토하다　feature 특징, 기능　take an order 주문받다　demonstration 시연　take a note 메모하다　customer 고객　volunteer 지원자　representative 직원　install 설치하다　operation department 운영부서　sharp 정각

168. 의도 파악

At 10:59 A.M., what does Ms. Bootzin most likely mean when she writes, "That'll work"?

(A) She plans to work overtime that day.
(B) She will go to a Chinese restaurant.
(C) She will attend an afternoon meeting.
(D) She likes the features of a software program.

오전 10시 59분에 Bootzin 씨가 "그거 괜찮겠네요."라고 쓴 의도는 무엇이겠는가?

(A) 그날 야근할 계획이다.
(B) 중식 식당에 갈 것이다.
(C) 오후 회의에 참석할 것이다.
(D) 소프트웨어 프로그램의 기능을 좋아한다.

[해설] 바로 앞에서 '새로 생긴 중식 식당에서 점심을 먹어 보려고 해요. 같이 가고 싶은 사람?(I'd like to try out that new Chinese restaurant for lunch. Anyone want to come along?)'이라고 물어본 것에 대한 답변이면서 곧바로 뒤에 한 명이 같이 간다는 것을 언급하고 있으므로 정답은 (B)이다.

[어휘] work overtime 야근하다   attend 참석하다

169. 추론

What is suggested about Ms. Bigsby?

(A) She recently attended a technology trade show.
(B) She will move to a new office soon.
(C) She works in a customer service department
(D) She helped install a company's computer system.

Bigsby 씨에 대해 암시된 것은?

(A) 최근 기술 박람회에 참석했다.
(B) 곧 새 사무실로 옮길 것이다.
(C) 고객 서비스팀에서 일한다.
(D) 회사의 컴퓨터 시스템 설치를 도왔다.

[해설] 오전 11시 09분에 Bigsby 씨는 '우리 고객서비스 팀은 제가 시연을 하는 동안 메모를 하려고 해요(My customer service team wants me to give a demonstration while they take notes.)'라고 했다. 따라서 정답은 (C)이다.

[어휘] recently 최근에   technology trade show 기술 박람회

170. NOT/TRUE

What is mentioned about a presentation?

(A) It is scheduled to take place over two days.
(B) It was designed by Mr. Wu.
(C) It will include a snack break.
(D) It will feature a role-play.

프레젠테이션에 대해 언급된 것은?

(A) 이틀에 걸쳐 진행할 예정이다.
(B) Wu 씨가 기획한 것이다.
(C) 간식 시간이 있을 것이다.
(D) 역할극이 있을 것이다.

[해설] 오전 11시 09분에 Bigsby 씨가 '제가 고객 역할을 할 때, 고객 서비스 담당자 역할을 해 줄 지원자가 필요해요.(I will play the role of a customer, but I need a volunteer to take the part of customer service representative.)'라는 내용이 나온다. 따라서 정답은 (D)이다.

[어휘] be scheduled to ~로 예정되어 있다   take place 개최하다   include 포함하다   break 휴식시간   feature 포함하다   role-play 역할극

Paraphrasing 지문의 play the role of a customer → 보기의 feature a role-play

171. 세부사항

Who will use a new program for the first time in the afternoon?

(A) Ms. Pham
(B) Ms. Bigsby
(C) Mr. Mathers
(D) Mr. Wu

오후에 처음으로 새 프로그램을 사용할 사람은 누구인가?

(A) Pham 씨
(B) Bigsby 씨
(C) Mathers 씨
(D) Wu 씨

[해설] 오전 11시 13분에 Pham 씨가 '전 아직 사용해 본 적이 없어요. 저를 지원자로 써보세요.(I haven't used it. You could use me as a volunteer.)'라고 했으므로 정답은 (A)이다.

What's Been Found at Elway Park?

(OCTOBER 8)— [172] **This past Saturday, during the weekend cleanup of Elway Park, crews found watches and cameras with a total value of over $2,000.** [174] **The volunteer effort was aimed at making the park a cleaner and greener venue for an upcoming annual music festival.** Even heavy rain showers could not dampen the volunteers' enthusiasm as they collected over 200 pounds of recyclable trash. —[1]—.

[173] **Organizer Rick Parsons, a life-long resident of Elway City, has participated in six of the cleanups.** "We find all kinds of things," he said. "Last year, I found a racing bicycle. It's common for jewelry and even toys to turn up. —[2]—. Visitors often forget these items and leave them in the park. —[3]—. Collecting this stuff is a big task, so we're grateful for the volunteers' hard work."

[175] **After being sorted out by the cleaning crews, all valuable personal belongings are taken to the park's visitor center.** —[4]—. During that time, people can go there to recover their missing items. A listing of lost valuables is posted on the "Update" page of the park's official Web site, www.elway-park.org.

172.

Why most likely was the article written?

(A) To give updates on storms in the area
(B) To report on a volunteer cleanup project
(C) To promote a new recycling program
(D) To seek ideas for a fund-raising event

173. NOT/TRUE

What is indicated about Mr. Parsons?

(A) **He is a native of Elway City.**
(B) He is a nature photographer.
(C) He owns a local restaurant.
(D) He used to work as a musician.

Parsons 씨에 대해 명시된 것은?

(A) **Elway 시 출신이다.**
(B) 자연 사진작가이다.
(C) 지역 식당을 소유하고 있다.
(D) 과거 음악가로 활동했다.

[해설] 두 번째 단락 첫 번째 줄에 'Elway City에서 평생 거주한 주최자 Rick Parsons 씨는 6차례 청소에 참여했다. (Organizer Rick Parsons, a life-long resident of Elway City, has participated in six of the cleanups.)' 라고 했으므로 정답은 (A)이다.

[어휘] native ~ 출신인 사람   nature 자연   musician 음악가

Paraphrasing 지문의 a life-long resident → 보기의 a native

174. 추론

What is suggested about Elway Park?

(A) It has an indoor play area.
(B) One of its bicycle trails is closed.
(C) It opened to the public six years ago.
(D) **A yearly event will be held there.**

Elway Park 씨에 대해 암시된 것은?

(A) 실내 놀이 공간이 있다.
(B) 자전거 도로 하나가 폐쇄됐다.
(C) 6년 전에 대중에게 개방되었다
(D) **연례행사가 공원에서 열릴 것이다.**

[해설] 첫 번째 단락 세 번째 줄에 '이 자원봉사자들의 노고는 다가오는 연례 음악 축제를 위해 현장을 더 깨끗하고 친환경적으로 만들려는 취지였다.(The volunteer effort was aimed at making the park a cleaner and greener venue for an upcoming annual music festival.)'라고 했다. 이를 토대로 정답이 (D)라는 것을 알 수 있다.

[어휘] indoor 실내의   play area 놀이 공간   trail 산길   be closed 폐쇄되다   public 대중   yearly 연례의   be held 개최되다

Paraphrasing 지문의 venue for an upcoming annual music festival → 보기의 A yearly event will be held there.

175. 문장 삽입

In which of the positions marked [1], [2], [3], and [4] does the following sentence best belong?

"They are held there for 60 days before they are sent to an auction."

(A) [1]
(B) [2]
(C) [3]
(D) **[4]**

[1], [2], [3], [4]로 표시된 곳 중에서 다음 문장이 들어가기에 가장 적합한 곳은?

"그것들은 경매에 보내기 전에, 60일 동안 그곳에 보관됩니다."

(A) [1]
(B) [2]
(C) [3]
(D) **[4]**

[해설] 해당 문장 앞에는 '그것들'과 '그곳에'가 언급되어야 한다. [4]번 앞 문장을 살펴보면 '그것들'은 모든 귀중품(all valuable personal belongings)이라는 내용으로, '그곳에'는 공원의 방문자 센터(the park's visitor center)라는 것을 언급하고 있기 때문에 [4]번에 위치하는 것이 가장 적절하다. 따라서 정답은 (D)이다.

[어휘] auction 경매

176-180 양식 & 이메일

Stalmarac Supply

[176] **Customer's name: Corbarri's**
Delivery address: 15 Columbia Street, Lancaster, PA 17602
Date: August 3

Item	Description	Quantity	Unit price	Total
R1562	[177] Paper dinner napkins 25 cm X 30 cm	2000	$0.15	$300.00
R1673	Paper beverage napkins 20 cm X 30 cm	2000	$0.12	$240.00
[178] R1719	Plastic food boxes with color logo (1.6 liter)	800	$0.30	$240.00
R1804	Customized plastic cups with lids (1 liter)	800	$0.25	$240.00

[177] *All of the paper and plastic products we sell are eco-friendly and can be recycled.

☛ [179] **Please send all inquiries to our sales manager, Andy Gupta, at gupta@stalmarac-supply.com.**

Stalmarac Supply

[176] 고객 이름: Corbarri's
배달 주소: Columbia 가 15, 랭커스터 PA 17602
날짜: 8월 3일

품목	설명	수량	단가	합계
R1562	[177] 종이 식탁용 냅킨 25 cm X 30 cm	2000	$0.15	$300.00
R1673	종이 음료용 냅킨 20 cm X 30 cm	2000	$0.12	$240.00
[178] R1719	색깔 로고가 있는 플라스틱 식품 상자 (1.6 리터)	800	$0.30	$240.00
R1804	주문 제작된 뚜껑 있는 플라스틱 컵 (1 리터)	800	$0.25	$200.00

[177] *자사에서 판매하는 모든 종이 및 플라스틱 제품은 친환경제품으로 재활용 가능합니다.

☛ [179] 문의는 Andy Gupta 영업 부장의 메일 gupta@stalmarac-supply.com으로 보내 주십시오.

어휘 customer 고객 delivery 배달 address 주소 beverage 음료수 customized 주문 제작된 product 제품 eco-friendly 친환경적인 recycle 재활용하다 inquiry 질문 sales manager 영업 부장

To: gupta@stalmarac-supply.com
From: Ken Meary@corbarris.com
Date: August 8

Dear Mr. Gupta,

Thank you for sending a copy of my purchase order, and congratulations on being promoted. I look forward to working with you. For now, I just want to mention two things. [178, 179] **The person who formerly held your position, Ellen Getz, had offered a price reduction on item R1719.** She lowered the per-item price from 30 cents to 25 cents. Could you check on this? As a small business, the difference matters to us.

Also, we decided not to purchase any additional supplies of item R2224, the plastic soup containers. [176, 180] **We have received complaints about these from some corporate clients who use our catering services. Apparently the containers' lids are difficult to**

수신: gupta@stalmarac-supply.com
발신: Ken Meary@corbarris.com
날짜: 8월 8일

Gupta 씨께,

구매 주문서를 보내 주셔서 감사드리며 승진을 축하드립니다. 앞으로 같이 일할 것을 기대합니다. 일단은, 두 가지를 언급하고 싶습니다. [178, 179] 귀하의 전임자였던 Ellen Getz 씨가 R1719 품목에 대해 가격 할인을 제안했습니다. 품목당 가격을 30센트에서 25센트까지 낮추었습니다. 이 부분을 좀 확인해 주시겠습니까? 소규모 업체에게는 이런 차이가 중요합니다.

또한 우리 회사는 플라스틱 수프 용기인 R2224 품목을 추가로 구입하지 않기로 했습니다. [176, 180] 저희 출장 연회 서비스를 이용하는 일부 기업 고객으로부터 이 품목에 대한 불만 사항을 접수했습니다. 확실히 이 용기는 뚜껑

remove. We never had this problem previously, so perhaps our most recent supply was made by a different manufacturer. In any case, we would like to find a better substitute.

Thank you,

Ken Meary
General Manager, Corbarri's

이 잘 열리지 않습니다. 전에는 이런 문제가 없었는데, 아마도 가장 최근에 공급된 제품이 다른 제조업체에서 제조된 거 같습니다. 어쨌든, 우리 회사는 더 나은 대체품을 찾고 싶습니다.

감사합니다.

Ken Meary
Corbarri's 본부장

[어휘] purchase 구입 order 주문 congratulations on ~을 축하하다 be promoted 승진되다 look forward to ~을 기대하다 for now 지금은 mention 언급하다 formerly 이전에 hold position 자리를 차지하다 offer 제안하다 reduction 할인, 절감 lower 낮추다 small business 소기업 matter 중요하다 decide 결정하다 additional 추가적인 supply 공급 container 용기 receive 받다 complaint 불만 corporate 기업 client 고객 catering service 출장 연회 서비스 apparently 확실히 lid 뚜껑 remove 제거하다 previously 이전에 perhaps 아마도 recent 최근의 manufacturer 제조업체 substitute 대체품

176. 추론

What type of business most likely is Corbarri's?

(A) A party goods store
(B) A package manufacturer
(C) A catering company
(D) A supermarket

Corbarri's는 어떤 유형의 사업체이겠는가?

(A) 파티 용품 가게
(B) 포장재 제조사
(C) 출장 연회 서비스 업체
(D) 슈퍼마켓

[해설] 첫 번째 지문 첫 번째 줄 고객 이름에서 Corbarri's를 확인할 수 있다. 두 번째 지문 두 번째 단락 두 번째 줄에 '저희 출장 연회 서비스를 이용하는 일부 기업 고객으로부터 이 품목에 대한 불만사항을 접수했습니다.(We have received complaints about these from some corporate clients who use our catering services.)'라는 말이 나온다. 따라서 정답은 (C)이다.

[어휘] package 포장재

177. 세부사항

What do all of the ordered items have in common?

(A) They have the same dimensions.
(B) They were ordered in the same amounts.
(C) They have a customized logo.
(D) They are safe for the environment.

주문된 모든 품목의 공통점은?

(A) 크기가 같다.
(B) 주문 총액이 같다.
(C) 주문 제작된 로고가 있다.
(D) 환경에 안전하다.

[해설] 첫 번째 지문 끝에서 두 번째 줄에 '자사에서 판매하는 모든 종이 및 플라스틱 제품은 친환경제품으로 재활용 가능합니다. (All of the paper and plastic products we sell are eco-friendly and can be recycled.)'라는 말이 나온다. 따라서 정답은 (D)이다.

[어휘] dimension 크기 amount 총액 environment 환경

Paraphrasing 지문의 eco-friendly → 보기의 safe for the environment

178. 연계 문제

What item does Mr. Meary want a discount for?

(A) Dinner napkins
(B) Beverage napkins
(C) Food boxes
(D) Plastic cups

Meary 씨는 어떤 품목에 대해 할인을 원하는가?

(A) 식탁용 냅킨
(B) 음료용 냅킨
(C) 식품 상자
(D) 플라스틱 컵

179 연계 문제

Who most likely is Ms. Getz?

(A) One of Mr. Meary's current trainees
(B) A newly-hired employee at Corbarri's
(C) One of the founders of Corbarri's
(D) **A previous sales manager at Stalmarac Supply**

Getz 씨는 누구이겠는가?

(A) Meary 씨의 현재 연수생 중 한 명
(B) Corbarri's의 신입사원
(C) Corbarri's의 창업자 중 한 명
(D) **전직 Stalmarac Supply의 영업 부장**

[해설] 첫 번째 지문 마지막 줄에서 Andy Gupta가 Stalmarac Supply의 영업 부장이라는 것을 확인할 수 있다. 두 번째 지문 첫 번째 단락 두 번째 줄에 '귀하의 전임자였던 Ellen Getz 씨가 R1719 품목에 대해 가격 할인을 제안했습니다. (The person who formerly held your position, Ellen Getz, had offered a price reduction on item R1719.)'라고 했다. 따라서 Getz 씨는 Stalmarac Supply의 전직 영업 부장이라는 사실을 알 수 있으므로 정답은 (D)이다.

[어휘] current 현재의 trainee 연수생 newly-hired 새로 고용된, 신입의 employee 직원 founder 창시자, 창업자

180 추론

What is implied in the e-mail?

(A) Mr. Meary plans to expand a business.
(B) Mr. Meary used to work at a plastic factory.
(C) Stalmarac Supply reduced its shipping fees.
(D) **Corbarri's has received negative feedback.**

이메일에 암시된 것은?

(A) Meary 씨는 사업을 확장할 계획이다.
(B) Meary 씨는 플라스틱 공장에서 일했다.
(C) Stalmarac Supply는 배송비를 낮추었다.
(D) **Corbarri's는 부정적인 피드백을 받았다.**

[해설] 두 번째 지문 두 번째 단락 두 번째 줄에 '저희 출장 연회 서비스를 이용하는 일부 기업 고객으로부터 이 품목에 대한 불만사항을 접수했습니다. 확실히 이 용기는 뚜껑이 잘 열리지 않습니다.(We have received complaints about these from some corporate clients who use our catering services. Apparently the containers' lids are difficult to remove.)'라고 했다. 이를 토대로 정답이 (D)라는 것을 알 수 있다.

[어휘] expand 확장하다 used to ~하곤 했다 factory 공장 reduce 줄이다 shipping fee 배송비 negative 부정적인 feedback 피드백, 의견

Paraphrasing 지문의 complaints → 보기의 negative feedback

181-185 이메일 & 편지

To: Mary Dutton <Dutton@ifaa-fest.org>
From: Brian Whitley <Whitley@ifaa-fest.org>
Subject: Festival
Date: May 19

Dear Mary,

Thank you for the update in your last e-mail. **181 It is great that we have boosted ticket sales to our film festival, compared with past years. What a surprise!** I see that many purchases were made online, so our Web site is clearly attracting interest in the event.

수신: Mary Dutton <Dutton@ifaa-fest.org>
발신: Brian Whitley <Whitley@ifaa-fest.org>
제목: 축제
날짜: 5월 19일

Mary 씨께,

지난 이메일에서 업데이트된 내용을 주신 것에 감사합니다. **181 과거와 비교하여 영화제 티켓 판매가 늘어서 정말 기쁩니다. 아주 놀랍습니다!** 많은 표가 온라인으로 구매되었다는 것을 보니 우리 웹사이트가 확실히 행사에 관심을 끌고 있는 것 같습니다.

184 To answer your previous inquiry, I am still not sure about the question and answer session after the screening of *The Old Days*. **182, 184** The director, Tim Harney, said that he may be busy at the time of the festival, and I am concerned he may not be about to join us. If he is unavailable, we could possibly find one of the film's editors to host the session. Either way, however, we should encourage our VIP Pass holders to stay for the Q&A. I will know within this week about Mr. Harney's availability.

184 귀하의 이전 질문에 답하자면, 〈옛날〉 상영 후 질의응답 시간은 아직 확실하지 않습니다. **182, 184** Tim Harney 감독은 영화제 기간에 바쁠지도 모른다고 했습니다. 그래서 감독이 우리와 함께 하지 못할 것 같아 우려됩니다. 감독이 시간이 안 되면, 영화 편집자 중 한 사람을 찾아서 질의응답 시간 진행을 맡길 수도 있습니다. 그러나 어느 쪽이든, VIP 출입증 소지자들에게 질의응답 시간에 참석해 달라고 권해야 합니다. Harney 씨가 시간이 될지 여부는 이번 주 내에 알 수 있을 것입니다.

[어휘] boost 신장시키다 film festival 영화제 compare 비교하다 surprise 놀람 purchase 구입 clearly 확실히 attract 끌다 interest 관심 previous 이전의 inquiry 질문 session 시간, 기간 screen 상영하다 director 감독 be concerned 우려하다 join 함께하다 unavailable 만날 수 없는 possibly 아마도 editor 편집자 host 주최하다 either way 어떤 쪽이든 encourage 장려하다 holder 소지자, 소유자

Cinema Arts Alliance (CAA)

13 June

Mr. Greg Landers
73 Nicola Street
Kamloops BC V2C 2S6

Dear Mr. Landers:

183 On behalf of the CAA, I would like to express my gratitude for purchase of a VIP Pass for our summer film festival. **184** The enclosed pass gives you access to all the festival's films, plus a Q&A session led by the director of *The Old Days*.

Your pass also entitles you to free parking and priority seating at all film screenings. **185** For the first time ever this year, we are offering a new reward only to holders of our VIP Pass—10% off our one-day classes that teach the fundaments of film acting. For information on this program, please consult our Web site. We invite you to participate!

Sincerely,

Mary Dutton
Mary Dutton, Public Relations Director
Cinema Arts Alliance

Cinema Arts Alliance (CAA)

6월 13일

Greg Landers 씨
Nicola 가 73
Kamloops BC V2C 2S6

Landers 씨께:

183 CAA를 대신해서, 여름 영화제 VIP 출입증 구입에 대한 감사를 전하고 싶습니다. **184** 동봉된 출입증으로 영화제의 모든 영화와 〈옛날〉 감독이 이끄는 질의응답 시간을 이용할 수 있습니다.

또한 출입증으로 모든 영화 상영에서 무료 주차와 우대석을 제공 받을 수 있습니다. **185** 올해 처음으로, VIP 출입증 소지자에게만 영화 연기의 기본 원리를 가르치는 1일 수업 수강료에서 10%를 할인해 주는 새로운 혜택을 제공합니다. 이 프로그램에 대한 정보는 웹사이트를 참조하십시오. 귀하의 참석을 기대합니다!

홍보 담당 국장 Mary Dutton
Cinema Arts Alliance

[어휘] on behalf of ~을 대신하여 express 표시하다 gratitude 감사 enclosed 동봉된 access 접근성 led by ~에 의해 이끌어지는 entitle 자격을 부여하다 free parking 무료 주차 priority seating 우대석 offer 제공하다 reward 보상 fundament 원리 acting 연기 consult 상담하다 participate 참가하다 public relations director 홍보 담당 국장

181. 세부사항

What is Mr. Whitley surprised about?

(A) A positive review of a recent film
(B) An increase in ticket sales
(C) The hiring of some young film performers
(D) The launch of a new Web site

Whitley 씨는 무엇에 대해 놀라는가?

(A) 최근 영화에 대한 긍정적 평가
(B) 티켓 판매 증가
(C) 몇몇 젊은 영화 연기자 채용
(D) 새로운 웹사이트 개시

[해설] 첫 번째 지문 첫 번째 단락 첫 번째 줄에 '과거와 비교하여 영화제 티켓 판매가 늘어서 정말 기쁩니다. 아주 놀랍습니다!(It is great that we have boosted ticket sales to our film festival, compared with past years. What a surprise!)'라고 했으므로 정답은 (B)이다.

[어휘] positive 긍정적인   review 평가   recent 최근의   increase 증가   hire 고용하다   performer 연기자   launch 시작

Paraphrasing 지문의 have boosted ticket sales → 보기의 An increase in ticket sales

182. 세부사항

What concern does Mr. Whitley have?

(A) Attendance at a past festival was low.
(B) A Web site is confusing to some users.
(C) A guest may be unable to attend an event.
(D) Too many film screenings are scheduled for one day.

Whitley 씨는 무엇에 대해 우려하는가?

(A) 지난 축제의 참석 인원이 적었다.
(B) 웹사이트가 일부 사용자들에게 혼란스럽다.
(C) 한 초대 손님이 행사에 참석하지 못할 수도 있다.
(D) 하루 동안 너무 많은 영화가 상영될 예정이다.

[해설] 첫 번째 지문 두 번째 단락 두 번째 줄에 'Tim Harney 감독은 영화제 기간에 바쁠지도 모른다고 했습니다. 그래서 감독이 우리와 함께 하지 못할 것 같아 우려됩니다.(The director, Tim Harney, said that he may be busy at the time of the festival, and I am concerned he may not be about to join us.)'라고 했다. 따라서 정답은 (C)이다.

[어휘] attendance 참석   past 지난   confuse 혼란스럽게 하다   user 사용자   guest 초대 손님   attend 참석하다
be scheduled for ~로 예정되어 있다

Paraphrasing 지문의 join us → 보기의 attend an event

183. 주제/목적

Why did Ms. Dutton send the letter to Mr. Landers?

(A) To give directions to a theater
(B) To thank him for a purchase
(C) To outline some schedule changes
(D) To obtain feedback about a film

Dutton 씨는 왜 Landers 씨에게 편지를 보냈는가?

(A) 극장 길 안내를 위해
(B) 구매에 감사를 표하기 위해
(C) 일부 일정 변경을 설명하기 위해
(D) 영화에 대한 의견을 얻기 위해

[해설] 두 번째 지문 첫 번째 단락 첫 번째 줄에 'CAA를 대신해서, 여름 영화제 VIP 출입증 구입에 대한 감사를 전하고 싶습니다. (On behalf of the CAA, I would like to express my gratitude for purchase of a VIP Pass for our summer film festival.)'라고 했으므로 정답은 (B)이다.

[어휘] directions 길 안내(주로 복수형)   theater 극장   outline 윤곽을 보여주다   obtain 얻다

Paraphrasing 지문의 express my gratitude → 보기의 thank him

184. 연계 문제

What most likely is true about the summer film festival?

(A) Tim Harney will attend it to answer questions.
(B) Mary Dutton will be unable to attend part of it.
(C) It will start later than expected.
(D) Its ticket prices were reduced.

여름 영화제에 대해 무엇이 사실이겠는가?

(A) Tim Harney 씨가 질문에 답하기 위해 참석할 것이다.
(B) Mary Dutton 씨는 영화제 일부에 참석할 수 없을 것이다.
(C) 예상보다 늦게 시작할 것이다.
(D) 티켓 가격이 인하되었다.

[해설] 첫 번째 지문 두 번째 단락 앞부분에 '귀하의 이전 질문에 답하자면, 〈옛날〉 상영 후 질의응답 시간은 아직 확실하지 않습니다. Tim Harney 감독은 영화제 기간에 바쁠지도 모른다고 했습니다. 그래서 감독이 우리와 함께 하지 못할 것 같아 우려됩니다. (To answer your previous inquiry, I am still not sure about the question and answer session after the screening of *The Old Days*. The director, Tim Harney, said that he may be busy at the time of the festival, and I am concerned he may not be about to join us)'라고 했다. 따라서 〈옛날〉의 감독은 Tim Harney임을 알 수 있다. 두 번째 지문 첫 번째 단락 두 번째 줄에 '동봉된 출입증으로 영화제의 모든 영화와 〈옛날〉 감독이 이끄는 질의응답 시간을 이용할 수 있습니다.(The enclosed pass gives you access to all the festival's films, plus a Q&A session led by the director of *The Old Days*.)라고 했다. 따라서 감독 Tim Harney가 질의응답 시간에 참석한다는 것을 알 수 있으므로 정답은 (A)이다.

[어휘] be unable to ~를 할 수 없다   later 더 늦게   expect 예상하다   reduce 줄이다

185. 세부 사항

What new reward is the CAA offering to VIP Pass holders?

(A) E-mail updates
(B) Valet parking services
(C) Discounts on acting classes
(D) Photo sessions with film directors

CAA가 VIP 출입증 소지자에게 제공하는 새로운 혜택은?

(A) 이메일 업데이트
(B) 대리 주차 서비스
(C) 연기 수업 할인
(D) 영화감독과 사진 찍는 시간

[해설] 두 번째 지문 두 번째 단락 두 번째 줄에 '올해 처음으로, VIP 출입증 소지자에게만 영화 연기의 기본 원리를 가르치는 1일 수업 수강료에서 10%를 할인해 주는 새로운 혜택을 제공합니다.(For the first time ever this year, we are offering a new reward only to holders of our VIP Pass—10% off our one-day classes that teach the fundaments of film acting.)'라고 했으므로 정답은 (C)이다.

[어휘] valet parking 대리 주차

Paraphrasing 지문의 10% off our one-day classes → 보기의 Discounts on acting classes

186-190 전단지 & 이메일 & 문자 메시지

Enjoy these great events at Cleary City's Fall Festival!

Friday, October 5
12:30 P.M. Dessert Baking Contest — Attendees will vote to choose the tastiest dessert recipe. The winner will get a $500 cash prize!
Contest entry fee: $8
Sponsor: Tiscal Bakery
Location: City Culture Center

2:00 P.M. to 5:00 P.M. Photo Exhibit — ¹⁹⁰**See the finalists' pictures from the city's photo contest, and meet all the photographers in person. A panel of expert judges will choose the best image and award the prizewinner a BH Photo Supply gift card valued at $300.**
Location: City Art Gallery

Cleary City 가을 축제에서 멋진 행사를 즐겨보세요!

10월 5일 금요일
오후 12:30 디저트 빵 굽기 대회 – 참석자들이 가장 맛있는 디저트 요리법을 선택합니다. 우승자에게는 500 달러의 상금이 주어집니다!
대회 참가비: $8
후원: Tiscal Bakery
위치: 시 문화 센터

오후 2:00 ~ 오후 5:00 사진 전시회 — ¹⁹⁰시가 주최하는 사진 콘테스트에서 결승까지 오른 작품들을 구경하고 직접 사진작가들도 만나 보십시오. 전문 심사위원이 최고의 사진을 선정하고 선정된 사진작가에게 300달러 상당의 BH Photo Supply 상품권을 수여합니다.
위치: City Art Gallery

189 **Saturday, October 6**

10:00 A.M. Nature Walk — Nature enthusiast Jeff Calo will lead this scenic hike through Burr Park. $10 registration fee includes free "Nature Walk" T-shirt.
Sponsor: Jeff Calo, owner of Calo's Outdoor Apparel
Location: Burr Park, visitor's center

4:00 P.M. Folk Concert — Back by popular demand! Enjoy traditional Irish music in a lively concert by The Cork Trio. Free admission.
Sponsor: Kanrith University
186 Location: Kanrith University, indoor theater

For more information, visit www.cleary-fest.com.

---

189 **10월 6일 토요일**

오전 10:00 자연 산책 — 자연 애호가인 Jeff Calo가 Burr Park를 통과하는 자연경관 하이킹을 이끌 것입니다. 10달러의 등록비에는 무료 "자연 산책" 티셔츠가 포함됩니다.
후원: Calo's Outdoor Apparel 사장 Jeff Calo
위치: Burr Park 방문자 센터

오후 4:00 포크 음악 콘서트 — 팬들의 열화와 같은 성원에 보답하기 위해 올해에도 콘서트를 합니다! Cork Trio의 라이브 콘서트에서 전통 아일랜드 음악을 즐겨보십시오. 무료입장.
후원: Kanrith 대학교
186 위치: Kanrith 대학교 실내 극장

자세한 내용은 www.cleary-fest.com을 방문하십시오.

어휘 attendee 참석자 vote 투표하다 choose 선택하다 tastiest 가장 맛있는 recipe 요리법 winner 우승자 cash prize 상금 entry fee 참가비 finalist 결승전 출전자 in person 직접 panel 패널 expert 전문가 judge 심판 award 수여하다 prizewinner 수상자 gift card 상품권 value 가치가 나가다 nature 자연 enthusiast 열렬한 지지자 lead 이끌다 scenic 경치가 아름다운 hike 하이킹 registration 등록 include 포함하다 popular 인기 있는 demand 수요 traditional 전통적인 Irish 아일랜드의 admission 입장 indoor 실내의 theater 극장

From: Fiona Burke <f-burke@cleary-city.org>
189 To: Judy Gemma <j-gemma@tbmail.com>
Date: October 1
Subject: Festival

Hi Judy,

187 Rain is predicted for all day Saturday, so I would like to go with our previously-discussed backup plan. 189 I will switch the days of Jeff's event and yours but the venue will still be the City Culture Center. We will post the updated schedule on our Web site and send a reminder e-mail to participants about the switch.

There is some good news. **188 The city's budget allows us to release a souvenir booklet for this festival.** Photos of your event will, of course, appear on one of its pages.

Yours,

Fiona Burke, Festival Planning Director

발신: Fiona Burke 〈f-burke@cleary-city.org〉
189 수신: Judy Gemma 〈j-gemma@tbmail.com〉
날짜: 10월 1일
제목: 축제

안녕하세요, Judy,

187 토요일 하루 종일 비가 온다는 예보가 있어서 전에 이야기했던 차선책으로 가고 싶습니다. **189** Jeff의 행사와 귀하의 행사 날짜를 맞바꾸겠지만 장소는 여전히 시 문화센터가 될 것입니다. 업데이트된 일정을 웹사이트에 게시하고 참가자들에게 변경사항을 알리는 이메일을 보낼 겁니다.

반가운 소식이 있습니다. **188**시 예산으로 축제를 위한 기념품 소책자를 발간할 수 있게 되었습니다. Judy가 하는 행사 사진들도 당연히 소책자에 포함될 겁니다.

축제 기획 담당자 Fiona Burke

어휘 predict 예상하다 previously-discussed 전에 논의했던 backup 예비, 대체 switch 맞바꾸다 post 게재하다 reminder 상기시키는 것 participant 참가자 budget 예산 allow 허용하다 release 발간하다 souvenir 기념품 booklet 소책자 planning director 기획 담당자

From: Fred Sato
Sent: October 4, 4:47 P.M.
¹⁹⁰ **To:** Dale Munson

¹⁹⁰ Sure, I can lead the trainee's orientation session in your place. Your other commitment is important! I hope your work catches the judges' eyes. You deserve to win that gift card.

발신: Fred Sato
날짜: 10월 4일, 오후 4:47
¹⁹⁰ **수신:** Dale Munson

¹⁹⁰ 물론, 귀하의 행사에서 연수생 오리엔테이션을 이끌 수 있습니다. 귀하에게는 다른 중요한 일이 있습니다! 귀하의 작품이 심사위원들의 눈을 사로잡길 바랍니다. 귀하는 그 상품권을 받을 자격이 있습니다.

어휘 lead 이끌다 trainee 연수생 orientation session 오리엔테이션 시간 commitment 헌신, 약속 catch 잡다 judge 심사위원 deserve 자격이 있다 win 차지하다, 우승하다

---

186. NOT/TRUE

What is indicated about The Cork Trio's concert?

(A) It requires an entry fee.
(B) It has a new sponsor this year.
(C) It will take place indoors.
(D) It is their first public performance.

Cork Trio의 콘서트에 대해 명시된 것은?

(A) 입장료가 필요하다.
(B) 올해는 새로운 후원자가 있다.
(C) 실내에서 열릴 것이다.
(D) 첫 공개 공연이다.

해설 첫 번째 지문 네 번째 단락 마지막 줄에서 위치는 Kanrith 대학교 실내 극장(Kanrith University, indoor theater)인 것을 확인할 수 있다. 이를 토대로 정답은 (C)라는 것을 알 수 있다.

어휘 require 요구하다 indoors 실내에서 public 공공의 performance 공연

---

187. 추론

Why most likely was the e-mail written?

(A) To provide feedback about a Web site
(B) To request additional volunteers
(C) To inform about a schedule change
(D) To explain a festival's low turnout

이메일이 작성된 이유는 무엇이겠는가?

(A) 웹사이트에 대한 피드백을 제공하기 위해
(B) 추가 자원 봉사자를 요청하기 위해
(C) 일정 변경을 알리기 위해
(D) 축제 참가자가 적은 이유를 설명하기 위해

해설 두 번째 지문 첫 번째 단락 첫 번째 줄에 '토요일 하루 종일 비가 온다는 예보가 있어서 전에 이야기했던 차선책으로 가고 싶습니다(Rain is predicted for all day Saturday, so I would like to go with our previously-discussed backup plan.)'라고 했다. 이는 바로 일정이 변경된다는 것이므로 정답은 (C)이다.

어휘 provide 제공하다 request 요청하다 additional 추가적인 volunteer 자원봉사자 inform 알리다 explain 설명하다 turnout 참가자의 수

---

188. 동의어 찾기

In the e-mail, the word "release" in paragraph 2, line 1, is closest in meaning to

(A) enter
(B) motivate
(C) give freedom to
(D) make available

이메일에서 두 번째 단락 1행의 "release"와 의미상 가장 가까운 것은?

(A) 입력하다
(B) 동기 부여하다
(C) 자유를 주다
(D) 이용 가능하게 하다

해설 release의 사전적인 의미는 '(대중에게) 공개하다', '(제한하고 있던 것을 사용할 수 있도록) 풀다'라는 뜻이다. 이 문장에서는 '시 예산으로 소책자를 방문객들에게 이용 가능하게 한다'는 의미가 가장 적절하다. 따라서 정답은 (D) make available 이다.

189. 연계 문제

Who most likely will coordinate a festival event on Saturday morning?

(A) Ms. Burke
(B) Ms. Gemma
(C) Mr. Calo
(D) Mr. Sato

토요일 오전에 누가 축제 행사를 관장하겠는가?

(A) Burke 씨
(B) Gemma 씨
(C) Calo 씨
(D) Sato 씨

[해설] 두 번째 지문에서 수신자가 Judy Gemma라는 것을 확인할 수 있다. 같은 지문 첫 번째 단락 두 번째 줄에 Jeff의 행사와 귀하의 행사 날짜를 맞바꾸겠지만 행사 장소는 여전히 시 문화센터가 될 것입니다(I will switch the days of Jeff's event and yours but the venue will still be the City Culture Center.)라고 했다. 이를 토대로 첫 번째 지문을 보면 Jeff의 행사가 원래 토요일 오전 10시에 열리게 되어 있으므로 Gemma 씨가 결국 토요일 오전으로 행사를 옮겼기 때문에 정답은 (B)이다.

190. 연계 문제

Why most likely is Mr. Munson unable to lead an orientation?

(A) He is judging dessert recipes for a contest.
(B) He is setting up equipment for a concert.
(C) He is helping to guide a nature walk.
(D) He is attending a photography exhibit.

Munson 씨는 왜 오리엔테이션을 이끌 수 없겠는가?

(A) 콘테스트에서 디저트 조리법을 심사한다.
(B) 콘서트를 위한 장비를 준비한다.
(C) 자연 산책 안내를 돕는다.
(D) 사진 전시회에 참석한다.

[해설] 첫 번째 지문 두 번째 단락 첫 번째 줄에 '시가 주최하는 사진 콘테스트에서 결승까지 오른 작품들을 구경하고 직접 사진작가들도 만나 보십시오. 전문 심사위원이 최고의 사진을 선정하고 선정된 사진작가에게 300달러 상당의 BH Photo Supply 상품권을 수여합니다(See the finalists' pictures from the city's photo contest, and meet all the photographers in person. A panel of expert judges will choose the best image, and award the prizewinner a BH Photo Supply gift card valued at $300)'라고 했다. 세 번째 지문에서 수신자가 Dale Munson인 것을 확인할 수 있고 같은 지문 전체 단락에서 '물론, 귀하의 행사에서 연수생 오리엔테이션을 이끌 수 있습니다. 귀하에게는 다른 중요한 일이 있습니다! 귀하의 작품이 심사위원들의 눈을 사로잡길 바랍니다. 귀하는 그 상품권을 받을 자격이 있습니다(Sure, I can lead the trainee's orientation session in your place. Your other commitment is important! I hope your work catches the judges' eyes. You deserve to win that gift card.)'라고 했다. 이를 토대로 정답은 (D)라는 것을 알 수 있다.

[어휘] judge 심사하다 set up 준비하다 equipment 장비 guide 안내하다 attend 참석하다

191-195 웹페이지 & 이메일 & 문자 메시지

Alto Press – Author's Resource Page >> Important instructions for authors

To avoid costly errors and production delays, all Alto Press authors should review the following guidelines carefully:

- Ensure that your manuscript has a full title page.
- [192] **E-mail scans of permission forms for all the photographs you will include.** Printable forms can be obtained by clicking here.
- [191] **Review the important action dates in the author's checklist, which we send with your acceptance letter.**

Please e-mail all your files directly to your Alto Press editor.

Alto Press – 작가의 자료 페이지 >> 작가들을 위한 중요한 지침

비싼 대가를 요하는 오류와 발행 지연을 피하기 위해, Alto Press의 모든 작가들은 다음 지침을 꼼꼼하게 검토해야 합니다:

- 원고의 전체 제목 페이지가 있는지 확인하십시오.
- [192] 포함될 사진 모두에 대해, 허가 양식을 스캔을 뜬 후 이메일로 보내십시오. 인쇄가능 양식은 여기를 클릭하여 다운로드하십시오.
- [191] 수락서와 동봉된 작가 점검 리스트에서 중요한 실행 날짜를 검토하십시오.

모든 파일을 직접 Alto Press 편집자에게 이메일로 보내주십시오.

어휘 author 작가   avoid 피하다   costly 많은 돈이 드는   production 생산   delay 지연   review 검토하다   flowing 이어지는, 다음의   guideline 지침서   ensure 확인하다   manuscript 원고   permission 허가   form 양식   include 포함하다   printable 인쇄할 만한   obtain 얻다   action 활동   checklist 확인 사항 대조표, 체크 리스트   acceptance 수락   directly 직접   editor 편집자

To: Choi Wang-Ho <wangho@fastmail.net>
From: Anna Dorset <anna-dorset@alto.edu>
Date: February 8
Subject: What's ahead?
Attachment: schedule

Dear Dr. Choi,

¹⁹²**Your assistant, Lara Ortiz, just sent me an e-mail with the scanned permission documents.** With those, we are ready for the final phase of producing *Our Future Economy*. The schedule attached includes a list of editing deadlines. Some of these dates may differ from those on your original checklist. ¹⁹⁴**In particular, the final edits to the text on the book's back cover must be submitted by March 15.**

We are still on target for publication in September. ¹⁹³**I look forward to seeing you in early November, when we will kick off your promotional tour at our flagship store in Oregon.**

Regards,

¹⁹³**Anna Dorset, Senior Editor**
Alto Press

어휘 assistant 보조   document 서류   be ready for ~할 준비가 되다   final 마지막의   phase 단계   attach 첨부하다   include 포함하다   deadline 마감, 데드라인   differ 다르다   original 원래의   in particular 특히   text 글   submit 제출하다   target 목표   publication 출판   look forward to -ing ~하기를 기대하다   kick off 시작하다   promotional 홍보의   tour 투어, 여행   flagship store 본점   senior editor 편집 차장

From: Choi Wang-Ho
¹⁹⁴**Sent: March 17, 9:47 A.M.**
To: Lara Ortiz

¹⁹⁵**Lara, I have a quick update regarding the book's back cover.** I just shared my changes to its text with Anna, and she will e-mail an image of the modified cover later today. We need to give them fast feedback. ¹⁹⁴**Then the text can be finalized by tomorrow at the latest.** Thanks!

어휘 regarding ~에 관하여   share 공유하다   modify 수정하다   finalize 최종화하다   at the latest 늦어도

191. 세부사항

According to the Web page, what does Alto Press mail to authors?

(A) A set of approval forms for images
(B) A checklist of important dates
(C) A disc for a publishing software program
(D) A catalog of sample cover designs

웹페이지에 따르면 Alto Press는 작가들에게 무엇을 보내는가?

(A) 이미지 승인 양식 세트
(B) 중요한 날짜의 점검 리스트
(C) 출판 소프트웨어 프로그램용 디스크
(D) 샘플 표지 디자인 카탈로그

[해설] 첫 번째 지문의 세 번째 항목 '수락서와 동봉된 작가 점검 리스트에서 중요한 실행 날짜를 검토하십시오(Review the important action dates in the author's checklist, which we send with your acceptance letter.)'라고 한 것을 확인할 수 있으므로 정답은 (B)이다.

[어휘] approval 승인   disc 디스크

192. 연계 문제

What is probably true about *Our Future Economy*?

(A) It includes photographs.
(B) It was revised by another author.
(C) It will be sold only via a Web site.
(D) It is Dr. Choi's first published work.

〈우리의 미래 경제〉에 대하여 무엇이 사실이겠는가?

(A) 사진을 포함한다.
(B) 다른 작가에 의해 변경되었다.
(C) 웹사이트를 통해서만 판매 될 것이다.
(D) Choi 박사의 첫 번째 저서이다.

[해설] 첫 번째 지문의 두 번째 항목에서 '포함될 사진 모두에 대해, 허가 양식을 스캔을 뜬 후 이메일로 보내야 한다(E-mail scans of permission forms for all the photographs you will include.)'는 것을 확인할 수 있고, 두 번째 지문 첫 번째 단락 첫 번째 줄에 '박사님 조수인 Lara Ortiz 씨가 스캔한 허가 양식을 이메일로 보내주었습니다(Your assistant, Lara Ortiz, just sent me an e-mail with the scanned permission documents.)'라고 했다. 이를 토대로 정답은 (A)라는 것을 알 수 있다.

[어휘] revise 변경하다   another 다른   be sold 판매되다   via ~을 통해서   work 작품

193. 세부사항

What is expected to happen in November?

(A) A bookstore chain will hold a clearance sale.
(B) An Alto Press book will go out of print.
(C) Ms. Dorset will receive a job promotion.
(D) Dr. Choi will meet Ms. Dorset in person.

11월에 무슨 일이 있겠는가?

(A) 서점 체인이 점포 정리 할인판매를 할 것이다.
(B) Alto Press의 책 하나가 절판될 것이다.
(C) Dorset 박사가 승진할 것이다.
(D) Choi 박사가 Dorset 씨를 직접 만날 것이다.

[해설] 두 번째 지문 두 번째 단락 첫 번째 줄에 '11월 초 오리건에 있는 저희 본점에서 시작하는 홍보 투어 때 최 박사님을 뵙기를 기대합니다(I look forward to seeing you in early November, when we will kick off your promotional tour at our flagship store in Oregon.)'라고 했고 같은 지문 끝에서 두 번째 줄에 Dorset 씨가 보낸 것을 확인할 수 있으므로 정답은 (D)이다.

[어휘] bookstore 서점   chain (상점 등의) 체인   hold 개최하다   clearance sale 점포 정리 할인 판매   out of print 절판된   promotion 승진   in person 직접

194. 연계 문제

What is suggested about Dr. Choi?

(A) He will submit some text after a deadline.
(B) He met Ms. Ortiz at a book fair.
(C) He previously was an editor at Alto Press.
(D) He plans to open a bookstore in the future.

Choi 박사에 대해 암시된 것은?

(A) 마감일 이후에 본문 일부를 제출할 것이다.
(B) Ortiz 씨를 도서 전시회에서 만났다.
(C) 전에 Alto Press의 편집자였다.
(D) 장래에 서점을 열 계획이다.

[해설] 두 번째 지문 첫 번째 단락 네 번째 줄에 '특히, 책 뒤표지에 있는 본문의 최종 편집본은 3월 15일까지 제출해야 합니다(In particular, the final edits to the text on the book's back cover must be submitted by March 15.)'라고

했다. 세 번째 지문을 보면 메일을 보낸 날짜가 3월 17일임을 확인할 수 있고 같은 지문의 끝에서 두 번째 줄에 '그런 다음 늦어도 내일까지는 본문 내용을 확정할 수 있습니다(Then the text can be finalized by tomorrow at the latest.)'라고 했다. 이를 토대로 정답은 (A)라는 것을 알 수 있다.

어휘 submit 제출하다 book fair 도서 전시회 previously 이전에 bookstore 서점 in the future 장래에

195. 동의어 찾기

In the text message, the word "regarding" in line 1 is closest in meaning to

(A) respecting
(B) observing
(C) concerning
(D) opposing

문자 메시지 1행의 "regarding"과 의미상 가장 가까운 것은?

(A) 존중
(B) 관찰
(C) ~에 관한
(D) 반대

해설 지문에서 regarding은 '~에 관하여'라는 의미로 쓰였다. 따라서 보기 중에서 (C) concerning(~에 관한, 관련된)이 정답이다.

196-200 소식지 기사 & 이메일 & 이메일

Local Business News
January

196 At a media conference yesterday, city officials reported that the construction work on Shore City's much-awaited Surfside Mall is proceeding smoothly. The interior fountains have just been installed, and the shopping center is set to open in May—weeks ahead of schedule. **197** Retail space in the mall is still available, but it is filling up rapidly. **198** Though it will be smaller than Shore City's other two malls, it will be the first one with glass frontage overlooking the ocean. Thanks to this desirable location, businesses here can expect plenty of foot traffic.

So far the mall has been successful in attracting out-of-town businesses. "Several prospective tenants are new to the area," said rental manager Emily Chiu. **199** "We are offering reduced rental prices exclusively for business owners from outside Shore City. That incentive has helped us approach our goal of 80% occupancy."

The deadline to submit rental applications is March 1. Interested business owners should contact Ms. Chiu at chiu@surfside.com for more information.

지역 비즈니스 뉴스
1월

196 어제 기자 회견에서 시 당국자들이 Shore 시의 대망의 Surfside Mall 공사가 순조롭게 진행되고 있다고 보고했다. 실내 분수가 설치되었고 쇼핑센터는 예정보다 몇 주 빠른 5월에 개장될 준비가 되었다. **197** 쇼핑몰의 소매 점포 자리는 아직도 빈자리가 있지만 빠르게 채워지고 있다. **198** 비록 Shore 시의 다른 두 개 쇼핑몰보다 작은 규모지만, 정면 유리 벽에서 바다를 내려다볼 수 있는 최초의 쇼핑몰이 될 것이다. 이런 매력적인 위치 덕분에 이곳 업체들은 많은 인파가 몰릴 것으로 기대하고 있다.

지금까지 이 쇼핑몰은 타 지역에서 온 사업자 유치에 성공적이었다. "몇몇 예비 입주자들이 이 지역에 새로 입주했어요. **199** 타 지역에서 온 사업자에게만 임대료 할인을 제공하고 있어요. 그 할인 덕에 80% 점유라는 목표에 근접하는 데 도움이 되었어요."라고 임대 관리자 Emily Chiu 씨는 말했다.

임대 신청서 제출 마감일은 3월 1일이다. 관심 있는 사업자들은 chiu@surfside.com으로 Chiu 씨에게 연락하여 세부사항을 전달 받으십시오.

어휘 media conference 기자 회견 official 공무원, 관리 construction 건설 much-awaited 간절히 기다려왔던 proceed 진행하다 smoothly 순조롭게 interior 실내의 fountain 분수 install 설치하다 be set to ~ 하도록 예정되어 있다 ahead of 앞서서 retail space 소매점 available 이용 가능한 fill up 채우다 rapidly 빠르게 frontage 정면 overlook 내려다보다 ocean 바다 thanks to ~ 덕분에 desirable 호감 가는 location 위치 expect 기대하다 plenty of 많은 foot traffic 유동 인구, 인파 attract 끌다 out-of-town 다른 도시[마을]로부터의 prospective 장래의, 유망한 tenant 입주자 rental manager 임대 관리자 offer 제공하다 reduce 줄이다

rental price 임대료   exclusively 독점적으로   business owner 사업주   incentive 우대책   approach 접근하다
occupancy 점유   submit 제출하다   application 지원(서)   interested 관심 있는   contact 연락하다

From: Lorna Diaz <l-diaz@jewelry.com>
To: Emily Chiu <chiu@surfside.com>
Date: January 13
Subject: Inquiry

Dear Ms. Chiu,

199 I was referred to Surfside Mall by my friend Jim McColl, who plans to open an art gallery there. He also told me about a unique incentive he received from mall management. As a small business owner, my situation is similar to his. I run a jewelry store in nearby Fir Heights and wish to expand into Shore City.

200 Regardless of the space's size, I would like to be near my friend's business. A corner space, or a space close to an entrance, would be preferable. However, I do not want to be next to a food seller. Could you send me a list of vacant spaces?

Thank you in advance,

Lorna Diaz

어휘   be referred to ~로 언급되다   unique 독특한   receive 받다   management 경영, 운영   situation 상황   similar 비슷한
jewelry 보석   nearby 근처   expand 확장하다   regardless of ~에도 불구하고   corner 모퉁이   space 공간
entrance 입구   preferable 더 좋은   food seller 음식 파는 사람   vacant 빈   in advance 미리

From: Surfside Mall Rental Office <surfside@rental.com>
To: Lorna Diaz <l-diaz@jewelry.com>
Date: January 14
Subject: Available space

Based on your preferences, we have generated this list of vacancies* at Surfside Mall:

Space 1 – 140 square meters; near the mall's main entrance and adjacent to sandwich shop

Space 3 – 130 square meters; corner space with hot dog seller to its left side

200 Space 5 – 125 square meters; corner space adjoining art gallery—the city's first

Space 7 – 160 square meters; near rear entrance, between T-shirt seller and ice cream shop

*Please call our rental office at 555-0167 to inquire about leasing costs.

어휘 based on ~에 근거하여　preference 선호도　generate 만들다　square 제곱　main entrance 정문
adjacent to ~에 인접한　adjoining 부근의　rear 뒤쪽의　inquire 묻다　leasing cost 임대료

196. 주제 / 목적

What is one reason the article was written?

(A) To announce a delay in a shopping center's opening
(B) To outline reasons why people visit Shore City
(C) To summarize feedback about a mall's design
(D) To give a progress report on a retail project

기사가 작성된 이유 중 하나는?

(A) 쇼핑센터 개장 지연 발표
(B) 사람들이 Shore 시를 방문하는 이유 설명
(C) 쇼핑몰 디자인에 대한 피드백 요약
(D) 소매상 프로젝트에 대한 진행 보고서 제공

해설 첫 번째 지문 첫 번째 단락 첫 번째 줄에 '어제 기자 회견에서 시 당국자들이 Shore 시의 대망의 Surfside Mall 공사가 순조롭게 진행되고 있다고 보고했다. 실내 분수가 설치되었고 쇼핑센터는 예정보다 몇 주 빠른 5월에 개장될 준비가 되었다. (At a media conference yesterday, city officials reported that the construction work on Shore City's much-awaited Surfside Mall is proceeding smoothly. The interior fountains have just been installed, and the shopping center is set to open in May—weeks ahead of schedule.)'라고 했다. 이 문장이 기사가 작성된 목적 중 하나라는 것을 알 수 있다. 따라서 정답은 (D)이다.

어휘 reason 이유　article 기사　announce 발표하다　delay 지연　outline 개요를 서술하다　summarize 요약하다
retail 소매상

197. 동의어 찾기

In the article, the word "still" in paragraph 1, line 7, is closest in meaning to

(A) no longer
(B) even now
(C) more and more
(D) without motion

기사에서 첫 번째 단락 7행의 "still"과 의미상 가장 가까운 것은?

(A) 더 이상
(B) 지금도
(C) 점점 더
(D) 움직이지 않고

해설 still의 사전적인 의미는 '아직(도)(계속해서)', '정지한'이라는 뜻이다. 이 문장에서는 쇼핑 몰에 빈 점포 자리가 아직도 있다는 의미가 가장 적절하다. 따라서 정답은 (B) even now이다.

198. 추론

What is indicated about Surfside Mall?

(A) It is the largest shopping center in Shore City.
(B) It will offer views of the sea.
(C) It will have a total of 80 stores.
(D) It will be used for local food festivals.

Surfside Mall에 대하여 암시된 것은?

(A) Shore 시에서 가장 큰 쇼핑센터이다.
(B) 바다 전망을 제공할 것이다.
(C) 총 80개의 점포가 들어설 것이다.
(D) 지역 음식 축제를 위해 사용될 것이다.

해설 첫 번째 지문 첫 번째 단락 여덟 번째 줄에 '비록 Shore 시의 다른 두 개 쇼핑몰보다 작은 규모지만, 정면 유리 벽에서 바다를 내려다볼 수 있는 최초의 쇼핑몰이 될 것이다.(Though it will be smaller than Shore City's other two malls, it will be the first one with glass frontage overlooking the ocean.)'라고 했다. 따라서 정답은 (B)이다.

어휘 offer 제공하다　view 전망　be used for ~을 위해 사용되다　local 지역의

Paraphrasing 지문의 will be the first one with glass frontage overlooking the ocean → 보기의 will offer views of the sea

199. 연계 문제

What is suggested about Mr. McColl?

(A) He is Ms. Chiu's former assistant.
(B) He made changes to a mall's design.
(C) He rented retail space at a reduced price.
(D) He used to operate a beach resort.

McColl 씨에 대해 암시된 것은?

(A) 전에 Chiu 씨의 조수였다.
(B) 쇼핑몰의 디자인을 변경했다.
(C) 가게 자리를 할인된 가격으로 임대했다.
(D) 해변 휴양지를 운영했다.

[해설] 첫 번째 지문 두 번째 단락 네 번째 줄에 '타 지역에서 온 사업자에게만 임대료 할인을 제공하고 있어요.(We are offering reduced rental prices exclusively for business owners from outside Shore City.)'라고 했다. 그리고 두 번째 지문 첫 번째 단락에 'Surfside Mall에 아트 갤러리를 열 계획인 친구 Jim McColl이 저에게도 Surfside Mall을 추천했습니다. Jim이 쇼핑몰 운영자로부터 받은 독특한 혜택에 대해서도 알려주었습니다. 소규모 자영업자인 저의 상황은 Jim과 비슷합니다. Fir Heights 인근에서 보석 가게를 운영하고 있는데 Shore 시까지 사업을 확장하고자 합니다.(I was referred to Surfside Mall by my friend Jim McColl, who plans to open an art gallery there. He also told me about a unique incentive he received from mall management. As a small business owner, my situation is similar to his. I run a jewelry store in nearby Fir Heights and wish to expand into Shore City.)'라고 했다. 따라서 McColl 씨가 타 지역 사업자 혜택인 할인 혜택을 받았음을 알 수 있으므로 정답은 (C)이다.

[어휘] former 이전의   assistant 보조, 조수   retail 소매의   at a reduced price 할인된 가격으로   operate 운영하다   resort 휴양지

200. 연계 문제

Where would Ms. Diaz most likely want to locate her store?   Diaz 씨는 어느 점포 자리를 원하겠는가?

(A) In Space 1   (A) 1번 자리
(B) In Space 3   (B) 3번 자리
(C) In Space 5   **(C) 5번 자리**
(D) In Space 7   (D) 7번 자리

[해설] 두 번째 지문 두 번째 단락 첫 번째 줄에 '점포 공간의 크기에 상관없이, 제 친구 갤러리 근처였으면 합니다. 모퉁이나 입구 가까운 공간이면 더 좋겠습니다. 하지만 음식 파는 곳 옆은 아니었으면 합니다.(Regardless of the space's size, I would like to be near my friend's business. A corner space, or a space close to an entrance, would be preferable. However, I do not want to be next to a food seller.)'라고 했다. 그리고 세 번째 지문에서 세 번째 자리인 5번 자리가 아트 갤러리 근처 모퉁이 자리이고 음식 파는 곳 옆자리가 아니라는 것을 확인할 수 있다. 따라서 정답은 (C)이다.